DIE SCHÖNSTEN ROUTEN DURCH

KROATIEN

Rainer Höh
Die schönsten Routen durch Kroatien

erschienen im Reise Know-How Verlag Peter Rump GmbH
Osnabrücker Straße 79, 33649 Bielefeld

Herausgeber: Klaus Werner

2., neu bearbeitete und komplett aktualisierte Auflage 2009

Gestaltung: K. Werner, Fotos: der Autor
Landkarten im Innenteil: der Verlag, Anna Medvedev, Catherine Raisin
Kartenatlas: world mapping project
Druck und Bindung: Wilhelm & Adam, Heusenstamm

ISBN 978-3-8317-1853-5
Printed in Germany

Dieses Buch ist erhältlich in jeder Buchhandlung Deutschlands, Österreichs, der Schweiz, Belgiens und der Niederlande. Bitte informieren Sie Ihren Buchhändler über folgende Bezugsadressen:

Deutschland: Prolit GmbH, Postfach 9, D-35461 Fernwald (Annerod)
sowie alle Barsortimente
Schweiz: AVA-buch 2000, Postfach 27, CH-8910 Affoltern
Österreich: Mohr Morawa Buchvertrieb GmbH, Sulzengasse 2, A-1230 Wien
Niederlande, Belgien: Willems Adventure, www.willemsadventure.nl

Wer im Buchhandel trotzdem kein Glück hat, bekommt unsere Bücher auch über unseren Büchershop im Internet: www.reise-know-how.de

Wir freuen uns über Kritik, Kommentare und Verbesserungsvorschläge. Alle Informationen in diesem Buch sind vom Autor mit größter Sorgfalt gesammelt und vom Lektorat des Verlages gewissenhaft bearbeitet und überprüft worden. Da inhaltliche und sachliche Fehler nicht ausgeschlossen werden können, erklärt der Verlag, dass alle Angaben im Sinne der Produkthaftung ohne Garantie erfolgen und dass Verlag wie Autor keinerlei Verantwortung und Haftung für inhaltliche und sachliche Fehler übernehmen.
Die Nennung von Firmen und ihren Produkten und ihre Reihenfolge sind als Beispiel ohne Wertung gegenüber anderen anzusehen. Qualitäts- und Quantitätsangaben sind rein subjektive Einschätzungen des Autors und dienen keinesfalls der Bewertung von Firmen oder Produkten.

INHALTSVERZEICHNIS

VORWORT:
SONNENKÜSTE UND INSELPARADIESE

Jahrzehntelang war die östliche Adriaküste zwischen Istrien und der Bucht von Kotor der Inbegriff für Camping-Urlaub: eine zerklüftete, buchtenreiche Küste gesäumt von einem Labyrinth aus Hunderten von wildromantischen Inseln. Ein Sonnenparadies mit klarem Wasser und zahlreichen Campingplätzen, mit malerischen Fischerstädtchen und Baudenkmälern aus römischer und venezianischer Zeit, mit einer hervorragenden und äußerst vielfältigen Gastronomie, faszinierenden Nationalparks und vor allem mit gastfreundlichen Menschen.

Beim Auseinanderbrechen des Vielvölkerstaates Jugoslawien blieb der Sonnenbalkon für mehrere Jahre leer. Doch jetzt ist er wieder da! Die Sonnenküste ist schöner und verlockender denn je und in den letzten Jahren sind die Besucherzahlen sprunghaft angestiegen. Wieder ist diese Küste ein gefragtes Ziel von Camping-Urlaubern – und in rasch wachsendem Maße auch von Wohnmobil-Reisenden.

Sie gliedert sich in drei Hauptregionen: die Halbinsel Istrien mit einer touristisch intensiv erschlossenen Küste und einem idyllischen Hinterland, die Region Kvarner (von Mošćenička Draga bis Senj mit den Inseln Cres, Lošinj, Krk und Rab) und Dalmatien, das sich etwa von Starigrad-Paklenica bis zur Bucht von Kotor erstreckt. Politisch und touristisch wird Dalmatien weiter unterteilt in die Bezirke *(Županije)* Zadar, Šibenik-Knin, Split-Mitteldalmatien und Dubrovnik-Neretva. Bei der Routenplanung habe ich mich nach Möglichkeit an dieser Gliederung orientiert – wo es aus praktischen Gründen der Routenführung nicht sinnvoll erschien, bin ich davon abgewichen.

Die gesamte kroatische Küste ist eine Ferienregion, deren Trumpfkarten sich sehen lassen können: fast 2000 km Festlandküste, rund 1000 Inseln und Hunderte von Felsenriffen mit zusätzlichen 4000 km Küstenlinie, das sauberste Wasser des Mittelmeers und Paradiese für Taucher, Segler und Wassersportler mit so stabilem Wetter, dass die Hotels teilweise eine „Sonnengarantie" geben!

Dabei sollte man nicht übersehen, dass diese Küste weit mehr zu bieten hat als Badestrände und Wassersport. Nur wenige Kilometer vom Meer entfernt kann man auf Bergpfaden durch ursprüngliche Wälder und Felslandschaften wandern oder wilde Canyons, faszinierende Wasserfälle, Sinterterrassen und Höhlen entdecken.

Der Kulturbeflissene wird begeistert sein von mittelalterlichen Städten wie Dubrovnik, Trogir, Korčula und Zadar oder von den zahlreichen Bauwerken aus venezianischer und römischer Zeit. Traditionsreiche Kurorte wie Opatija und Hvar versinken in der Pracht von Palmen und Oleanderblüten, karge Bergdörfer sehen aus, als wäre die Zeit dort stehen geblieben, Inselstädtchen faszinieren durch ihr schattiges Gassenlabyrinth – und in Split kann man sogar eine Altstadt entdecken, die in einen Römerpalast hineingebaut wurde.

Viele der Restaurants servieren köstliche Fischgerichte und Meeresfrüchte aus dem Mittelmeer, die Qualität der Weine kann seit einigen Jahren ebenfalls überzeugen – und farbenfrohe Trachtenfeste, wilde Reiterspiele und akrobatische Schwerttänze unter Palmen sorgen für Unterhaltung. Urlauberherz, was willst du mehr?!

Was früher die jugoslawische Adria war, ist heute die kroatische Adria: vom nördlichen Kap Istriens bis hinunter zur Bucht von Kotor. Und doch hat sich einiges verändert. Überall wurde in den letzten Jahren gearbeitet und gebaut: Wertvolle Baudenkmäler, die man zu jugoslawischer Zeit vernachlässigt hatte, wurden restauriert, modernere Sanitäranlagen, Kanalisationen und Kläranlagen wurden eingerichtet, neue Straßen wurden geschaffen und bestehende wurden ausgebaut – und etwas hinter der Küste entsteht rasch eine nagelneue Autobahn, die den Besucher noch schneller und bequemer zu Strand und Sonne bringt.

Dafür sind allerdings die Preise auch spürbar gestiegen. Kroatien ist nicht mehr das Billigland des Massentourismus wie vor der Selbstständigkeit. Die heutigen Preise sind mit denen anderer Mittelmeerländer vergleichbar. Aber dafür sollen jetzt auch höhere Qualität und besserer Service geboten werden. Daran wird unübersehbar und intensiv gearbeitet. Doch leider steigen die Preise gelegentlich rascher als die Leistung. Für eine Wohnmobil-Übernachtung (2 Personen, Strom, Kurtaxe) bezahlt man in der Hauptsaison durchschnittlich schon etwa 25 bis 30 Euro – und auf den besseren Plätzen teils über 40 Euro. Freistehen ist verboten, strafbar und kaum noch möglich. Und selbst für einen schlichten Parkplatz ohne alles bezahlt der Wohnmobilist mancherorts schon über 15 Euro pro Tag. Städte wie Poreč und Rovinj verlangen sogar rund 4 Euro pro Stunde! Ähnliche Beispiele gibt es auch in der Gastronomie. Ein Leser schreibt: „In den Küstenorten herrscht wieder der alte Nepp. Die Touristen werden fleißig abgezockt. Einmal Pljeskavica mit Käse – ohne Beilage– kostet 70 kn, also knapp 10 €! Dies hat uns wieder an den Campinggrill zurückgebracht." Kein Wunder, dass sich viele enttäuscht abwenden. Nachdem anfangs alles helle Begeisterung war, habe ich auf meinen letzten Reisen immer öfter unzufriedene Wohnmobil- und Camping-Urlauber getroffen. Sie fühlten sich abgezockt und ausgenutzt. Das Risiko ist groß, dass dem erfreulichen Boom ein plötzlicher Absturz folgt.

Wir können nur hoffen, dass es nicht so kommen wird, sondern dass die Verantwortlichen in der Tourismusplanung und die kleinen Privatunternehmer, die ihren Vorgarten zum Campingplatz umdeklarieren, das richtige Gespür haben werden, um den Bogen nicht zu überspannen. Es wäre jammerschade! Für das Land, denn es braucht den Tourismus, – und für die Besucher, denn Kroatien hat wahrlich ein fantastisches Potenzial!

Rainer Höh

GPS-Koordinaten

Bei nahezu allen Park-, Rast- und Campingplätzen sind zusätzlich zur Wegbeschreibung die GPS-Koordinaten in zwei Formaten angegeben:
***1. UTM-Koordinaten,** die sich zunehmend als Standard durchsetzen. Sie können in jedes GPS-Gerät eingegeben werden und lassen sich leichter auf eine Papierkarte übertragen. Einige digitale Karten akzeptieren jedoch nur Eingaben in Länge und Breite. Bei der Schreibweise der UTM-Koordinaten wurde wie allgemein üblich beim Rechtswert (mE) die erste Null weggelassen; 33 T 490410 4987862 bedeutet also 33 T 0490410mE 4987862mN. Bei der Eingabe in GPS-Geräte muss diese Null meist mit eingegeben werden.*
***2. Geografische Koordinaten** (Länge/Breite; Lat./Lon.) in Dezimalgrad (hddd.dddd) also z. B. 44,35816°N 5,13844°O. Diese zusätzliche Angabe schien mir deshalb erforderlich, weil einige digitale Karten nur Eingaben in Länge/Breite akzeptieren. Die hier genannten geografischen Koordinaten sind eine einfache Umrechnung der von uns vor Ort ermittelten UTM-Koordinaten und bezeichnen daher genau den gleichen Punkt.*
Kartendatum** ist grundsätzlich WGS84. Haben Sie die Koordinaten (in welchem Format auch immer) in Ihr GPS-Gerät eingegeben, so kann das Gerät sie in andere Formate **umrechnen.

***Achtung:** Ein Grad hat 60 (nicht 100!) Minuten. Die Angaben in Dezimalgrad können daher nicht einfach durch Kommaverschiebung in Dezimalminuten umgewandelt werden! 45,31957°N sind **nicht** gleich 45° 31,957', sondern 45° 19,174'. Wer dies nicht beachtet, erhält beträchtliche Fehler. Bitte überprüfen Sie diesen Punkt, ehe Sie die angegebenen Koordinaten für falsch erklären.*
*Um Fehler zu vermeiden, können Sie die kompletten Koordinaten von der Produktseite dieses Titels auf der Website des Reise Know-How Verlags (www.reise-know-how.de) **herunterladen** und z. B. mit MapSource öffnen, um sie auf der Karte anzuzeigen und auf Ihr GPS-Gerät zu übertragen.*

***Nutzung der GPS-Koordinaten:** Wer ein GPS-Gerät benutzt, das Wegpunkt-Eingaben akzeptiert, der kann sich vom Gerät direkt zu den jeweiligen Punkten führen lassen. Praktisch alle GPS-Handgeräte bieten diese Möglichkeit, während die Navigationssysteme leider oft nur Eingaben von Adressen akzeptieren – und Park- oder Stellplätze haben nun einmal nicht immer eine Adresse. Sehr hilfreich kann es jedoch sein, wenn Sie bereits bei der Reisevorbereitung (oder sogar unterwegs per Notebook) mit einer digitalen Karte arbeiten. Dann brauchen Sie für einen gesuchten Punkt nur die Koordinaten einzugeben (oder zu laden), damit das Programm Ihnen diesen Punkt (z. B. einen Stellplatz) genau auf der Karte anzeigt. Gegebenenfalls können Sie sich dann den entsprechenden Kartenausschnitt ausdrucken lassen und mitnehmen.*

Literaturtipp

„GPS Outdoor-Navigation"
von Rainer Höh,
Reise Know-How Verlag.
Der PRAXIS-Ratgeber für den mobilen Alltag. Grundlagen, Gerätekunde, Funktionen und Bedienung, Kaufberatung, digitale Karten ...

ZU DEN ROUTENBESCHREIBUNGEN

Eines der größten Probleme – bzw. eine der mühsamsten Arbeiten – vor einer Wohnmobilreise in unbekannte Regionen ist nach meiner Erfahrung die Routenplanung. Wie fahre ich am besten, um alle Orte und Attraktionen, die mich interessieren, zu sehen? Wo liegen diese überhaupt? Und welche Route erlaubt mir, sie optimal und ohne endloses Hin und Her zu verknüpfen? Man kann Tage und Wochen mit der Planung verbringen, Bücher und Karten wälzen oder auf gut Glück durch die Landschaft kreuzen – und egal wie man es macht: Meist merkt man erst hinterher (oder gar erst nach einer zweiten Reise), was man unterwegs übersehen hat, woran man ahnungslos vorbeigefahren ist und wie man es hätte besser machen können.

Deshalb haben wir uns dafür entschieden, die Reiseführer dieser Reihe an vorbereiteten Routen zu orientieren. Wenngleich Ihnen dies die Arbeit der eigenen Routenplanung nicht ganz abnehmen mag, so wird es sie doch zumindest erheblich erleichtern. Ich habe alle Erfahrungen aus rund einem Dutzend Kroatien-Reisen und sehr viel Zeit am Schreibtisch und über Landkarten darin investiert, diese Routen auszuarbeiten. Trotzdem können es natürlich immer nur Vorschläge sein, denn was dem einen wichtig ist, interessiert den anderen einen feuchten Kehricht – oder umgekehrt. Jeder hat seine eigenen Präferenzen und setzt seine eigenen Schwerpunkte. Deshalb würde ich persönlich es mit Routenvorschlägen genau so machen, wie ich es auch mit Kochrezepten halte: Ich koche selten ganz ohne (aber fast nie genau nach) Rezept! Rezepte und Routenvorschläge sind Hilfen und Anleitungen, die einem viel Mühe und langes Herumprobieren ersparen und die Orientierung erleichtern können, aber sie sind weder Gesetze noch allein selig machende Dogmen. Wählen Sie aus, variieren und kombinieren Sie nach Herzenslust!

Wie Sie rasch feststellen werden, habe ich mich bei der Beschreibung der Routen in erster Linie auf solche Aspekte konzentriert, die für Reisende mit dem Wohnmobil relevant sind und die man in üblichen Reiseführern für gewöhnlich nicht findet: Straßenzustand, Hindernisse wie Tunnel, Engstellen oder Brücken, Park-, Rast- und Picknickplätze, Ver- und Entsorgungsstationen, Wohnmobil-Stellplätze und Parkmöglichkeiten für einen Badenachmittag oder die Stadtbesichtigung. Natürlich sind auch alle wesentlichen Sehenswürdigkeiten und sonstigen Attraktionen entlang der Strecke kurz beschrieben oder zumindest erwähnt, damit Sie wissen, was es wo und wann zu sehen gibt – und damit Sie beurteilen können, ob es Sie interessiert oder nicht. Einen Kultur-Reiseführer ersetzen sollen und können diese Beschreibungen nicht. Wer mehr über die einzelnen Städte, über ihre Geschichte, über Bauwerke und Baumeister etc. wissen möchte, dem empfehle ich zusätzlich die Reiseführer „Istrien", „Kvarner Bucht", „Norddalmatien" und „Süddalmatien" bzw. den Gesamtband „Kroatien" von *Werner Lips,* die im gleichen Verlag erschienen sind.

Für einzelne Routen einen „Zeitbedarf" anzugeben ist sehr schwierig und nicht unbedingt hilfreich. Wer alles nur durch die Frontscheibe besichtigt, der hat eine Route rasch abgehakt. Wer hingegen gelegentlich wandern, baden, ausgiebiger besichtigen oder einen gemütlichen Kaffee trinken will (was alles sehr zu empfehlen ist!), der kann auf einer Route mühelos einen ganzen Urlaub verbringen. Keinesfalls sollten Sie meinen, alle Routen auf einer einzigen Tour abfahren zu müssen. Lassen Sie sich lieber Zeit. Wählen Sie aus. Genießen Sie. Denn es ist eine alte Weisheit: Wer weniger anschaut, sieht oft mehr!

101kr Abb.: rh

100kr Abb.: rh

102kr Abb.: rh

104kr Abb.: rh

PRAKTISCHE REISETIPPS A–Z

ANREISE

Die Hauptroute nach Kroatien verläuft via München, Salzburg, Tauernautobahn, Klagenfurt und Ljubljana. Der Karawanken-Tunnel hat die kroatische Küste näher an Mitteleuropa herangerückt. Flüssigen Verkehr vorausgesetzt, kann man von München in etwa 7 Stunden bequem nach Rijeka fahren. Während der Hauptreisezeit muss man jedoch mit Staus rechnen. Als Alternative empfiehlt der ADAC die sogenannte „Wohlfühlroute" (www.wohlfuehlroute.de) Linz - Graz - Maribor - Zagreb, die insbesondere dann interessant ist, wenn man auf der neuen kroatischen Autobahn weiter nach Dalmatien fahren will. Ganz billig ist der Spaß in beiden Fällen nicht.

DURCH ÖSTERREICH

Die Benutzung von Autobahnen und Schnellstraßen ist in Österreich kostenpflichtig. Wohnmobile bis zu 3,5 t benötigen dafür eine **Vignette,** die es für 10 Tage (7,70 €), 2 Monate (22,20 €) oder ein ganzes Jahr (73,80 €) gibt. Anhänger benötigen keine extra Vignette. Das heißt: Wer 14 Tage Urlaub machen will, braucht für die wenigen Stunden durch Österreich zweimal eine 10-Tage-Vignette. Macht 15,40 €. Aber damit ist es noch nicht getan!

Wohnmobile über 3,5 t Gesamtgewicht müssen sich - wie der Schwerlastverkehr - eine **Go-Box** beschaffen. Einziger Unterschied: Beim Wohnmobil werden die Achsen von Anhängern nicht mitgezählt. Mit der Go-Box wird die Maut vollelektronisch gemessen und bezahlt. Man erhält sie gegen eine Gebühr von 5 € an ausgewiesenen Verkaufsstellen entlang den Hauptzufahrtstrecken nach Österreich sowie in den Grenzbüros des ÖAMTC. Die Box kann mit Guthaben zwischen 75 und 500 € aufgeladen werden und bleibt ab der letzten Aufladung 2 Jahre

! Warnweste

Beachten Sie, dass für die Reise durch Österreich eine Warnweste mitgeführt werden muss. Notfalls, aber bestimmt nicht am billigsten, bekommt man sie noch an den grenznahen Vignetten-Verkaufsstellen.

Videomautticket

Als Autofahrer können Sie sondermautpflichtige Autobahnen in Österreich ohne Stopp passieren. Die dafür erforderlichen Videomauttickets sind an allen ADAC-Geschäftsstellen sowie an einigen grenznahen ADAC-Vertretungen im Vorverkauf erhältlich. Mit ihnen entfallen die lästige Suche nach Kleingeld und das Warten an den Mautstellen. Mit dem Videomautticket wird das Fahrzeug bei der jeweiligen Mautstelle vollautomatisch registriert, das heißt, das Kennzeichen des Pkw wird freigeschaltet. Die Benutzung der Videomautspur ist nur für Pkw ohne Anhänger erlaubt, die nicht breiter als 2,30 Meter sind.

Preise: 12 € für Pyhrnautobahn (Bosrucktunnel 4,50 €, Gleinalmtunnel 7,50 €) und 9,50 € für die Tauernautobahn

lang gültig. Sie muss von innen an der Windschutzscheibe befestigt werden. Auf den vignettenpflichtigen Strecken beträgt die Gebühr für 2-achsige Wohnmobile 0,19 €/km, für 3-achsige 0,26 €/km.

Informationen zur Go-Box

Gebührenfreie Tel.-Nr. 0800 40011400 oder im Internet unter www.go-maut.at

Aber es geht noch weiter. Zahlreiche Tunnel und Alpenstrecken in Österreich sind nämlich „sondermautpflichtig". Das heißt: Zusätzlich zur Vignette oder Go-Box bezahlt man noch einmal. Auf der Tauernroute etwa für den **Tauerntunnel** 9,50 € (ab 3,5 t 16,30 €; 3-Achser 22,80 €) und für den **Karawankentunnel** 6,50 € (ab 3,5 t 10 €; 3-Achser 15,10 €); auf der „Wohlfühlroute" für den **Bosrucktunnel** 4,50 € (ab 3,5 t 7,90 €; 3-Achser 11,10 €) und für den **Gleinalmtunnel** 7,50 € (ab 3,5 t 11,40 €; 3-Achser 16 €). Jeweils einfach!

DURCH SLOWENIEN

Für das kurze Autobahnstück durch Slowenien, das zudem noch nicht fertiggestellt ist, sondern durch Baustellen und Bundesstraßen unterbrochen wird, muss man eine Halbjahresvignette zum stolzen Preis von 35 Euro lösen (bis 3,5 t), selbst wenn die Fahrt nur wenige Stunden dauert. Fahrer von Fahrzeugen über 3,5 t haben den Vorteil, dass sie nicht pauschal, sondern nur die gefahrenen Abschnitte bezahlen. Das funktioniert, wie man es aus Frankreich gewohnt ist: beim Auffahren Karte ziehen und beim Abfahren (evtl. auch zwischendurch) bezahlen.

Eine interessante Option für alle, die direkt zu den Plitvicer Seen bzw. zu Zielen um Zadar und südlich davon wollen, ist die Route von Ljubljana via Novo Mesto, Karlovac und Slunj in Richtung Plitvice. Sie ist nicht sonderlich schnell (da keine Autobahn), aber überwiegend gut zu fahren (nur um Karlovac erfordert die Routenführung etwas mehr Aufmerksamkeit und davor ist die Straße schmal und kurvenreich), reizvoll und zeigt ein ganz anderes Kroatien.

Licht-Pflicht

Beachten Sie, dass in Österreich, Slowenien und Kroatien auch am Tag mit Abblendlicht gefahren werden muss.

Bargeldlose Zahlung

Gewöhnlich können Vignette und Tunnelmaut bargeldlos mit der Bank- oder Kreditkarte bezahlt werden.

DURCH KROATIEN

Das **Autobahnnetz** in Kroatien wird seit der Unabhängigkeit mit Hochdruck ausgebaut. Längere Abschnitte sind bereits fertig und in ausgezeichnetem Zustand mit modernen Raststätten und Treibstoffpreisen, die nicht höher sind als an anderen Tankstellen. Da die Küstenstraßen sehr kurvenreich und in der Saison oft stark überlastet ist, wird man vor allem bei einer direkten Anreise nach Dalmatien auf der Autobahn viel Zeit und Nerven sparen – und zudem sicherer reisen. Die Bezahlung funktioniert ähnlich, wie es auch in Frankreich gehandhabt

Einige **Gebührenbeispiele** (in Kuna) für Wohnmobile (Kat. II bis 3,5 t bzw. Kat. III über 3,5 t, mit 3 Achsen oder Anhänger) ab Zagreb bis:

	Kategorie II	**Kategorie III**
Rjeka (Kun)	108 kn (15 €)	144 kn (20 €)
Karlovac	29 kn (4 €)	38 kn (5 €)
Otočac	98 kn (13 €)	139 kn (19 €)
Maslenika	159 kn (22 €)	231 kn (31 €)
Zadar West	147 kn (20 €)	242 kn (33 €)
Šibenik	208 kn (28 €)	305 kn (41 €)
Dugopolje	243 kn (33 €)	357 kn (48 €)
Blato na Cetini	261 kn (35 €)	383 kn (52 €)

Weitere Gebühren und umfassende Infos unter www.hac.hr/index

Sonstige Mautgebühren für Wohnmobile (Kat. II bzw. III):

Krka-Brücke	40/70 kn (5/9 €)
Učka-Tunnel*	26 kn (4 €)

*Der Tunnel erhielt im ADAC-Test die Note „mangelhaft“!

wird: Bei der Auffahrt auf die Autobahn erhält man ein Ticket, beim Verlassen bezahlt man entsprechend der gefahrenen Strecke.

DURCH ISTRIEN

Wer nicht möglichst rasch weiter nach Dalmatien fahren will, sondern seinen Urlaub in Istrien verbringen oder zunächst dorthin einen Abstecher machen möchte, hat ab Ljubljana verschiedene Möglichkeiten:

Zur **Westküste** folgt man der Autobahn via Postojna bis Koper und dann der Fernstraße Nr. 111 via Koper und Portorož zum Grenzübergang Sečovlje oder man fährt ab Koper via Fernstraße Nr. 11 zum Grenzübergang Kaštel nahe Buje. Von beiden Grenzübergängen kann man dann entweder in Richtung Westen nach Savudrija fahren, um der Küstenstraße zu folgen, oder etwas im Landesinneren auf der Straße Nr. 21 (E 751) bzw. der Autobahn M 2 in Richtung Pula.

Ins **Landesinnere** Istriens nimmt man kurz vor dem Ende der Autobahn Postojna – Koper die Landstraße Nr. 208 über Hrastovlje, die hinter Sočerga nahe Buzet die Grenze überquert.

Die **Ostküste** der Halbinsel, Rijeka und die Kvarner Bucht erreicht man ab Postojna am besten auf der Fernstraße Nr. 6, die via Ilirska Bistrica zum Grenzübergang Rupa führt und dann weiter als E 61 nach Opatija und Rijeka.

Achtung: In der Gegend um Rijeka ist zur Hauptreisezeit mit Staus zu rechnen. Es könnte sich lohnen, die Verkehrsmeldungen (s. S. 40) zu hören und die Gegend möglichst früh am Morgen zu passieren.

ANREISE PER SCHIFF

Küstenfähre

Wer nach Dalmatien will, dem bietet sich eine reizvolle Alternative zur neuen Inlandsautobahn: Er fährt bis Rijeka und steigt dort auf die Küstenschnellfähre der Gesellschaft Jadrolinija (s. u.) um. Auf dem Schiff reist man bedeutend angenehmer als auf der Küstenstraße und erhält zugleich einen ersten Einblick in die faszinierende Inselwelt. Die Gefahr seekrank zu werden besteht kaum, da das Meer im Schutz der Inseln meist sehr ruhig ist. Für längere Strecken kann man eine Kabine nehmen. Und man hat zudem die Möglichkeit, in Häfen, die das Schiff unterwegs anläuft, von Bord zu gehen, um eine Stadt oder Insel zu erkunden, und dann mit einem späteren Schiff weiter zu fahren. Diese Fähre ist nicht ganz billig, aber man spart sich viele anstrengende Straßenkilometer und eine ganze Reihe von – teils umständlichen und ebenfalls nicht billigen – Inselfähren.

Im Gegensatz zu den meisten anderen Fährverbindungen muss die Küstenfähre reserviert werden. Der Hafenparkplatz für die Fähre in Rijeka (der übrigens auch für Fährpassagiere kostenpflichtig ist) befindet sich nahe der Jadrolinija-Zentrale und bietet zugleich einen guten Ausgangspunkt für einen Stadtbummel.

Fähre ab Italien

Vor allem um an die Küste Dalmatiens oder zur Insel Dugi Otok zu gelangen, bieten auch die Fähren von Italien aus eine bequeme Mög-

105kr Abb.: rh

lichkeit; beispielsweise mit Jadrolinija auf folgenden Routen Ancona – Zadar (7 Std.), Ancona – Split (10 Std.), Ancona – Zadar – Šibenik (12 Std.), Bari – Dubrovnik (8 Std.).

- **Jadrolinija Hauptbüro in Rijeka,** Riva 16, HR-51000 Rijeka, Tel. +385 (0)51 666111, Fax +385 (0)51 213116, Passdept_h@jadrolinija.hr, www.jadrolinija.hr
- **Buchungsbüro in Deutschland:** DERTOUR, 60424 Frankfurt/Main, Emil-Von-Behring Str. 6, Tel. 069 9588 5800, Fax. 069 95885822, service.dertraffic@dertour.de, www.ocean24.de
- **Buchungsbüro in der Schweiz:** Cosulich AG, 8006 Zürich, Stempfenbachstraße 151, Tel. 044 3635255, Fax 044 3626782, info@cosulich.ch, www.cosulich.ch
- **Buchungsbüro in Österreich:** ADRIA REISEN, 1070 Wien, Burggasse 23, Tel. 01 5263630, Fax. 01 5261140, adriareisen@adria-reisen.at, www.adriareisen.at
- Kontaktdaten **weiterer Fährgesellschaften** finden Sie auf S. 28.

106kr Abb.: rh

▶ *Großsegler in einer Inselbucht – Mitsegeln ist eine interessante Abwechslung*

AUSFLÜGE

Während der Reisesaison bieten zahlreiche Hotels, Reisebüros, Tourist-Informationen und Privatunternehmen ein breites Spektrum an Ausflügen an. Oft wird man schon beim ersten Stadtbummel darauf angesprochen und bekommt ein Infoblatt in die Hand gedrückt. Besonders beliebt sind Bootsausflüge zu entlegenen Buchten oder sehenswerten Orten mit großem Fischgrillen. Von den Häfen verkehren Ausflugsboote zu den vorgelagerten Inseln und zu abgelegenen Stränden, die man nur vom Wasser her erreicht. Aber auch Busexkursionen, Radtouren, Paddeltouren und Ausritte werden angeboten. In den Programmen findet man Besichtigungen aller größeren Sehenswürdigkeiten der Küste und Inseln sowie Ausflüge zu Nationalparks, Weingütern etc. Meist wird man von einem deutschsprachigen Führer begleitet. Vergewissern Sie sich vor der Buchung, welche Leistungen im Preis enthalten sind und was unterwegs extra zu bezahlen ist.

BEHINDERTE

Die meisten größeren Campingplätze haben behindertengerechte Sanitäranlagen und auch die neueren Hotels sollten zumindest einige entsprechend ausgestattete Zimmer besitzen – aber vorsichtshalber sollte man sich im Einzelfall vergewissern. Informationen über Reisen für Behinderte und rollstuhlgerechte Unterkünfte erhält man von der:

- **Bundesarbeitsgemeinschaft der Clubs Behinderter und ihrer Freunde,** Langenmarckweg 21, 51465 Bergisch Gladbach, Tel. 02202 9899811, Fax 02202 42431, info@bagcbf.de, www.bagcbf.de

DIPLOMATISCHE VERTRETUNGEN

KROATISCHE VERTRETUNGEN

- **Deutschland:**
  Ahornstr. 4, 10787 Berlin, Tel. 030 21915514, Fax 030 23628965; info@kroatische-botschaft.de, www.kroatische-botschaft.de
  Konsulate in Hamburg, Bonn, Frankfurt, Stuttgart und München (www.auswaertiges-amt.de)
- **Österreich:**
  Heuberggasse 10, 1170 Wien, Tel. 01 4802083, Fax 01 4802942; Konsulate in Graz und Telfs (www.bmaa.gv.at)
- **Schweiz:**
  Thunstr. 45, 3005 Bern 16, Tel. 031 3520275, Fax 031 3520279; Konsulat in Zürich (www.eda.admin.ch)

VERTRETUNGEN IN KROATIEN

Deutschland

- **Zagreb:** Njemačko Veleposlanstvo, Ulica Grada Vukovara 64, Tel. 01 6158105; Notrufnummer 098227136
- **Split:** Njemački Konzulat, Obala hrvatskog narodnog preporoda 10/1, Tel. 021 362114

Österreich

- **Zagreb:** Ulica Grada Vukovara 64, Tel. 01 6300100
- **Split:** Austrijski Konzulat, Klaiceva poljana 1, Tel. 021 322535
- **Dubrovnik:** Austrijski Konzulat, Put Republike 32, Tel. 020 357697; Notrufnummer 0915147699

Schweiz

- **Zagreb:** Švicarsko Veleposlanstvo, Bogoviceva 3, Tel. 01 4878800

EINKAUFEN

Generell bekommt man in Kroatien zumindest in größeren Supermärkten praktisch alles, was man an Lebensmitteln und für den Wohnmobil-Haushalt benötigt. Die Preise liegen (zumindest in Touristengebieten und während der Saison) durchschnittlich etwa auf dem Niveau deutscher Supermärkte – manche Artikel (insbesondere Importwaren) können auch deutlich teurer sein. In kleinen Läden etwas abseits der großen Touristenzentren kauft man oft günstiger ein als in den großen Supermärkten an der Küste.

Ich decke mich gewöhnlich vor Abreise bei einem Discounter mit Grundnahrungsmitteln, Konserven und einigen Getränken ein (inzwischen findet man die namhaften Discounter aber auch in Kroatien und die Preise sind hier ähnlich) und ergänze dann unterwegs nach Bedarf: frisches Obst und Gemüse bevorzugt auf den örtlichen Märkten; Fleisch- und Wurstwaren entweder im Supermarkt oder der **Mesnica** (Metzgerei). Besonders gut ist meist *Pršut,* getrockneter (Istrien) oder geräucherter (Dalmatien) Schinken. Fisch kauft man am besten auf dem Markt oder in der **Ribarnica** (Fischgeschäft, Fischhalle), wo zeitig am Morgen fangfrisch der ganze Reichtum der Adria angeboten wird: von verschiedensten Fischarten über Tintenfische, Langusten und Scampi bis zu allerlei Muscheln und sonstigen Schalentieren.

109kr Abb.: rh

▲ *Noch frischer kann Fisch nicht sein*

Käse bekommt man ebenfalls im Supermarkt: den „Industriekäse" im Regal, den einheimischen „Echten" an der Käsetheke. Die Auswahl hält sich meist in Grenzen. Wirklich billig ist er nie und die Qualität kann sehr unterschiedlich sein. Selten falsch liegt man mit *Paški Sir* (Schafskäse von der Insel Pag), der aber auch mit Abstand am teuersten ist.

Enttäuschend war bisher meistens das Brot *(kruh)* – egal, ob man es im Supermarkt, im kleinen Laden oder in der **Bäckerei** *(Bakeri)* kauft. Gelegentlich sah es zwar von außen gut aus, schmeckte aber nach gar nichts. Inzwischen bekommt man jedoch fast überall auch passables Brot. Das mit Abstand beste und wahrhaft köstlichste habe ich im Restaurant „Konavoski Dvori" (s. S. 239) gegessen! Recht preisgünstig und manchmal ganz gut sind süße Backwaren wie *Fritule, Kroštule, Štrudel* (Apfel- oder Quarkstrudel), *Kremšnite* (Blätterteiggebäck mit Creme- oder Puddingfüllung und manchmal Schokoladenguss) oder *Baklava* (aus der Türkei stammendes, sehr süßes Blätterteig-Gebäck mit Honig-/Walnussfüllung).

Wo immer sich die Möglichkeit bietet, sollte man **Produkte der Region** wie Wein, Obst, Gemüse, Olivenöl, Käse, Schinken, Nüsse, Schnäpse oder Liköre etc. direkt vom jeweiligen Erzeuger kaufen: von Ständen am Straßenrand, in Weinkellereien und auf dem Bauernhof. Aber auch hier sollte man ein bisschen auf den Preis schauen und nicht blind glauben, dass „direkt ab Erzeuger" immer auch „preisgünstig" bedeutet. Wo möglich wird in den einzelnen Routenbeschreibungen auf solche Bezugsquellen hingewiesen. Da der Verkauf ab Erzeuger bislang jedoch relativ wenig organisiert ist, sind es in den meisten Fällen Verkaufsstände an Straßen, Parkplätzen und bei Sehenswürdigkeiten, die solche Produkte anbieten.

Preise vergleichen

Beachten Sie, dass Gemüsestände ihre Preise meist nicht auszeichnen, sondern „je nach Kunde" spontan festsetzen. Es ist daher ratsam, zu vergleichen und die üblichen Preise zu kennen.

SOUVENIRS

Neben sehr viel (und immer mehr!) Kitsch und Touristen-Tand, findet man an Souvenirständen, auf Märkten und in Galerien gelegentlich auch einige landestypische Produkte. Oft haben die verschiedenen Regionen ihre eigenen Spezialitäten. Die Galerien der Küstenstädte orientieren sich meist sehr stark am Touristengeschmack der breiten Masse. Wer geschmackvollere Kunstgegenstände sucht, sollte einen Abstecher in istrische Bergdörfer, wie z. B. nach Grožnjan machen, das sich zu einer kleinen Künstlerkolonie entwickelt hat. Typisch für Istrien sind handbemalte *Bukletas* – Keramikgefäße, aus denen auf der Halbinsel traditionellerweise der Wein getrunken wird. Rijeka ist bekannt für seinen bunt emaillierten *Morčić* (Mohrenkopf), das Symbol der Stadt, der nach alten Mustern gefertigt auf Goldketten, Ohrringen und Broschen zu finden ist. Schmuckarbeiten (oft mit traditionellen regionalen Mustern und Motiven) findet man überall entlang der Küste und in jedem größeren Ort gibt es meist eine ganze Reihe von Schmuckgeschäften, die an dem Schild **„Filigran"** zu erkennen sind.

Die Insel Pag ist nicht nur für den **Paški Sir** (würziger Schafskäse) bekannt, sondern auch für die berühmten **Pager Spitzen,** die nicht gehäkelt oder geklöppelt, sondern mit der Nähnadel gefertigt werden. In der Stadt Pag kann man alte Frauen sehen, die vor dem Haus sitzen und an kostbaren Spitzen arbeiten. **Vorsicht** mit Angeboten von Spitzendecken u. Ä. generell und insbesondere in den Küstenstädten Istriens. Sie werden dort zu absoluten Basarpreisen angeboten! Das heißt, wenn Sie den Anfangspreis um mehr als die Hälfte heruntergehandelt haben, werden Sie immer noch mehr als doppelt so viel dafür bezahlen, wie der Händler eigentlich wollte – und das wiederum ist sicher ein Vielfaches des reellen Preises!

Gewürz-, Duft- und Heilkräuter bieten vor allem die süddalmatischen Inseln (insbesondere Hvar). Lavendel, Salbei, Oregano und Rosmarin bekommt man dort entweder getrocknet in kleinen Beutelchen oder als Duft-Essenzen und -Öle in Flaschen angeboten. Diese Inseln (vor allem Brač und Mljet) sind außerdem für ihren kostbaren **Blüten-**

honig (oft Lavendelhonig) bekannt, den man auf den Märkten oder direkt vom Imker kaufen kann. Beliebt sind weiterhin die bunten **Obst- und Kräuterschnäpse,** die während der Saison an Ständen entlang der gesamten Küste angeboten werden (besonders in Istrien), sowie der **Maraschino** (fruchtiger Sauerkirschlikör) aus der Gegend von Zadar. Die berühmten **Weine** kauft man am besten und preisgünstigsten direkt ab Erzeuger in Kellereien oder *Konobas* (rustikale Weinkeller mit einfachen regionalen Gerichten; s. u. „Wo man was isst").

Das hochwertige **Olivenöl** sollte man vorher probieren, um sich von seiner Qualität zu überzeugen. Bei **Schafskäse** und **Schinken** lohnt es sich, die Preise auf Märkten und an Straßenständen zu vergleichen. Am besten ist es, wenn kroatische Freunde oder Bekannte einen beraten oder mit auf den Markt gehen!

Verzichten sollte man unbedingt auf Souvenirs wie exotische Muscheln, präparierte Fische, Korallen und anderes Meeresgetier, das meist nicht aus der Adria stammt, sondern aus anderen Meeren importiert wurde, wo durch exzessives Ausbeuten solcher „Souvenirs" der Bestand vieler Arten bedroht ist. Wenn man Muscheln als Souvenirs kaufen will, dann bei den vielen Kindern, die in fast jedem Küstenstädtchen ihre Funde auf leeren Obstkisten für ein paar Kuna anbieten – und die damit ganz sicher keine Arten bedrohen.

EINREISEBESTIMMUNGEN

Für die Einreise nach Kroatien und einen Aufenthalt von bis zu drei Monaten benötigen Deutsche, Österreicher und Schweizer kein Visum. Ein gültiger **Personalausweis oder Reisepass** genügt. Kinder unter 12 Jahren müssen im Pass der Eltern eingetragen sein oder einen Kinderausweis mit Lichtbild haben. Reisende aus der Schweiz und Besucher, die durch Bosnien-Herzegowina reisen wollen, brauchen einen Reisepass. Beachten Sie, dass man Bosnien-Herzegowina zwangsläufig durchqueren muss, um auf dem Landweg nach Süddalmatien zu gelangen. Auch wenn Touristen am Korridor von Neum praktisch nie kontrolliert werden, kann es passieren, dass man dort den Reisepass oder Personalausweis verlangt. Da sich die Einreisebedingungen kurzfristig ändern können, raten wir, sich vor Abreise beim Auswärtigen Amt (www.auswaertiges-amt.de bzw. www.bmaa.gv.at oder www.eda.admin.ch) oder der jeweiligen Botschaft (s. Kapitel „Diplomatische Vertretungen") zu informieren.

Autofahrer müssen den **Kfz-Schein** und einen nationalen **Führerschein** bei sich haben. Ein internationaler Führerschein ist nicht erforderlich. Auch die **Grüne Versicherungskarte** ist für deutsche und österreichische Fahrzeuge nicht mehr vorgeschrieben, vereinfacht aber im Falle eines Unfalls die Schadensregulierung. In Bosnien-Herzegowina (s. o.) und für Autofahrer aus der Schweiz ist die Grüne Versicherungskarte noch Vorschrift.

! *Grüne Versicherungskarte*

Nehmen Sie in jedem Fall eine Grüne Versicherungskarte mit! Obwohl sie nicht vorgeschrieben ist, kann es nach Auskunft meiner Kfz-Versicherung passieren, dass Sie sonst trotzdem von einem Polizisten zur Kasse gebeten werden. Mir wurde selbst in Frankreich schon die Grüne Versicherungskarte abverlangt, obwohl sie dort natürlich auch nicht vorgeschrieben ist.

Eine vorübergehende **Vollkaskoversicherung** könnte empfehlenswert sein, da die Deckungssumme der kroatischen Kfz-Haftpflichtversicherung recht niedrig ist. Ein **Kfz-Schutzbrief** ist ebenfalls empfehlenswert. Wer mit einem geliehenen Fahrzeug (z. B. Miet-Wohnmobil) einreist, benötigt eine beglaubigte Vollmacht des Fahrzeughalters (Vordrucke erhält man vom Vermieter oder vom Automobilclub).

Zum Mitführen eines **Haustiers** s. Seite 32.

ESSEN UND TRINKEN

Küste, Karst und Völkervielfalt haben Kroatien eine abwechslungsreiche Gastronomie beschert und ein breites Spektrum an Speiselokalen. Und doch hat die Küche des gesamten kroatischen Küstenlandes etwas gemeinsam: Sie ist einfach, ungekünstelt, ausgesprochen bekömmlich und gesund. Frische Zutaten werden schonend gegart und mit feinen Kräutern aus der Natur gewürzt. Vor allem aber kochen die Küstenbewohner leicht, mit wenig Fett – und wenn, dann wird nur bekömmliches Olivenöl verwendet, das zu den besten der Welt gehört.

KROATISCHE KÜCHE

Früher gab es überall nur die ewig gleichen *Čevapčići, Razniči* und Mixed Grill (gemischte Grillplatte). Diese einstigen **Markenzeichen der jugoslawischen Küche** stammen aus Serbien und waren von den kroatischen Speisekarten vorübergehend fast ganz verschwunden, da die Abgrenzung gegenüber allem Serbischen bis in den Kochtopf reichte. Inzwischen tauchen sie in den Restaurants der Touristenzentren wieder auf und werden dann mit **Ajwar** serviert, einem rötlichen Mus aus Tomaten, Paprika, gehackten Zwiebeln und Auberginen, das sowohl mild als auch eher scharf sein kann.

Kulinarisch am ärmsten dran sind nach wie vor die Pauschaltouristen, die sich in den großen und oft **sterilen Hotelrestaurants** ernähren müssen, wo sie meist pauschal „international" abgefüttert werden. Das beginnt schon mit dem Frühstück: ein dürftiges, fades Büfett, dazu ein oder zwei farbige Flüssigkeiten („Fruchtsäfte", die wie verdünnte Limonade schmecken) und ein abschreckender Getreidekaffee. Ähnlich „international" geht es oft mittags und beim Abendessen her: dünne Nudelsuppe und ein Mayonnaise-schwerer Gemüsesalat, Schnitzel *(šnicl)* – entweder Natur *(naravni)* oder paniert *(bečik šnicl)* –, Hacksteak, Hühnerkeule oder Grillfleisch mit Krautsalat, Gemüse und Pommes frites *(pomfrit)*. Das war's dann! Ausnahmen bestätigen die Regel – werden aber erfreulicherweise immer häufiger!

Besser isst man meist in kleineren **Privat-Gaststätten** (s. Exkurs „Wo man was isst"), wenngleich dies noch lange kein Güte-Siegel sein muss. Auch darunter gibt es schwarze Schafe, die nur die schnelle

Touristen-Kuna machen wollen. Doch in den besseren Restaurants und Gaststätten der Küste werden Zahnbrasse, Seebarsch, Drachenkopf, Peterfisch, Sardinen und Goldbrasse, Hummer, Tintenfische, Muscheln, Austern und Scampi noch immer oder wieder frisch, nach traditionellen Rezepten mit feinen Kräutern zubereitet und mit Mangold *(blitva)* oder frischem Weißbrot serviert. Zu den **Spezialitäten** zählen leckere Fischsuppe *(brodet)*, gefüllte Tintenfische *(punjene lignje)*, Miesmuscheln *(mušule)* und schwarzes Tintenfisch-Risotto. Unter einer mit Holzkohle überhäuften Metallglocke *(peka)* wird Lammfleisch mit Kartoffeln und Gemüse schonend gedünstet.

Wo man was isst

Die verschiedenen Arten von Speiselokalen sind an der kroatischen Küste ähnlich vielfältig wie ihre Küchen und Speisekarten. Das ***Restaurant (restoran)*** *als gehobenes Speiselokal (mit meist internationaler und oft fantasieloser Küche) trifft man vor allem in Gestalt von Hotelrestaurants. In touristischen Zentren gibt es jedoch zunehmend auch kleine, privat geführte Restaurants - darunter sehr gute* ***Riblji restorans (Fischrestaurants)****, die natürlich nicht nur Fisch, sondern die ganze Vielfalt an Meeresfrüchten servieren, aber auch eine ganze Menge von Touristenrestaurants, in denen man mit Allerweltsgerichten den Geschmack der breiten Masse treffen will.*

Landestypischer ist die ***Gostiona*** *oder* ***Gostionica (Gaststätte, Wirtshaus)****, die gelegentlich auch als* ***Taverna*** *bezeichnet wird. In diesen kleineren und gemütlicheren Lokalen kochen Wirt oder Wirtin meistens selbst. Hier kann man regionale Spezialitäten kennen lernen, die aus frischen Zutaten nach alten Hausrezepten und mit Liebe zubereitet werden.*

Ein echtes Erlebnis sind viele der kleinen ***Konobas (Weinkeller):*** *urige Gewölbekeller oder kleine, rustikale Lokale, die der Wirt oft mit viel Hingabe und Eigenleistung ausgestaltet hat. Serviert wird dort meist einfache, aber delikate Hausmannskost: Schinken, Käse, Oliven und Wein aus eigenem Anbau, frisches selbstgebackenes Brot und manchmal auch kleine Fischgerichte - je nachdem, was der Wirt am Morgen aus dem Meer gezogen hat. Doch Vorsicht: In Ferienzentren wird die Bezeichnung „Konoba“ auch immer mehr zum Touristen-Nepp.*

Bei den Einheimischen beliebt sind die zahlreichen ***Kavanas (Cafés)****, da sie sich Restaurantessen kaum mehr leisten können, und das* ***Bife (Büfett)****, eine Art Bar oder Kneipe, in der sich die Fischer treffen. Ebenfalls sehr verbreitet sind Pizzerias, die aber meist nur das servieren, was ihr Name verspricht, und nicht gleich ein komplettes italienisches Restaurant erwarten lassen.*

Und schließlich gibt es noch das ***Samoposlužni restoran (Selbstbedienungsrestaurant)****, das man meist in Ferienanlagen findet, und die* ***Slastičarna****, eine Mischung aus Eisdiele, Konditorei und Espressobar.*

Vor allem entlang der istrischen Küste sieht man vor vielen Lokalen auch große **Grillöfen** im Freien stehen, in denen über duftender Wacholderglut ganze Lämmer oder Spanferkel knusprig braun gebraten werden. Sonst sind Fleischgerichte nicht typisch für die Küste. Zu den wenigen Fleischspezialitäten Dalmatiens zählen *Jagječka Čorba* (Lammfleischsuppe), *Vitalac* (Innereien vom Lamm, in Darm gewickelt und am Spieß geröstet) und *Pašticada* (mariniertes Rindfleisch mit Speck und Knoblauch gespickt und in Weißwein gekocht).

108kr Abb.: rh

▲ *Nicht jedermanns Sache: Dörrfisch*

Breiter ist die Fleischpalette mit verschiedensten Lamm-, Schaf-, Schweine- und Rindfleisch- oder Wildgerichten **im Landesinneren** Istriens und der Region Kvarner. Dort isst man etwas deftiger als an der Küste, z. B. köstliche Wildgerichte, *Meneštra* (ein Gemüseeintopf ähnlich der Minestrone), *Ombolo* (luftgetrocknetes Schweinefleisch, das mindestens drei Wochen lang mariniert wird), *Sarma* (eine Art köstlicher Krautwickel aus eingelegten Kohlblättern), *Istarska supa* (istrische Suppe aus Rotwein, Olivenöl und geröstetem Brot), verschiedene Kartoffelgerichte und *Pura* (dicker Maisbrei) sowie als besondere Zutat die berühmten istrischen Trüffel, denen aphrodisische Wirkung nachgesagt wird.

Besonders im Norden, aber auch in vielen Küstenstädten Dalmatiens, haben die **Italiener** mit Pasta, Pizza und Risotto ihre Spuren hinterlassen. Das sind keineswegs Zugeständnisse an den Touristengaumen, sondern seit venezianischer Zeit feste Bestandteile der kroatischen Küstengastronomie. **Österreichische Einflüsse** sind vorwiegend auf der Dessert-Karte zu finden: *Palačinke* (Pfannkuchen mit Marmelade, Schokolade oder Zucker und Zimt), *Štrudel* (Apfel- oder Quarkstrudel) und *Kremšnite* (Blätterteiggebäck mit Creme- oder Puddingfüllung).

Musaka (mehrere Schichten Hackfleisch, Kartoffeln und Tomatensauce mit Ei und Sauerrahm überbacken), aber auch das serbische *Djuveč* kommen ursprünglich aus **Griechenland.** Und die Türken haben vor allem in Süddalmatien ihre Gewürze und den *Turska Kava* (türkischen Kaffee) hinterlassen, der mit sehr fein gemahlenem Kaffeepulver und Zucker in kleinen Messingtöpfchen aufgekocht wird.

Zur typischen **Konoba-Küche** gehören Schinken *(Pršut),* Schafskäse (z. B. *Paški Sir),* Oliven und frisches Brot. Einfach und schmackhaft! Wirklich gute Restaurants servieren genau das als Vorspeise – aber nirgends schmeckt es herzhafter als in einer *Konoba,* denn hier stammt alles aus eigenem Anbau und ist selbstgemacht. Gelegentlich bekommt man dazu noch Frühlingszwiebeln oder Salzsardinen, die roh in Öl, Essig, Lorbeer und Kräutern eingelegt mehrere Wochen reifen müssen. Richtig zubereitet sind sie eine Delikatesse und nicht billig. Aber wer Pech hat, kann auch Exemplare erwischen, die teuer sind und doch so roh und alt schmecken, wie sie tatsächlich sind.

In Dalmatien wird der *Pršut* **(Schinken)** gesalzen, geräuchert und getrocknet, während der istrische *Pršut* nur gesalzen und an der Luft getrocknet wird, worauf er ein volles Jahr lang reifen muss. Als bester – und teuerster – **Käse** Kroatiens gilt der *Paški Sir* (Schafskäse von der Insel Pag). Wer auf der Insel war, wird das verstehen: Die Schafe fressen dort kein Gras, sondern duftende Kräuter, die in der kargen Steinwüste gedeihen und von den Böen der Bora zusätzlich mit feinem Salznebel aus dem Meer überstäubt werden.

Die trocken in Kräuter eingelegten grünen oder schwarzen **Oliven,** die in den *Konobas* serviert werden, kommen stets aus eigenem Anbau. In Geschäften konnte ich sie trotz intensiver Suche nie entdecken. Und in Restaurants habe ich auf besondere Nachfrage meist nur eigenartige Dinge bekommen, die wie Oliven aussahen, aber das Aroma von destilliertem Wasser hatten.

SCHNAPS UND LIKÖR

Wo man gut isst, trinkt man hinterher auch gerne einen Schnaps. Fast jede *Konoba* und *Gostionica* hat ihren eigenen Hausschnaps, der dem Gast oft nach dem Essen angeboten wird. Die Bewohner der Küstenregion Istriens nennen ihn nach italienischem Brauch *Grappa,* im übrigen Land heißt er *Losovača* oder kurz *Losa.* Und mit aromatischen Kräutern versetzt wird daraus der beliebte *Travarica.* Den bekannten Pflaumenschnaps Sliwowitz *(šljivovica)* hat das gleiche Schicksal ereilt wie die *Čevapčići,* denn er ist ebenfalls serbischen Ursprungs. Eine gefragte Spezialität ist jedoch nach wie vor der *Maraschino,* ein köstlicher Kirschlikör, der in der Gegend von Zadar nach einem fast 500 Jahre alten Rezept der Dominikaner aus der dalmatinischen Maraska-Sauerkirsche gewonnen wird. Nicht ganz so bekannt, aber ebenso exzellent ist der *Feigenschnaps,* eine Spezialität der Insel Krk, der dort gerne als Aperitif gereicht wird. *Orahovica* wiederum ist ein Haselnussschnaps, den die Kroaten im südlichen Dalmatien vor allem für den eigenen Gebrauch herstellen. *Istra-Bitter* nennt sich ein Kräuterlikör, der ähnlich wie Campari schmeckt und ein bisschen zu einem Modegetränk geworden ist. Und dann gibt es natürlich noch den *Prošek,* einen schweren Dessertwein, der seit römischer Zeit als *vinum sanctum* (heiliger Wein) geschätzt und gern genossen wird.

Na denn: *Živjeli* – zum Wohl!

▼ *„Tanke" am Straßenrand: Hier gibt's Kräuterschnaps*

107kr Abb.: rh

FÄHREN

Zu allen größeren Inseln fahren kleine Autofähren *(Trajekt)*, in der Saison oft stündlich. Während der Hauptreisezeit kann es dennoch zu kilometerlangen Warteschlangen kommen und bei schlechten Wetterverhältnissen (im Sommer sehr selten!) wird der Fährdienst manchmal vorübergehend ganz eingestellt. Reservierungen sind für diese Lokalfähren nicht möglich. Autofahrer sollten sich daher zeitig vor Abfahrt des Schiffes in die Warteschlange einreihen, um sicher auf dem nächsten Schiff noch eine Passage zu bekommen (bei einigen weniger oft bedienten Routen kann das auch bedeuten: um am gleichen Tag noch eine Passage zu bekommen!). Einige Routen werden nur während der Saison bedient, andere – die in manchen Straßenkarten noch eingezeichnet sind – wurden ganz eingestellt. Nähere Informationen, Preisauskünfte und Fahrpläne erhält man von den Fährgesellschaften. Die größte ist nach wie vor Jadrolinija mit Hauptbüro in Rijeka und Hafenbüros in allen größeren Fährhäfen. Fast alle Insellinien werden von ihr betrieben; es gibt jedoch auch einige Strecken (z. B. zur Insel Rab), die von kleineren Gesellschaften bedient werden. Informationen über die Inselverbindungen finden Sie in den Routenbeschreibungen.

Eine angenehme Art, stressfrei entlang der Küste und zu den größeren Inseln zu reisen, sind auch die **Schnellfähren.** Jadrolinija bietet während der Saison tägliche Verbindungen mit der **Küstenschnellfähre auf der Route Rijeka – Split – Dubrovnik.** Unterwegs werden noch zahlreiche weitere Häfen angelaufen, jedoch nicht bei jeder Fahrt die gleichen, sodass die Fahrzeit für die Gesamtstrecke zwischen 17 und 23 Stunden schwankt. Für diese Fähren sind längerfristige Reservierungen erforderlich, wenn man ein Fahrzeug mitnehmen will.

Diese Fähre bietet auch eine sehr vorteilhafte Möglichkeit des **Inselhüpfens**; d. h., Sie können bei jeder Anlegestelle von Bord gehen und die Reise mit einer späteren Fähre fortsetzen. Allerdings müssen alle Etappen vorher reserviert sein!

› **Jadrolinija-Hauptbüro in Rijeka,** Riva 16, HR-51000 Rijeka, Tel. +385 (0)51 666111, Fax +385 (0)51 213116, Passdept_h@jadrolinija.hr, www.jadrolinija.hr. Buchungsbüros in den einzelnen Ländern siehe Kapitel „Anreise, Fähre"; Infos zu Hafenbüros in den einzelnen Städten finden Sie in den Routenbeschreibungen.

Kleines Fähren-Know-How

Bei der Zufahrt zur Anlegestelle der Fähre (Trajekt) werden Sie im Sommer irgendwann das Ende einer langen (manchmal sogar sehr langen!) Autoschlange erreichen. Stellen Sie Ihr Fahrzeug an ihrem Ende ab und wandern Sie an den Fahrzeugen entlang, bis Sie den Ticketschalter erreichen (manchmal nur ein kleiner Kiosk). Sollte er geschlossen sein (im Sommer selten), wird er rechtzeitig vor Ablegen der Fähre aufmachen. Sie müssen dort angeben, wie lang ihr Fahrzeug ist (bis 5 m, 5–7 m, über 7 m) und wie viele Personen mitfahren. Beachten Sie, dass man in kleinen Fährhäfen nicht immer mit Kreditkarte bezahlen kann! Sobald Sie Ihr Ticket haben, können Sie es sich wieder im Wohnmobil bequem machen und warten, bis sich die Schlange in Bewegung setzt. Bei sehr viel Andrang ist es nicht sicher, dass Sie gleich auf die nächste Fähre kommen werden, und auf manchen der seltener befahrenen Routen (z. B. von Stari Grad auf Hvar nach Split) sollte man im Sommer sogar schon etliche Stunden vor Abfahrt in der Schlange stehen, um noch am selben Tag aufs Schiff zu kommen!

Weitere Fährgesellschaften:

- **Rapska plovidba,** www.rapska-plovidba.hr
- **Lošinjska plovidba,** www.losinjska-plovidba.hr
- **Split Tours,** www.splittours.hr
- **Mediteranska plovidba,** www.medplov.hr

FESTE UND FEIERTAGE

GESETZLICHE FEIERTAGE

- **1. Januar:** Neujahr
- **6. Januar:** Heilige Drei Könige
- **März/April:** Ostersonntag/Ostermontag
- **1. Mai:** Tag der Arbeit
- **22. Juni:** Tag des antifaschistischen Kampfes
- **5. August:** Tag des Sieges und der Dankbarkeit (Rückeroberung der Krajina)
- **8. Oktober:** Unabhängigkeitstag
- **1. November:** Allerheiligen
- **25./26. Dezember:** Weihnachten

ISLAMISCHE FEIERTAGE

- **21. Januar:** Eid al-Adha (islamisches Opferfest)
- **3.–5. November:** Eid al-Fitr (Ende des Ramadan)

110kr Abb.: rh

Schwertkämpfer bei der Moreška-Aufführung in Korčula

REGIONALE FESTE

Außerdem gibt es zahlreiche regionale und lokale Feste – meist farbenfrohe Veranstaltungen mit Trachten, Folklore und regionalen Spezialitäten –, die hervorragende Gelegenheit bieten, die Kroaten, ihre Mentalität und Lebensweise besser kennen zu lernen. Im Folgenden eine kleine Auswahl der wichtigsten regelmäßig stattfindenden Feste und Veranstaltungen:

Januar

- **Lastovo** (6.1.): Inselkarneval mit Umzügen bis Fastnachtsdienstag

Februar

- **Dubrovnik** (3.2.): Prozession zu Ehren des Stadtheiligen St. Blasius *(Sv. Vlaho)*

April

- **Blato, Korčula:** 28.4. *Kumpanija*, farbenfrohes Ritterspiel mit 700-jähriger Tradition und umfangreichem Folkloreprogramm

Mai

- **Nin:** Bootsprozession zur Madonnenstatue auf der Insel Zećeveo mit anschließendem Dorffest

Juli

- **Korčula:** *Moreška,* farbenprächtiges Ritterspiel mit akrobatischen Schwerttänzen
- **Veli Iž, Insel Iž:** *Iška Kralj*, Krönung des Inselkönigs, die seit antiker Zeit existiert und stets am letzten Juli- und ersten Augustwochenende mit buntem Festprogramm und Vorführung traditioneller Handwerke begangen wird

111kr Abb.: rr

▲ *Trachtenschönheit auf der Insel Mljet*

August

- **Sinj** (1. Wochenende): *Sinjiska Alka,* dreitägiges Reiterfest mit Ringstechen, prachtvollen Trachten und Uniformen sowie umfangreichem Rahmenprogramm (Information: Tel. 021 862352)
- **Sali, Dugi Otok:** *Saljske užanske,* traditionsreiches Fischerfest, das mit Folklore, Tanz und lustigem Eselrennen am ersten Sonntag gefeiert wird
- **Vir** (28.8.): Prozession mit großem Dorffest zu Ehren von Sv. Ivan
- **Jelsa, Hvar:** stimmungsvolles Weinfest in der malerischen Kulisse des Inselstädtchens mit Kunst- und Folkloreprogramm am letzten Wochenende

- **Betina, Murter:** großes Muschelfest mit Folklore, Tanz, Musik, viel gutem Essen (nicht nur Muscheln) und Wein
- **Korčula** (2.8.): *Perdun,* Prozession mit bunt geschmückten Booten zur Klosterinsel Badija, auf der anschließend ein Volksfest unter freiem Himmel stattfindet

September

- **Pag** (8.9.): große Madonnen-Prozession zur Erinnerung an eine Pestepidemie
- **Pag** (9.9.): kleine Madonnen-Prozession zur Erinnerung an eine Pestepidemie

FOTOGRAFIEREN

Standard-Filmmaterial und einfaches Zubehör wie Batterien sind in fast allen Städten und Touristenzentren erhältlich. Die Preise dafür sind jedoch deutlich höher als in Deutschland. Spezielles Material wie besonders lichtempfindliche Filme, Kunstlicht- oder Profifilme sowie besonderes Zubehör wie Akkus, Filter etc. sind nur in wenigen Großstädten erhältlich.

In Klöstern, Kirchen und Museen ist das Fotografieren mit Blitzlicht häufig verboten und manchmal darf man dort auch überhaupt nicht fotografieren. Militärische Anlagen dürfen grundsätzlich nicht abgelichtet werden.

Da die Lichtkontraste zwischen weißem Fels, dunklen Pinienwäldern und reflektierendem Wasser um die Mittagszeit sehr hart sind, empfiehlt es sich, am Morgen und am Abend zu fotografieren.

Auch wenn die Kroaten außergewöhnlich offen und gastfreundlich sind, ist beim Fotografieren von Menschen Taktgefühl stets ein guter Begleiter. Am besten immer vorher um Erlaubnis fragen. Ein „Nein“ wird man nur selten zur Antwort bekommen.

GASVERSORGUNG

Wer mit zwei vollen 11-kg-Gasflaschen startet, der kommt damit im Normalfall problemlos durch seinen Urlaub – selbst wenn dieser 4 oder 5 Wochen dauert, der Kühlschrank ständig läuft und täglich mit Gas gekocht wird. Sollte das Gas aus welchen Gründen auch immer dennoch einmal zur Neige gehen, können Flaschen, deren Prüfung nicht älter als fünf Jahre ist, in den Niederlassungen des Versorgers INA und zum Teil in Privatbetrieben befüllt werden.

Wohnmobile mit fest eingebautem **Gastank** können ihre Behälter an vielen größeren Tankstellen (vor allem in größeren Städten und an den Autobahnen) auffüllen. Der Preis liegt derzeit landesweit bei ungefähr 3,35 kn (0,46 €). Eine Liste von Autogas-Tankstellen für Kroatien und viele andere europäische Länder findet man im Internet unter: www.gas-tankstellen.de. Speziell für Kroatien kann man auch unter www.ina.hr, www.omv.hr und www.hak.hr nachsehen.

GELD

Landeswährung ist die **Kroatische Kuna,** abgekürzt kn und unterteilt in Lipa (1 kn = 100 Lipa). Es gibt Münzen zu 1, 2, 5, 10, 20 und 50 Lipa sowie zu 1, 2 und 5 Kuna und Banknoten zu 5, 10, 20, 50, 100, 200, 500 und 1000 Kuna. Der Wechselkurs ist staatlich festgelegt und relativ stabil. Die aktuellen Umrechnungskurse können z. B. über den Currency Converter bei www.oanda.com im Internet abgerufen werden.

Wechselkurse

(Stand Mai 2009)

1 kn	0,14 Euro
1 Euro	7,38 Kuna
1 kn	0,20 CHF
1CHF	5 Kuna

Geld wechseln kann man an allen Grenzübergängen, bei Banken, Postämtern, Fremdenverkehrsämtern, Touristenbüros, an vielen Rezeptionen von Hotels und Campingplätzen sowie in manchen Geschäften. Die Bearbeitungsgebühren schwanken zwischen 0 und 5 %, sodass ein Vergleich sich lohnt.

Da die kroatische Währung nicht an den internationalen Devisenbörsen gehandelt wird, kann man Kuna nur in Kroatien tauschen und zurücktauschen. Fremdwährungen dürfen in unbegrenzter Höhe **ein- und ausgeführt** werden. Für Kuna gilt ein Ein- und Ausfuhr-Höchstbetrag von 15.000 kn. Probleme gibt es leider, wenn man nicht aufgebrauchte kroatische Währung zurücktauschen will: Wechselstuben sind dazu gewöhnlich nicht bereit und verweisen auf die Banken, aber auch dort klappt es nur, wenn man einen Umtauschbeleg vorweisen kann, der dokumentiert, dass der Betrag bei einer Filiale der betreffenden Bank getauscht wurde.

Mit einem **Postsparbuch** kann man pro Tag maximal den Gegenwert von 2000 Euro abheben und bis zu 10 Auslandsabhebungen pro Jahr sind sogar entgeldfrei. **Kreditkarten** werden inzwischen meistens akzeptiert. Am weitesten verbreitet sind Eurocard/Mastercard, Visa, Diners und American Express.

Bankautomaten (auch mit deutscher Sprachführung) findet man zunehmend in größeren Städten. Mit der **Maestro-/EC-Karte** kann man dort Beträge bis zu 2000 kn (ca. 2800 €) abheben (Gebühr ca. 3–4 €); mit der Kreditkarte bezahlt man bei Barabhebungen bis zu 5,5 % des abgehobenen Betrags.

Die **Banken** haben keine einheitlichen **Öffnungszeiten.** In größeren Städten sind sie gewöhnlich montag bis freitag von 8–19 Uhr (außerhalb der Saison manchmal nur 8–14 Uhr) und samstags von 8–13 Uhr geöffnet, in kleineren Städten meist 8–12 Uhr und 15–19 Uhr, samstags bis 12 Uhr.

Ein Hinweis: Halten Sie unterwegs Euro- und Kuna-Scheine gut getrennt. Sie wären nicht der Erste, der versehentlich mit Euro bezahlt statt mit Kuna – also den mehr als 7-fachen Preis!

GESUNDHEIT

Der über die Jahrzehnte vertraute „Auslandskrankenschein" (Vordruck E 111) wurde inzwischen durch die **Europäische Krankenversichertenkarte** (European Health Insurance Card = EHIC) abgelöst. Sie gilt innerhalb der gesamten EU sowie in der Schweiz und den Ländern des ehemaligen Jugoslawien.

Der große Vorteil gegenüber dem alten Auslandskrankenschein: Mit der „Auslandskarte" kann man direkt zu einem Arzt oder Krankenhaus gehen, die dem staatlichen Gesundheitsdienst angeschlossen sind. Da jedoch die Leistungen nach den gesetzlichen Vorschriften im Ausland abgerechnet werden, muss man meist zunächst die Kosten der Behandlung selbst tragen und sollte alle Belege unbedingt aufheben, weil man diese hinterher bei der Krankenkasse einreichen muss.

Es besteht Anspruch auf alle erforderlichen medizinischen Sachleistungen. Häufig wird jedoch von der Krankenkasse nur ein Teil der Kosten anerkannt und erstattet, da die Kassen allerlei Selbstbeteiligungen und Pauschalen abziehen. Um das Risiko auszuschließen, empfiehlt sich der Abschluss einer zusätzlichen **Auslandskrankenversicherung,** die im Notfall auch den teuren Rücktransport in die Heimat einschließt.

Die medizinische Versorgung in Kroatien entspricht dem allgemeinen europäischen Standard. Jeder größere Ort hat ein Krankenhaus *(Bolnica),* eine Klinik oder zumindest eine Krankenstation *(Dom zdravlja)* und während der Reisesaison werden in vielen Ferienorten zusätzlich meist besondere Ambulanzen für die ausländischen Besucher eingerichtet. Sprachprobleme dürfte es kaum geben, da in den Feriengebieten fast jeder etwas Deutsch spricht. Apotheken *(Ljekarna)* gibt es nahezu in jedem größeren Ort. Sie haben meist von 7–19 Uhr geöffnet. Die Kosten für ärztlich verordnete Medikamente erstatten die Krankenkassen gegen Vorlage der Quittung (natürlich mit den auch im Inland gültigen Einschränkungen durch die Gesundheitsreform).

Literaturtipp

„Verreisen mit Hund" von Mark Hofmann, Reise Know-How Verlag. Der Praxis-Ratgeber von Reisevorbereitung über Einreisebestimmungen bis zum Umgang mit dem Hund unterwegs.

HAUSTIERE

Wer sein Haustier mit in den Urlaub nehmen möchte, muss beachten, dass dabei auch die Regelungen der Transitländer einzuhalten sind. Je nach Reiseroute können dies also Österreich, Slowenien und Italien sein. Alle Angabe ohne Gewähr! Um die aktuellsten Bestimmungen zu erfahren, rufen Sie die Botschaft des Landes an (s. S. 19)!

Kroatien

- **Tollwutimfpung:** mind. 15 Tage, max. 6 Monate alt
- **Gesundheitszeugnis:** nein
- **EU-Haustier-Pass** mit Mikrochip bzw. Tätowierung notwendig

- **Anmerkung:** Gilt für Tiere, die älter als 3 Monate sind! Herkunfts- und Gesundheitszeugnis erforderlich. Eine tierärztliche Untersuchung kann gegen Entgelt an der Grenze vorgenommen werden.

Österreich

- **Tollwutimfpung:** mind. 30 Tage, max. 12 Monate alt
- **Gesundheitszeugnis:** nein
- **EU-Haustier-Pass** mit Mikrochip bzw. Tätowierung notwendig

Slowenien

- **Tollwutimfpung:** mind. 15 Tage, max. 6 Monate alt
- **Gesundheitszeugnis:** Internationaler Impfpass mit tierärztlichem Gesundheitszeugnis (nicht älter als 14 Tage) und Tollwutimpfbescheinigung erforderlich.
- **EU-Haustier-Pass** mit Mikrochip bzw. Tätowierung notwendig
- **Anmerkung:** Hunde müssen zusätzlich gegen Staupe geimpft sein. Diese Impfung muss mindestens 15 Tage und darf höchstens 6 Monate alt sein.

Italien

- **Tollwutimfpung:** mind. 20 Tage, max. 11 Monate alt
- **Gesundheitszeugnis:** nicht älter als 30 Tage
- **EU-Haustier-Pass** mit Mikrochip bzw. Tätowierung notwendig

Bosnien-Herzegowina

- **Tollwutimfpung:** mind. 15 Tage, max. 6 Monate alt
- **EU-Haustier-Pass** mit Mikrochip bzw. Tätowierung notwendig
- **Anmerkung:** Internationaler Impfpass nötig. Eine tierärztliche Untersuchung kann gegen Entgeld auch am Grenzübergang vorgenommen werden.

INFORMATIONEN

FREMDENVERKEHRSÄMTER

Für umfassende Informationen vor und während der Reise bietet Kroatien eine Fülle verschiedener Informationsstellen recht unterschiedlicher Ausstattung und Leistungsfähigkeit.

Neben der staatlichen **Fremdenverkehrszentrale** gibt es die **Fremdenverkehrsämter** der Regionen (**TZŽ**= *Turistična Zajednica Županije*), einzelner Inseln **(TZO)** und für jede einzelne Stadt (**TZG** oder TZO). Verwirrend wird es für den Besucher dadurch, dass es in jeder Stadt zudem eine große Anzahl privater Touristikbüros gibt, die zwar alle mit dem international gebräuchlichen Symbol „i“ Kunden anlocken, aber keine Informationsbüros sind, sondern kommerzielle Reiseunternehmen, die Unterkünfte, Ausflüge, Mietwagen etc. vermitteln. Für zusätzliche Verwirrung sorgen Reiseführer, die in ihren Stadtplänen sämtliche angeblichen Informationsstellen verzeichnen, nur das tatsächliche Fremdenverkehrsamt manchmal nicht.

Allgemeines **Informationsmaterial** wie kostenlose Campingplatz- und Hotelverzeichnisse, Straßenkarten, Nautik-Informationen etc. besorgt man sich vor der Abreise bei den Fremdenverkehrsstellen im Heimatland. Für Informationen über einzelne Regionen kann man sich vor Reisebeginn an die jeweiligen Fremdenverkehrsämter der Region wenden. Zusätzlich sind im Routenteil dieses Buches die Adressen vieler örtlicher Fremdenverkehrsämter angegeben, bei denen man meist umfassende und informative Unterlagen bekommen kann.

Manche örtlichen Fremdenverkehrsämter sind sehr engagiert und kompetent, andere hingegen nicht viel mehr als eine Zimmervermittlung mit ein paar bunten Prospekten – und mit jeder Frage überfordert, die über Hotelbuchung oder Fahrpläne hinausgeht.

Informationsstellen im Heimatland

Kroatische Zentrale für Tourismus

- Kaiserstr. 23, 60311 Frankfurt, Tel. 069 2385350, Fax 069 23853520, info@visitkroatien.de
- Rumfordstr. 5, 80469 München, Tel. 089 223344, Fax 089 223377, Kroatien-tourismus@t-online.de
- Am Hof 13, 1010 Wien, Tel. 01 5853884, Fax 01 585388420, office@kroatien.at
- Badenerstr. 332, 8004 Zürich, Tel. 0336 2030, Fax 0336 2039, info@kroatien-tourismus.ch

Informationsstellen in Kroatien

Kroatische Zentrale für Tourismus

- Iblerov trg 10/IV, 10000 Zagreb, Tel. +385 (0)1 4699333, Fax +385 (0)1 4557827, www.hrvatska.hr, Infos für Touristen: Tel. 0800 200200 (kostenlos)

Regionale Tourismusämter

- **Istrien: TZŽ Istria,** Pionirska 1, 52440 Porec; Tel. 052 452797, Fax 052 452796; info@istra.hr, www.istra.hr
- **Kvarner: TZŽ Primorje-Gorje,** N. Tesle 2, 51410 Opatija; Tel. 051 272988, 051 272665, Fax 051 272909, kvarner@kvarner.hr, www.kvarner.hr
- **Region Šibenik: TZŽ Šibenske,** Fra Nicole Ružića bb, 22000 Šibenik; Tel. 022 219072, Fax 022 212346; tz-skz1@si.t-com, www.sibenikregion.com
- **Norddalmatien: TZŽ Zadarske,** Sv. Leopolda B. Mandića 1, 23000 Zadar, Tel. 023 315107, Fax 023 315316, tz-zd-zup@zd.t-com.hr, www.zadar.hr
- **Mitteldalmatien: TZŽ Splitsko-Dalmatinske,** Prilaz braće Kaliterna 10/I, 1001 Split, Tel./Fax 021 490032, 021 490033, 021 490036; info@dalmatia.com, www.dalmatia.com
- **Süddalmatien: TZŽ Dubrovačko-Neretvanske,** Cvijete Zuzorić 1/I, 20000 Dubrovnik, Tel. 020 324999, Fax 020 324224, info@visitdubrovnik.hr, www.visitdubrovnik.hr

Kroatische Engel

Die einheitliche Telefonnummer für alle touristischen Informationen, die ganz Kroatien betreffen, lautet: 062 999999. Bei Anrufen aus dem Ausland wählen Sie: +385 62 999999. Die Informationen können vom 25. März bis 15. Oktober u. a. in deutscher, englischer und italienischer Sprache abgerufen werden.

Die Adressen von Fremdenverkehrsämtern einzelner Städte, Inseln, Nationalparks etc. finden Sie bei der jeweiligen Ortsbeschreibung innerhalb der Routen.

REISEVERANSTALTER

Kroatienprogramme hat inzwischen fast jeder namhafte Reiseveranstalter im Katalog. Echter Kroatien-Spezialist mit einem sehr umfangreichen Programm an Pauschal- und Aktivreisen, Segeltörns und Kreuzfahrten bis hin zu Leuchtturm-Vermietungen ist

- Riva Tours, Neuhauser Str. 27, 80331 München, Tel. 089 2311000, Fax 089 23110026, info@idriva.de, www.idriva.de

INTERNET

- **www.kroatien.hr** (offizielle Website der kroatischen Tourismuszentrale)
- **www.croatia-online.de** (gute, informative deutsche Website über Kroatien)
- **www.traumhaftes-kroatien.de** (touristische Website für das ganze Land mit vielen Fotos und direkten Buchungsmöglichkeiten)
- **www.istra.hr** (Website des Fremdenverkehrsamtes Istrien)
- **www.kvarner.hr** (Fremdenverkehrsamt der Region Kvarner)
- **www.dalmatia.net** (umfassende, kommerzielle Website für ganz Dalmatien)
- **www.summernet.hr** (Fremdenverkehrsamt der Region Zadar, Norddalmatien)
- **www.visitdubrovnik.hr** (Fremdenverkehrsamt der Region Dubrovnik, Süddalmatien)
- **www.istra.com** (sehr umfassende und informative Site für Istrien)
- **www.hak.hr** (Website des kroatischen Automobilclubs)
- **www.camping.hr** (Website des kroatischen Campingplatz-Verbands mit Infos über alle Campingplätze)

› **www.idriva.de** (Spezialreiseveranstalter für Kroatien)
› **www.carina.hr** (Zollbestimmungen)
› Zahlreiche **weitere Links** finden Sie unter www.crotrip.de/kroatien_links_tourismusverbaende.php

KARTEN

STRASSENKARTE

Eine sehr gute Straßenkarte und Basis für den Kartenatlas in diesem Buch ist die Kroatien-Karte des **world mapping project** (Verlag Reise Know-How), die reiß- und wasserfest ist, da sie aus einem synthetischen Material hergestellt wird, dessen Herstellung weniger Energie erfordert als Normalpapier. Angesichts ihres Maßstabs von 1 : 300.000 (immerhin deckt sie die gesamte Küste ab und zusätzlich das Binnenland im Maßstab 1 : 700.000) ist sie noch erstaunlich detailliert und enthält zahlreiche Sehenswürdigkeiten sowie ein komplettes Ortsregister. Hervorragend sind die Einzelkarten Istrien 1 : 70.000 und Dalmatien 1 : 175.000, die mit Grad- und UTM-Gitter sogar GPS-tauglich sind. Für je 8,90 € im Buchhandel oder unter www.reise-know-how.de erhältlich.

▼ *So gut sind die Wanderwege nicht immer ausgeschildert*

113kr Abb.: rh

DIGITALE KARTEN

Für die Reiseplanung zu Hause am Computer, zur Nutzung unterwegs auf dem Notebook oder sogar zur GPS-gesteuerten Navigation gibt es verschiedene digitale Straßenkarten auf DVD bzw. auf MicroSD-Karte. Für 159 € bekommt man von Garmin eine routingfähige Karte („City Navigator NT Europa" – umfasst 40 Länder) für die Planung zu Hause und für die GPS-Navigation unterwegs. Mit entsprechenden Garmin-Geräten (etwa Zümo, Nüvi, Streetpilot, Quest sowie routingfähige Handheld-Geräte) ist sogar eine elektronische Routenführung möglich. Dies ist vor allem dann nützlich, wenn man sich schnell zu bestimmten Adressen führen lassen will. Wer nur mit dem GPS-Gerät arbeitet und nicht auf dem PC oder Laptop plant, kommt mit dem Garmin „City Navigator NT Ost Europa, Nord West Region" aus (39 €). Die Karte ist auf einer MicroSD-Karte und wird einfach ins Gerät gesteckt – los geht's. Die dritte Möglichkeit von

Garmin heißt „MetroGuide" (ganz Europa kostet 129 €). Diese Karte bietet die gleichen Kartendaten wie der City-Navigator, ist aber nicht routingfähig. Für Planungs- und übliche Orientierungsaufgaben ohne Zeitdruck (am PC und für jedes Garmin-Gerät) ist sie ausreichend. Wer nur ein Handgerät ohne Kartendarstellung hat, arbeitet eben mit Wegpunktplanung. Man erstellt die Routen auf dem PC und überträgt sie dann auf das GPS-Gerät. Umgekehrt lassen sich unterwegs gespeicherte Wegpunkte oder aufgezeichnete Touren auch auf den PC übertragen und auf der Karte darstellen.

Weitergehende Informationen zum Thema findet man auf der Internetseite www.garmin.com/garmin/cms/site/de/karten.

Digitale Rasterkarten

Die ausgezeichneten Landkarten Dalmatien 1 : 175.000 und Istrien 1 : 70.000 aus der Serie **world mapping project** (s. S. 36) sind auch als digitale Rasterkarten (nicht im Vektorformat) für einige Movingmap-Programme wie fugawi, ttqv und oziexplorer verfügbar. Sie sind auf dem PC/Laptop und verschiedenen Handgeräten für die Routenplanung und zur allgemeinen Orientierung einsetzbar. **Bezugsquelle:** www.reise-know-how.de

PANNE UND UNFALL

Kleinere Pannen hat man als Reisemobilist ja meist selbst im Griff, größeren kann man durch gute Wartung, einen gründlichen Check vor der Reise und einen umsichtigen Fahrstil vorbeugen.

Hat man dennoch ein Problem, hilft oft gerne ein anderer Wohnmobilist mit Rat und Tat – im Idealfall natürlich einer, der dasselbe Fabrikat fährt. Oft kann man sich dann mit kleineren Ersatzteilen wie Sicherungen, Glühbirnen etc. gegenseitig aushelfen. Ist das Fahrzeug noch fahrtüchtig, so sollte man im internationalen Kundendienstverzeichnis nachsehen, wo sich die nächste Vertragswerkstatt befindet. Aber auch nicht markengebundene Autowerkstätten können oft helfen. Ist das Fahrzeug nicht mehr fahrtüchtig, hilft nur noch der Pannendienst.

Spätestens dann ist ein **Auslandsschutzbrief** (z. B. ADAC, ÖAMTC oder ACS) sehr hilfreich. Der ADAC-Service ist seit einigen Jahren wirklich gut. Einfach anrufen – und die freundliche Dame (die natürlich deutsch spricht) kümmert sich um alles: Pannenhelfer, Abschleppdienst, Werkstatt, Hotelzimmer, Taxi bzw. was sonst erforderlich ist.

Bei einem **Unfall** sollte man sich unbedingt eine polizeiliche Unfallbestätigung ausstellen lassen, da es sonst mit dem beschädigten Fahrzeug bei der Ausreise Probleme geben könnte (u. U. wird man so lange aufgehalten, bis der Unfallhergang geklärt und die Schuldfrage geregelt ist). Sehr hilfreich für die Abwicklung mit der Versicherung ist ein **„Europäischer Unfallbericht" –** das mehrsprachige Formular ist bei den Automobilclubs erhältlich.

Um zu seinem Recht zu kommen, ist in jedem Fall eine **Rechtsschutzversicherung** sehr zu empfehlen, sonst können Sie zwar vielleicht Ihr Recht erstreiten – aber die Kosten dafür werden u. U. höher sein als der vom Gegner erstattete Schaden! Noch besser ist eine **Vollkaskoversicherung,** die Ihnen Ihren Schaden erstattet – und sich dann darum kümmern kann, was vom Unfallgegner zurückzufordern ist. Für Auslandreisen kann sich u. U. auch eine Kurzeit-Vollkaskoversicherung lohnen.

Notrufnummern

- **Einheitsnummer für alle Notfälle:** 112

Pannen-Notrufnummern

- deutschsprachiger **ADAC- und ÖAMTC-Notruf** in Zagreb, Tel. 01 34406666
- **ACS-Notruf Schweiz:** Tel. +41 (0)44 6288899
- **ÖAMTC-Schutzbrief Nothilfe:** Tel. +43 (0)1 2512000
- **AvD-Notruf** (aus dem Ausland): +49 (0)69 6606600
- **ADAC-Notrufzentrale München,** Tel. +49 (0)89 222222 (rund um die Uhr besetzt, Hilfe bei Panne, Unfall, Diebstahl, Verlust von Papieren, Kreditkarten u. Ä.)
- **ADAC-Ambulanzdienst München,** Tel. +49 (0)89 767676 (rund um die Uhr besetzt, medizinische Hilfe wie Krankenrücktransport, Medikamentenversand, Vermittlung deutschsprachiger Ärzte u. Ä.)
- **Pannenhilfe** des kroatischen Automobilclubs (HAK), Tel. 987 (beachten Sie, dass andere Pannenhelfer oft erheblich teurer sind!)

PARKEN

Siehe „Parkplätze“ unter „Übernachten“

POST

Postämter sind in jedem größeren Ort zu finden und an einem blaugelben Schild mit der Aufschrift „HPT“ zu erkennen. Neben dem üblichen **Postservice** bieten die meisten auch die Möglichkeit zu telefonieren, zu telegraphieren und Faxe zu verschicken. Man kann dort Geld wechseln und Telefonkarten kaufen. **Briefmarken** bekommt man außer am Postschalter auch an Kiosken und in Tabakgeschäften.

Das **Porto** für Postkarten ins europäische Ausland beträgt 3,50 Kuna, für Briefe sind es 5,50 Kuna. Briefe und Postkarten nach Deutschland sollen ihr Ziel in 3 bis 4 Tagen erreichen; nach meinen Erfahrungen muss man jedoch eher 5 bis 7 Tage veranschlagen. Sendungen nach Kroatien müssen vor der fünfstelligen Postleitzahl mit der Abkürzung „HR“ (für Hrvatska = Kroatien) gekennzeichnet werden (z. B. HR-21000 Split).

Postlagernde Sendungen kann man sich in fast alle größeren Orte schicken lassen. Auf dem Umschlag muss „Poste Restante“ vermerkt und der Nachname des Empfängers unterstrichen sein. Die Adresse sollte in großen Druckbuchstaben geschrieben werden: zuerst der unterstrichene Nachname, dann der Vorname. Postlagernde Sendungen werden zwei Monate aufbewahrt und können gegen Vorlage des Ausweises und eine geringe Gebühr in Empfang genommen werden. Im Zweifelsfall auch unter dem Vornamen suchen lassen. Auslandspakete dürfen maximal 10 kg wiegen.

Postämter in Touristenorten haben während der Saison in der Regel montags bis samstags von 7–21 Uhr geöffnet, manchmal sogar bis 22 Uhr; sonntags oft bis 12 Uhr, zum Teil aber auch wie an Werktagen. In der Nebensaison und in kleineren Orten wird an Werktagen über Mittag geschlossen oder nur bis Mittag gearbeitet und sonntags gar nicht oder nur vormittags geöffnet.

Weitere Informationen erhält man unter www.posta.hr.

REISEZEIT UND KLIMA

Die Sommer an der kroatischen Küste und auf den Inseln sind genau so, wie man sie von einem Urlaubsland erwartet: Diese Gebiete haben ein ausgeprägt mediterranes Klima mit viel Sonne, Wärme und kaum Niederschlag. Die meisten **Niederschläge** fallen im Herbst, aber auch in der Vorsaison kann das Wetter in manchen Jahren etwas unbeständig sein. Im Sommer hingegen geben manche Hotels und Ferienanlagen sogar eine Sonnengarantie mit Kostenerstattung oder kostenlosem Aufenthalt, falls es zwei Tage nacheinander regnen sollte.

Die Badesaison mit durchschnittlichen **Wassertemperaturen** von 20 °C beginnt im Juni und dauert bis Ende September mit Wassertemperaturen bis zu 25 °C.

Die ausgleichende Wirkung des Meeres sorgt auch in den heißesten Monaten (Juli/August) für erträgliche **Temperaturen** und dafür, dass es nachts nicht weit unter 18–20 °C abkühlt. Am Tag kann das Quecksilber im Schatten auf 30 °C steigen.

Ideale **Reisezeit** sind die Monate Mai und Juni, wenn alles noch grün ist und der Ginster und zahlreiche Wildblumen blühen, sowie der September, wenn die Sommerhitze abklingt, die Massen verschwunden sind und die Adria noch angenehme Badetemperaturen hat. Die Hauptsaison mit den höchsten Preisen und dem größten Besucherandrang dauert von Anfang Juli bis Ende August. Auch die Winter an der Küste und auf den Inseln sind erstaunlich mild – solange die Bora nicht weht. Von Ende Oktober bis April sind viele Campingplätze, Restaurants etc. geschlossen, aber einige Unterkünfte haben auch ganzjährig geöffnet und in dieser Zeit kann man auch mit mehr Toleranz rechnen, wenn man mit seinem Wohnmobil nachts auf einem Parkplatz steht. Fast alle im Sommer gebührenpflichtigen (und oft sehr teuren!) Parkplätze sind dann kostenfrei.

Winde

Das Wetter an der kroatischen Küste wird stark durch die verschiedenen Winde geprägt, die für sehr plötzliche Wetterumschwünge sorgen können. Am meisten gefürchtet ist die ***Bora,*** *die meist im Winter weht, aber das ganze Jahr über urplötzlich auftreten kann, wenn trocken-kalte Festlandluft über die Bergkämme schwappt. Ohne lange Vorwarnung kann sie mit eisigen Sturmböen von bis zu 180 km/h von den Bergen herunterfegen. Für Segler und Surfer gilt dann höchste Gefahrenstufe. Aber auch Reisemobile auf der Küstenstraße müssen äußerst vorsichtig sein. Die Bora ist besonders in der nördlichen Adria berüchtigt und sorgt für kurzzeitige Temperaturstürze. Schönes Wetter bringt der* ***Maestral,*** *der im Sommer vom Meer zum Land weht und für angenehme Kühlung sorgt. Er ist ein recht konstanter Wind, der etwa gegen 9 Uhr beginnt, kurz nach Mittag am stärksten wird und sich bei Sonnenuntergang wieder legt. Der* ***Jugo*** *ist ein milder, feuchter Wind, der vor allem im Frühjahr und Herbst aus südöstlicher Richtung weht und für gewöhnlich Wolken und Regen bringt.*

In den Bergen – nur wenige Kilometer von der Küste entfernt – herrscht ein völlig anderes Klima, das demjenigen deutscher Mittelgebirge gleicht. Über tausend Meter Höhe kann monatelang Schnee liegen und selbst auf tausend Meter Höhe treiben die Buchen erst Ende April frisches Laub. Andererseits kann es dort im Sommer bei intensiver Sonnenstrahlung sehr heiß werden.

RUNDFUNK

Einige Programme des Kroatischen Rundfunks strahlen fremdsprachige Sendungen für Touristen in Kroatien aus. Im ersten Programm des Kroatischen Rundfunks gibt es täglich fünf- bis zehnminütige Sendungen in englischer Sprache.

Nach den regelmäßigen Nachrichten in Kroatisch sendet das zweite Programm des Kroatischen Rundfunks täglich den **Verkehrsbericht des Kroatischen Automobilklubs (HAK)** in englischer, deutscher und italienischer Sprache. Jede volle Stunde werden außerdem im Zweiten Programm des Kroatischen Rundfunks Nachrichten und Informationen über die Verkehrslage und den Straßenzustand u. a. direkt aus den Studios von Bayern 3 und Ö3 übernommen und gesendet (um 9 Uhr bzw. 10 Uhr).

SICHERHEIT

Kroatien dürfte derzeit wohl das sicherste Reiseland am Mittelmeer sein – wenn nicht sogar in ganz Europa. Traditionell hat die Gastfreundschaft hier einen sehr hohen Stellenwert. Dazu kommt die enorme Bedeutung, die der neu belebte Tourismus für das Küstenland hat. Man unternimmt daher alles nur Denkbare, um sich keine Sympathien zu verscherzen. Die Ordnungsbehörden sind sehr aufmerksam und hilfsbereit und auch in der Bevölkerung scheint sich jeder Einzelne sehr wohl bewusst zu sein, wie wichtig der gute Ruf für alle ist. Selbst als ich in einem Straßencafé eine Tasche mit Fotozubehör und sämtlichen Papieren vergaß, wurde sie sofort bei der nächsten Polizeistelle abgegeben und der aufmerksame Beamte rief sogar bei den Grenzübergängen an, um die dortigen Kollegen zu informieren! Die einzigen „Vergehen“, die mir bekannt wurden, sind kleine Mogeleien bei den Preisen.

Dennoch sollte man es natürlich wie, jemanden durch fahrlässiges Verhalten in Versuchung zu führen, denn auch unter den zahllosen Touristen könnte jemand „lange Finger“ machen – und inzwischen scheinen sich an der istrischen Küste bereits „Gastarbeiter“ eingefunden zu haben. Wertgegenstände und Geld gehören gerenell nicht ins Auto und wer sein Fahrzeug gar unverschlossen abstellt, könnte doch einmal Pech haben.

Falls Ihnen Ausweise, Fahrzeugpapiere, Kreditkarten oder andere wichtige Papiere abhanden gekommen sein sollten, so benötigen Sie ein polizeiliches Protokoll, um sich auf der Botschaft Ersatzpapiere ausstellen zu lassen. Sehr vereinfachend und damit Zeit sparend ist es, wenn man bereits vor der Reise von allen wichtigen Unterlagen Fotokopien anfertigt, die man dann bei den Behörden vorlegen kann. Abhanden gekommene Maestro-/EC- oder Kreditkarten, Handys, Krankenkassenausweise o. Ä. unbedingt sofort sperren lassen!

Sperrnotruf

Sperrnotruf für deutsche Staatsbürger Tel. 116116, Ausland Tel. +49 116116
Europaweites Sperren von Medien wie Kredit- und Maestro-/EC-Karten, Handys, digitalen Signaturen, Krankenkassenkarten, Mitarbeiter-Ausweisen, Kundenkarten, Online-Berechtigungen etc.

SPORTLICHE URLAUBSAKTIVITÄTEN

In einer Küstenregion mit so vielen Buchten und Stränden, Inseln, Riffen, glasklarem Wasser und endlosem Sonnenschein kommt natürlich der Wassersport an allererster Stelle: Baden, Surfen, Segeln, Tauchen und Angeln werden ganz groß geschrieben.

EXTREMSPORT

- **Marco Polo,** 52210 Rovinj, Ivana Mazuranića 21, Tel. 052 816955, Fax 052 816616, marcopolo@marcopolo.hr (Klettern, Mountainbiking, Paragliding)
- **Absolute Adventure,** D. Cesarića 43, 10147 Zagreb, Tel. 01 38 98 512, 01 6283561, Fax 01 3898512, info@absolute-adventure.hr, www.absolute-adventure.com, www.avantura-teambuilding.hr (Paragliding, Free-Climbing, Trekking, Mountainbiking, Höhlenexkursionen, Website auf Kroatisch)

GOLF

Bislang gibt es an der Küste nur einen einzigen Golfplatz: auf der Insel Brijuni, der einst dem Regierungschef und seinen Staatsgästen vorbehalten war.

- **Golfplatz Brijuni,** 52214 Brijuni, Tel. 052 525100, Fax 052 521367
- **Golf-Information Kroatien:** www.croatia-golf.hr

KLETTERN

Das kroatische Eldorado der Kletterer – insbesondere der Freikletterer – ist die Velika-Paklenica-Schlucht, die auch internationalen Ruhm erlangt hat. Nur 2 km von Küste und Badestränden entfernt, bietet diese Schlucht gleich am Eingang die höchsten Wände mit zahlreichen Routen verschiedenster Schwierigkeitsgrade und Möglichkeiten zum Bouldern. Die besten Möglichkeiten für versierte Kletterer bieten die Anića-kuk-Wände, die man vom Parkplatz aus in etwa 25–30 Minuten erreicht.

114kr Abb.: rh

› **Information:** Paklenica-Nationalpark (s. S. 120)
› **Kroatischer Kletterverband,** HPS, Kozarčeva 22, 1000 Zagreb, Tel. 01 4823624, Tel./Fax 01 4824142, hps@plsavez.hr, www.plsavez.hr
› **Bergsteigerverband der Region Rijeka,** Korzo 40/I, 51000 Rijeka, Tel. 051 331212, 446226

RADFAHREN

Sollten Sie mit dem Gedanken spielen, die Adria-Magistrale auf zwei Rädern zu erleben – vergessen Sie es lieber schnell wieder. Katastrophaler Verkehr im Sommer, die Böen der Bora im Winterhalbjahr und donnernde Lastwagen zu jeder Zeit machen die Fahrt zum Horrortrip. Weit schönere Möglichkeiten bieten die großen Inseln und das Landesinnere Istriens. Markierte Routen für Radfahrer gibt es vor allem auf der Halbinsel Istrien. Sehr hilfreich sind der neue „Mountainbike-Atlas Istrien" sowie die Broschüren und Faltblätter „Istra Bike" (für Nord- und Zentral-Istrien) und „Bike Poreč". Sie enthalten sieben verschiedene Routenvorschläge mit meist sehr guten Karten, Höhenprofilen, Tourenbeschreibungen und einer Fülle von Informationen zu Sehenswürdigkeiten, Unterkünften, Restaurants etc. Erhältlich sind sie vom Fremdenverkehrsamt der Region Istrien sowie bei örtlichen Touristinformationen.

› **Kroatischer Fahrradverband,** Trg sportava 11, 1000 Zagreb, Tel. 01 3650526, Fax 01 3650526, hbs@hbs.hr, www.hbs.hr (auf Kroatisch)

REITEN

Möglichkeiten für den Reitsport findet man vor allem an der Westküste Istriens, aber auch an der Küste von Dalmatien und in den Bergen gibt es einige faszinierende Möglichkeiten.

Wer die wilde Gebirgslandschaft Dalmatiens auf dem Rücken eines Pferdes erkunden will, der kann nur wenige Kilometer von der Küste entfernt einen Ausritt durch den **Nationalpark Paklenica** machen, wo in den 1960er Jahren Karl Mays „Old Surehand" verfilmt wurde.

› **Information:** Nationalpark-Verwaltung, Dr. F. Tuđmana 14a, 23244 Starigrad-Paklenica, Tel. 023 369155, 369202, np-paklenica@zd.htnet.hr, www.paklenica.hr

Durch eine ebenso wilde und noch einsamere Landschaft, die ebenfalls einer Westernkulisse gleicht, führen die Ausritte im **Biokovo-Gebirge** nahe Makarska. Von einer rustikalen Berghütte auf halber Strecke des Sträßchens zwischen Makarska und dem Sveti Jure führen diese Ritte über das menschenleere Hochplateau zu Füßen des höchsten Gipfels im Küstengebirge.

› **Information:** Marijam Prgomet, Tel. 021 613902, Handy: 098 9245051

SEGELN UND SPORTSCHIFFFAHRT

Mit über 6000 km Küstenlinie und rund tausend teils unbewohnten Inseln und Riffen ist die kroatische Adria ein ideales Revier für Segler und Motorbootfahrer – wohl das abwechslungsreichste und faszinierendste Revier in Europa überhaupt. Viele der Inseln, Buchten und Strände sind nur vom Wasser aus mit dem eigenen Boot erreichbar. Mehrere hundert Häfen und über 46 modern ausgestattete **Marinas** (21 davon betreibt der ACI) erschließen dieses Paradies. Alle Marinas sind in der „Croatian Marinas Association" (HUM) organisiert. Umfassende Infos enthält die kostenlose Broschüre „Marinas".

Besonders beliebt sind die Kvarner Inseln und die Kornaten (Nationalpark) mit ihren zahllosen ursprünglichen Felseninseln und geschützten Buchten zum Ankern. **Charterboote** und organisierte **Segeltörns** werden in zahlreichen Häfen angeboten und in fast allen Touristenzentren der Küste hat man auch die Möglichkeit, den Segelschein oder Bootsführerschein zu erwerben.

Wer es billiger haben will, kann für etwa 30–60 € pro Tag fast überall ein kleines **4-PS-Motorboot** mieten, um seine eigene Traumbucht anzusteuern. Genügend Trinkwasser und Lebensmittel mitnehmen – vor allem für längere Törns in den Kornaten, wo es kaum Versorgungsmöglichkeiten gibt. Vorsicht: Auch für Segler und Motorbootfahrer kann die Bora zur Gefahr werden!

Infos über Marinas, Bestimmungen, Einfuhr von Booten etc. bekommt man vom **ACI-Club** und vom **Kroatischen Seglerverband** HJS.

› **ACI Club d.d.,** M. Tita 151, P.O. Box 109, 51410 Opatija, Tel. 051 271288, Fax 051 271824, aci-club@aci-club.hr, www.aci-club.hr

› **Kroatischer Seglerverband HJS,** Trg Franje Tudjmana 3, 21000 Split, Tel. 021 345788, hjs@hjs.hr, www.hjs.hr (auf Kroatisch)

SPORTANGELN

Für das Angeln im Meer ist sowohl vom Ufer als auch vom Boot aus eine Lizenz erforderlich, die man von der Gemeinde oder vom Hafenamt erhält. Eine Lizenz für das Angeln in den fischreichen Binnengewässern erteilt meist das nächste Touristbüro, manchmal ist sie auch im Hotel oder am Campingplatz erhältlich. Von den Fremdenverkehrsämtern bekommt man die kostenlose Broschüre „Sportfischerei".

› **Kroatischer Verband für Sportfischerei (Adria):** Ul. M. Gupca 21, 51000 Rijeka, Tel. 051 212196, cfosa@ri.htnet.hr, www.hssrm.hr (Kroatisch), Fax 051 333776

› **Kroatischer Verband für Sportfischerei (Binnengewässer):** Trg sportova 11, 1000 Zagreb, Tel. 01 391333, Fax 01 391128

TAUCHEN

Dank ihres ausgesprochen klaren Wassers, der vielen Inseln und des reichhaltigen Meereslebens an der felsigen Küste ist die kroatische Adria das klassische Taucherparadies Europas. Hinzu kommen zahlreiche Schiffswracks und einige versunkene Städte aus römischer und griechischer Zeit. Zu den beliebtesten Tauchrevieren gehören die Kornaten und Dugi Otok. Auch wer nur einen Badeurlaub plant, sollte Taucherbrille, Flossen und Schnorchel mitnehmen, denn fast überall ist eine faszinierende Unterwasserwelt zu entdecken – und das Schnorcheltauchen erfordert keine Genehmigung.

Das Gerätetauchen ist gestattet, muss aber angemeldet werden (bei der Polizei, beim Hafenamt oder im Touristbüro). Gebühr: 100 Kuna, sofern man seine Tauchgänge über eine ortsansässige Basis organisiert (sonst kostet es horrende 2400 kn, also rund 330 €!). Unterwasserjagd mit Harpunen ist überall verboten. In sehr vielen Touristenorten gibt es Tauchschulen (meist von Deutschen geleitet), die einwöchige Kurse anbieten und oft auch Tauchexkursionen per Boot zu den interessantesten Revieren organisieren, die man sonst nie entdecken würde. Manche Anbieter haben außerdem die exklusive Lizenz zu Tauchgängen an alten Wracks, bei denen das Tauchen sonst verboten ist. Vom Fremdenverkehrsamt erhält man die kostenlose Broschüre „Tauchen", die sämtliche Bestimmungen und eine Liste der Füllstationen enthält.

› **Kroatischer Taucherverband HRS,** Dalmatinska 12, 1000 Zagreb, Tel. 01 4848765, Fax 01 4849119, info@diving-hrs.hr, www.diving-hrs.hr (auf Kroatisch)

Literaturtipp

„Tauchen in warmen Gewässern" von Klaus Becker, Reise Know-How Verlag. Das Handbuch für Einsteiger zum Tauchen im Urlaub

TENNIS

Tennis ist besonders in Istrien (mit rund 450 Plätzen!), aber auch entlang der übrigen Küste sehr verbreitet. Alle besseren Hotels und auch einige große Campingplätze haben eigene Tennisplätze und in fast allen Touristenorten werden im Sommer Tenniskurse angeboten.

WANDERN

Wenngleich die kroatische Küste vor allem für den Wassersport bekannt ist, so ist sie doch zugleich auch ein Paradies für Wanderer. Für Spaziergänge und bequeme Nachmittagstouren gibt es eine Auswahl von gut angelegten Küstenwegen, die malerische Buchten und Badestellen erschließen (z. B. Optija-Lovran an der Küste Istriens oder von Mali nach Veli Lošinj auf der Insel Lošinj). Doch nur wenige Kilometer von den Badestränden entfernt gibt es auch wahrhaft faszinierende Bergpfade, die bis weit über 1000 m hinaufsteigen und faszinierende Karstlandschaften erschließen (z. B. im Velebit Naturpark und im Biokovo Gebirge) sowie Pfade durch die abwechslungsreichen Landschaften der verschiedenen Nationalparks mit Urwäldern, in denen noch Bären und Luchse leben (Risnjak), mit wilden Karstschluchten (Paklenica) und mit den fantastischen Wasserlandschaften von Plitvice und Krka. Und selbst auf den Inseln findet man einige sehr lohnende Wanderwege (Hinweise darauf in den Routenbeschreibungen).

115kr Abb.: rh

▲ *Auf Wandertour im Obzova-Gebirge auf der Insel Krk*

WINDSURFEN

Die gesamte kroatische Adriaküste ist ein Paradies für Windsurfer, insbesondere die Kvarner Inseln sowie die Insel Brač und die Halbinsel Pelješac genießen in Surferkreisen einen guten Ruf. Besonders kräftigen Wind, der durch den Düseneffekt verstärkt wird, bieten z. B. das Goldene Horn bei Bol (Brač) und der Kanal zwischen Pelješac und Korčula. Das wichtigste Zentrum der Windsurfer ist wohl Viganj, nahe Orebić auf der Halbinsel Pelješac. Die meisten Hotels und Campingplätze verleihen Surfbretter und bei vielen gibt es auch Surfschulen. Fünftägige Kurse kosten etwa 200 €. Geschützte Buchten bieten Anfängern gute Möglichkeiten, erste Erfahrungen zu sammeln. Sehr gefährlich kann das Surfen bei plötzlich hereinbrechender Bora werden, die mit gewaltigen Böen auf das Meer hinausweht, im Sommer aber selten ist. Besonders als weniger erfahrener Surfer sollte man sich daher stets in Strandnähe halten.

STRASSENVERHÄLTNISSE

Vorsicht Schotter!
Beachten Sie, dass „Makadam" in Kroatien nicht das bedeutet, was man bei uns erwarten würde, sondern Schotterpiste!

Die kroatische Küste ist eine weitgehend gebirgige Region und die meisten Straßen sind daher sehr kurvenreich und überwiegend ohne Seitenstreifen. Umsichtiges Fahren ist deshalb überall anzuraten. Seit der Unabhängigkeit ist das Straßennetz in den touristischen Regionen mit großem Aufwand instand gesetzt und ausgebaut worden. Viele Abschnitte sind bereits fertig gestellt und nagelneu, andere in Arbeit oder noch im alten Zustand. Es muss deshalb überall, auch auf der Adria-Magistrale, mit abrupt **wechselndem Belag** gerechnet werden. Vor allem für An- und Rückreise empfiehlt sich die nagelneu gebaute Autobahn.

116kr Abb.: rh

Auf schmalen Bergstraßen heißt es, vorausschauend zu fahren

Fahren Sie auf den kurvenreichen Strecken äußerst vorsichtig und defensiv, denn trotz häufiger Polizeikontrollen fahren und überholen viele Autofahrer nach wie vor auf wahrhaft selbstmörderische Weise!

Grundsätzlich sind die gesamte Küste und die Inseln problemlos auch mit größeren Wohnmobilen zu bereisen. **Ortsdurchfahrten** sind oft eng und durch parkende Fahrzeuge zusätzlich eingeengt. Vermeiden sollte der Wohnmobilist in Dörfern und Städten die Nebenstraßen, die oft sehr eng sind und bei Gegenverkehr keine Ausweichmöglichkeit bieten. Manche Ortsdurchfahrten oder sonstige Straßen sind für Wohnmobile gesperrt. Halten Sie sich an diese Verbote, denn sie haben meist einen guten Grund!

Kleine **Nebenstrecken** sind oft einspurig und durch Steinmauern begrenzt – meist gibt es jedoch Ausweichmöglichkeiten. Möglichst weit vorausschauend fahren und bei Gegenverkehr (oder auch wenn einer an Ihrer hinteren Stoßstange „klebt"!) die nächstmögliche Spurverbreiterung oder Bucht anfahren.

Tunnel

Tunnel auf Fernstrecken wie der Küstenstraße sind so dimensioniert, dass man sich auch als Wohnmobilist keine Gedanken zu machen braucht. Aber auf Nebenstrecken und auf kleineren Inselstraßen ist Vorsicht geboten! Gehen Sie kein Risiko ein. Nicht immer sind Höhe und Breite klar und deutlich angegeben – und es kann vorkommen, dass die Höhe ab Tunnelmitte ganz plötzlich geringer wird! Höhen- und Breitenangabe sind manchmal in einem Schild zusammengefasst! Auf Hvar ist es mir passiert, dass ich ein solches – zudem recht abgeblättertes – Schild nicht richtig verstanden habe und mit meinem 2,70 m hohen Fahrzeug in einen Tunnel gefahren bin, der zunächst recht eng, aber passierbar war – dann aber auf der Mitte abrupt nur noch 2,20 m lichte Höhe hatte!

Schafe, Ziegen, Esel und ähnliche Verkehrsteilnehmer haben generell Vorfahrt. Besonders auf Nebenstraßen muss man immer mit schlecht oder gar nicht beleuchteten Kleintraktoren, Pferdegespannen und Eselreitern rechnen.

Die größte Gefahr für Wohnmobile und Caravans – neben „Kamikaze-Fahrern"! – ist die **Bora.** Wenn der extrem böige Sturmwind aus den Bergen herabfegt, besteht besonders auf der Adria-Magistrale trotz Windverbauungen akute Gefahr. Nicht selten werden große Fahrzeuge und selbst Pkw schlicht von der Straße geweht. Deshalb bei starker Bora anhalten! Besonders betroffen ist der Küstenabschnitt zwischen Senj und Karlobag. Manche besonders gefährdete Strecken wie die Brücken nach Krk und Pag werden bei Bora völlig gesperrt.

Achtung: **Sommerliche Regenfälle** nach langer Trockenheit können den Staub auf der Straßendecke in eine extrem schmierige Rutschbahn verwandeln! Selbst als Fußgänger hatte ich schon den Eindruck, als wäre die Teerdecke mit Schmierseife behandelt worden!

Nützliche Telefonnummern

- **Kroatischer Autoklub (HAK),** Tel. 01 4640800, info@hak.hr, www.hak.hr
- **Verkehrsservice und Wettervorhersage:** 060 520520
- **Verkehrsinformation:** 01 4640800
- **Verkehrsmeldungen** s. u. „Rundfunk"

STROM

Die **Netzspannung** in Kroatien beträgt 220 Volt. Die **Steckdosen** entsprechen den zweipoligen, die auch in Deutschland, Österreich und der Schweiz gebräuchlich sind, sodass man keinen Adapter benötigt. Die Steckdosen auf Campingplätzen entsprechen meist der Euronorm (blaue, dreipolige Anschlüsse); z. T. sind es noch die alten zweipoligen Dosen. Adapter und reichlich Verlängerungskabel sind daher zu empfehlen.

TANKEN

Alle Kraftstoffsorten werden ausreichend und in EU-Qualität angeboten. Die Treibstoffpreise sind kaum günstiger als bei uns; die Preisdifferenzen von Tankstelle zu Tankstelle innerhalb des Landes sind minimal – egal, ob Großstadt, Landstraße oder Autobahn. Das Tankstellennetz ist gut ausgebaut, aber auf manchen Inseln gibt es nur eine einzige Tankstelle. Meist sind die Tankstellen von 6–20 Uhr geöffnet. In großen Städten und an Hauptrouten findet man auch Servicestationen, die rund um die Uhr offen bleiben. Diesel ist in Slowenien meist billiger als in Kroatien. Preisvergleiche findet man im Internet unter www.benzinpreis.de.

Literaturtipp

„Handy global – Mit dem Handy ins Ausland" von Volker Heinrich, Reise Know-How Verlag. Der Praxis-Ratgeber verschafft Durchblick bei Preisen, Telefondiensten, und den vielen nützlichen Handy-Funktionen.

TELEFON

Das Telefonnetz in Kroatien wird von der Post verwaltet. In den letzten Jahren wurde es vollkommen modernisiert, wodurch sich viele Telefon- und Faxnummern geändert haben und sich z. T. auch jetzt noch ständig ändern. Auch in neueren Publikationen können daher manche Rufnummern schon wieder überholt sein.

Die **Vorwahl** gilt nicht wie bei uns für eine einzelne Stadt bzw. den Stadtkreis, sondern für eine ganze Region. So wählt man z. B. die 052 für Istrien, die 051 für die Region Kvarner oder die 023 für die Region Zadar. Bei Telefonaten innerhalb der Region entfällt diese Vorwahl (wie beim normalen Ortsgespräch); bei Anrufen aus dem Ausland entfällt die erste Null und wird durch die internationale Vorwahl (s. S. 49) ersetzt.

Telefonzellen, von denen aus man per Direktwahl auch **internationale Gespräche** führen kann, findet man nahezu in jedem Ort. Sie funktionieren inzwischen ausschließlich mit **Telefonkarten** *(telefonska karta)*, die man bei Postämtern, Kiosken und Tabakgeschäften bekommt, teilweise auch an der Rezeption von Campingplätzen und Hotels sowie in Touristbüros. Die Gesprächsminute für eine Verbindung nach Deutschland, Österreich oder in die Schweiz kostet etwa 0,80–1 Euro. Hotels, Campingplätze etc. berechnen oft beträchtliche Zuschläge. Die Verbindungen sind sehr gut und ohne störende Nebengeräusche. In der Reisesaison sollen die Leitungen zeitweise überlastet sein, ich hatte allerdings nie Probleme und kann diese Erfahrung nicht bestätigen. Bei Auslandsgesprächen wird – wie überall im internationalen Telefonverkehr – nach der Landesvorwahl die erste Null der Vorwahl weggelassen.

Inzwischen kann man in Kroatien auch mit dem **Handy** fast überall problemlos telefonieren (Lücken im Funknetz gibt es vor allem auf abgelegenen Inselteilen). Geld sparen kann man meist, indem man den Roaming-Partner seines Providers bei der Netzauswahl manuell einstellt. Vergessen Sie nicht, dass Sie auch bezahlen, wenn Sie vom Ausland aus angerufen werden (der Anrufer bezahlt lediglich die Inlandsgebühr, den Anteil für die Auslandsverbindung tragen Sie selbst) – und vergessen Sie auch nicht, die Rufumleitung auf die Mailbox auszuschalten, sonst bezahlen Sie gleich doppelt: für die Weiterleitung nach Kroatien und dann auch wieder zurück ins Heimatland!

117kr Abb.: rh

▲ *Kurios: Diese Telefonzelle wurde aus einem Stück Stein gehauen (und diente zuvor als Öltrog)*

Man kann die hohen Gebühren umgehen, indem man vor Ort eine **Prepaid-Karte** kauft (z. B. an Zeitschriftenkiosken). Damit bekommt man ohne Vertragsgebühren ein Guthaben, das man abtelefonieren und auch nachladen kann. Mit dieser Karte bekommen Sie auch eine eigene kroatische Rufnummer, unter der Sie erreichbar sind! Das heißt, Sie müssen selbst nicht mehr bezahlen, wenn sie z. B. aus Deutschland angerufen werden (Anbieter: z. B. Tele2, www.tele2.hr). Dies funktioniert aber nur mit SIM-Lock-freien Handys.

Internationale Vorwahlen aus Kroatien

- **nach Deutschland:** 0049
- **nach Österreich:** 0043
- **in die Schweiz:** 0041

Internationale Vorwahl für Kroatien

- aus Deutschland, Österreich und der Schweiz 00385

Telefonauskunft in Kroatien

- **allgemeine Auskunft:** 981
- **Inlandsauskunft:** 988 (innerhalb des Ortsnetzes)
- **Inlandsauskunft:** 989 (landesweit)
- **Auslandsauskunft:** 902

Preiswert nach Kroatien telefonieren

Anbieter günstiger Vorwahlen findet man unter www.billigertelefonieren.de, www.infospot.at oder www.teltarif.ch.

TRINKGELD

In Restaurants ist ein Bedienungszuschlag generell nicht im Preis inbegriffen. Für guten Service bedankt man sich üblicherweise mit etwa 10 % des Rechnungsbetrags.

Quittung nicht vergessen!

Bei jedem Verzehr, und sei es nur eine Tasse Kaffee, muss eine Quittung ausgestellt werden. Geschieht dies nicht, machen sich sowohl Wirt als auch Gast strafbar!

ÜBERNACHTEN

Da wären wir bei einem heiklen Thema, an dem sich die Geister scheiden. Wo bleibe ich die Nacht? Für viele Reisemobilisten ist das *die* Frage und oft genug *das* Problem schlechthin. Man hat ja stets sein Hotelzimmer mit Bad, WC und allem Notwendigen dabei und ist dafür ausgerüstet, auf jedem schön gelegenen Wanderparkplatz „Landhotel im Grünen“ zu spielen. Manche Wohnmobil-Reisende haben das „Freistehen“ gar zum Prinzip erhoben und betrachten es fast als Schande, offizielle und damit meist auch kostenpflichtige Stellmöglichkeiten zu nutzen. In Kroatien ist die Situation derzeit im Wandel. Bis vor Kurzem war Freistehen kein Problem, im Moment hat man aber kaum eine andere Wahl als den Campingplatz. Doch es wird wohl nicht lange dauern, bis auch an der kroatischen Küste die Wohnmobil-Stellplätze sprießen. Bei meiner letzten Reise habe ich nur zwei Plätze entdeckt, die diese Bezeichnung verdienen, aber wenn erst ein Vorreiter da ist, kann die Entwicklung ja bekanntlich rasch gehen.

FREISTEHEN

Wildes Campen ist in Kroatien schon lange **generell verboten** – Freistehen mit dem Wohnmobil hingegen war bis vor wenigen Jahren durchaus üblich und wurde allgemein toleriert. Das ist nun vorbei! Einerseits ist dies bei dem drastisch gewachsenen Wohnmobil-Aufkommen während der Sommermonate durchaus verständlich – aber andererseits schafft es im Moment ernste Probleme, da offizielle Wohnmobil-Stellplätze noch fast völlig fehlen.

Das Freistehen wird zwar momentan nicht sehr konsequent verfolgt und geahndet, da die Rechtslage etwas kompliziert ist, aber wen es trifft, den trifft es hart und teuer. Viel wahrscheinlicher ist jedoch, dass man – kaum dass man es sich gemütlich eingerichtet hat – von Anwohnern mehr oder weniger deutlich auf das Verbot des Freistehens hingewiesen wird. Ignoriert man diese Warnungen, so muss man damit rechnen, nachts geweckt und des Platzes verwiesen zu werden – von der Polizei und möglicherweise mit hohen Strafen. An-

dererseits habe ich von Wohnmobilisten gehört, die – außerhalb der Saison! – oft und problemlos frei übernachtet haben.

Und noch etwas darf man keinesfalls vergessen: die **Waldbrandgefahr!** In den heißen und trockenen Wald- und Buschland-Gebieten der Küste besteht nicht nur das Risiko, dass fahrlässige Wildcamper einen verheerenden Brand auslösen, sondern auch, dass man im „frei stehenden" Wohnmobil durch einen Wald- oder Buschbrand ernsthaft gefährdet wird!

▲ *Einen ganzen Strand nur für sich – das findet man nur außerhalb der Saison*

WOHNMOBIL-STELLPLÄTZE

Die derzeitige Situation der Wohnmobil-Stellplätze in Kroatien lässt sich kurz Worten zusammenfassen: Es gibt allenfalls 2 bis 3, die diese Bezeichnung verdienen.

Da es einerseits eine große Auswahl an Campingplätzen gibt, andererseits das Freistehen bis vor kurzem allgemein toleriert wurde, bestand bislang einfach kein Bedarf. Das hat sich nun plötzlich verändert, da das Freistehen nicht mehr toleriert wird. Eine erste Reaktion darauf sind Parkplätze, die eilig geschaffen werden und keinerlei Ausstattung bieten – für die man aber Wohnmobilisten im dennoch bis zu 120 kn (16 €) für eine Nacht abverlangt hat (mehr als auf manchem Campingplatz!). Selbst für nicht mehr als einen Parkplatz verlangen Städte wie Poreč und Rovinj derzeit von Wohnmobilisten exorbitante

Preise um die 4 Euro pro Stunde! Kein Wunder, dass viele Wohnmobilisten dem Land enttäuscht (und verärgert!) den Rücken kehren. Aber das wird vermutlich (hoffentlich!) bald schon wieder anders aussehen. Inzwischen gelten zwischen dem Campingverband und Regierungsvertretern ausgehandelte Regelungen und Verordnungen für zukünftige Wohnmobil-Stellplätze. Sie müssen eine Mindestausstattung bieten, die einem genau festgelegten Standard entspricht. Bleibt zu hoffen, dass sie bald einen mindestens ebenso raschen Boom erleben werden wie in vielen anderen Reiseländern.

PARKPLÄTZE

P *Kostenlos parken*

Außerhalb der Saison sind fast alle der im Sommer gebührenpflichtigen (und sehr teuren!) Parkplätze kostenlos.

Ich habe mich bemüht, entlang den beschriebenen Routen Parkplätze ausfindig zu machen, zu beschreiben und die Anfahrt zu erklären (meist mit GPS-Koordinaten), die sich für Stadtbesichtigungen, Badenachmittage oder als Picknickplätze eignen. Viele davon könnten durchaus auch als Übernachtungsplätze dienen. Da Freistehen jedoch in Kroatien nicht mehr allgemein akzeptiert wird und Sie – zumindest in der Saison – mit einigem Ärger rechnen müssten, habe ich die Plätze bewusst nicht als Stell- oder Übernachtungsplätze ausgewiesen. Ob Sie den einen oder anderen davon – in oder außerhalb der Saison – dann doch zum Übernachten nutzen, ist Ihre Entscheidung. Da ich mir bewusst bin, dass im Sommer nicht einzelne, sondern zahlreiche Wohnmobile an der kroatischen Küste unterwegs sind, die zudem überwiegend nicht in die Kategorie „Bulli" oder Expeditionsmobil fallen, habe ich auch bewusst darauf verzichtet, Plätze zu empfehlen, die nur über abenteuerliche Schotterpisten und Steilstrecken zu erreichen sind. Sollten Sie mit einem geeigneten Fahrzeug unterwegs sein und solche Plätze entdecken, dann freuen Sie sich und erzählen Sie es keinem (oder allenfalls Ihren besten Freunden), denn es hat keinen Sinn, Hunderte von Familiencampern dorthin zu schicken.

In vielen Städten der Küstenregion und besonders in Touristenzentren und nahe Badestränden sind die Parkmöglichkeiten sehr knapp. So ist es kein Wunder, dass im Sommer jede geeignete Fläche in einen gebührenpflichtigen Parkplatz verwandelt wird, um am Tourismus

CAMPING

Von den knapp 300 Campingplätzen Kroatiens befinden sich annähernd 90 % an der Adriaküste und auf den Inseln. Besonders Istrien ist seit Jahrzehnten eine traditionelle Camping-Destination mit Dutzenden von hervorragend ausgestatteten Campingplätzen. Aber auch die Region Kvarner (insbesondere ihre Inseln) ist sehr gut versorgt. Manche der Plätze sind riesige Camping-Städte, aber es gibt auch kleinere Plätze mit intimerer Atmosphäre. Etwas spärlicher ist das Angebot an der Küste zwischen Senj und Split und auf den dalmatinischen Inseln. Dort gibt es nur wenige große und gut ausgestattete Plätze, dafür aber manchmal eine große Zahl sehr einfacher und kleiner Privatcampingplätze, die in kaum einem Verzeichnis zu finden sind. Manche davon sind nichts anderes als eine Wiese im Garten des Inhabers, aber es gibt auch sehr schön gelegene und liebevoll ausgestattete Privatplätze.

Die großen Campingplätze an der Küste haben meist einen eigenen **Strand** (manchmal eine komplette Bucht) und eine gute bis sehr gute **Ausstattung:** Schatten spendenden Pinienwald oder zumindest Olivenbäume, Restaurants, Cafés, Bars, Supermärkte, moderne Sanitäranlagen (viele davon ganz neu errichtet oder eben erst modernisiert), Kühlboxen, die man mieten kann, Grillstellen und vielfältige Sporteinrichtungen. Auch Boote und Wassersportgeräte kann man meist mieten, manchen Plätzen sind Surf-, Segel- oder Tauchschulen angeschlossen und viele sind mit kleinen Bungalow-Siedlungen kombiniert. Überwiegend an der istrischen Küste und auf den Kvarner Inseln findet man eine große Zahl von **FKK-Plätzen** (Naturist Camping); andere Camps bieten getrennte Zonen für Gäste mit und ohne Badebekleidung.

Die meisten der Campingplätze sind von Anfang Mai bis Ende September **geöffnet,** einige von Anfang April bis Ende Oktober und nur

Autocamp

Die Bezeichnung „Autocamp" oder „Autokamp" stammt noch aus vergangenen Zeiten und hat heute praktisch keine besondere Bedeutung mehr. Jeder Platz kann sich so nennen; die Bezeichnung sagt nichts über Art oder Ausstattung.

▼ *Camping Sirena südlich von Omiš – einer der schönsten Plätze in Mitteldalmatien.*

125kr Abb.: rh

118kr Abb.: rh

▲ *Solch ein idyllisches Plätzchen bietet heute kaum ein Campingplatz*

sehr wenige ganzjährig. Während der Hauptsaison wird es auf vielen Plätzen sehr eng. Zumindest für längere Aufenthalte ist dann eine frühzeitige **Reservierung** dringend zu empfehlen. Zwar wurde mir überall versichert, dass auch Durchreisende ohne Reservierung jederzeit einen Übernachtungsplatz finden, aber nach meinen Erfahrungen ist diese Zusage mit Vorsicht zu genießen. Zudem werden für Kurzaufenthalte teils erhebliche Zuschläge verlangt. Das Problem auf manchen Plätzen (besonders auf den weiter südlich gelegenen) ist, dass es keine festen **Parzellen** gibt. So reizvoll dies außerhalb der Saison sein mag, wenn man sich nicht in ein festgelegtes Karree zwängen muss, so problematisch kann dies im Sommer werden. Wiederholt ist es mir passiert, dass man mir an der Rezeption versicherte, es gäbe noch Platz und ich könne mich stellen wohin ich will – und dann schob ich mich endlos durch das Gedränge von Zelten, Wohnwagen und Wohnmobilen wie beim Spießrutenlauf: Kaum näherte ich mich einer vermeintlichen Lücke, da wurde ich von allen „Anwohnern" höchst argwöhnisch beäugt, und wagte ich gar, darauf anzuhalten, so kam schon einer aus dem Wohnwagen gehüpft und zeterte, das sei sein Platz – oder der Parkplatz des Nachbarn. Ich habe gesehen, wie Wohnwagenbesitzer ihre Pkw geschickt so platzierten, dass sie damit einen großen Vorgarten gegen „Eindringlinge" absperrten. Und ich habe sogar erlebt, dass selbst Camper, die einen Platz reserviert hatten und nach der langen Anreise erschöpft und müde waren, genau mit den gleichen Problemen zu kämpfen hatten. Trotz Reservierung! „Es gibt noch Platz“, hieß es; doch das bedeutete zugleich „Sehen Sie selbst zu, wie Sie ihn bekommen!“. Wenn Sie also einen **Stellplatz reservieren,** so vergewissern Sie sich bei der Reservierung (die immerhin nicht ganz billig ist!), dass Ihnen dann auch eine Parzelle frei gehalten wird.

Reisemobile sind praktisch auf allen Plätzen willkommen, allerdings haben noch nicht alle Campingplätze gut eingerichtete **Ver- und Entsorgungsstationen.** Eine Entleerungsmöglichkeit für WC-Kassetten von Chemietoiletten findet man auf fast allen größeren Plätzen, aber um Frischwasser aufzufüllen, ist man teils auf den eigenen Schlauch angewiesen oder muss Kanister tragen, und wenn man den Schmutzwassertank leeren will, so gibt es manchmal nur die Möglichkeit, einen Kanaldeckel anzuheben (entsprechende Griffhaken sind dann sehr hilfreich!) und das Fahrzeug darüber zu rangieren – was mühsam und ohne guten Einweiser zudem riskant ist. Bei meinen Platzbeschreibungen habe ich daher besonderes Augenmerk auf diese Wohnmobil-spezifische Ausstattung gelegt. Inzwischen geht der Ausbau aber voran und zumindest von den größeren Plätzen haben schon viele eine adäquate Plattform.

Einen sehr guten Überblick über die Campingplätze entlang der kroatischen Küste und auf den Inseln vermittelt die jährlich neu herausgegebene **Broschure „Camping“.** Sie enthält eine Fülle von Detailinformationen und ist bei der Kroatischen Zentrale für Tourismus erhältlich. Sehr zu empfehlen ist auch die Broschüre „Kroatische Campingplätze auf Inseln“, die besonders gute Plätze beschreibt und nach verschiedenen Kriterien bewertet. Sie wird herausgegeben von Master Studio – unter Leitung des sehr kompetenten und engagierten ehemaligen Präsidenten des Campingplatzverbundes KUH (s. S. 56).

Als besonders günstig kann man einen Campingurlaub in Kroatien leider nicht mehr bezeichnen. Die **Preise** haben sich weitgehend dem durchschnittlichen „Mittelmeer-Niveau“ angepasst; d. h., sie liegen noch etwas unter den italienischen Preisen – aber teilweise schon über dem Preis für Privatunterkünfte oder für ein günstiges Hotelzimmer. Auf kleinen, einfach ausgestatteten Plätzen können sie günstiger sein. Für Camping- und Automobilclub-Mitglieder oder bei längeren Aufenthalten gibt es auf größeren Plätzen meist 5–10 % Rabatt und auch außerhalb der Hauptsaison kann man mit günstigeren Preisen rechnen.

Für die Recherchen zu diesem Buch habe ich rund 80 Campingplätze besichtigt und innerhalb der **Routenbeschreibungen** mit allen wichtigen Informationen aufgelistet – neben Name, Adresse, Telefon, Fax, E-Mail-Adresse und Website sowie einer allgemeinen Platzbeschreibung habe ich mich dabei vor allem auf die Zugänglichkeit und die Ausstattung für Wohnmobile (Wasser, Abwasser, Chemie-WC und Strom) konzentriert. In dieser Hinsicht haben die meisten Plätze Istriens gut bis sehr gut abgeschnitten – weiter südlich hingegen fin-

Klassifizierung der Campingplätze

Die kroatischen Campingplätze werden derzeit alle neu klassifiziert. Gearbeitet wird an einer Einteilung in vier Kategorien nach dem Sternesystem (2 bis 5 Sterne), das ab Frühjahr 2007 gültig sein wird. Bislang gilt das System mit 1-4 Sternen, die sich an Ausstattung und Komfort orientieren.

Beachten Sie, dass diese Kategorien in der Regel etwas über den Preis aussagen (je mehr Sterne, desto teurer) - aber nichts über Lage, Atmosphäre, Umgebung, Landschaft etc. Für Reisemobilisten kann daher ein einfacher und billiger, aber ruhig, schattig und schön gelegener 2-Sterne-Platz besser sein als ein teurer 4-Sterne-Luxus-Platz, dessen Super-Sanitäranlagen sie gar nicht brauchen und dessen lärmige Animation Sie vielleicht gar nicht wollen. Andererseits bieten in der Regel nur die besseren Plätze geeignete Ver-/Entsorgungsstationen (s. u. „Ver-/Entsorgung"). Insgesamt halte ich die derzeitige Klassifizierung für sehr irreführend. Sie entfernt sich teils enorm von den Bewertungen, die ich erwarten würde.

det man nur wenige Plätze mit einer ausreichenden Ver-/Entsorgungsstation. Stromanschlüsse hingegen bieten die meisten Plätze.

Die **Preisangaben in den Platzbeschreibungen** beziehen sich auf die Kosten für eine Nacht im Wohnmobil mit zwei Personen während der Hauptsaison, inkl. Stellplatz, Stromanschluss, Kurtaxe und (soweit angegeben) der Anmeldegebühr. Auf einigen wenigen Plätzen Istriens wird für Aufenthalte von weniger als 3 Nächten ein Zuschlag erhoben, der in den Preisen für eine Nacht ebenfalls berücksichtigt wurde.

Kuna oder Euro?

Manche Plätze geben ihre Preise in Euro an. Bezahlt wird jedoch stets in Kuna; die Euro-Preise dienen nur der unverbindlichen Orientierung und werden nicht exakt umgerechnet.

Kroatischer Campingplatzverband KUH

- Pionirska 1, 52440 Poreč, Tel. 052 451292, 451324, Fax 052 451279, ccu@camping.hr, www.camping.hr

Master Studio

- Pionirska 1, 52440 Poreč, Tel. 052 433761, Fax 052 433762, info@islescamping.com, www.islescamping.com

OFFENES FEUER

Die Wälder und Macchia-Hänge Kroatiens sind im Sommer von der Sonne durchglüht, knochentrocken und höchst feuergefährdet! Offenes Feuer jeglicher Art(!) ist in dieser Zeit strengstens verboten. Trotzdem kommt es immer wieder zu schweren Waldbränden, die nicht nur die Natur, die Felder und ganze Ortsteile gefährden, sondern auch

Reisemobilisten, die irgendwo frei im Walde übernachten. Auslöser kann schon eine Zigarettenkippe sein oder das Glas einer achtlos weggeworfenen Flasche. Deshalb: Niemals offene Lagerfeuer anzünden – und auch mit Kerzenromantik, Gaslaternen, Zigaretten und dergleichen höchste Vorsicht walten lassen! Grillen und ähnliche Aktivitäten sind ausschließlich an speziell dafür angelegten Feuerstellen erlaubt.

UMSATZSTEUER

Die Preise für Waren in Kroatien enthalten 22 % Umsatzsteuer. Ausländische Besucher können sich diese Steuer ab einem Mindestbetrag von 500 Kuna pro Kaufquittung zurückerstatten lassen, wenn sie die Waren ausführen (außer bei Tabakwaren, Alkohol und Erdölprodukten). Hierzu muss man sich nach den Bestimmungen des Europe Taxfree Shopping (ETS) den Kauf mit einem ETS-Formular (Tax Cheque) quittieren lassen. Diese Formulare werden bei der Ausreise am Zoll abgestempelt und man kann sich die Umsatzsteuer direkt an der Grenze erstatten lassen – nach Abzug einer ETS-Provison.

VERKEHRSREGELN

In Kroatien gelten generell die gleichen Verkehrsregeln wie in der Mehrzahl der europäischen Länder und die Verkehrsschilder entsprechen dem internationalen Standard. Geschwindigkeitsbegrenzungen: in Ortschaften 50 km/h, auf Landstraßen 80 km/h, Schnellstraßen

121kf Abb.: rh

◀ *Bitte nicht rasen!*

110 km/h, Autobahn 130 km/h. Es herrscht **Gurtpflicht** und **Telefonierverbot** – außer mit Freisprecheinrichtung. Haltende Schulbusse mit eingeschaltetem Warnblinker dürfen nicht passiert werden.

Die **Promillegrenze** liegt in Kroatien (und in Slowenien!) bei 0,0 (so steht es auch in allen aktuellen kroatischen Publikationen, während man mir vor Ort unisono erklärte, dass de facto 0,5 Promille gelten). Achtung: Alkohol- und Geschwindigkeitskontrollen (auch mit Laserpistolen) sind häufig!

Warndreieck, Abschleppseil, Warnweste und ein Satz Glühlampen gehören zur **Pflichtausrüstung.** Auch am Tag muss das Abblendlicht eingeschaltete sein. Jeder Unfall muss der Polizei gemeldet werden. Sie fertigt ein Schadensprotokoll an, das man bei der Ausreise vorlegen muss, um Schwierigkeiten zu vermeiden.

Autobahnen, die Brücke zur Insel Krk und der Učka-Tunnel sind gebührenpflichtig.

VER- UND ENTSORGUNG

Noch vor wenigen Jahren gab es in ganz Kroatien kaum eine geregelte Ver-/Entsorgungsstation für Wohnmobile. Die einzigen Möglichkeiten überhaupt fand man auf Campingplätzen – und selbst dort musste man für die Abwasser-Entsorgung irgendwo einen schweren Eisendeckel von einem Schacht der Kanalisation herunter wuchten – und dann das Wohnmobil über die ungesicherte Öffnung manövrieren. Chemie-WCs wurden meist ebenfalls direkt in den Schacht oder in eine normale Toilette entsorgt – ohne dass man so recht wusste, wohin dann alles floss. Denn oft genug endeten die Rohre ein paar hundert Meter weiter im Meer.

Literaturtipp
Hinweise auf Ausstattung, Zubehör und Tricks, um u. a. das Wasserfassen und Entsorgen zu erleichtern, finden Sie in meinem Buch „Clever reisen mit dem Wohnmobil", erschienen in der Reihe PRAXIS des Reise Know-How Verlages.

Seit der Unabhängigkeit Kroatiens ist sehr viel gebaut und modernisiert worden. Heute, so wurde mir versichert, sind die Campingplätze an eine **Kläranlage** angeschlossen. Eine Entleerungsmöglichkeit für **WC-Kassetten** von Chemietoiletten findet man auf fast allen Plätzen und es wird betont, dass der Inhalt nicht mehr auf direktem Wege in die Adria gelangt – aber vielleicht auf direktem Wege in der Kläranlage, der eine Überdosis an Chemie sicher auch nicht gut tut. Versuchen Sie daher nach Möglichkeit auf harte Chemie zu verzichten. Es gibt inzwischen auch umweltschonendere Mittel, um die Geruchsentwicklung zu hemmen, und die Möglichkeit, durch ein Entlüftungsventil auf Chemie weitgehend zu verzichten.

Um **Frischwasser** aufzufüllen, ist man oft auf den eigenen Schlauch angewiesen – oder muss Kanister tragen. Und die Abwasser-Entsorgung funktioniert auf manchen Plätzen noch wie anno dunnemals direkt in die Kanalisation, d. h., man muss immer noch einen schweren Kanaldeckel öffnen. Entsprechenden **Griffhaken** mitnehmen! In den letzten Jahren haben jedoch viele Plätze neue Entsorgungsplattformen geschaffen.

Vorbildlich hinsichtlich der Ver-/Entsorgung sind die meisten Campingplätze Istriens. Hier hat inzwischen fast jeder Platz eine Beton-Plattform mit Ablaufgitter und Wasseranschluss, die dem allgemeinen Standard entspricht.

Außerhalb Istriens sind ordnungsgemäße Entsorgungsstationen noch deutlich seltener. Man merkt zwar, dass viele Plätze sich bemühen, adäquate Einrichtungen zu schaffen – aber leider fehlt es oft an den Kenntnissen. Einmal ist eine Abwasserplattform wunderschön angelegt und mit hübschen Natursteinmauern eingefasst – die nur leider so eng stehen, dass kein Wohnmobil dazwischen passt! Oft fehlt es am richtigen Gefälle, um das Schmutzwasser sicher in den Schacht zu leiten – und wenn es ein Gefälle gibt, so verläuft es nicht selten vom Schacht weg, sodass nicht präzise gezielte Abwässer zum nächsten Camper oder quer über den Platz strömen. Einmal ist der Schacht erhöht, statt eingesenkt, einmal fehlt das Gitter oder es gibt nur einen Deckel. Und manchmal ist die Zufahrt für größere Wohnmobile unmöglich.

123kr Abb.: rh

Niemals und auf keinen Fall!

Auch wenn man es leider noch immer erlebt, dass verantwortungslose Wohnmobilbesitzer ihr stinkendes Schmutzwasser einfach dort ablassen, wo sie stehen („ist ja bloß Wasser"), oder dass sie gar den Inhalt ihrer Toilette kurzerhand in die Büsche kippen oder bestenfalls vergraben: Das ist schlicht eine Sauerei und dazu verboten! Und nicht zuletzt sind es diese wenigen „schwarzen Schafe" (bzw. Ferkel!), die dadurch die ganze „Zunft" in Verruf bringen – und denen wir dann Verbote, Absperrungen und Anfeindungen zu verdanken haben.

Grundregel eines jeden Wohnmobilreisenden muss die strikte Einhaltung einer sachgerechten Ver- und Entsorgung sein. Und falls Sie einen anderen Reisemobilisten bei dergleichen Ferkeleien beobachten sollten, so nehmen Sie sich ein Herz und sprechen ihn darauf an. Es ist in unser aller Interesse!

Inzwischen ist das Angebot an Ver-/Entsorgungsstationen in Kroatien (wenngleich noch ausbaufähig) in den meisten Gegenden so gut, dass man mithilfe der hier zusammengestellten Informationen und bei etwas Vorausplanung und Umsicht stets eine Möglichkeit für ordnungsgemäße Entsorgung finden müsste. Die Ausrede „Notfall" gilt nicht mehr.

Aber es wird daran gearbeitet – und man kann sicher sein, dass schon in wenigen Jahren vieles besser sein wird. Ver-/Entsorgungsstationen unabhängig von Campingplätzen gibt es bislang nur an einigen Parkplätzen Istriens (Poreč, Rovinj), die horrible Preise verlangen.

Bei den Platzbeschreibungen im Routenteil dieses Buches habe ich mich besonders auf die Frage der Ver-/Entsorgungsmöglichkeiten konzentriert und zu jedem Platz angegeben, wie dort die Situation ist bzw. wo die Probleme liegen.

ZOLL

Besucher dürfen ihr persönliches Gepäck zollfrei nach Kroatien ein- und wieder ausführen. **Zollfrei** sind bei der Einreise außerdem Reiseproviant für den persönlichen Bedarf, 200 Zigaretten oder 50 Zigarren oder 250 g Tabak, 2 l Wein, 1 l Spirituosen, 250 ml Eau de Toilette und 50 ml Parfüm. Bei größeren Mengen bezahlt man Zoll in Höhe von etwa 50 % des Einkaufspreises. Für eine umfangreiche, teure Camping- oder Tauchausrüstung, für Musikinstrumente, Videokameras und andere elektronische Geräte muss eine **Zollerklärung** ausgefüllt werden, damit man sie problemlos wieder ausführen kann. Betriebsgenehmigungen für Funksprechgeräte müssen vor der Abreise bei der kroatischen Botschaft oder beim Konsulat beantragt werden.

▼ *Einkaufen ohne Reue*

Bitte beachten Sie, dass die Einfuhr von Fleisch-, Milch- und anderen **tierischen Produkten** strengen Vorschriften unterliegt und die Waren beschlagnahmt bzw. vernichtet werden können!

An vielen Grenzübergängen Kroatiens findet man bei der Ausreisekontrollstelle **Duty-free-Shops.** Die Duty-free-Shops in den Jachthäfen hingegen sind in letzter Zeit geschlossen worden.

Beachten Sie außerdem die für die **Rückreise** ins Heimatland geltenden Beschränkungen:

- **Tabakwaren** (für über 17-Jährige in EU-Länder und Schweiz): 200 Zigaretten oder 100 Zigarillos oder 50 Zigarren oder 250 g Tabak
- **Alkohol** (für über 17-Jährige in EU-Länder): 2 Liter bis 22 Vol.-% oder 1 Liter über 22 Vol.-% sowie 2 Liter nicht schäumende Weine; (Schweiz): 2 Liter bis 15 Vol.-% oder 1 Liter über 15 Vol.-%
- **Sonstige Waren** (für über 15-Jährige nach Deutschland): 500 g Kaffee, (Österreich): 500 g Kaffee und 100 g Tee; ohne Altersbeschränkung: 50 g Parfüm oder 0,25 l Eau de Toilette sowie Waren im Wert von max. 175 € (Schweiz max. 300 CHF) pro Person

Weitere Infos:

- **Deutschland:** www.zoll.de oder Tel. 069 469976-00
- **Österreich:** www.bmf.gv.at oder Tel. 04242 33233
- **Schweiz:** www.zoll.admin.ch oder Tel. 061 2871111

Istrien ist ein Paradies für Camper, Badeurlauber und FKK-Anhänger, bietet aber auch ein faszinierendes Hinterland mit alten Bergstädten und Karstphänomenen. Vor allem an der Westküste der Halbinsel reihen sich Campingplätze und Hotelstrände fast nahtlos aneinander. Gleich vor der Haustür Österreichs und Italiens gelegen und nur einen Katzensprung von Süddeutschland entfernt, haben hier Campingurlaub und Tourismus seit Jahrzehnten Tradition. Und das merkt man nicht zuletzt an der guten Ausstattung der Campingplätze und der touristischen Infrastruktur. Aber Istrien ist weit mehr als nur Badeküste. Das „Herz Europas", wie die Bewohner ihre Halbinsel nennen, hat auch kulturell eine Menge zu bieten. Hier treffen die Lebensstile Mitteleuropas und der mediterranen Welt zusammen und romanische, germanische und slawische Einflüsse vermischen sich. Römer, Byzantiner, Venezianer, Slawen und die Donaumonarchie haben dem Land ihren Stempel aufgedrückt. Zweitausend Jahre Geschichte zum Anfassen – wie in einem großen Freilichtmuseum: malerische Altstädte mit winkeligen Gassen und venezianischen Prachtbauten, mittelalterliche Festungen und frühchristliche Kirchen.

001kr Abb.: rh

ROUTE 1

ISTRIENS KÜSTE

› Routenübersicht hinterer Umschlag innen

◀ *Vorseite: An Istriens Küste reichen die Campingplätze oft direkt bis ans Wasser, hier Camping Finida* ❸

Parken

34 T 288555 4703252

Parkplatz an einer Bucht direkt am Meer (eine Rarität an der Küste Istriens!) – allerdings mit wenig Schatten und ohne richtigen Strand (steiniges Ufer, Untergrund: Gras und Schotter). Am Tag stehen hier oft Wohnmobile und es gibt keine Verbotstafel, übernachten sollte man aber, schon wegen des Campingplatzes direkt daneben, nicht.

STRECKENVERLAUF

Entfernungen:

Grenze – Savudrija 13 km, Savudrija – Umag 6 km, Umag – Novigrad 15 km, Novigrad – Tar 6 km, Tar – Poreč 9 km, Poreč – Vrsar 9 km, Vrsar – Rovinj 27 km, Rovinj – Vodnjan 26 km, Vodnjan – Pula 10 km, Pula – Labin 35 km, Labin – Opatija 37 km

Abstecher:

Pula – Fažana 6 km, Pula – Premantura 12 km, Pula – Medulin 9 km (je einfach)

Rundfahrt durch das Binnenland:

Poreč – Pazin 30 km, Pazin – Roč 28 km, Roč – Buzet 7 km, Buzet – Motovun 17 km, Motovun – Grožnjan 10 km, Grožnjan – Buje 8 km

DIE RIVIERA VON UMAG

Wer die Küste Istriens erkunden will, der tut das am besten außerhalb der Saison, wenn man das schmale Küstensträßchen gemütlich und stressfrei befahren kann, denn im Sommer ist es oft überlastet und verstopft. Kurz nach dem Grenzübergang bei Sečovlje oder Kaštel biegt man nach rechts von der großen Straße ab und tuckert gemütlich durch Buschland, Pinienhaine und lehmige Felder nach Westen. Ferienland! Mediterrane Kräuterdüfte und das Zirpen der Zikaden erfüllen die Luft – und bald schon sieht man vor den kleinen Restaurants entlang der Straße riesige Freiluft-Grills, an denen sich am Spieß ein Hammel oder ein Spanferkel dreht.

▼ *Der Leuchtturm von Savudrija*

002kr Abb.: rh

Etwa 10 km nach der Abzweigung erreicht man das Dörfchen **Savudrija** (Salvore), und wer von der langen Anreise müde ist, findet dort gleich einen wunderschönen Campingplatz, auf dem mancher schon den ganzen Urlaub hindurch „hängen geblieben" ist. Im Ort rechts den Schildern folgen – über ein schmales Sträßchen, das man zunächst eher für eine Hauszufahrt halten mag.

Information

TZG Savudrija, Istarska 2, 52475 Savudrija, Tel. 052 759659, Fax 052 759855, info@istria-savudrija.com, www.istria-savudrija.com

Camping

Camping Pineta****

33 T 382171 5038143

45,48687°N 13,49218°O

Reizvoll am Nordkap von Istrien gelegener und sympathischer Platz mit Pinienwald, offenem Wiesengelände und sehr schönem Felsstrand; der neue Teil des Platzes befindet sich direkt beim Leuchtturm.

Lage/Anfahrt: in Savudrija rechts; schmale Teerstraße; **Wasser:** Schlauch; z. T. am Stellplatz; **Abwasser:** neue Ver-/Entsorgungsstation im Zentrum des alten Platzes und **Chemie-WC:** 4 Stationen (davon eine auf dem neuen Platz); **Strom:** ja; **Preis:** 202 kn (26,80 €); Zuschläge: 20 % für weniger als 3 Nächte in der HS; 10 % für die erste Reihe; **Geöffnet:** 26.04.-30.09.; **Kontakt:** Tel. 052 709 950, Fax 052 709 959, camp.pineta@istraturist.hr, www.istraturist.hr

Parken

Zwischen neuem und altem Platz gibt es direkt am Meer (bei den „schwebenden Booten") einen Parkplatz, auf dem auch Wohnmobile stehen dürfen.

Preise: 8-20 Uhr 80 kn; 1.6.-31.8. 14-20 Uhr 40 kn

Die schwebenden Boote von Savudrija

Am Kap von Savudrija, direkt beim Campingplatz und entlang der Straße nach Umag sieht man gelegentlich Fischerboote, die an langen Holzstangen wie zum Trocknen über dem Wasser aufgehängt sind. Die Erklärung: Am exponierten Nordkap Istriens sind Naturhäfen rar, und anstatt aufwendig einen Hafen zu bauen, sind die Fischer auf diese praktische Idee gekommen. Zwei Stangen werden schräg über das Wasser geneigt einzementiert, an jedes Ende kommt ein Flaschenzug, und so kann man die Boote an Bug und Heck befestigt einige Meter über den Meeresspiegel hieven, um sie bei Sturm vor den Wellen zu schützen. Und diese „schwebenden Häfen" sind nicht nur praktisch, sondern zugleich so fotogen, dass sie inzwischen als Postkartenmotive entdeckt wurden.

003kr Abb.: rh

›Landkarte Seite VI

Camping

❷ Camping Stella Maris****

33 T 384460 5034009

45,45005° N 13,52242° O

Schöner ebener, überwiegend sonniger Wiesenplatz mit sehr guter Ausstattung; durch eine Unterführung gelangt man zum Kiesstrand mit Meerwasser-Pool auf der anderen Straßenseite; großer, schattiger Parkplatz mit Wasser- (zeitweise defekt) und Stromanschluss vor dem Eingang. **Lage/Anfahrt:** am Ende des Pinienwaldes gegenüber dem Hotel links; **Wasser:** Schlauch; z. T. Anschlüsse direkt am Stellplatz; **Abwasser:** Ver-/Entsorgungsplattform im Zentrum des Platzes; am Parkplatz vor der Rezeption Strom für spät Ankommende (22–7 Uhr) und Abwasserentsorgung; **Chemie-WC:** 5 Stationen; **Strom:** ja; **Preis:** 212 kn (30,30 €); Zuschläge: 20 % für weniger als 3 Nächte in der HS; 10 % für erste Reihe; **Geöffnet:** 22.04.–02.10.; **Kontakt:** Tel. 052 710900, Fax 052 710909, camp.stella.maris@istraturist.hr, www.istraturist.hr

004kr Abb.: rh

Bereits einige Kilometer vor Savudrija geht es rechts hinunter zum ⛺ FKK-Campingplatz **Kanegra***** (Tel. 052 709000, Fax 052 709 499; camp.kanegra@istraturist.hr, www.istraturist.hr, 22.04.–02.10.), der etwas abseits und sehr reizvoll in einem schön renaturierten, ehemaligen Steinbruch am Meer liegt. Ich habe ihn vor Jahren einmal besucht, aber seither nicht auf Wohnmobil-Tauglichkeit getestet.

In Savudrija schwenkt die Straße nach Süden und folgt der Küste durch die Fischerdörfchen **Zambratija** und **Katoro** (Reittouristik) in Richtung Umag. Falls Sie ungeduldig auf eine stille Badebucht oder einen Strandparkplatz warten, muss ich Sie gleich enttäuschen: Dafür stehen die Chancen entlang der ganzen istrischen Küste schlecht, da hier praktisch jeder zugängliche Strand zu irgendeiner Ferienanlage gehört. Eine davon ist die Anlage Stella Maris, die man nach einem kleinen Pinienwald kurz vor Umag passiert: rechts der Straße Strand, Hotel und Bungalows, links der ⛺ **Campingplatz Stella Maris.**

Ⓟ Parken

Großer, unbefestigter, teils schattiger Parkplatz an der Abzweigung zum Campingplatz; Preis für Wohnmobile pro Tag 40 kn (keine Übernachtung)

UMAG (UMAGO) (6 km von Savudrija)

Kurz darauf erreicht man die Kleinstadt Umag (rund 5000 Ew.), ein Ferienzentrum, dem der Küstenabschnitt seinen Namen verdankt. Der Ort ist nicht nur für den Tennissport (ATP Tournier Croatian Open) bekannt, sondern bietet auch sonst vielfältige Sport- und Freizeitmöglichkeiten – unter anderem eine ACI Marina, Wassersport, Reitsport und Rundflüge.

Die auf einer Halbinsel gelegene kleine Altstadt mit ihren zahlreichen Restaurants und Straßencafés lädt zu einem kurzen Bummel durch die Gassen und auf der Uferpromenade ein, hat aber keine nennenswerten Sehenswürdigkeiten zu bieten.

Information

TZG Umag, Trgovačka 6, 52470 Umag, Tel. 052 741363,info@istria-umag.com, www.istria-umag.com

Essen

Konoba Dante, Ul. D. Alighieri 20, Tel. 052 752917. Ein Spitzenrestaurant mit sehr guter Weinkarte. Hier bekommt man erlesene istrisch-italienische Spezialitäten wie z. B. Carpaccio (rohes Rindfleisch), Trüffel-Risotto oder auch Tagliuzzato (Hacksteak)

Südlich von Umag folgen entlang der Küstenstraße zwei weitere sehr gut ausgestattete Campingplätze: **„Finida“** (ca. 5 km von Umag) und **„Park Umag“** (früher „Ladin Gaj“, ca. 8 km von Umag). Doch neben Campingplätzen, touristischen Anlagen und Ferienstimmung hat die 15 km lange Strecke von Umag nach Novigrad nicht viel mehr zu bieten.

Parken

Großer Parkplatz beim **Teniszentrum am Ortseingang** rechts (8–20 Uhr 80 kn; von hier führt eine kleine Straße zum nahen Stadtstrand); Parkplatz an der **Nova Obala** (nahe Zentrum und Uferpromenade); etwas südlich an der Abzweigung nach Spina geteerter Parkplatz ohne Verbotstafel an einem kleinen Strand (GPS: 33 T 385460 5028702)

Camping

3 Camping Finida ****

33 T 385874 5027586

45,39248°N 13,54199°O

Schöner, gut ausgestatteter und überwiegend schattiger Platz mit Felsstrand, Slipanlage, Restaurant, Geschäft und Sportangeboten. (s. Foto S. 62/63) **Lage/Anfahrt:** direkt an der Küstenstraße rechts; **Wasser:** Schlauch; z. T. Anschlüsse direkt am Stellplatz; **Abwasser:** tadellose Ver-/Entsorgungsplattform; **Chemie-WC:** ja; **Strom:** ja; **Preis:** 225 kn (30,30 €) Zuschläge: 20 % für weniger als 5 Nächte in der HS; 10 % für erste Reihe; **Geöffnet:** 26.04.–01.10.; **Kontakt:** Tel. 052 725950, Fax 052 725969, camp.finida@istraturist.hr, www.istracamping.com

Parken

33 T 386912 5023785

Großer, schattenloser Strandparkplatz bei Karigador, nördlich von Novigrad, teils steinig, teils Gras; mit Imbiss und Beachvolleyball

Camping

4 Camping Park Umag **** (früher „Ladin Gaj“)

33 T 386233 5024780

45,36729°N 13,54722°O

Einer der größten und besten Plätze Kroatiens; eine komplette Camper-Stadt, aber sehr weiträumig angelegt und trotz seiner Größe sehr ruhig und entspannt; viel Wiesenfläche, aber auch Wald und Gartenanlagen, langer, rollstuhlgerechter Fels-/Kiesstrand, Sonnenplattform, mehrere Pools und alles, was man sonst von einem Campingplatz erwarten kann; **Parkplatz** für spät ankommende Camper mit Strom und Wasser vor der Rezeption. **Lage/Anfahrt:** direkt an der Küstenstraße rechts; **Wasser:** Schlauch; z. T. Anschlüsse direkt am Stellplatz; **Abwasser:** tadellose Ver-/Entsorgungsplattform draußen vor dem Eingang nur für Camper; **Chemie-WC:** ja (9 Stationen!); **Strom:** ja; **Preise:** Kategorie B 142 kn (26,50 €), Kategorie A 181 kn (31,80 €), Luxus 207 kn (35,30 €); Zuschläge: 20 % für weniger als 5 Nächte in der HS; **Geöffnet:** 26.04.–02.10.; **Kontakt:** Tel. 052 725040, Fax 052 725053, camp.park.umag@istraturist.hr (Reservierung: crs@istraturist.hr), www.istracamping.com

◀ *Die Altstadt von Umag lädt zu einem Bummel ein*

NOVIGRAD (CITTANOVA) (15 km von Umag)

Novigrad mit seinem markanten Kampanile und gut erhaltenen Teilen der Stadtmauer liegt etwas abseits der Küstenstraße auf einer Halbinsel zwischen offenem Meer und der **Bucht von Tar** (Tarski zaljev), in welche die Mirna mündet. Nur halb so groß wie Umag, aber doppelt so hübsch, bildet das Städtchen in gewisser Weise den Kontrast zur Nachbarin. Es ist weniger ein Zentrum des Sports als vielmehr der Badegäste und Strandurlauber - mit kristallklarem Wasser und für Kleinkinder angelegten Becken. Entlang der fast rings um die Altstadt führenden Promenade bieten sich viele Bademöglichkeiten sowohl im offenen Meer als auch in der geschützten Bucht. Lohnend ist außerdem ein kurzer Bummel durch die Altstadtgassen - oder eine Mittagspause in einem der guten Restaurants der Stadt.

Information

TZG Novigrad, Porporela 1, 52466 Novigrad, Tel./Fax 052 757075, info@istria-novigrad.com, www.istria-novigrad.com

Parken

33 T 387755 5019449

Am Busbahnhof links, ca. 400 m vor der Altstadt (15.06.-15.09. 24 kn/Std., 120 kn/24 Std.)

33 T 387573 5019576

PKW-Parkplatz nahe dem Jachthafen (15.06.-15.09. 5 kn/Std., 20 kn/24 Std.)

Essen

Giovanni, St. Rosello 30 a, Tel. 052 757122. Sehr gutes Restaurant und beste Adresse für Meeresfrüchte-Risotto und Nudeln mit Hummer; zum Nachtisch sind die Gibanica (Quarkkuchen) zu empfehlen.

Camping

5 Camping Sirena ***

33 T 388359 5049003
45,31565°N 13,57567°O

Sehr gut ausgestatteter Platz, nur einen Spaziergang von Novigrad entfernt; teils sonnige Wiesenfläche, teils Pinienwald; langer, rollstuhlgerechter Fels-/Kiesstrand mit großer Sonnenplattform. Der Parkplatz vor der Rezeption ist zeitweise sehr voll, dann bis vor die Rezeption fahren und ggf. durch die Schranke (und dann links zum Wenden). **Lage/Anfahrt:** hinter Novigrad rechts; **Wasser:** Schlauch; **Abwasser:** gute Ver-/Entsorgungsplattform; **Chemie-WC:** ja (3 Stationen in den Toiletten); **Strom:** ja; **Preise:** ca. 228 kn (31,30 €) für Kat. A inkl. Anmeldegebühr; **Geöffnet:** 01.04.-30.09.; **Kontakt:** Tel. 052 757159, Fax 052 757076, www.laguna-novigrad.hr

▲ *Am idyllischen Hafen von Novigrad*

Sidro, Mandrač 6, Tel. 052 757601. Exzellente Küche und eine gute Weinkarte, besonders zu empfehlen sind Spaghetti mit Hummer oder mit Meeresfrüchten; gute Auswahl an Fischen und Fleisch vom Grill.

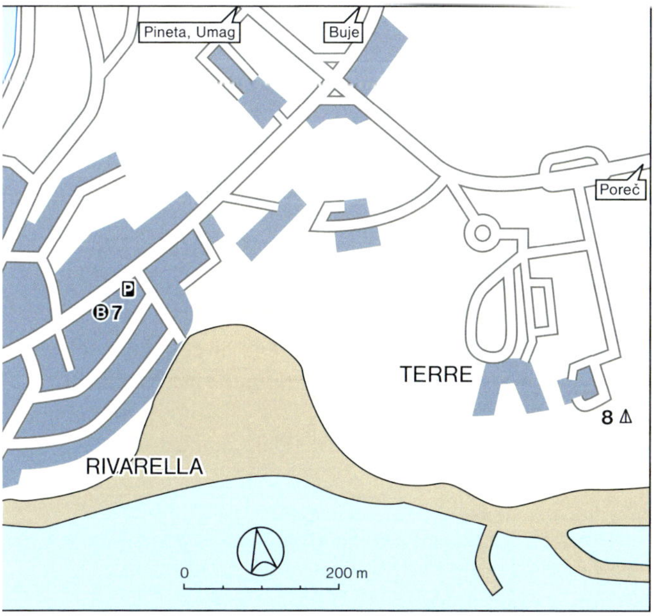

- 1 Restaurant Sidro
- 2 Sv Marija
- Cafés
- 3 ehem. Stadtloggia
- 4 Gostionica Torci
- 5 Post
- Bank
- 6 Park Irma Benčić
- 7 Busbahnhof
- 8 Camping Sirena

›Landkarte Seite VI

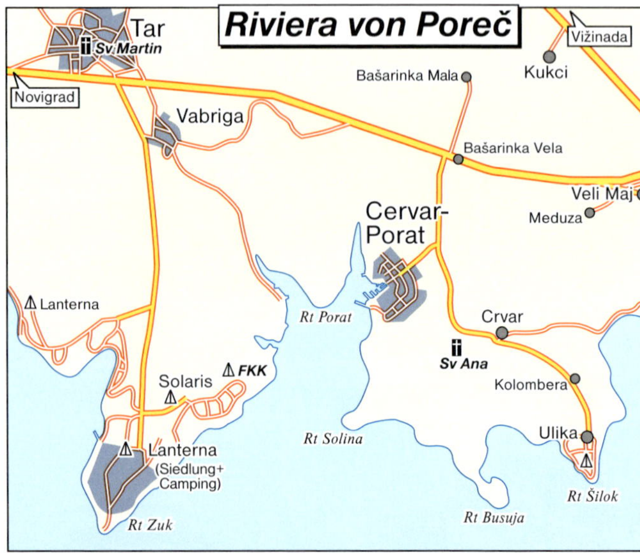

DIE RIVIERA VON POREČ

Bei Novigrad passiert man die Abzweigung der Fernstraße 301 nach Buje und schwenkt nach rechts zur Tar-Bucht hinunter. Zunächst passiert man ein Zementwerk, das alles in weißen Staub hüllt, dann überquert man auf einer Brücke die flache Bucht, in welche die Mirna mündet. Sie ist einer der wenigen ganzjährigen Flüsse Istriens und das brackige Wasser der Bucht ist ganz offensichtlich für Wasservögel interessanter als für Badegäste.

Parkplatz

33 T 390713 5018971
45,31574°N 13,60569°O

Große, unbefestigte, recht ebene Parkflächen zu beiden Seiten der Straße, kostenlos, kaum Schatten, kein Badestrand; auf der Meerseite schönerer, aber bei Regen evtl. weicher Grund!

Nach der Bucht geht es durch ein Kiefernwäldchen wieder aufwärts nach **Tar** (6 km von Umag), das auf einem etwa 100 m hohen Plateau liegt und für den Weinbau sowie für sein gutes Olivenöl bekannt ist. Rechts zweigt ein kleines Stichsträßchen zur **Lanterna-Halbinsel** ab (ca. 3 km), auf der zwei große und sehr schöne Campingplätze liegen: der FKK-Platz **„Solaris“** und der Textil-Platz **„Lanterna“.**

Essen

Sehr zu empfehlen ist das Restaurant **„Adria“** auf dem Campingplatz „Lanterna“ (s. S. 71), wo man auf einer herrlichen Terrasse speist, während die Sonne malerisch im Meer versinkt. Und anschließend spielt die Tanzmusik.

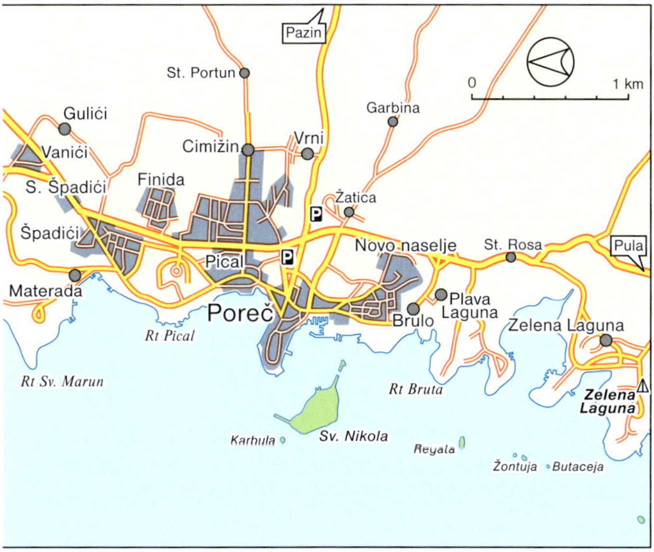

Einige Kilometer weiter zweigt rechts ein gutes Teersträßchen ab, das via Červar zu dem einsam auf einer Landspitze gelegenen **FKK-Campingplatz „Ulika"** führt.

Camping

6 *Lanterna*****

33 T 389725 5017084

45,29860° N 13,59352° O

Sehr schöner und sympathischer Platz in einem reizvollen Waldgelände an einem sanften Hang, so natürlich gegliedert, dass man kaum glaubt, wie riesig der Platz tatsächlich ist; hervorragende Ausstattung, Swimmingpool, schöner Kiesstrand, Supermarkt u. v. a.; besonders zu empfehlen ist das **Restaurant „Adria"** mit Terrasse, hervorragenden Gerichten und Live-Musik. Einer der schönsten Stellplätze ist der Platz Nr. 89! **Lage/Anfahrt:** hinter Tar rechts den Schildern folgen; **Wasser:** Schlauch; z. T. direkt am Stellplatz; **Abwasser:** tadellose Ver-/Entsorgungsstation vor der Rezeption; **Chemie-WC:** ja (14 Stationen in den Sanitäranlagen); **Strom:** ja; **Preise:** 30,25 bis 41,40 €; je nach Stellplatz; **Geöffnet:** 04.04.-11.10.;**Kontakt:** Tel. 052 404500, Fax 052 404591, 451440, camping@valamar.com, www.camping-adriatic.com

7 *FKK-Camp Ulika, Plava Laguna*****

33 T 388883 5012486

45,25709° N 13,58381° O

Flacher FKK-Platz mit teils altem Eichenbestand, teils Wiesenfläche mit jungen Bäumen; langer Fels/Kiesstrand, Pool, viele Sportangebote. **Lage/Anfahrt:** zwischen Tar und Poreč rechts den Schildern folgen; **Wasser:** Schlauchanschluss; **Abwasser:** Station im Zentrum des Platzes (nicht kontrolliert); **Chemie-WC:** ja; **Strom:** ja; **Preise:** 248 kn (34,10 €;); **Geöffnet:** 04.04.-04.10.; **Kontakt:** Tel. 052 436325, Fax 052 436352, mail@plavalaguna.hr, www.plavalaguna.hr

› Landkarte Seite VI

POREČ (15 km von Novigrad, 9 km von Tar)

Information

TZG Poreč, Zagrebačka 9, 52440 Poreč, Tel. 052 451458, Fax 052 451665, info@istria-porec.com, www.istria-porec.com

Tourismusgemeinschaft der Region Istrien, www.istra.hr

Mit Poreč hat man eines der Schmuckstücke der istrischen Küstenstädte erreicht. Ein bedeutendes Zentrum des Badetourismus – vielleicht das bedeutendste Kroatiens überhaupt – zugleich aber auch ein kulturelles Reiseziel. Die auf einer Landzunge gelegene Altstadt mit ihren verwinkelten Gassen ist den Fußgängern vorbehalten. In mehr als zwei Jahrtausenden hat sie ihren Grundriss kaum verändert und noch immer tragen ihre beiden Hauptachsen ihre römischen Namen: Cardo Maximus (Große Achse) und Decumanus (Zur 10. Legion). Römische Legionäre, slawische und ostgotische Krieger sind schon durch diese Gasse gezogen, ebenso wie illyrische Bauern, venezianische Seeleute, byzantinische Händler, altkroatische Priester und österreichische Verwaltungsbeamte. Unzählige Füße, Sandalen und Stiefel haben die hellgrauen Kalkplatten so blank poliert, dass sich das Licht darauf spiegelt. Heute reihen sich hier Souvenirgeschäfte, Galerien, Boutiquen, Restaurants und Eisdielen nahtlos aneinander. Aber darüber, daneben und dazwischen entdeckt man überall Schmuckstücke venezianischer Baukunst: spitzbogige Fenster, schnörkelige Säulen und kleine Balkone, Stuckverzierungen und prachtvolle Fassaden.

Olivenöl und Trüffel

Kroatien ist berühmt für sein Olivenöl – und eines der besten Öle liefern die Bäume der Tar-Ebene sowie die Haine an den Sonnenhängen um Fažana und Barbariga. Für ihre Trüffel berühmt ist die Region um die Bergorte Buje, Motovun und Buzet. Diese Produkte und andere Erzeugnisse der Region findet man in folgenden Spezial-Geschäften:

***Vinarija Podrum,** Željeznička cesta 15, 52215 Vodnjan, Tel. 052 511334 (Wein und Olivenöl)*
***Zigante tartufi,** Portoroška 15, Plovanija, 52460 Buje, Tel. 052 777 409/410, office@zigantetartufi.com, www.zigantetartufi.com mit Geschäften u. a. in:*

- ***Buje:** J. B. Tita 12, 52460 Buje, Tel. 052 772125*
- ***Grožnjan:** U. Gorjan 5, 52429 Grožnjan, Tel. 052 776099*
- ***Livade:** Livade 7, 52427 Livade, Tel. 052 664030*
- ***Buzet:** Trg Fontana, 52420 Buzet, Tel. 052 663340*
- ***Pula:** Smareglina 7, 52100 Pula, Tel 052 214855*

Neben den frischen schwarzen und weißen Trüffeln bekommt man dort konservierte Produkte aus Trüffeln, natürliches Olivenöl mit Trüffelgeschmack, Schafskäse mit Trüffeln und Steinpilze.
*Hervorragende Trüffelgerichte und Spezialitäten der Region bekommt man im **Restaurant „Zigante Tartufi“,** Livade-Levade 7, 52427 Livade-Levade, Tel. 052 664302, restaurantzigante@livadetartufi.com.*

006kr Abb.: rh

▲ *Andachtsvolle Ruhe herrscht in der Euphrasius-Basilika*

Aber nicht nur auf dem Straßenbelag hat die Geschichte ihre Spuren hinterlassen: Im **Poreštine-Museum** kann man handfestere Relikte aus vergangenen Zeiten bewundern und zu den architektonischen Hauptattraktionen der ganzen Küste zählt die **Euphrasius-Basilika,** die Bischof *Euphrasius* im 6. Jahrhundert errichten ließ: ein Prachtstück frühbyzantinischer Kirchenarchitektur mit ausgezeichnet erhaltenen Mosaiken, deren Gold- und Perlmuttplättchen geheimnisvoll aus dem Dämmer der Gewölbe hervorleuchten und der Basilika eine weihevolle Atmosphäre verleihen. Profanere Gemüter schätzen aber auch den weiten Ausblick vom Turm und die angenehme Kühle der heiligen Hallen, wenn draußen die Mittagshitze ihren Tribut fordert.

Neben der Basilika steht der Palast der Porečer Bischöfe und hinter ihr (am Portal vorbei, dann rechts) findet man die Fundamente der **Maurus-Kapelle** aus dem 4. Jahrhundert mit den ältesten Bodenmosaiken, die neben ornamentalen Ausschmückungen das frühchristliche Symbol des Fisches zeigen.

Euphrasius-Basilika

Tel. 052 431635, tägl. 7–22 Uhr

Heimatmuseum

Decumanus 9, Tel. 052 431585, Mo–Fr 9–12 und 15–18 Uhr

Essen

Restaurant Istra, B. Milanovića 30; Tel. 052 434636, apetretti@gmail.com, Hauseigene Spezialitäten sind Hummer mit Nudeln, Tintenfisch und Fisch aus der Backröhre.

Dvi murve, Grozjanska 17, Tel. 052 434115, www.dvimurve.hr. Ein ausgezeichneter Tipp mit Seebarsch- und Seeteufelcarpaccio sowie traditionell zubereiteten Wildgerichten.

› Landkarte Seite VI

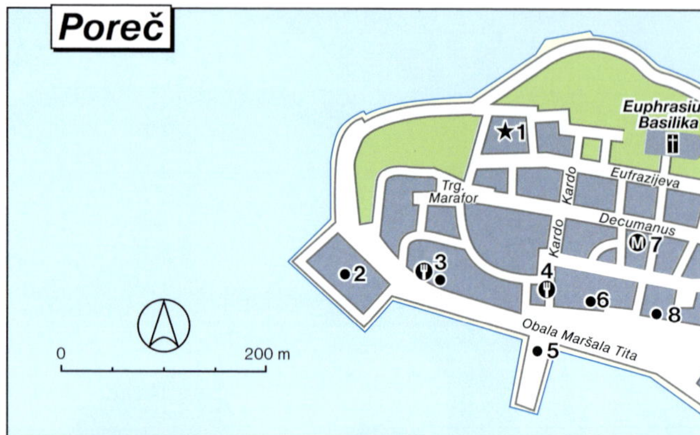

★	1	ehem. Landtag
•	2	Hotel Riviera, Fähre Sv Nikola
	3	Rest. Jadran &
•		Agentur Generalturist
	4	Pizzeria Bijeli Sun
•	5	Zoll und Hafenmeisterei
•	6	Agenturen Kompass u. Riviera
	7	Heimatmuseum Poreštine & Galerie
•	8	Agenturen Adriatic u. Forex
	9	Rest. Petrokutna Kula
	10	Eisdielen
		Café Centar
	11	Disco
	12	Kino
		Stadtbibliothek
	13	Gospa od Angela
	14	Supermarkt
	15	Post,
		Café Alter
	16	Minimarkt
•	17	Polizei
	18	Markt
	19	TI Poreč
	20	Bank
	21	Bistro Adelma,
		Busbahnhof

Baden

An der Spitze der Landzunge (Obala Laginje) oder nördlich an den Hotelstränden (falls man dort einen Parkplatz findet!)

Abstecher

Poreč ist ein geeigneter Ausgangspunkt für Rundfahrten durch das Landesinnere der Halbinsel (s. S. 79).

Parken

33 T 390548 5008344 / 45,22008°N 13,60594°O

Großer, neuer Parkplatz an der Hauptkreuzung, ca. 1 km vom Zentrum; derzeit in der Saison die einzige gute Möglichkeit, ein Wohnmobil zu parken. Ver- und Entsorgungseinrichtungen sollen ab Juni 2009 fertig sein. Die Preise sind happig: 24 kn (3,30 €) pro angefangener Stunde. Sie sollen nach Fertigstellung der Station noch steigen – egal ob man die Ver-/Entsorgung nutzt oder nicht. Um vom Parkplatz in die Stadt zu gehen, sollte man zuerst die landeinwärts führende Nebenstraße überqueren und dann an der Kreuzung die Hauptstraße (an der Ampel sonst problematisch). Alle anderen Parkplätze waren bei Redaktionsschluss für Wohnmobile verboten oder ungeeignet.

ABSTECHER ZUR TROPFSTEINHÖHLE BAREDINE

ab/bis Poreč ca. 10 km hin und zurück

Jama Baredine

Tel./Fax 052 421333, www.baredine.com, im Sommer tägl. 10–17 Uhr, sonst kürzer; Nov.–März geschlossen.

Zweigt man nördlich von Poreč landeinwärts in Richtung Vižinada ab, so wird man bald Schilder sehen, die den Weg zu der etwa einen Kilometer von der Hauptstraße entfernt, bei Gedići gelegenen Höhle *(jama)* weisen. Die Tropfsteinhöhle mit einem unterirdischen See, in dem der **Grottenolm** haust, kann im Rahmen einer 40-minütigen Führung besichtigt werden. Im Sommer ist allerdings mit Massenandrang und entsprechender Abfertigung zu rechnen.

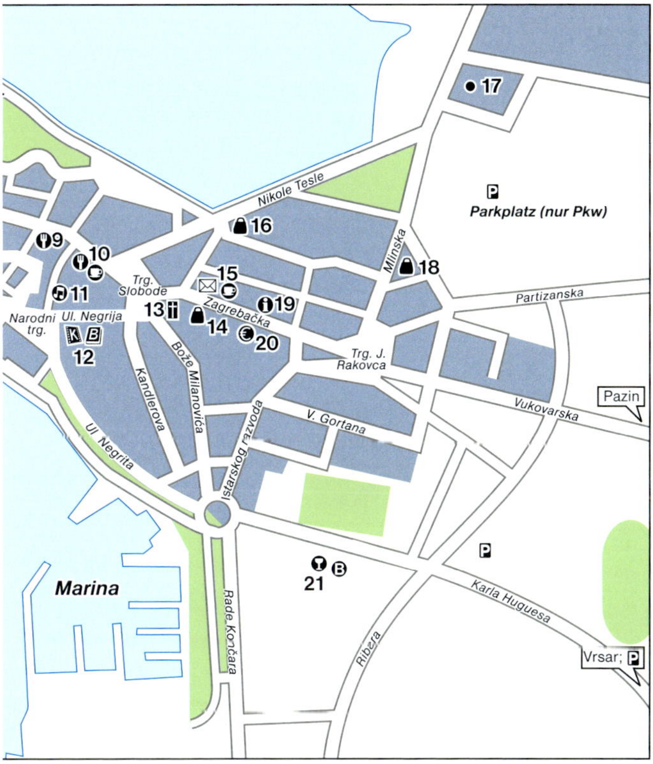

VRSAR (9 km von Poreč)

Südlich von Poreč passiert man zunächst die ausgedehnten Ferien- und Hotelanlagen von **Zelena und Plava Laguna,** ehe man nach ca. 6 km durch das Dörfchen **Funtana** fährt, das besonders für seine Gaststätten und Restaurants bekannt ist: knapp 600 Einwohner – und 50 Gaststätten!

Kurz danach erreicht man bereits **Vrsar,** den südlichsten Ort der Riviera von Poreč. Dieses pittoreske Küstenstädtchen ist eine Sommerfrische par excellence. Das haben schon vor Jahrhunderten die Bischöfe von Poreč begriffen, die hier ihren Sommersitz errichteten. Und *Giacomo Casanova,* der Vrsar mehrfach besuchte, ließ sich hier sicher nicht nur von der schönen Lage verzaubern. Umgeben von einem Gürtel grüner Inseln erhebt sich die alte Fischersiedlung terrassenförmig auf einem Felsen über dem Meer, flankiert von traumhaften Felsenstränden. Vom Hügel mit den Ruinen der einstigen Bischofsresidenz und dem schneeweißen Glockenturm genießt man den schönsten Ausblick. Im tiefblauen Meer vor der Küste schwimmen 18 Trauminselchen, überzogen vom satten Grün der Macchia und gesäumt von leuchtend weißen Stränden. Ein Miniatur-Archipel für jeden Urlaubs-Robinson. Und in den Pinienwäldern an der Küste verbergen sich zahlreiche Feriensiedlungen, Hotels und Cam-

Information

TZO Vrsar, R. Končar 46, 52450 Vrsar, Tel. 052 441746, Fax 052 441187, info@istria-vrsar.com, www.istria-vrsar.com

› Landkarte Seite VI

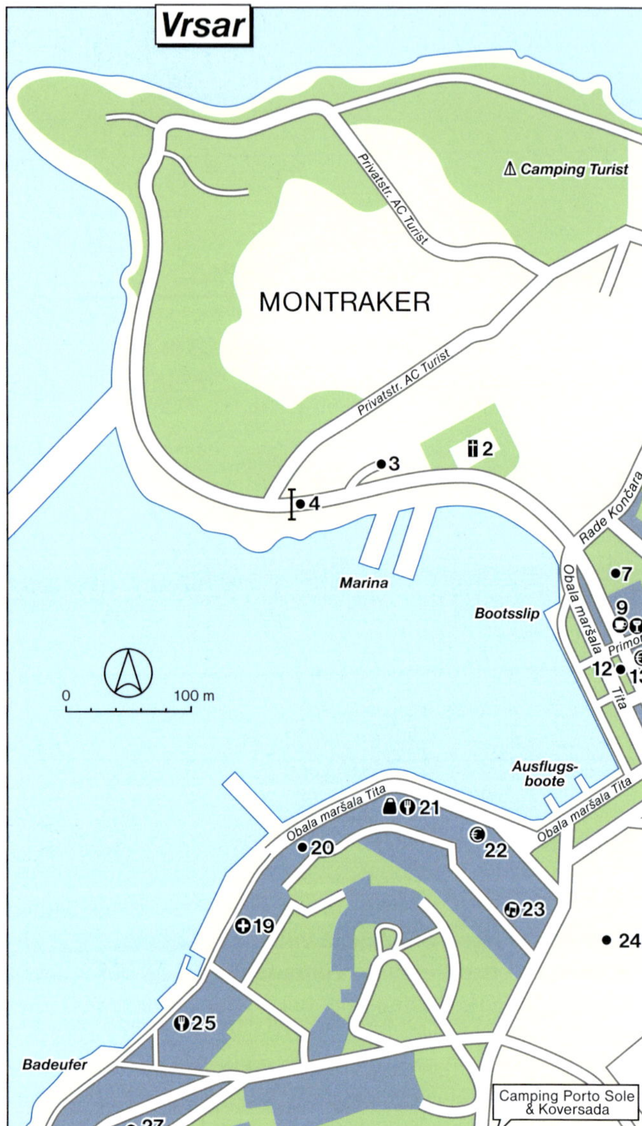

Istrien aus der Luft

Einen besonders schönen Eindruck von der stark gegliederten Westküste Istriens bieten Panoramaflüge, die den ganzen Sommer über vom Sportflughafen Crljenka angeboten werden. Er liegt an der Straße, die von Vrsar landeinwärts in Richtung Rovinj führt. Information: Tel. 052 441810

pingplätze. In unberührter Natur liegt hier auch eines der größten FKK-Zentren ganz Europas: der 120 ha große, weitgehend autarke **Campingplatz „Koversada“,** eine komplette Kleinstadt mit 8000 nackten Bewohnern. Hervorgegangen ist diese Metropole der Nackedeis aus einem Zeltcamp auf der romantischen **Insel Koversada,** das seit 1961 zu den Pionieren des Nackttourismus zählt. Auf der **Halbinsel Montraker,** zu Füßen der Stadt, findet man nicht nur herrliche Bademöglichkeiten, Liegewiesen und einen schön in die Natur eingefügten **Campingplatz,** sondern auch einen sehenswerten Skulpturenpark (s. Exkurs).

- 1 Camping-Rezeption
- 2 Sv Marija od Mora
- 3 Marina-Club
- 4 2. Camping-Rezeption
- 5 Sv Martin
- 6 Bischofspalast
- 7 Spielplatz
- 8 Apotheke
- 9 Café
- Bar Ryder
- 10 TI
- 11 Sv Foska
- 12 Agentur Adriatic
- 13 Privredna Banka
- 14 La Rosa
- 15 Rest. Stella
- 16 Aussichtspunkt
- 17 Post
- Minimarkt
- 18 Metzgerei & Bäckerei
- 19 Erste-Hilfe-Station
- 20 Polizei & Hafenmeisterei
- 21 Fotoläden
- Eisdielen, Pizzerien
- 22 Istarska Banka
- 23 Disco
- 24 Rummelplatz & Souvenirstände
- 25 Rest. Belvedere
- 26 Busbahnhof
- Post
- 27 Apartmentsiedlung Belvedere

P *Parken*

33 T 390317 5000242, 45,14713°N 13.60478°O

Einen Parkplatz, auf dem ich mein Wohnmobil selbst in der Hauptsaison problemlos abstellen konnte, findet man an der Zufahrt zur Altstadt links. Die Durchfahrtsverbotsschilder muss man aber unbedingt respektieren! Hier kommt man nämlich mit größeren Fahrzeugen wirklich nicht weit!

›Landkarte Seite VI

007kr Abb.: rh

Bildhauerstadt Vrsar: Montraker und Skulpturenpark Dušan Džamonja

Da der Stein aus Vrsar besonders hochwertig und widerstandsfähig ist, kommen seit vielen Jahrhunderten europäische Bildhauer und Baumeister hierher, und schon zur Römerzeit wurde er in weitem Umkreis exportiert. Viele Kirchen und Paläste in Norditalien sind aus dem Stein von Vrsar erbaut. Im alten, längst aufgegebenen und reizvoll renaturierten Steinbruch Montraker bieten junge Künstler aus aller Welt seit 1991 jedes Jahr in der letzten Septemberwoche Einblick in die Kunst der Steinbearbeitung. Und wer seinen Urlaub dort verbringt, der kann dabei zusehen, wie aus dem Steinblock nach und nach ein Kunstwerk entsteht.

An der Hauptstraße Poreč-Vrsar liegt nördlich von Vrsar (bei UTM 33 T 390842 5001725) dicht am Meer der 10 Hektar große Skulpturenpark Dušan Džamonja. In einer malerischen Wiesen- und Hügellandschaft sind dort zahlreiche Skulpturen dieses namhaften Bildhauers zu sehen, dessen Werke in den bedeutendsten Galerien von New York, London und Paris ausgestellt werden.

Skulpturenpark: 9–11 und 17–20 Uhr (montags geschlossen).

Information: Tel./Fax 052 441187, www.istra.com/vrsar unter Happenings

Camping

8 Camping Porto Sole ***

33 T 390096 4999644

45,14172° N 13,60201° O

Schöner, ruhiger Platz in der Natur mit teils schattigen, teils sonnigen Parzellen (für größere Mobile etwas knapp und z. T. recht uneben) und eigenem Felsstrand; Restaurant, Supermarkt, Tauchschule, Sportcenter und viele Freizeitangebote. Tipp: Die schönsten Plätze liegen in dem Teil, dessen Zufahrt nach der Schranke und vor der Rezeption rechts abgeht. **Lage/Anfahrt:** nach Vrsar rechts den Schildern folgen; **Wasser:** Schlauchanschluss; **Abwasser:** gute Ver-/Entsorgungsstation nahe der Einfahrt links; **Chemie-WC:** 4 Chemie-WC-Stationen in den Sanitäranlagen; **Strom:** ja; **Preise:** ca. 296 kn (40 €), einfacherer Stellplatz 229 kn (31 €); **Geöffnet:** 25.04.–02.10.; **Kontakt:** Tel. 052 441 198, 052 426 500, Fax 052 441 830, portosole@maistra.hr, www.campingrovinjvrsar.com

008kr Abb.: rh

RUNDFAHRT DURCH DAS BINNENLAND ISTRIENS

Bei aller Schönheit der Küste Istriens sollte man die malerischen Bergstädtchen im Landesinneren nicht vergessen. Nur wenige Kilometer vom Badelarm entfernt kann man auf kleinen Sträßchen durch stille Landschaften kurven und traditionelle Bergdörfer entdecken, die den Zauber vergangener Jahrhunderte bewahrt haben.

Gleich gegenüber von Poreč führt eine gute Teerstraße mitten hinein ins Herz der Halbinsel, in eine ganz andere Welt. Der bunte Touristentrubel bleibt zurück. Karge Weiden und Weinberge säumen die Straße, graue Steinmauern, Schafe, Ziegen und Rinder mit lyraförmig geschwungenen Hörnern. Kleine Steinhäuschen, rund wie Bienenkörbe, leuchten aus dem Grün der Rebflächen. Auf den Feldern arbeiten die Bauern wie seit Jahrhunderten mit Hacke und Eselgespannen. Das ist das ländliche, zeitlose Istrien, fernab jeder Hektik. *„Und die Zeit blieb stehen, die Uhrzeiger hielten an. Ein Augenblick und eine Ewigkeit. Im Schatten der Jahrhunderte wartet Frieden ...“,* habe ich irgendwo in einer alten Reisebeschreibung gelesen. Und genauso kann man das vergessene Binnenland auch heute noch erleben. Vorausgesetzt, man reist außerhalb der Saison, denn im Sommer locken einige der „stillen Bergstädtchen“ die Ausflügler in Scharen an.

▲ *Das abgelegene und altertümliche Dörfchen Roč*

PAZIN (Poreč – Pazin 30 km)

Karger Karstboden und rote Lehmerde prägen die Landschaft: eine Hügelwelt so löcherig wie Schweizer Käse. Regenwasser hat das Kalkgestein ausgehöhlt und eine Kraterlandschaft aus Dolinen (Einbruchskrater) und Poljen (Einbruchsbecken) geschaffen (s. Exkurs „Karstphänomene"). Buschwald und Blumenwiesen bedecken die Hänge und die fruchtbare rote Erde sammelt sich nur am Grund der Mulden. Ganze Flüsse verschwinden hier urplötzlich in unterirdischen Klüften – im wahrsten Wortsinn „vom Erdboden verschluckt" –, um irgendwo anders ebenso überraschend wieder ans Tageslicht zu brechen (oder auch nicht: Dann münden sie unter dem Meeresspiegel in die Adria). So beispielsweise bei **Pazin,** der alten Verwaltungsstadt im Herzen der Halbinsel, die man via den Straßen Nr. 302 und 48 rund 30 km landeinwärts von Poreč erreicht: Dort strömt die Fojba in einer über 100 m tiefen Schlucht auf eine hohe Felswand zu, wo sie in einem finsteren Schlund verschwindet, um erst 30 km weiter im Limski-Fjord wieder emporzustrudeln. Hoch auf diesem unterspülten Felsen erhebt sich das alte Kastell, eine der am besten erhaltenen Burganlagen Istriens, in der heute das ethnographische Museum untergebracht ist.

Information

TZG Pazin, Franine i Jurine 14, 52000 Pazin, Tel. 052 622460, Fax 052 616886, info@istria-pazin.com, www.istria-pazin.com

Bereits etwa 4 km vor Pazin lohnt sich ein kurzer Abstecher über die kleine Brücke und ein schmales Sträßchen steil hinauf nach **Beram.** In der Hauptsaison und mit großen Fahrzeugen ist das nicht zu empfehlen, denn der winzige Kirchplatz ist kaum groß genug, um zu wenden. Besser man parkt unten bei der Brücke und geht zu Fuß. Zum Dorf sind es nur wenige hundert Meter. Die Fresken, für die der Ort be-

Stellplatz

9 Stellplatz Farm Pino

33 T 400201 5008192

45,22014°N 13,72889°O

Im ruhigen Weiler Katun, westlich von Baderna, befindet sich einer der ersten wirklichen Wohnmobilstellplätze Kroatiens. Eingerichtet hat diesen empfehlenswerten Platz Aleksandar Tidiz, ein sympathischer junger Mann, der seit einiger Zeit im Agrotourismus tätig ist. Es gibt Platz für 13–14 Mobile. **Lage/Anfahrt:** Von Poreč via 302 nach Osten und ca. 1 km vor Baderna ganz links (nicht halblinks!) den Schildern in Richtung Katun folgen. **Wasser/Abwasser:** tadellose Ver-/Entsorgung plus WC und Dusche; **Strom:** ja; **Preis:** 120 kn (16,26 €) bzw. 100 kn (13,55 €), falls man Wein oder Öl kauft; **Geöffnet:** ganzjährig; **Kontakt:** Katun 1, 52445 Baderna, Tel. 052 462341, www.farmpino.hr, info@farmpino.hr; **Tipp:** Aleksandar Tidiz verkauft auch ausgezeichnetes Olivenöl und Weine aus eigenem Anbau; außerdem bietet er sehr empfehlenswerte Wein- und Ölproben sowie interessante und informative Präsentationen über die Erzeugung von Olivenöl sowie die Zusammensetzung von „extra vergine"-Öl und dessen Vorteile in der Küche.

Die „sixtinischen Kapellen“ Istriens

Gewiss, die Sixtinische Kapelle steht noch immer im Vatikan, aber Istrien hat eine ganze Reihe von Kirchen und Kapellen zu bieten, deren Freskenpracht mit jener der sixtinischen konkurriert. Die meisten der Malereien schmücken unbedeutende Dorfkapellen im stillen Hinterland und wurden bisher kaum beachtet. Entstanden sind sie in der zweiten Hälfte des 15. Jahrhunderts, um der leseunkundigen Landbevölkerung die biblischen Szenen zu illustrieren. Als in späteren Jahrhunderten prachtvoll geschmückte Altäre in den Mittelpunkt des Interesses rückten und nichts anderes von ihnen ablenken sollte, wurden die reichhaltigen Wandmalereien einfach zugepinselt oder mit Putz überzogen und vergessen. Zugleich wurden sie dadurch aber auch vor dem Wind und der salzhaltigen Meeresluft geschützt, die an der Küste viele dieser Kunstwerke zerstört haben. Jahrhundertelang hatte man keine Ahnung von diesen Schätzen, bis man bei Reparaturen zunächst per Zufall darauf stieß und dann nach dem Zweiten Weltkrieg mit einer systematischen Suche begann, die inzwischen mittelalterliche Fresken an rund 60 verschiedenen Orten Istriens enthüllt hat. Und noch immer werden neue Beispiele entdeckt. So erschließt eine Rundfahrt durch das Landesinnere der Halbinsel nicht nur malerische Landschaften und Bergdörfer, sondern dem Kunstinteressierten auch eine Fülle farbenprächtiger Fresken. Besonders schöne Beispiele bieten – neben der berühmten Kapelle bei Beram (s. S. 80) – die St.-Nikolas-Kirche in Pazin, die Kirche der Heiligen Dreifaltigkeit in Žminj, die Rochus-Kapelle in Oprtalj und mittelalterliche Feldkapellen in der Umgebung des Orts sowie weitere Gotteshäuser in Hum, Dvigrad und Draguć.

009kr Abb.: rh

▲ *Beeindruckende Fresken in Draguć*

rühmt ist, befinden sich allerdings noch einmal gut einen Kilometer außerhalb in der kleinen Waldkapelle **Sv. Marija na Škriljinah.** Doch die bunte Bilderpracht des Kircheninneren lohnt den Spaziergang. Am berühmtesten unter den etwa 1474 von *Vincent aus Kastav* geschaffenen Fresken ist der Totentanz über dem Haupteingang. Dieses Kunstwerk hat das Kirchlein weltweit bekannt gemacht. Ein langer Menschenreigen tanzt da von der Wiege bis zum geöffneten Grab: Bürger und Bauer, Kaufmann und Kardinal, Kaiser und Königin. Jeder hat seinen Tod zur Seite, der ihn das ganze Leben hindurch begleitet. Keiner kann ihm entrinnen. Er macht sie alle gleich.

Parken und Picknick

Falls man mit einem kompakten Mobil so weit gelangt, findet man vor der Kapelle einen hübschen Waldparkplatz für ein Picknick.

Karstphänomene: Steter Tropfen löst den Fels

Entlang der gesamten kroatischen Küste erstreckt sich der Dinarische Karst, ein Kalk- und Dolomitgebirge, entstanden aus den Ablagerungen eines urzeitlichen Tropenmeeres. Diesem Untergrund verdankt die Region eine Vielzahl eigenartiger Phänomene, die mit einer besonderen Eigenschaft des aus Calciumkarbonat ($CaCO_3$) bestehenden Gesteins zusammenhängen: Der so harte Fels ist wasserlöslich wie ein Zuckerwürfel! Das leicht kohlensaure Regenwasser löst den Kalk allmählich auf, trägt ihn fort und lagert ihn an anderer Stelle wieder ab. Selbst auf blanken Felsoberflächen - auch ***nackter Karst*** *genannt - hinterlässt es seine Spuren: feine Rillen mit messerscharfen Graten, so genannte* ***Rillenkarren,*** *die im Laufe der Jahrtausende zu einem ganzen Netzwerk metertiefer Gräben ausgeweitet werden. Ausgedehnte Flächen massiver Kalkplatten haben sich auf diese Weise in ein Gittersystem tiefer Rinnen und isolierter Felsinseln verwandelt, die man als* ***Karrenfelder*** *bezeichnet. Und an manchen Stellen hat das felszerfressende Wasser imposante Canyons und wilde Schluchten durch das Kalkgebirge geschnitten, wie etwa im Paklenica-Nationalpark.*

Durch haarfeine Risse sickert das Regenwasser aber auch in die Tiefe und setzt dort seine zersetzende Aktivität fort: entweder in der Horizontalen, sodass kilometerlange Gänge herausgelöst werden, oder in der Vertikalen immer tiefer und tiefer, bis nahezu bodenlose ***Karstschlote*** *entstehen, die weit über einen Kilometer senkrecht in die Tiefe stürzen! Unterirdische Risse und Spalten werden allmählich zu Gängen erweitert und durch* ***Höhlenbäche*** *ausgewaschen, bis das Wasser noch tiefer sickert und die Höhle trocken fällt. Damit beginnt der zweite Akt des Höhlenbaus, die Aufbauphase: Verdunstendes Tropfwasser lagert den gelösten Kalk als* ***Sinter*** *wieder ab und bildet* ***Tropfsteine,*** *die als Stalaktiten von der Decke hängen oder als Stalagmiten vom Boden emporwachsen. Im Laufe der Jahrtausende ist auf diese Weise eine bizarre Wunderwelt aus mächtigen Säulenhallen und Märchengebilden entstanden: schneeweiße Kaskadenpfeiler, haarzarte, durchscheinende Spaghetti-Tropfsteine, wuchtige Märchenschlösser mit Zinnen und Türmchen, Sintervorhänge und Galerien, Orgelpfeifen, Wasserfälle, Gnome und andere Fantasiegestalten.*

Von Pazin in Richtung Osten kann man einen Abstecher hinauf zu dem alten Bergdorf **Gračišće** unternehmen (ca. 8 km einfach), das wie eine vergessene Ruinenstadt auf seinem Felsen döst. Aus zerfallenden Mauern sprießen bunte Blumen. Nur einige deplatzierte Satellitenschüsseln verraten, dass das Dörfchen noch nicht ganz ausgestorben ist. Es gilt als das romantischste der istrischen Bergdörfer und ein Projekt zur Restaurierung läuft bereits.

ROČ UND HUM

(Pazin – Roč ca. 28 km, Roč – Hum ca. 5 km einfach)

Wer nur eine „kleine Runde“ machen möchte, fährt von Pazin auf der Straße Nr. 48 wieder zurück in Richtung Poreč und biegt 5 km weiter

Nahezu der gesamte Dinarische Karst ist unterhöhlt und durchlöchert. Da alles Nass rasch im porösen Fels versickert, ist Oberflächenwasser in der Karstlandschaft eine Rarität. Oft kennzeichnen zwar lange Trockentäler noch den Verlauf einstiger Bäche und Flüsse, ihre Baumeister sind aber längst im Untergrund verschwunden, um am Labyrinth der Höhlen zu arbeiten. An vielen Stellen sind deren Decken bereits eingestürzt und haben trichterförmige Mulden ***(Dolinen)*** *hinterlassen, die teils nur wenige Meter, teilweise aber auch mehrere hundert Meter Durchmesser und Tiefe erreichen und große Gebiete in mondähnliche Kraterlandschaften verwandelt haben. Wo komplette Höhlensysteme eingebrochen sind, erstrecken sich nun steile Schluchten oder fruchtbare Beckentäler* ***(Poljen),*** *die von hohen Felswänden eingefasst sind und mehrere Quadratkilometer umfassen können. Oft strömt durch diese Karstsenken ein Fluss, der irgendwo ganz plötzlich aus der Wand hervorbricht und auf der anderen Seite wieder darin verschwindet.* ***Flussschwinde*** *oder* ***Ponore*** *werden diese Schlucklöcher genannt, durch die selbst große Flüsse komplett verschwinden und ihre Reise auf rätselhaften unterirdischen Wegen fortsetzen, um an ganz anderer Stelle wieder ans Tageslicht zu brechen. So kommt es, dass im Karst oft ein und derselbe Wasserlauf unter mehreren verschiedenen Namen durch die Wiesen fließt. Viele verschwinden aber auch auf Nimmerwiedersehen und münden unterirdisch direkt ins Meer.* ***Vrulje*** *heißen diese untermeerischen Mündungen, die an der gekräuselten Meeresoberfläche zu erkennen sind und dem Wasser eine intensive Blaufärbung verleihen.*

Auf ähnliche Weise entstehen rätselhafte ***Karstseen,*** *die in periodischem Wechsel auftauchen und dann plötzlich wieder im Untergrund verschwinden. Wo heute noch Fische gefangen werden, kann man wenige Wochen später die Heuernte beobachten. So stellt der Karst die ganze Schulbuch-Hydrographie auf den Kopf: Hier verlaufen sogar die Wasserscheiden nicht etwa auf Bergkämmen, sondern unterirdisch unter Becken und Tälern. Und kommt das mit Kalk gesättigte Wasser nach seiner Odyssee durch die Unterwelt schließlich ans Tageslicht, so setzt es den Kalk wieder ab, wodurch abermals eine fantastische Vielfalt neuer Phänomene entsteht. (s. Exkurs „Karstphänome: Hier baut das Wasser“, S. 118)*

rechts ab auf eine Nebenstraße nach Motovun (s. u.). Will man auch Roč, Hum und Buzet besuchen, so muss man noch tiefer ins Innere der Halbinsel fahren: zunächst auf der Straße Nr. 3 etwa 20 km durch das Fojba-Tal, dann links etwa 7 km der Nr. 201 folgen, bis man die Abzweigung zu dem malerisch vor der imposanten Kulisse der **Ćićarija-Berge** gelegenen Örtchen **Roč** erreicht. Das kaum mehr als 150 Einwohner zählende und wenig vom Tourismus berührte Dörfchen bietet ein sehr gut erhaltenes mittelalterliches Dorfbild und ist ein Zentrum der glagolitischen Schrift und Kultur (s. Exkurs).

Von Roč führt die „Aleja glagoljaša“ **(Glagoliter Allee),** eine schmale, von 11 Denkmälern kroatischer Kultur gesäumte Straße, etwa 5 km durch einsame Natur nach **Hum,** das mit nur etwa 30 Einwohnern den Titel „kleinste Stadt der Welt“ trägt. Ob man das als Touristenwerbung ansieht oder nicht – ein Rundgang durch die krummen Pflastergassen versetzt einen um Jahrhunderte zurück und lohnt sich allemal.

Essen

Humska Konoba, Tel. 052 660005, hum@hum.hr, www.hum.hr. Die rustikale Konoba ist unter Feinschmeckern für ihre istrischen Spezialitäten bekannt: „Fuži sa tartufima“, Pasta mit Trüffeln oder „Supa u bukaleti“, kalte Teran-Weinsuppe, und zum Dessert „Kroštule“ oder ein Mistelschnaps.

Glagoliza – die glagolitische Schrift

Die glagolitische Schrift (Glagoliza) ist neben der Kyrilliza die zweite Form der kirchenslawischen Schrift. Ihre ältere Form, die bulgarische oder runde Glagoliza, wurde bereits ab dem 10. Jahrhundert durch die einfachere Kyrilliza verdrängt, während sich die eckige oder kroatische Glagoliza bis in die Neuzeit erhalten hat.

Nach vorherrschender Meinung wurde diese Schrift um 860 von dem griechischen Slawenapostel Kyrillos geschaffen, den der byzantinische Kaiser Michael III. 864 zusammen mit seinem Bruder Methodios nach Dalmatien geschickt hatte, um die römisch-katholische Einflussnahme der Franken unter Karl dem Großen durch einen byzantinisch-orthodoxen Gegenzug zurückzudrängen.

Kyrillos schuf die Glagoliza, um den Slawen und Kroaten, die kein Latein verstanden, religiöse Texte und Predigten verständlich zu machen und sie so für die orthodoxe Kirche und das byzantinische Reich zu gewinnen. Er entwickelte die in ihrer ursprünglichen Form 38 Buchstaben (von denen jeder auch einem Zahlenwert entspricht) umfassende Schrift auf der Grundlage der griechischen Kleinbuchstaben, die er mit eigenwilligem Formgefühl und Entlehnungen aus orientalischen Alphabeten den phonetischen Besonderheiten des Altslawischen anpasste. Nach Ansicht anderer Gelehrter hingegen soll sich die Glagoliza bereits früher in einem natürlichen Prozess aus orientalischen Alphabeten entwickelt haben und mit keiner anderen Schrift vergleichbar sein.

Die Übersetzung des Evangeliums und der Liturgie in glagolitischer Schrift, der Rom nichts Vergleichbares entgegenzusetzen hatte, verschaffte Konstantinopel einen entscheidenden Vorsprung bei der Christianisierung des slawisch-kroatischen Raumes.

Eines der ältesten Dokumente in kroatischer Glagoliza ist die Tafel von Baška (um 1100), die auf der Insel Krk gefunden wurde. Das gleiche Alphabet wurde in Kroatien – und sogar an Universitäten anderer europäischer Länder – für die meisten mittelalterlichen Handschriften (ab 1483 auch Druckschriften) verwendet und bildete die Grundlage für eine kroatische Schriftsprache und Literatur. Das erste gedruckte kroatische Buch, das Novak-Missale, wurde 1483 in Roč vorbereitet. In Kroatien wurde diese Schrift zu einem Symbol des Widerstandes gegen römische Fremdherrschaft und lateinischen Klerus – weshalb der Papst sie 1060 kurzerhand verbot. Mit Unterstützung durch die Franken gelang es dem Vatikan schließlich, in Dalmatien die lateinische Schrift und die römisch-katholische Liturgie durchzusetzen. 1248 hat Papst Innozenz IV. die Glagoliza und ihre Verwendung in der Liturgie wieder zugelassen. In einigen Regionen Kroatiens wurde sie ohne Unterbrechung bis ins 20. Jahrhundert verwendet, doch die lateinische Schrift dominierte und ist heute die einzige Schrift in Kroatien.

011kr Abb.: rh

Lohnt einen Besuch: Buzet

BUZET (Roč – Buzet ca. 7 km)

Zurück auf der Nr. 201 erreicht man nur 7 km von Roč (Abzweigung auf die Nr. 14), das Städtchen Buzet, das tief im nördlichen Landesinneren auf einer Bergkuppe am Fuße der malerischen Ćićarija-Berge liegt, umgeben von wild- und trüffelreichen Wäldern. Wie seine Nachbarn, so war auch dieser venezianisch geprägte Ort ein bedeutendes glagolitisches Zentrum. Außerdem bietet Buzet großartige Wandermöglichkeiten, mehrere Restaurants mit hervorragenden Wild- und Trüffelgerichten, zwei gut erhaltene Tore, einen der schönsten Stadtbrunnen Istriens und ein Regionalmuseum mit archäologischen Sammlungen und Ausstellungen zum bäuerlich-handwerklichen Leben im Bergland Istriens. Zudem ist der für seine Küche, seinen Wein und seine Folklore bekannte Ort das Zentrum des geplanten Naturparks Istrien.

Information

TZG Buzet, Trg Fontana 7/1, 52420 Buzet, Tel./Fax 052 662343, info@istria-buzet.com, www.istria-buzet.com

Essen

Konoba Toklarija, Sovinjisko Polje 11, außerhalb von Buzet, Tel. 052 663031, geöffnet 13–22 Uhr, außer Di. Das mehrfach als schönste und beste *Konoba* Istriens ausgezeichnete Lokal liegt inmitten traumhafter Natur und ist das Musterbeispiel einer *Konoba;* ausgestattet mit offenem Kamin, einer alten Ölmühle und wertvollen Bauteilen eines zerfallenen Klosters; serviert werden traditionelle Gerichte wie Kaninchenroulade und Rindercarpaccio sowie delikate Pilz- und Trüffelgerichte. Reservierung ist ratsam!

Einkaufen

Zigante Tartufi, Trg Fontana, 52420 Buzet; Tel. 052 663340, Fax 052 663304, frische Trüffel und vielfältige Trüffel-Produkte

MOTOVUN UND OPRTALJ

(Buzet – Motovun ca. 17 km, Abstecher Oprtalj ca. 15 km hin und zurück)

Information

TZO Motovun, Trg J. Ressela Antica 1, 52424 Motovun, Tel. 052 617480, Fax 052 617482, info@istra-motovun.com, www.istria-motovun.com

Information

TZO Oprtalj, Matka Laginje 21, 52428 Oprtalj, Tel./Fax 052 644077, 644150, info@istria-oprtalj.com, www.istria-oprtalj.com

Auf der Straße Nr. 44 das romantische Mirna-Tal abwärts erreicht man nach 16 km die Kreuzung, an der es links hinauf nach **Motovun** geht, zur bekanntesten und am meisten besuchten unter den Bergstädten Istriens. Parkplätze für Wohnmobile sind rar auf dem steilen Hügel, sodass man im Sommer sicher gut daran tut, drunten im neueren Ortsteil zu parken und zu Fuß hinaufzusteigen. Es lohnt sich allemal! Mit seinem Kastell und den gut erhaltenen Mauern ist Motovun der Inbegriff einer istrischen Festungsstadt. Die alten Pflastergassen sind ein Erlebnis, der Ausblick ist grandios und im schattigen Innenhof der Festung findet man eine lauschige Gaststätte. All das haben allerdings auch schon ein paar andere Besucher gemerkt, sodass der Ort im Sommer zeitweise zu einem rechten Rummelplatz wird.

Gegenüber der Abzweigung nach Motovun führt nach rechts eine Serpentinenstraße durch Kiefernwald auf eine karstige Hochfläche empor und erreicht nach ca. 7 km das Dörfchen **Oprtalj.** Am Stadttor findet man eine große, frei stehende Loggia und im Ort eine Reihe sehenswerter Bauwerke aus dem 15. Jahrhundert. Viele der Wohnhäuser sind längst verlassen und befinden sich in allen Stadien des Zerfalls. Die zentrale Marienkirche, die Rochus-Kapelle (am Ortseingang) und die außerhalb des Ortes gelegenen Kirchen der Hl. Helena und Mariä Geburt hingegen sind für ihre Fresken weit bekannt.

Essen

Zigante, Livade 7, Tel. 052 664302, enoteka@zigantetartufi.com, www.zigantetartufi.com, geöffnet tgl. 11–22 Uhr. Spezialitäten des als Top-Restaurant ausgezeichneten Lokals sind Ziegenkäse mit Trüffeln und Trüffel-Eis.

Kažuni – steinerne Liebeslauben

In den Weinbergen von Istrien bis hinunter nach Dalmatien entdeckt man immer wieder jene kleinen, kreisrunden Steinhäuschen mit einem Dach aus kunstvoll aufgeschichteten Kalkplatten, die ganz in Trockenbauweise errichtet wurden. Sie erinnern an die Trulli in Italien oder die Borries der Provence und gehen wohl auch auf die gleiche Zeit zurück. Seit Jahrhunderten dienen sie als Geräteschuppen – und inoffiziell auch als Liebeslauben für junge Paare.

012kr Abb.: rh

013kr Abb.: rh

GROŽNJAN (Motovun – Grožnjan ca. 10 km direkt)

Ein blumengeschmücktes Schild bei der Gaststätte Ponte Porton verrät, dass man sich hier an der **istrischen Weinstraße** befindet, die den Reisenden zu kleinen Winzerdörfern und Weinkellern führt. Nach rechts klettert ein steiler Fahrweg (bei meinem letzten Besuch noch immer mit grobem Schotter) nach **Grožnjan** hinauf. Sollte der Zustand noch nicht besser sein, empfiehlt es sich mit größeren Fahrzeugen den (deutlich längeren!) Umweg über Buje (s. u.) zu fahren. Noch in den 1960er-Jahren war das Bergdörfchen Grožnjan nahezu verlassen und zerfiel. Dann begannen Künstler aus dem ganzen Land, die bröckelnden Gemäuer zu restaurieren, mit neuem Leben zu erfüllen und zu einer Künstlerkolonie zu machen. Hier findet man rund zwanzig kleine Ateliers und Galerien, blumengeschmückte Steinmauern und verborgene Innenhöfe, in denen man idyllische Gaststätten findet. Kein anderes der zahlreichen Bergdörfer hat so viel Flair zu bieten.

Information

TZO Grožnjan, Umberto Gorjan 3, 52429 Grožnjan, Tel., Fax 052 776131, info@istria-groznjan.com, www.istria-groznjan.com

Essen

Ladonja, Tel. 052 776125. Im malerischen Innenhof treffen sich die einheimischen Künstler bei Wein und bester istrischer Küche. Sehr gut sind die Wildgerichte und das selbst gebackene Brot.

Parken

Großer Parkplatz mit Brunnen etwas oberhalb des Dorfes (von Buje kommend links am Stadttor vorbei).

▲ *Auf der Weinstraße bei Ponte Porton*

BUJE (BUIE) (Motovun – Buje ca. 17 km, Grožnjan – Buje ca. 8 km)

Von der Abzweigung im Mirnatal auf die E 751 sind es knapp 10 km bis **Buje,** das mit über 3000 Einwohnern schon zu den größeren Orten des Binnenlandes zählt. Das als die „Wacht von Istrien" bezeichnete Städtchen liegt an einem wichtigen Verkehrsknoten inmitten weitläufiger Weinberge der Region Bujština und war bereits von den Histrern und Römern besiedelt. Er besitzt eine reizvolle, aber leider zerfallende Altstadt und bietet vom Dorfplatz einen schönen Ausblick in alle Richtungen. Aus venezianischer Zeit stammen die Loggia, eine Steinsäule am Hauptplatz und Teile der Stadtmauer. Den schönsten und fotogensten Blick auf Buje und die frei stehenden Kampanile der Kirche Sv. Marija und der Pfarrkirche Sv. Servul mit römischen Stelen hat man von der Straße nach Umag.

Information

TZG Buje, Istarske 2, 52460 Buje, Tel./Fax 052 773353,
tzg-info@istria-buje-buie.com, www.istria-buje-buie.com

Einkaufen

Zigante Tartufi, Portoroška 15, Plovanija, 52460 Buje, Tel. 052 777409/410,
Fax 052 777111, office@zigantetartufi.com, www.zigantetartufi.com

Von Buje gelangt man auf der Straße 301 via Brotonigla zurück zur Küste nach Novigrad (s. S. 68) oder über die Straße 300 nach Umag (s. S. 66; je ca. 13 km).

Istriens Weinstraßen

Beim Weinreichtum Istriens braucht man sich nicht zu wundern, dass die Halbinsel gleich mehrere Weinstraßen bietet – nicht eine schlichte Rundstrecke, sondern fast schon ein Netz mehr oder weniger gut beschilderter Sträßchen, die zu den besten Lagen und den interessantesten Kellereien führen. Stellen Sie selbst Ihre Route zusammen. Unterwegs können Sie die berühmten istrischen Weine nicht nur probieren und günstig kaufen, sondern nebenbei auch malerische Bergstädtchen, schön gelegene Gasthöfe und eine wunderbare Landschaft entdecken.
Info: *Über das Netz der istrischen Weinstraßen informieren zwei Faltblätter mit Routenkarten und vielen Kellerei-Adressen, herausgegeben von Vinistra, C.Huguesa 8, 52440 Poreč, und erhältlich bei allen Touristinformationen der Region.*

014kr Abb.: rh

DIE KÜSTE VON ROVINJ

LIMSKI-KANAL (ab Vrsar ca. 12 km)

Einige Kilometer kann man ab Vrsar auf der küstennahen Straße noch in Richtung Süden tuckern, dann legt sich der tief ins Landesinnere ragende Limski-Kanal quer in den Weg, sodass alles, was nicht schwimmt oder fliegt, nach Osten ausweichen muss. Durch dichten Buschwald geht es landeinwärts und durch die Dörfer **Flengi** und **Kloštar** zur Straße Nr. 21, wo man nach rechts biegt und kurz darauf die Limski zaljev erreicht.

Essen

Restaurant I Klitu, Flengi bb, Tel. 052 444632. Gemütlich und rustikal ausgestattetes Restaurant mit offenem Kamin und Antiquitäten. *Toni* bereitet ausgezeichnete Fischgerichte und Spezialitäten wie Trüffelnudeln, *Fuži* mit Rehfleisch oder Drachenkopf aus dem Backofen.
Die **Konoba Sidro** – ebenfalls in Flengi – ist für ihr leckeres Spanferkel bekannt.

Wie ein blauer Fjord schneidet sich diese Bucht in die weißen Karstberge – weshalb sie auch „Limski-Fjord“ genannt wird, wenngleich es sich hier natürlich nicht um einen wirklichen Fjord handelt. An den Parkplätzen und Aussichtspunkten über der Bucht haben Frauen kleine Stände aufgebaut, auf denen ein Sammelsurium verschiedenfarbiger Flaschen in der Sonne leuchtet – selbstgemachte Obst- und Kräuterschnäpse, die lecker schmecken und auch fotogen aussehen.

▲ *Der Limski-Kanal aus der Vogelperspektive*

Drunten blinkt zwischen grünen Wäldern und weiß-grauen Felsen das Wasser der Bucht. Von einem Holzturm beim ersten Ⓟ Parkplatz rechts genießt man den Ausblick, den sonst das Buschwerk versperrt. Er ist bei schönem Wetter reizvoll – aber nicht so spektakulär, wie die Prospekte glauben machen.

Baden und Wassersport sind in der Bucht verboten. Sie ist Naturschutzgebiet. Hier gehört das Meer den Austernzüchtern und wer ein Faible dafür hat, der kann diese Delikatesse im Restaurant „Viking" direkt am Ufer des Meeresarmes verkosten.

Unter kalkigen Felswänden führt die Straße hinunter in den Taleinschnitt und auf der anderen Seite wieder empor.

Essen

Restaurant Viking, Limski-Kanal, Tel. 052 448119, Fax 052 448223. Das an einer Stichstraße direkt an der Limski-Bucht gelegene Restaurant ist in ganz Istrien für seine Austern bekannt, bietet aber auch exzellente Fischgerichte und flambiertes Beefsteak. Während der Saison ist vorherige Reservierung sehr zu empfehlen.

ROVINJ (ROVIGNO)

(Vrsar – Rovinj 27 km)

Wo die Straße Nr. 21 knapp 5 km nach dem Limski-Kanal auf die Nr. 303 stößt, biegt man rechts in Richtung Rovinj ab, denn diese „Perle der Adria", wie sie sich stolz, aber nicht zu Unrecht nennt, sollte man sich nicht entgehen lassen – auch wenn es hier in der Saison manchmal sehr eng und trubelig wird.

Gleich am Stadtrand – wo es rechts weg zu den Campingplätzen geht – passiert man einen Ⓟ Parkplatz (s. S. 93). Von dort kann man bequem in die Altstadt spazieren. Allerdings waren die Parkgebühren bei meinem Besuch dermaßen überteuert, dass kein vernünftiger Mensch sie bezahlen wird. Da dieser Platz in der Saison die einzige Parkmöglichkeit für Wohnmobile bietet, ist es im Zweifelsfall günstiger, direkt auf einen der stadtnahen Campingplätze auszuweichen und mit dem Bus in die Stadt zu fahren. Alle weiteren Parkplätze am Hafen sind zumindest während der Saison für Wohnmobile komplett gesperrt – ebenso die weitere Ortsdurchfahrt, sodass man spätestens am Hafen wenden und zurückfahren muss.

Trotz allem ist ein Bummel durch die Gassen der denkmalgeschützten Altstadt fraglos ein Erlebnis. Dicht gedrängt stehen die Häuser auf einem Kalkfelsen im Meer, der schon vor mehr als 200 Jahren mit dem Festland verbunden wurde. Malerisch spiegeln sie sich im ruhigen Wasser des Fischerei- und Jachthafens. Ein wahres Postkartenmotiv! Im Gewirr der schattigen Gassenschluchten ist es angenehm kühl: Über Steinstufen und Kalkplatten steigt man empor, zwischen bröckelnden Fassaden schmucker Barock- und Renaissancepaläste, vorbei an zahllosen kleinen Galerien, Souvenirgeschäften und Cafés.

Auf dem höchsten Punkt des Felsenhügels steht die **Barockkirche Sv. Eufemija,** deren schlanker Kampanile das einstige Seeräubernest hoch überragt. Vom luftigen Kirchplatz aus genießt man einen herrlichen Ausblick über die Dächer der Altstadt, das glitzernde Meer und die vorgelagerten Inselchen.

017kr Abb.: rh

Auf der anderen Seite geht es steil hinunter zur Spitze der Landzunge, wo man einige kleine **Badeplätze** findet. Schwenkt man unten nach rechts (in Richtung Osten) und folgt der Via Švalba, so kommt man an der kräftig roten Fassade des **„Angelo d'Oro"** vorbei, einem der besten Hotels des Landes, das zugleich auch ein höchst empfehlenswertes Restaurant besitzt.

Die schönsten Blicke auf die Altstadt selbst genießt man entweder vom Parkplatz jenseits des Fischerhafens (vormittags) oder von der Südseite des Haupthafens über das Gewirr der Masten hinweg (ab spätem Vormittag). Es lohnt sich, vom Balbi-Tor, dem Haupteingang zur Altstadt, auch in entgegengesetzter Richtung über den Trg Tita, an der Reihe der Straßen-Restaurants vorbei und um den Hafen herum zu spazieren.

Wer die Zeit hat und einen längeren Spaziergang nicht scheut (oder Fahrräder auf dem Gepäckträger des Wohnmobils hat!), der sollte unbedingt dem Uferweg an den Hotels vorbei weiter nach Süden folgen. Nehmen Sie Badezeug und ein Picknick mit. Es lohnt sich! Denn auf der Halbinsel des **Zlatni Rt** (Goldenes Kap) erstreckt sich ein Naturschutzgebiet mit herrlichen Wäldern und dem größten botanischen Garten Istriens. Zwischen schattigen und teils über 100 Jahre alten Douglasien, Zedern und Zypressen, Aleppokiefern und Ginkobäumen schlängeln sich Fuß- und Radwege zu idyllischen Picknickplätzen und stillen Badestränden mit Felsplatten oder Kiesufer und kristallklarem Wasser.

Herrliche Möglichkeiten für Spaziergänge und einige schöne Badestellen bietet auch die **Insel Sv. Katarina** unmittelbar vor Rovinj. Kleine Taxiboote dorthin legen vom Haupthafen (nahe beim Hotel „Adriatic") und vom Kai (unterhalb Hotel „Park") ab. Die komplette Insel hat vor über 100 Jahren ein litauischer Fürst gekauft, um sie in einen Park verwandeln und sich darauf ein Schloss bauen zu lassen. Inzwischen ist das Schloss ein Hotel und der alte, etwas verwilderte Park schöner denn je.

Information

TZG Rovinj, Obala P. Budičin 12, 52210 Rovinj, Tel. 052 811566, Fax 052 816007, info@istria-rovinj.com, www.istria-rovinj.com

› Landkarte Seite VI

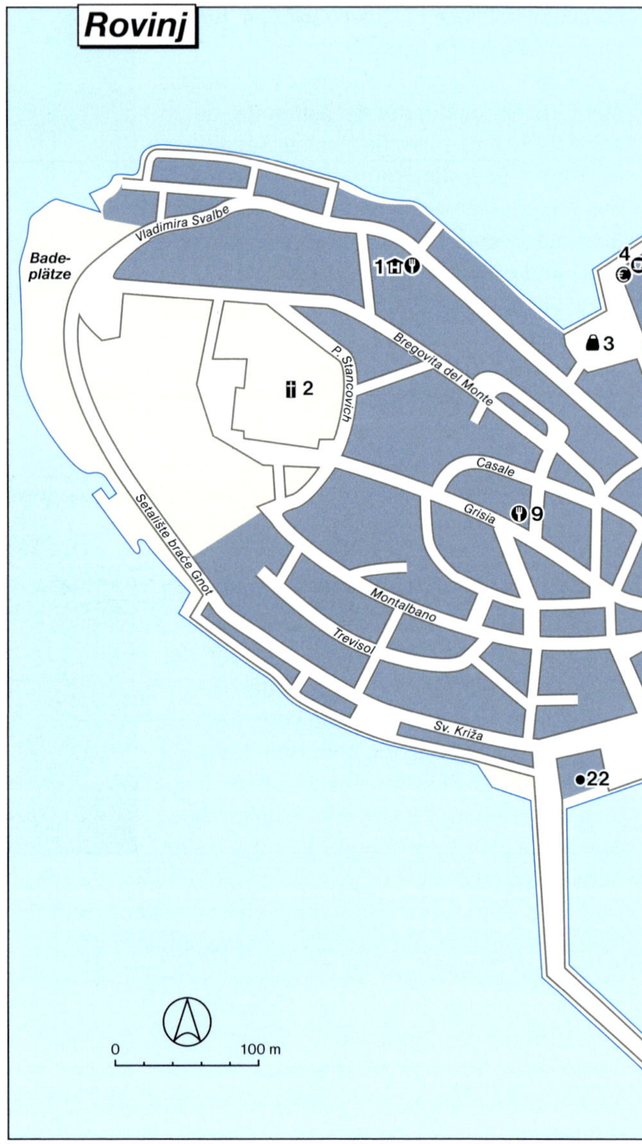

Die heilige Euphemija

Euphemija, der die Kirche von Rovinj geweiht ist, soll der Legende zufolge als junges Mädchen in den Harem des türkischen Sultans entführt worden sein. Dort habe sich die reine Maid dem Herrscher standhaft verweigert – und schließlich den Freitod einem Leben in Schande vorgezogen. Ihr schneeweißer Sarkophag, so heißt es, sei in einer Sturmnacht aus Konstantinopel verschwunden, übers Meer getrieben und vor Rovinj angespült worden. Wie dem auch sei, heute fungiert die Heilige als Stadtpatronin – zugleich aber auch als Wetterhahn auf dem Kirchturm. Kehrt sie dem Meer den Rücken zu, so machen es die Fischer ebenso, denn dann ist schlechtes Wetter zu erwarten oder gar die gefürchtete Bora.

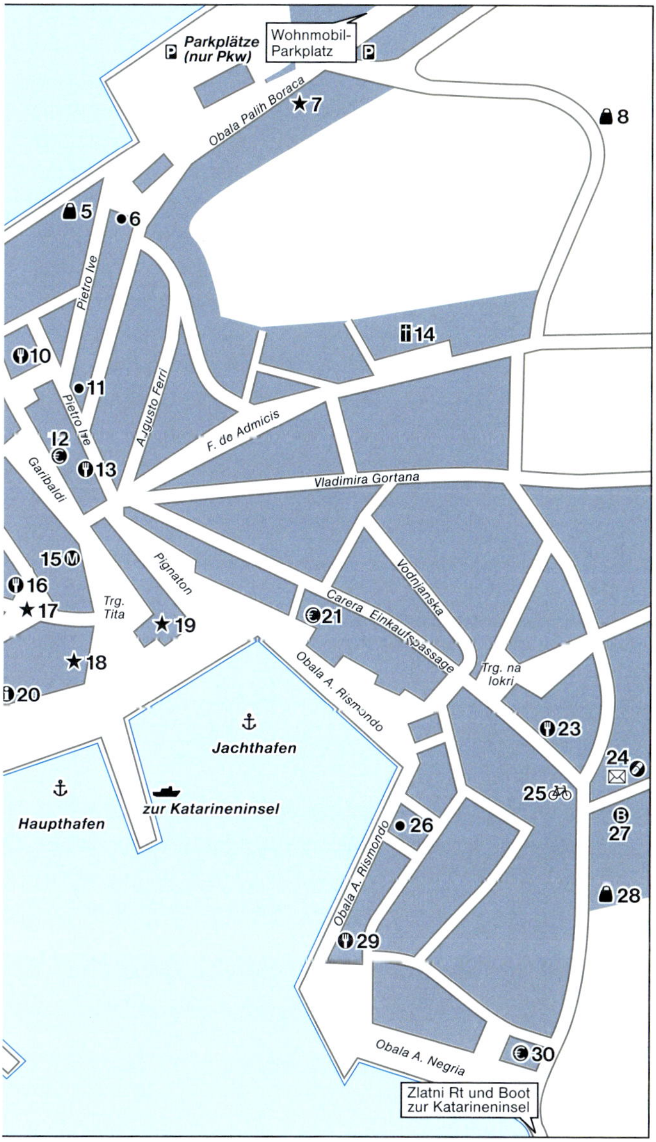

1 Hotel & Restaurant Angelo d'Oro
2 Sv. Eufemija
3 Markt
4 Istarska Banka
Café Minitaur
5 Supermarkt/Getränkehandlung
6 Marco Polo & Turist Biro
7 Aquarium
8 Supermarkt
9 Pizzeria Da Sergio
10 Rest. Casa Mia
11 Agentur DIK
12 Riječka Banka
13 Trattoria Toni
14 Franziskanerkoster
15 Stadtmuseum
16 Matteo Grill
17 Balbi-Tor
18 Rathaus
19 venezianischer Turm
20 Touristeninformation
21 Zagrebačka Banka
22 Zollamt/Hafenmeister
23 Snackimbiss/Bäckerei
24 Post
Apotheke
25 Moped-/Radverleih
26 Glob-Tour Ausflüge
27 Busbahnhof
28 Minimarkt
29 Rest. Cantinon & Al Mare
30 Bank

Parkplatz

33 T 390842 5001725
45,16056°N 13,61113°O

Am Stadtrand (10 Min. vom Zentrum entfernt) liegt dieser ganz neue Platz mit Ver-/Entsorgungsmöglichkeit. Leider sind bisher die Preise vollkommen übertrieben: 25 kn (3,40 €) pro Std. (max 11 Std.); 5–15 kn (0,70–2 €) für 5–50 l Wasser; 50 kn (6,80 €) für Abwasserentsorgung. Wer hier einen Tag lang parkt, zahlt also umgerechnet fast 40 € Parkgebühr! Und für das Tanken von 100 l Wasser plus Abwasserentleerung noch einmal 10 €! Empfehlenswerter ist es, auf einen der umliegenden Campingplätze auszuweichen.

Essen

Angelo d'Oro, Via Švalba 38–42, Tel. 052 840502, angelo@vip.hr, hotel.angelo@aon.at. Hotel und Restaurant im ehemaligen Bischofspalast mit exzellenter Küche, sehr guter Vinothek und traumhafter Gartenterrasse!

›Landkarte Seite VI

Am einfachsten verlässt man Rovinj auf dem gleichen Weg, auf dem man gekommen ist, und biegt dann ca. 1 km nach Ortsende an der Kreuzung rechts. So erspart man sich die enge und oft verstopfte Ortsdurchfahrt. An der Polari-Bucht passiert man den Campingplatz „Polari", kurz danach die Abzweigung zum Campingplatz „**Veštar**" (s. u.) – dann verlässt man die Küste und fährt in Richtung Bale/Pula ins Landesinnere. Durch hügelige Karstlandschaft zieht sich das Sträßchen dahin: streckenweise durch Wald, dann wieder gesäumt von blühenden Wiesen und Getreidefeldern. Skurril verwachsene Olivenbäume mit silbrig-grünem Blattwerk zieren die Landschaft. Pferdefuhrwerke rumpeln über den Asphalt – manchmal sogar ein Eselgespann vor einem Holzkarren wie zu Urgroßvaters Zeiten.

Bei **Bale** (Valle) stößt man wieder auf die Straße Nr. 21 (E 751) und erreicht 11 km weiter das Städtchen **Vodnjan** (Dignago), das mit seinen mittelalterlichen Gassen nicht nur wie eine romantische Filmkulisse aussieht, sondern tatsächlich auch schon wiederholt als solche gedient hat. Und in der Gruft der Pfarrkirche Sv. Blaž kann man hier sogar drei leibhaftige Heilige aus dem 12.–15. Jahrhundert sehen, deren Körper dort unten auf rätselhafte Weise ebenso gut erhalten geblieben sind wie die mittelalterlichen Gebäude droben über der Erde oder die sakralen Kunstwerke und Reliquien in der Schatzkammer der Kirche.

Information

TZ Vodnjan, Narodni trg 3, 52447 Vodnjan, Tel. 052 511672, Fax 052 511700, info@istria-vodnjan.com, www.istria-vodnjan.com

Mumien-Gruft

Župna crkva sv. Blaža (Kirche des hl. Blasius), Tel. 052 511420; geöffnet Juli–Aug. 9–19 Uhr, So 14–19 Uhr, sonst nach Vereinbarung, Eintritt: 35 kn (4,70 €)

Einkaufen

Vinarija Podrum, Vodnjan, Željeznička cesta 15, Tel. 052 511334; Wein und Olivenöl

Camping

10 Camping Polari ***

33 T 395652 4990848

45,06340°N 13,67458°O

Sehr schöner Platz mit Olivenhainen und Pinien sowie einer effizienten Verwaltung; mit parzellierten Plätzen, Fels-/Kiesstrand. Vom Platz gibt es (allerdings spärliche) Bus- und Bootsverbindungen nach Rovinj. Der Spaziergang bis zur Stadt dauert ca. 1 Std. und führt anfangs durch reizvolle Küstenlandschaft, dann durch öde Vororte. **Preise:** 256,10 kn (34,60 €); Camperstop inkl. Platznutzung 177,65 kn (24 €), Wochenende 213,20 kn (28,80 €), Nebensaison 106,60 bzw. 88,8 kn (14,40 bzw. 12 €); max 48 Std.; **Kontakt:** 52210 Rovinj, Tel. 052 801501, Fax 052 811395, polari@maistra.hr, www.campingrovinjvrsar.com/hr/Kampovi/Polari

Camping

11 Camping Valalta Naturist ****

33 T 392347 4997505

45,12282°N 13,63118°O

Riesengroßer, sehr gut ausgestatteter FKK-Platz mit Parzellen auf Wiesenflächen (teils schattig), rund 5 km langem Fels-/Kiesstrand, Pool, Vitalcenter, Restaurants, Marina und vielfältigen Sportangeboten; ausgezeichnet als „bester Platz Kroatiens 2004". **Lage/Anfahrt:** ca. 1 km vor Rovinj rechts (Schilder) oder am Ortseingang rechts via Borik; 6 km gute, schmale Teerstraße; **Wasser:** Schlauchanschluss; z. T. direkt am Stellplatz; **Abwasser:** tadellose Plattform; **Chemie-WC:** 10 Stationen in den Sanitäranlagen; **Strom:** ja; **Preise:** ca. 255 kn (34,50 €) inkl. Anmeldegeb.; **Geöffnet:** 24.04.–26.09.; **Kontakt:** Tel. 052 804 800, Fax 052 811 463, valalta@valalta.hr, www.valalta.hr

Camping

⓬ *Camping Valdaliso*

33 T 391842 4995490
45,10460° N 13,62519° O

Hotel-Campingplatz mit langem Fels-/Kiesstrand, den ich nicht näher beurteilen kann, da mir die Zufahrt verweigert wurde. **Lage/Anfahrt:** am Ortseingang von Rovinj rechts (Schilder), in Borik links halten; gute, schmale Teerstraße; **Wasser, Abwasser, Chemie-WC:** Wasseranschluss sowie Chemie-WC- und Abwasser-Entsorgung angeblich vorhanden, aber nicht kontrollierbar (siehe Anmerkung); **Strom:** ja; **Preise:** 333 kn (45 €) inkl. Anmeldegebühr; **Geöffnet:** 04.04.–09.09.; **Kontakt:** Tel. 052 805505, Fax 052 811541, info@rovinjturist.hr, www.rovinjturist.hr

Camping

⓭ *Camping Veštar****

33 T 396523 4989824
45,05431° N 13,68585° O

Reizvoller Platz mit schattigen Wiesenflächen, Kiesstrand und vielfältigen Angeboten; u. a. Bootshafen mit Slipanlage, Supermarkt, Restaurant, Sportmöglichkeiten; FKK-Bereich im Westteil. Die Stellplätze sind für größere Mobile recht eng und etwas uneben. **Lage/Anfahrt:** von Rovinj ca. 5 km in Richtung Bale/Pula; bei Kokuletovica dann rechts; ca. 1 km schmale Teerstraße; **Wasser:** Schlauchanschluss; **Abwasser:** tadellose Plattform an der Einfahrt; **Chemie-WC:** 4 Chemie-WC Stationen in den Sanitäranlagen; **Strom:** ja; **Preise:** 284,20 kn (38,40 €) inkl. Anmeldegebühr; **Geöffnet:** 25.04.–26.10., **Kontakt:** Tel. 052 829150, Fax 052 829151, vestar@maistra.hr, www.campingrovinjvrsar.com/hr/Kampovi/Vestar

ABSTECHER ZUR RUINENSTADT DVIGRAD

(ab Rovinj ca. 17 km einfach)

Etwa 17 km landeinwärts von Rovinj liegt **Kanfanar.** Südwestlich des kleinen Orts zweigt vor der Bahnlinie am Ortseingang eine kleine Straße links ab, die sich von der Hochebene ca. 2,5 km ins Limska-Draga-Tal hinunterwindet.

Auf einem Hügel in diesem Tal hat man die einzigartige Gelegenheit, durch die Ruinen einer kompletten mittelalterlichen Stadt mit etwa 220 Häusern, Türmen und Festungsanlagen zu wandern. Rund um zwei Burgen ist sie einst entstanden (daher der Name *dvi-grad* = zwei Burgen oder Städte), 1631 wurde sie wegen einer Pestepidemie aufgegeben und ihre Bewohner gründeten das heutige Kanfanar.

Wer frühmorgens oder am Abend kommt, kann ganz für sich allein das gespenstisch überwucherte Steinlabyrinth der verlassenen Stadt erkunden. Einer Legende zufolge soll hier der Seeräuber *Henry Morgan* vor über 300 Jahren einen sagenhaften Schatz vergraben haben.

016kr Abb.: rh

›Landkarte Seite VII

PULA (POLANA)

(Rovinj – Vodnjan 26 km, Vodnjan – Pula 10 km)

Information

TZG Pula, Forum 3, 52100 Pula, Tel. 052 219197, 212987, Fax 052 211855, info@istria-pula.com, www.istria-pula.com

Noch viel tiefer in die Vergangenheit als alles Bisherige entführt Pula, die größte Stadt Istriens, ihre Besucher. Zuerst geht es durch wenig einladende, staubgraue Vororte und das Verkehrsgedränge der istrischen Wirtschaftsmetropole. Dann steht man plötzlich vor dem hoch aufragenden Rund des römischen **Amphitheaters.** Ihre erste Blütezeit genoss die Stadt nämlich schon unter dem römischen Kaiser *Augustus,* der hier nicht nur gern zur Sommerfrische weilte, sondern zeit-

weise sein ganzes Imperium direkt von Pula aus regierte. Das monumentale Oval des mehr als 130 m langen Amphitheaters wurde aus gewaltigen Kalkquadern errichtet und war neben dem Kolosseum in Rom eines der größten des Reiches. 23.000 Zuschauer hatten darin Platz, um Schwertkämpfe und Wagenrennen zu erleben. Noch sind die Schächte zu sehen, durch die Raubtiere und Gladiatoren aufeinander losgelassen wurden. Und durch die antiken Theaterbogen blickt man heute auf die gigantischen Kräne des Hafens von Pula.

Lohnend ist auch der anschließende Bummel durch die Innenstadt. Überall stößt man auf römische Relikte: den reich verzierten Triumphbo-

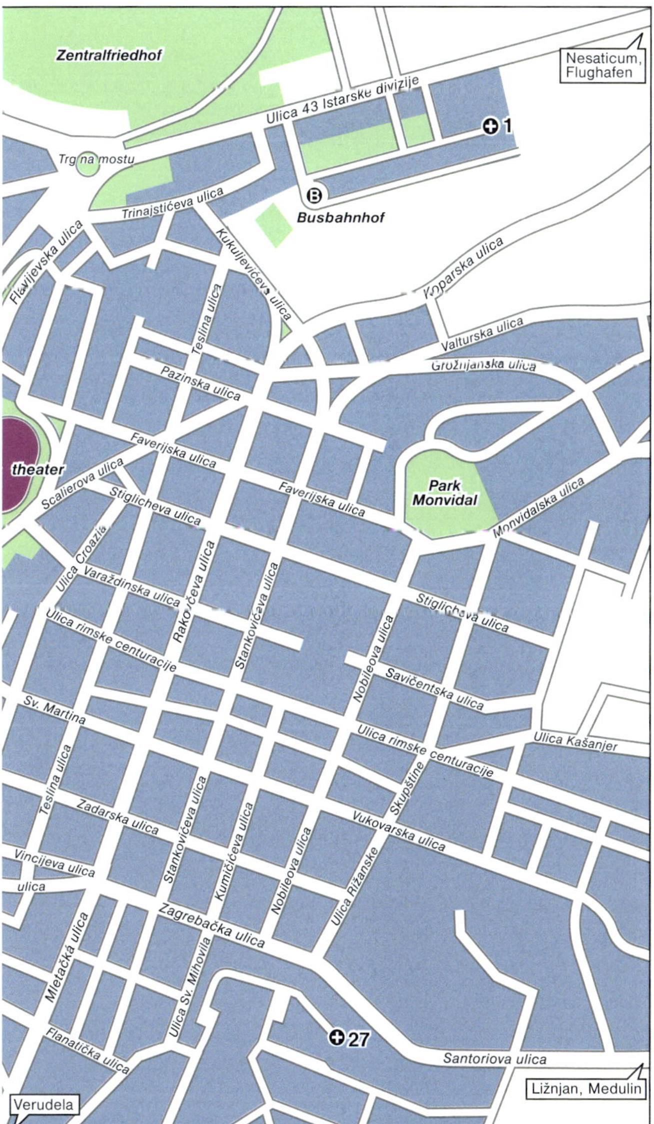

- 1 Erste-Hilfe-Station
- 2 Jadrolinija-Büro
- 3 Jonathan Yacht- & Fahrzeugcharter
- 4 Vera Travel, Fish n'Chips Snackbar
- 5 serbisch-orthodoxe Kapelle
- 6 Café Coco, Agentur A-Turizam
- 7 Kathedrale Sv Marija, Rest. Delfin
- 8 Bistro Barbara
- 9 Bistro Orfed
- 10 Augustustempel & Rathaus
- 11 TI Pula
- 12 Franziskanerkirche
- 13 Archäolog. Museum & kl. Amphitheater
- 14 Generalturist & Croatia Airlines
- 15 Herkulestor
- 16 Benidiktinerkonvent
- 17 Dirke-Mosaik
- 18 Sv Marija Formosa
- 10 Fotogeschäft
- 20 Agentur Arena, Kartentelefone
- 21 Kino Pula
- 22 Zagrebačka Banka, McDonald's
- 23 Theater, Kunstausstellung
- 24 Markt
- 25 Hauptpost
- 26 Kaufhaus Istra
- 27 Zentralkrankenhaus

› Landkarte Seite VII

018kr Abb.: rh

▲ *Das römische Amphitheater ist zu Recht die Hauptattraktion von Pula*

gen der Sergier-Familie, den Augustustempel mit korinthischen Säulen, das berühmte ↗Dirke-Mosaik, Stadttore und Reste der Befestigungsanlagen. Aber auch die Venetianer haben Sehenswertes hinterlassen, wie etwa den dreischiffigen Dom, das alte Rathaus, in dessen Bau noch Säulen und Außenmauern des ehemaligen Diana-Tempels integriert sind, und das mächtige Kastell hoch auf dem Hügel im Herzen der Altstadt. Wunderschön ist auch die kleine byzantinische Basilika Marija Formosa, die etwas verloren zwischen Wohnhäusern und der Hauptstraße steht.

Dirke-Mosaik

Das römische Mosaik „Bestrafung der Dirke" liegt recht verborgen nahe dem Haus Nr. 16 der Ul. 1. Maja in einem Hinterhof (unweit der Ul. Opatjiska). Kleine Schilder mit der Aufschrift „Rimski Mosaik" weisen den Weg.

Abkürzung

Wer nach **Fažana** (s. S. 99) möchte, kann am Ortseingang – dort wo meist die Staus beginnen – gleich wieder rechts aus der Stadt hinausfahren.

Parken

Für Stadtbesichtigungen habe ich stets einen Platz direkt unterhalb des Amphitheaters oder zwischen Bootshafen und Bahnhof gefunden; in der Saison kann es dort jedoch knapp werden, dann parkt man am besten jenseits des Bootshafens hinter dem Bahnhof direkt am Meer. Der Platz (33 T 408893 4970045; 44,87800°N 13,84648°O) ist geschottert und ohne Schatten; Preis: 8 kn (1,10 €) pro Std.

Camping

14 Camping Village Stoja ****

33 T 406356 4968040

44,85963°N 13,81475°O

Sehr großer und dennoch ebenso reizvoller Platz auf einer durch einen Damm mit dem Festland verbundenen Insel; Pinienwald, Liegewiese, Felsstrand; da es am schmalen Damm wenig Parkraum gibt, kommt es zeitweise zu Problemen bei der Anmeldung. **Lage/Anfahrt:** 3 km westlich des historischen Zentrums; beschildert; **Wasser:** Schlauchanschluss; **Abwasser:** gute Entsorgungsplattform; **Chemie-WC:** ja, nur eine Station; **Strom:** ja; **Preise:** 231,70 kn (31,30 €), Kat B 217,60 kn (29,40 €); Zuschläge: 20 % für weniger als 2 Nächte, 20 % für meernahe Stellplätze; **Geöffnet:** 15.03.-03.11.; **Kontakt:** Tel. 052 387144, Fax 052 387748, www.arenaturist.hr

Essen

Restaurant Milan, Stoja 4, Tel. 052 300200, www.milan1967.hr. Das vielfach vom Gastro-Führer ausgezeichnete Restaurant bietet eine große Auswahl an sehr guten Fischgerichten und Meeresfrüchten sowie altösterreichischen Desserts. Hier bekommt man z. B. Scampi-Risotto, Seeteufel und die seltenen Jakobsmuscheln.
Restaurant Valsabbion, Pjescana-Uvala IX/26, Tel. 052 218033, www.valsabbion.hr, info@valsabbion.hr; mit Geschmack und Fantasie ausgestattetes Privatlokal; Spezialitäten sind Fischfilet in mediterraner Soße, Seedrache und Nudeln mit Reis im Käsering; unbedingt reservieren.

Parken und Baden

33 T 407304 4967973
44,85915°N 13,82676°O
(Achtung: nur ungefähre „2D“-Koordinaten)
Ein sehr schöner, schattiger Parkplatz (kostenlos) befindet sich neben Park und öffentlichem Strandbad; ca. 1 km vom Zentrum an der Zufahrt zu Camping „Stoja“ unweit des österreichischen Marinefriedhofs.

FAŽANA UND DIE BRIJUNI-INSELN

(Pula – Fažana 6 km einfach)

Ein Abstecher, der gleich am nördlichen Stadtrand von Pula rechts abzweigt, führt entlang der Küste nach Fažana, von wo aus kleine Schiffe nach **Veli Brijun** tuckern. Sie ist die größte Insel des **Brijuni Archipels** (Brionische Inseln). Schon die Römer haben sich auf diesen paradiesischen Inseln luxuriöse Villen gebaut und nachdem gegen Ende des 19. Jahrhunderts die Sümpfe trockengelegt und dadurch die Malaria gebannt war, entwickelte sich der Archipel zu einem exklusiven Feriengebiet, in dem sich die europäische Prominenz vergnügte.

Bis zum Tod des damaligen jugoslawischen Staatspräsidenten *Tito* 1980 waren die Inseln für Staatsgäste reserviert und ein streng bewachtes Sperrgebiet. 1983 wurden sie zum Nationalpark erklärt und im folgenden Jahr teilweise für Touristen geöffnet. Da nur ein Unternehmen dort anlegen darf, sind die Preise nicht eben günstig (Hauptsaison 183 kn, ca. 25 €). Reizvoll an diesem kleinen Naturparadies mit **römischen Ruinen** ist vor allem seine üppige Vegetation mit fast 700 teils seltenen und exotischen Pflanzen und Bäumen. Der von Prospekten angepriesene „Safaripark“ mit den vierbeinigen Staatsgeschenken *Titos* hingegen wird – außer Kinder versteht sich! – keinen begeistern, der irgendwann schon einmal ein Lama gesehen hat.

▼ Heute sind die römischen Ruinen auf der Insel Veli Brijun wieder allen zugänglich

019kr Abb.: rh

Information

Nationalpark-Verwaltung, 52214 Brijuni, Tel. 052 525888, Fax 052 521367, brjuni@brjuni.hr, www.brijuni.hr
TZG Fažana, Istarske divizije 8, 52212 Fažana, Tel. 052 383727, Fax 052 383728, info@istria-fazana.com, www.istria-fazana.com

Fährt man hinter Fažana weiter, so entdeckt man zwischen der kleinen Hafenbucht von Peroj und einer neu errichteten Feriensiedlung einen weitgehend ursprünglichen Küstenstreifen, der im Sommer eine Art wilder Campingplatz der Einheimischen zu sein scheint: Stellplätze auf blühenden Wiesenflächen, eingefasst von Büschen und schattigen Bäumen. Zwischen Ginsterbüschen führen schmale We-

Camping

⑮ *Camping BI Village* ***

33 T 406091 4974415

44,91697°N 13,81021°O

Sehr große und neue Anlage mit Strand, Pool und vielfältigen Angeboten; für manche sicher ein Top-Platz, für meinen Geschmack zu sehr sterile „Ferienfabrik"; sehr langwierige Prozedur an der Rezeption; das Meer vor dem Platz war bei meinem Besuch trübe mit Pflanzenresten und großen Steinblöcken unter Wasser, an denen ich mich verletzte.

Lage/Anfahrt: Direkt an der Straße Pula-Fažana, ca. 4 km von Pula, sehr gute Zufahrt; **Wasser:** ja, am Stellplatz; **Abwasser:** tadellose Entsorgungs-Plattform mit Schacht; **Chemie-WC:** 2 Stationen; **Strom:** ja; **Preise:** ca. 273 kn (37 € inkl. 2 € Anmeldegebühr), Zuschläge für strandnahe Plätze; **Geöffnet:** 04.04.-10.10.; **Internet-Zugang:** in der Information links; **Kontakt:** Tel. 052 300300, Fax 052 380711, info@bivillage.com, www.bivillage.com

Parken, Picknick und Baden

einige hübsche, kleine Plätze am kleinen Bootshafen ca. 800 m hinter Peroj

ge zum Strand. Eine echte Rarität an der stark erschlossenen Küste Istriens, an der sich sonst Feriendörfer und Campingplätze fast nahtlos aneinanderreihen.

Parken, Picknick und Baden

einige hübsche, kleine Plätze am kleinen Bootshafen ca. 800 m hinter Peroj

HALBINSEL MEDULIN

(Pula – Premantura 12 km, Pula – Medulin 9 km (je einfach), Premantura – Medulin ca. 10 km)

Information

TZO Medulin, Centar 223, 52203 Medulin, Tel. 052 577145, Fax 052 576945, info@istria-medulin.com, www.tzom.hr

Nesaticum

Geöffnet Juli-Sept. 9–20 So 10–15 Uhr, sonst tgl. 9–14 Uhr, Tel. 052 34629

Die durch tief eingeschnittene Buchten, Landzungen und vorgelagerte Inseln stark gegliederte Küste der Südspitze Istriens – benannt nach dem zentralen Ort Medulin – bietet dem Besucher sehr viele und abwechslungsreiche Möglichkeiten: insbesondere schöne Strände und Campingplätze sowie die Halbinsel **Premantura** mit dem reizvollen **Naturpark Kamenjak.** Die archäologische Fundstätte **Nesaticum** hingegen ist eher etwas für Fachleute. Der prähistorische Ort war die letzte bedeutende Illyrer-Siedlung Istriens und wurde 177 v. Chr. von den Römern erobert. Zu sehen sind überwiegend Ausgrabungen aus römischer Zeit und zwei frühchristlichen Kirchen; etwas abseits liegen die Überreste der Thermen.

Bereits auf der Fahrt von Pula zum Südkap Istriens kommt man an einigen schönen Stränden der Bucht von Medulin vorbei und erreicht dann den besonders bei Surfern beliebten Badeort **Premantura.**

Die 6 km lange Halbinsel des **Kap Kamenjak,** die äußerste Südspitze Istriens, steht unter Landschaftsschutz und wird nur von einer schmalen, holperigen Piste durchzogen, von der immer wieder Sei-

Camping

16 *Camping Village Medulin* *

33 T 415556 4962903

44,81454°N 13,93202°O

Riesiger und doch reizvoller Platz, der eine komplette Halbinsel plus eine per Damm damit verbundene Insel umfasst; teils Wald teils Wiese; ein Ferienparadies mit vielfältigem Angebot.

Lage/Anfahrt: in Medulin nach rechts (Süden) den Schildern folgen; gute Teerstraße aber im Sommer viel Verkehr!; **Wasser:** Schlauchanschluss; **Abwasser:** Betonplattform mit Gitter, aber falschem Gefälle; **Chemie-WC:** ja, aber nur eine Station; **Strom:** ja; **Preise:** 31,30 €; Zuschläge: 20% für weniger als 2 Nächte und 20% für meernahe Stellplätze; **Geöffnet:** 15.03.–19.10.; **Kontakt:** Tel.052 572801, Fax 052 576042, acmedulin@arenaturist.hr, www.arenaturist.hr

Camping

17 *Kranjski Camp* ***

33 T 414305 4962061

44,80681°N 13,91635°O

Sympathischer, kleiner, stiller und sehr familiärer Platz mit eigener Bucht. Restaurant mit regionaler und weitgehend biologischer Küche, Fischgrill für Gäste; einige nette Ferienhäuschen. **Anfahrt:** In Premantura nach links Schildern „Runke" folgen und unmittelbar vor diesem Platz rechts abbiegen. **Wasser:** Schlauchanschluss; **Abwasser:** Schacht vorhanden; der sympathische Inhaber hilft gern; **Chemie-WC:** ja, umweltschonende Entsorgung; **Strom:** ja; **Geöffnet:** 14.06.–06.09.; **Preise:** 182,80 kn (24,70 €), Zuschläge: 20 % für nur eine Nacht, 20 % für Strandnähe; **Kontakt:** Kranjski Camp, d.o.o. Runke 52, Premantura, 52000 Pula, Hrvatska, Tel./Fax: 052 575009, kranjski-kamp@pu.t-com.hr, www.pdrustvo-vodnik.si

tenwege zu stillen Buchten und Badeplätzen abzweigen. Ideal für einen Ausflug mit dem Rad! Das Kap selbst bilden hohe Felsklippen, von denen man bis zu den Inseln Cres und Lošinj blickt.

DIE OSTKÜSTE

Mit Pula und dem Kap Kamenjak ändert sich das Bild schlagartig. Während die Westküste der Halbinsel touristisch intensiv erschlossen und im Sommer ein riesiger, quirliger Ferienpark ist, zeigt sich die Ostseite bis hinauf zur Riviera von Opatija als eher ruhiges, dünn besiedeltes Agrarland. Abgesehen von Rabac und Labin gibt es weder sehenswerte Orte noch Badezentren.

Parken, Picknick und Baden

33 T 412967 4963124

44,81622°N 13,89925°O

Zwischen Banjole und Premantura findet man östlich (links) der Straße eine schöne Parkmöglichkeit (unbefestigt, eben) unter hohen Pinien direkt an der Bucht, die hier zu Fuß auf einem schmalen Damm überquert werden kann. Ein weiterer Parkplatz liegt kurz vor Premantura im Wald.

Regionalpark Kamenjak

geöffnet 13.06.–15.09; Fußgänger und Radfahrer frei

› Landkarte Seite VII

LABIN (Pula – Labin 35 km)

Information

TZG Labin, Aldo Negri 20, 52220 Labin, Tel. 052 855560, 852399, Fax 052 855560, info@istria-labin.com, www.istria-labin.com

Von Pula geht es auf der gut ausgebauten und streckenweise schnurgeraden Straße Nr. 21 (E 751) nach Norden. Durch eine eher monotone Landschaft erreicht man nach ca. 23 km den Ort Barban, wo sich die Straße ins sumpfige Tal der Raša hinunterschlängelt.

Auf der anderen Seite geht es rasch wieder rund 300 m empor zu dem reizvollen Berg- und Bergbau-Städtchen Labin. Es thront hoch über dem Meer auf einer Bergkuppe und bietet fantastische Ausblicke hinunter auf den Badeort Rabac, der sich in eine tiefblaue Bucht schmiegt, hinüber zu der weiß-karstigen Insel Cres und bis zum Učka-Gebirge. Noch schöner ist vielleicht der Blick nach innen: auf die bunten venezianischen Häuserfassaden, die sich an engen, steilen Gassen entlang zusammendrängen. Ein malerisches Labyrinth von Bogen und Passagen, Treppenwegen und kleinen Plätzen. 1921 haben unterdrückte Bergleute und Bauern des Städtchens hier die „Republik Labin“ ausgerufen, die aber nur 36 Tage Bestand hatte, ehe der Aufstand niedergeschlagen wurde.

Fast hätte der Bergbau das ganze Städtchen verschlungen, denn im Hügel von Labin steckt Steinkohle, die dort schon seit Jahrhunderten abgebaut wird. Und in den 1970er Jahren war die Altstadt schließlich so weit unterhöhlt, dass sie in sich zusammenzustürzen drohte. Inzwischen ist das Stollennetz ausreichend gesichert, sodass man wieder unbesorgt nach Labin hinaufsteigen kann, um durch die Gassen zu bummeln oder das Volksmuseum zu besuchen.

▲ *So leer sind die pittoresken Gassen von Labin nur selten*

Parken

Die Ulica Negrija hinauf zur Altstadt, über den Platz und 100 m die Sv. Katerina entlang findet man rechts einen größeren Parkplatz.
In der Saison und mit größeren Fahrzeugen besser im Vorort Podlabin parken und einen längeren Aufstieg (ca. 1 km) in Kauf nehmen!

Volksmuseum

Barockpalast, 1. Maja, Tel. 052 855477, tulio-vorano@pu.hinet.hr, tägl. 10–13 und 18–20 Uhr, So 13-20 Uhr

RABAC (Labin – Rabac 5 km einfach)

Das Bade- und Wassersport-Zentrum schmiegt sich unterhalb von Labin in eine kleine Hafenbucht. Die Straße hinunter ist gut ausgebaut – aber drunten ist nur wenig Platz. In der Hauptsaison lohnt sich der Abstecher eigentlich nur, wenn man den Campingplatz „Oliva“ ansteuert.

Weiter nach Norden senkt sich die Hochebene von Labin hinab ins **Čepićko Polje,** die größte Schwemmlandebene Istriens, die einst ein periodischer Karstsee bedeckte. Heute ragt weithin sichtbar der endlos hohe und hässliche Schornstein eines Kraftwerks daraus empor. Dann windet sich die Straße wieder steil aufwärts nach **Plomin** und bietet zwischen herbgrünen Kiefern fantastische Ausblicke auf das weit drunten liegende tiefblaue Meer in der Bucht von Plomin.

Geradezu spektakulär wird der Panoramablick am 247 m hohen **Kap Mašnjak,** wo das Café-Restaurant „Vieli kovac“ (Tel. 052 864426, grandiose Aussicht!) in schwindelerregender Höhe wie ein Schwalbennest am Steilabbruch der Felsspitze klebt und fast über das Wasser hinauszuragen scheint. Hier steigt das mächtige **Učka-Massiv** steil aus dem Kvarner Golf empor, das höchste Gebirgsmassiv Istriens, das mit dem meernahen Gipfel des Vojak eine Höhe von über 1400 m erreicht. Der Gebirgsstock schirmt wie eine unüberwindliche Mauer die Küste vom Landesinneren ab und verschafft ihr ein geschütztes Klima mit überaus milden Wintern.

An seiner Ostflanke entlang schlängelt sich die Straße luftig hoch über dem Meer. Weiße Felsen, blaues Wasser und grüne Pinien leuchten in der Sonne. Eine Stichstraße zweigt rechts ab und führt steil hinunter nach **Brestova** (s. Route 3, S. 124), dem Fährhafen zur **Insel Cres.** Wenige Kilometer weiter erreicht man die traditionellen Badeorte Mošćenička Draga, Medveja und Lovran, die bereits zur Region Kvarner gehören.

Camping

18 Camping Oliva***

33 T 432769 4992291
45,08089°N 14,14577°O

Reizvoller, ruhiger und ebener Wiesenplatz mit Olivenbäumen und Kiesstrand – leider vor der Kulisse hoher, hässlicher Terrassen-Hotels.
Lage/Anfahrt: am Ortseingang von Rabac rechts nahe dem Meer entlang den Schildern folgen; gute Teerstraße; **Wasser:** Schlauchanschluss; **Abwasser:** Betonplattform, allerdings sehr knapp dimensioniert und mit falschem Gefälle; **Chemie-WC:** ja; **Strom:** ja; **Preise:** ca. 220 kn (30 €); **Geöffnet:** 28.03.-31.10.; **Kontakt:** Tel./Fax 052 872258, oliviakamp@maslinica-rabac.com

Anschluss

siehe Route 2 (Kvarner Küste), Seiten 106ff und Route 3 (Kvarner Inseln), Seiten 124ff

Auf halbem Weg zwischen Nordpol und Äquator liegt die Kvarner Bucht, deren beliebte Küsten- und Insellandschaft sich zu beiden Seiten des 45. Breitengrads erstreckt. Sie beginnt bei Mošćenička Draga, das geographisch noch auf der Halbinsel Istrien liegt, und reicht im Süden etwa bis Senj am Fuß des mächtigen Velebit-Gebirges.

Im Kvarner sind aller guten Dinge vier. „Quaternarius" nannten schon die alten Römer diese Gegend, was manche mit „die vier Himmelsrichtungen" übersetzen. Aber vielleicht ist damit die Vierzahl der großen Kvarner Inseln gemeint – oder aber die vier Winde (Bora, Jugo, Maestral und Puenat), die das Antlitz dieser Eilande geprägt haben.

Eingeschlossen zwischen der steilen Ostflanke des Učka-Gebirges und dem Höhenzug der Kastav-Berge dehnt sich tiefblau der Kvarner Golf mit den vier recht unterschiedlichen Inseln Cres, Lošinj, Krk und Rab (s. Route 3).

Auch die Festlandsküste und ihr Hinterland zeigen sehr abwechslungsreiche Gesichter: Neben den Karsthängen des Velebit-Gebirges und den Urwäldern des Risnjak-Nationalparks findet man an der Küste fruchtbare Landschaften, die riesige Hafenstadt Rijeka, mondäne Badeorte und die Ferienküste der Riviera von Vinodol.

023kr Abb.: rh

ROUTE 2

KVARNER BADEKÜSTEN

› Routenübersicht hinterer Umschlag innen

ROUTENÜBERSICHT

◀ *Vorseite: Das ehrwürdige Hotel Kvarner in Opatija*

Entfernungen:

Mošćenička Draga - Lovran 7 km, Lovran - Opatija 6 km, Opatija - Rijeka-Zentrum 12 km, Rijeka - Crikvenica 35 km, Crikvenica - Novi Vinodolski 10 km, Novi Vinodolski - Senj 32 km, Senj - Jablanac 40 km, Jablanac - Abzweig Prizna 13 km, Abzweig Prizna - Karlobag 12 km, Karlobag - Starigrad 45 km, Starigrad - Maslenika Brücke 16 km, Maslenika Brücke - Zadar ca. 36 km

DIE RIVIERA VON OPATIJA

Nach einer luftigen „Balkonstrecke“ hinter dem Kap Mašnjak mit weitem Blick übers Meer senkt sich die Straße hinunter zur Küste in eine völlig andere Landschaft. Der Gebirgsstock des Učka-Massivs, das hier auf wenigen Kilometern weit über 1000 Meter hoch aus dem Meer emporsteigt, schützt diese Küste wie eine Mauer vor den kalten Nordwinden aus dem Landesinneren und verschafft ihr ein angenehmes Klima mit überaus milden Wintern, sodass sie sich schon vor über 150 Jahren zu einem der ersten Feriengebiete am Mittelmeer entwickelte.

Für Wohnmobilisten ist diese Küste im Sommer eher Durchreisegebiet – und so schön sie auch sein mag, wird mancher aufatmen, wenn er sie endlich hinter sich hat, denn es gibt hier sehr viele Urlauber und Autos – bei wenig Parkplätzen und engen Straßen. In der Vor- und Nachsaison hingegen findet man ohne Mühe einen kleinen Campingplatz oder kann hier und da sogar am Hafen stehen.

- 1 Gusto-Grill
- 2 Casino
- 3 Rest. Madona
- 4 Sv Marija
- 5 Busbahnhof
- 6 Pizza-Grill
- 7 Meerwasserbecken
- 8 Hotel Kvarner
- 9 Kreiskrankenhaus
- 10 Banken & Agenturen
- 11 Zelengaj
- 12 Vila Angiolina
- 13 Disco Quorum
- 14 Post
- 15 Post
- 16 Irish Pub
- 17 Club 51

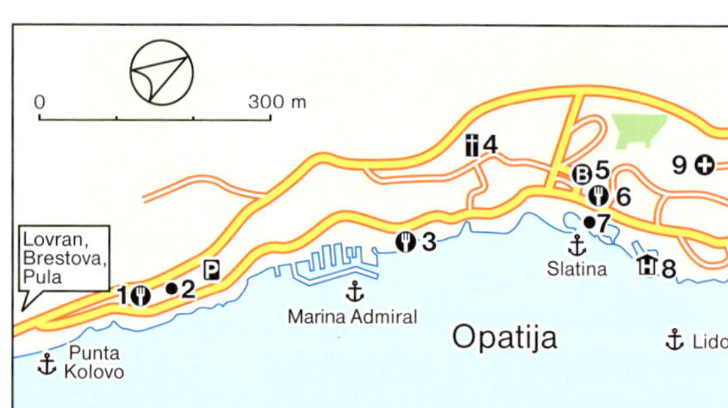

021kr Abb.: rh

◀ *Die Marina von Mošćenička Draga*

MOŠĆENIČKA DRAGA

Der Ort hat kaum 500 Einwohner – aber rund hundertmal so viele Feriengäste. Das heißt: In der Saison wird man als Wohnmobilist durch diesen hübsch in eine Bucht geschmiegten Badeort einfach vom Autostrom hindurchgespült werden. Kaum eine Chance auf einen Parkplatz! In der Vor- und Nachsaison hingegen wird man sein Mobil auf einem der Plätze direkt an der Durchgangsstraße abstellen können, von wo es nur wenige Schritte bis zum schönen Kiesstrand sind. Bei Mošćenička Draga beginnt die eigentliche Opatija Riviera. Bis nach Lovran hat man noch ein kurzes Stück unbesiedelter Küste mit Felsen und Pinienwald – danach rollt man durch ein fast ununterbrochenes Badegebiet mit prachtvollen alten Villen und üppig mediterraner Pflanzenpracht – aber chronisch knappen Parkplätzen.

Information

TZG Mošćenička Draga,
Aleja Slatina bb,
51417 Mošćenička Draga,
Tel. 051 739166,
Fax 051 737533,
info@tz-moscenicka.hr,
www.tz-moscenicka.hr

LOVRAN (Mošćenička – Lovran 7 km)

Information

TZO Lovran, Šetalište M. Tita 63, 51415 Lovran, Tel. 051 291740, Fax 051 294387, tzo-lovran@ri.t-com.hr, www.tz-lovran.hr

Der neben Opatija größte Ort dieser Küste besitzt eine reizvolle Altstadt und ist durchaus einen Bummel wert – sofern man außerhalb der Saison kommt und einen Parkplatz ergattert. Besonders reizvoll ist der Ⓟ Parkplatz rechts unten am Meer, auf dem man direkt am Wasser stehen und sogar auf die breite Kaimauer fahren kann. Doch die Zufahrt ist eng und im Sommer herrscht oft stressiges Gedränge. Achtung: Der kleine Platz bei der Kaimauer ist oft die letzte Wendemöglichkeit. Falls Sie danach weiterfahren und keinen Parkplatz finden, müssen Sie u. U. ein ganzes Stück rückwärts rangieren.

Parken

„P-Centar“, beschildert an der U. Brajdice oberhalb der Altstadt
Parkplatz am Hafen, Abzweigung rechts beschildert (sehr schöner Platz am Meer); in der Saison sind beide eng und u. U. sehr stressig!

▼ *Mondäne Fassaden prägen den Badeort Opatija*

022kr Abb.: rh

OPATIJA (Lovran – Opatija 6 km)

Opatija (das einstige Abbazia) ist die etwas verträumte alte Dame unter den Badestädten der kroatischen Küste: ein subtropischer Palmengarten geprägt vom mondänen Flair der Jahrhundertwende, als der Adel hier seine Villen und Paläste errichtete und mit Strohhut, Spitzenkleid und Sonnenschirmchen promenierte.

Der Aufstieg des Fischerdörfchens zur Luxus-Sommerfrische begann bereits 1844, als der Kaufmann *Iginio Scarpa* aus Rijeka sich hier inmitten prachtvoller Parkanlagen seine **Villa Angiolina** errichten ließ und rauschende Feste darin feierte. Begeistert von der subtropischen Schönheit dieser Küste, ließen sich nach und nach auch seine Gäste hier nieder – und wenige Jahre später wurde bereits das heutige **Hotel „Kvarner“** errichtet. Die gesamte Hofgesellschaft des kaiserlichen Wien strömte herbei und errichtete prächtige **Barockresidenzen** und **Jugendstil-Villen.** Rasch avancierte das Fischerdorf zum Sommersitz der „Adriastokratie“. Ein ganzer Reigen illustrer Gäste traf sich im „österreichischen Nizza“, um dem Alpenwinter zu entfliehen: Kaiser und Könige, Komponisten und Musiker, Literaten, Modeärzte und Schauspieler.

Und heute? Anstelle von Spitzenschirmchen und Strohhüten sieht man Shorts und Bikinis. Aber die Prunkvillen stehen noch, versunken im Grün der Palmen und Akazien und in der Blütenpracht von Magnolien und Kamelien. Neogotische Türmchen und venezianische Prachtfassaden mit abblätterndem Putz ragen aus halb verwilderten Gärten hervor. Dazwischen liegen gepflegte Parkanlagen mit subtropischer Pflanzenpracht.

Für den Autoverkehr hingegen wurde die enge und an einem steilen Hang erbaute Stadt nicht geschaffen – und für Wohnmobile erst recht nicht. Während der Saison ist die gesamte Ortsdurchfahrt ein Stau – und selbst außerhalb der Saison ist es schwer, hier einen Parkplatz zu finden.

Information

TZG Opatija, Vladimira Nazora 3, 51410 Opatija, Tel. 051 271710, 271310, Fax 051 712290, 271699, info@opatija-tourism.hr, www.opatija-tourism.hr

Region Kvarner: Primorje-Gorski Kotar Nikole Tesle 2, 51410 Opatija, Tel. 051 272988, Fax 051 272909, kvarner@kvarner.hr, www.kvarner.hr

Parken

Sehr schwierig! Die besten Chancen hat man nach meinen Erfahrungen an der Einbahnstraße bei den Hotels am südlichen Ortsende (zwischen Hotel „Dubrovnik“ und dem Kasino). Viel Glück braucht man, um im Zentrum nahe dem Park einen gebührenpflichtigen Platz zu ergattern.

Spazierweg Lungomare

Wer in Opatija keinen Parkplatz findet, der kann sein Mobil auch außerhalb abstellen und auf der 12 km langen Uferpromenade „Lungomare“ von Lovran oder dem nördlichen Vorort Volosko dorthin spazieren oder radeln. Der Weg ermöglicht einen Spaziergang zwischen Meer, Stadt und Parks, der Opatija von der schönsten Seite zeigt.

RIJEKA (Opatija – Rijeka-Zentrum ca. 12 km)

Rijeka ist ein Schock! Von den malerischen Insel- und Hafenstädtchen und den verschlafenen Bergdörfern Istriens kommend, gerät man unerwartet in eine wimmelnde Großstadt, die vor lauter Autos überquillt. Hässliche Hochhausburgen, Verkehrslärm und Gedränge. Parken? Fehlanzeige! Die Autos stehen kreuz und quer am Straßenrand, auf Bürgersteigen und selbst auf den Verkehrsinseln.

Information

TZG Rijeka, Užarska 14, 51000 Rijeka, Tel. 051 315710, Fax 051 315720, tz-rijeka@ri.t-com.hr, www.tz-rijeka.hr

Touristisches Info-Zentrum, Korzo 33, 51000 Rijeka, Tel. 051 335882, tic@ri.t-com.hr

Parken

Der gebührenpflichtige **Parkplatz am Fährhafen** (3 kn/0,40 € je Std.) ist der beste, am günstigsten gelegene (und einzig brauchbare!), den ich bisher finden konnte: von der Riva Ivana am Ende des Hafens rechts in die Riva Boduli, dann scharf rechts auf den Parkplatz.

Der sehr große, gebührenpflichtige **Parkplatz am Mrtvi-Kanal** (Riva Ivana über die Brücke und gleich danach links) nahe dem Ostende der Fußgängerzone war bei meinen Besuchen stets völlig überfüllt.

Wem es jedoch gelingt, einen Parkplatz zu ergattern, der kann sich auf ein anderes Rijeka freuen. Er lässt die verkehrsreiche Hafenstraße Riva rasch hinter sich und bummelt durch die parallel dazu verlau-

› Landkarte Seite III

1 Theater
2 Rest. Feral
3 Stadtbusse
4 Dom Sv Marija
5 Polizei
6 Apotheke
7 Kino Kvarner
8 Snackbar Hamby
9 Sv Vid
10 Naturwissenschaftliches Museum
11 Justizpalast
12 Irish Pub
13 Agustinerkloster/ Hieronymuskirche
14 Kaufhaus Korzo
15 Buchhandlung
16 Markt
17 Stadtmuseum & Marinemuseum
18 Ivan-Zajc-Haus & Römischer Triumphbogen
19 Kaufhaus Robna Kuća
Hauptpost
20 Casino
21 Agentur Generalturist
22 Touristeninformation
23 Rest. Riva
24 Moderne Galerie
25 Erste Hilfe
Café Filodramatica
26 Touristeninformation
27 Café Reful
Buchhandlung
28 Svid Rock Café
29 Jadrolinija
30 Nachtbars
31 Spielautomaten-Casino
32 Kapuzinerkirche

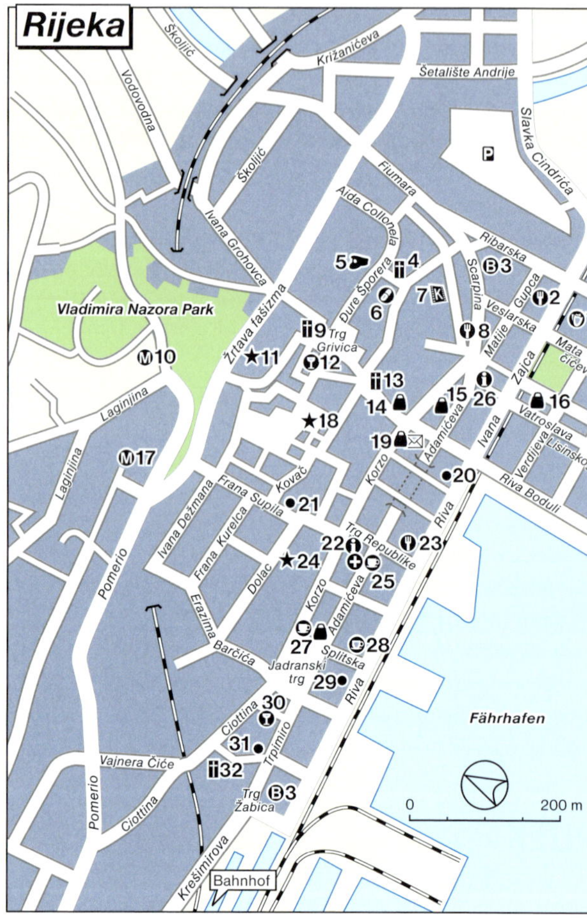

fende Fußgängerzone **Korzo,** die zugleich die Hauptgeschäftsstraße ist. Prunkvolle klassizistische Bauten und **Jugendstil-Fassaden** bezeugen den Reichtum der alten Hafenstadt. Entlang der Fußgängerzone laden Cafés mit Tischen und Stühlen im Freien dazu ein, bei einem Espresso auszuruhen und dem bunten Gewimmel zuzusehen. Etwa auf halber Länge des Korzo passiert man den **Uhrturm** mit dem habsburgischen Doppeladler, unter dem ein Torbogen in die Altstadt führt: zum alten Rathaus aus dem 16. Jahrhundert, zum Mariendom und zu den Museen im ehemaligen Gouverneurspalast. Interessant ist auch der Blick von einer der bergauf führenden Querstraßen zurück in Richtung Hafen. Dort sieht man gelegentlich zwischen den Prachtfassaden hindurch ein riesiges Hochseeschiff einlaufen, das den Eindruck erweckt, als wolle es direkt in der Fußgängerzone anlegen. Auch das ist Rijeka.

Wer etwas mehr Zeit hat, kann vom Stadtteil Sušak, östlich der Rječina-Brücke, einen alten Pilgerweg entlang spazieren, der über mehr als 560 Stufen auf den Berg Trsat mit der gleichnamigen Frankopanen-Festung und der Wallfahrtskirche Sveta Marija hinaufführt. Dort oben kann man Lärm und Hektik hinter sich lassen und genießt den Blick über die Dächer der Hafenstadt.

024kr Abb.: rh

▲ *Markttreiben in Rijeka*

Fähren

Jadrolinija, Riva 16, 51000 Rijeka, Tel. 051 666111, Fax 051 213116, Passdept_h@jadrolinija.hr, www.jadrolinija.hr; Küsteneilfähre Rijeka – Dubrovnik mit zahlreichen Zwischenstopps u. a. in Rab, Zadar, Split, Stari Grad, Hvar, Korčula

Internet

Kavana Cont, A. K. Miošića, gleich jenseits des Baches Rječina beim Hotel „Kontinental"

Essen

Café-Restaurant Slavica, Trg Republike 2, Tel. 051 212148. Direkt am Platz kann man bei Kaffee und Kuchen, Pizza, Fleisch- oder Fischgerichten den Blick auf die belebte Fußgängerzone genießen.

DIE VINODOLSKI-RIVIERA

Weniger Erquickliches erwartet den Reisenden, wenn er Rijeka entlang der Küste nach Süden verlässt: unansehnliche Wohnsilos, dröhnender Schwerlastverkehr auf der überlasteten Adria-Magistrale, düstere Werftanlagen und direkt am Meer eine gigantische Erdölraffinerie mit Tanks, Docks, Ruß und Gleisanlagen.

Dazwischen eingeschlossen in der **Bucht von Bakar** – die ohne all diese Zutaten der Neuzeit durchaus malerisch wäre – liegt das Städtchen **Bakar** mit seiner alten Frankopanen-Burg wie ein vergessenes Relikt aus einer anderen Zeit. In einem weiten Bogen (der sich fast zum Kreis schließt!) um die ganze Bucht herum, senkt sich die Adria-Magistrale aus luftiger Höhe allmählich zum Meer hinunter. Bei **Bakarac** sieht man von der Küstenstraße aus so genannte „Thunfischleitern" weit über das Wasser hinausragen, von denen zwischen Oktober und März Beobachter nach den immer seltener werdenden Thunfischschwärmen Ausschau halten.

Parken und Picknick

Bucht von Bakar: Parkplatz hoch über dem Nordende der Bucht; mit schönem Ausblick, aber direkt an der Adria-Magistrale

Bakarac: direkt am Hafen und gegenüber vom Campingplatz Parkmöglichkeiten für eine Rast- und Kaffeepause

Jadranovo: kurz hinter der Abzweigung nach Jadranovo schmale, straßennahe Parkbucht mit schönem Ausblick auf das Meer

› Landkarte Seite III

CRIKVENICA (Rijeka - Crikvenica ca. 35 km)

Die Ferien- und Badeküste beginnt erst wieder, nachdem man an der Abzweigung zur berühmten **Krk-Most** (Brücke zur Insel Krk) vorbei ist. Nun fährt man entlang der Riviera von Vinodol. Das fruchtbare „Weintal", dem die Region ihren Namen verdankt, erstreckt sich hinter dem Bergrücken. Schon die Römer haben dort Rebgärten angelegt und später kam der Obstbau hinzu. Aber dann hat vor rund hundert Jahren der Fremdenverkehr die Aufmerksamkeit auf die Küste konzentriert, Gärten und Felder wurden aufgegeben, Weinberge verwilderten und ganze Ortschaften wurden verlassen.

Die bis dahin unbedeutenden Fischer- und Hafenstädtchen hingegen mauserten sich über Nacht zu noblen Kurorten für die erste Garnitur der k. u. k. Monarchie. Allen voran das Städtchen Crikvenica. Einst war es nichts weiter als ein kleiner Hafen des im Hinterland gelegenen Grižane. Dann ließ der *Erzherzog Josef* persönlich es zum Heilbad ausbauen, weil er sich mit seinem kaiserlichen Bruder *Franz Josef* so gründlich überworfen hatte, dass er nicht einmal mehr die Sommerfrische in Opatija mit ihm teilen wollte. Bereits 1888 gab es das erste öffentliche Strandbad, 1891 wurde das Hotel „Erzherzogin Clothilde" eröffnet und 1895 das prunkvolle Kurhotel „Erzherzog Josef". Letzteres steht unter dem Namen Hotel „Therapia Palace" noch heute im prächtigen Palmengarten und verstrahlt den Glanz versunkener k. u. k. Zeiten. Grižane und das fruchtbare Vinodol sind längst vergessen – Crikvenica hingegen ist der Brennpunkt einer Ferienregion, die auch nach über hundert Jahren noch ihren Charme hat.

Die Küstenstraße führt oberhalb am Zentrum der Stadt vorbei. Rechts hinunter (bei der Tankstelle) sollte man lieber nur außerhalb der Saison oder mit sehr kompakten Wohnmobilen fahren. Crikvenica ist ein sehr belebtes Badezentrum und hat sonst nicht viel zu bieten – vor allem keine Parkplätze!

Anschluss

Über die Krk-Most (40 kn/ 5,50 € für ein mittelgroßes Wohnmobil) gelangt man auf die Insel Krk und kann die Reise via Cres und Lošinj fortsetzen (s. Route 3). Der Preis gilt für Hin- und Rückfahrt, wer also mit der Fähre auf die Insel kommt, überquert die Brücke zum Festland kostenlos.

Information

TZG Crikvenica, Trg S. Radića 1, 51260 Crikvenica, Tel. 051 241051, Fax 051 241867, info@tzg-crikvenice.hr, www.tzg-crikvenice.com

Parken

außerhalb der Saison evtl. an der lange Strandpromenade (Einbahnstraße) im Ortsteil Dramalj

NOVI VINODOLSKI (Crikvenica – Novi Vinodolski 10 km)

Der (in geographischer Reihenfolge!) zweite Kur- und Badeort dieser Küste, dessen schlanker weißer Kirchturm weit über Land und Meer hinaus leuchtet, war im Mittelalter Sitz der Frankopanen von der Insel Krk, die von hier aus ihr Fürstentum Vinodolski beherrschten. Im Schloss von Novi Vinodolski haben sich 1288 die Vertreter aller neun befestigten Städte des Fürstentums versammelt, um das damals geltende Recht zu reformieren und in einem gemeinsamen Kodex zusammenzufassen: dem **Gesetz von Vinodol** *(Vinodolski Zakonik),* das auf 17 Seiten in glagolitischer Schrift niedergeschrieben wurde und als das älteste kroatische Gesetzeswerk ein bedeutendes Kulturdokument darstellt. Heute ist Novi Vinodolski ein reizvoller Ferienort mit viel Flair und den beliebtesten Stränden der Kvarner Küste.

Information

TZG Novi Vinodolski, Kralja Tomislava 6, 51250 Novi Vinodolski, Tel./Fax 051 244306, www.tz-novi-vinodolski.hr

Parken

33 T 483227 4997251; 45,12853°N 14,78671 °O

Großer, neuer (geschotterter) Parkplatz (eben, ohne Schatten) am Ortsrand hinter dem Badestrand; Saison: 9 kn (1,22 €) pro Std.

DIE VELEBIT-KÜSTE

Hinter dem kleinen Ort Povile ist bald das Ende der Vinodolski-Riviera erreicht und die hohe Karstwand des Velebit rückt immer enger an die Küste heran. An ihrem steilen Fuß lässt sie nicht mehr viel Platz für Badestrände und Campingplätze. Selbst die Straße muss sich hoch oben durch die Felsen winden. Wie auf einem luftigen Sonnenbalkon schlängelt sie sich durch weiße Felsen über dem Meer dahin, das im Schutz der großen Insel Krk ruhig wie ein Mühlteich daliegt.

▲ *Auf den Strandterrassen des Camping Sibinj*

Parken und Baden

Gleich nach Povile zweigt rechts ein rauer Schotterweg ab, der zu einer Wiesenfläche in der **Žrnovica-Bucht** hinunterführt; schön und ruhig, aber die Zufahrt ist für große Fahrzeuge ungeeignet.

Camping

19 Camping Sibinj **

33 T 490410 4987862
45,04415° N 14,87823° O

Kleiner Privatplatz am Hang mit schöner, von Felsen gesäumter Kiesbucht; in der Nebensaison reizvoll; im Sommer leider zu voll. **Lage/Anfahrt:** vor Sibinj unmittelbar an der Küstenstraße (Vorsicht – man fährt leicht an der Abzweigung vorbei!); **Wasser:** Schlauchanschluss am Sanitärgebäude unten; sonst Kanister; **Abwasser:** einfacher Betondeckel vor dem Sanitärgebäude; **Chemie-WC:** ja; **Strom:** nein; **Preis:** 122 kn (16,50 €); **Geöffnet:** Mai–Sept.; **Kontakt:** Tel./Fax 051 796916

Parken

Zwischen Novi Vinodolski und Senj gibt es an der Küstenstraße eine Reihe schöner, neuer Parkplätze mit Meerblick.

TIPP:

Gegenüber der Abzweigung zum Fährhafen Jablanac zweigt nach Osten eine schmale Teerstraße ab, die in Serpentinen durch abenteuerliche Landschaft bis in den Nationalpark hinaufführt. Nahe der Baumgrenze erreicht man die Berghütte Alan (viele Wanderwege). Dahinter geht es auf einer guten Schotterstraße über den **Veliki-Alan-Pass** (1406 m, nicht verwechseln mit dem Alan-Pass bei Paklenica!) und weiter durch atemberaubende Berg- und Waldlandschaft. Der Schotterweg stößt später auf eine bessere Teerstraße, die in Richtung Norden nach Krasno Polje und Otocac führt. Die Strecke ist grandios und für kompakte bis mittlere Mobile unter normalen Bedingungen durchaus fahrbar, sofern man sein Fahrzeug kennt.

Eine ebenfalls sehr reizvolle und bessere Straße führt von Sv. Juraj über den **Oltare-Pass** (s. S.119). Beide Strecken bilden ein einzigartiges Kontrastprogramm zur mediterranen Küste.

Parken

Kurz nach dem Camping Rača folgt ein schöner Parkplatz mit Meerblick.

Naturpark Velebit

Das gesamte, 150 Kilometer lange Velebit-Gebirge ist inzwischen als „Naturpark Velebit" geschützt und wurde von der UNESCO zum Welt-Biosphärenreservat erklärt. Mit mehr als 2000 km² Fläche ist es das bei weitem größte Naturschutzgebiet Kroatiens - größer als alle anderen geschützten Gebiete zusammen. Innerhalb des Naturparks befindet sich eine ganze Reihe kleinerer Schutzgebiete, u. a. die beiden ***Nationalparks Nord-Velebit*** *und* ***Paklenica,*** *sowie die strengen Schutzgebiete* ***Hajdučki*** *und* ***Rožanski kukovi*** *(„kukovi" = Felsköpfe). Sie umfassen zusammen eine Fläche von 20 km² und faszinieren durch ihre einzigartigen Karstphänomene: wilde Klippen, scharfe Grate, bizarre Felsgebilde, mächtige Steinkolosse, Karsthöhlen, Schluchten und fast bodenlos tiefe Abgründe. Der 50 km lange* ***Premužić-Pfad*** *führt mitten durch die Karstwelt des Schutzgebietes Rožanski Kukovi. Er beginnt bei der Zavižan-Berghütte nahe dem* ***Botanischen Garten des Velebit.*** *Im Schutzgebiet* ***Hajdučki Kukovi,*** *das fast unzugänglich ist, wurde 1994 die* ***Lukina Jama*** *entdeckt, der tiefste senkrechte Höhlenschlund Kroatiens und einer der tiefsten der Welt. Von seinem Eingang in 1436 m Höhe reicht er 1392 m tief hinunter - fast bis auf Meereshöhe! Das über tausend Hektar große Schutzgebiet ist von dichten Bergwäldern aus Buchen, Fichten und Kiefern und von grüner Wacholderheide bedeckt und reich an seltenen Tier- und Pflanzenarten.*

Information:

Tel. 053 560450, 053 665 380, Fax 053 560451, 053 665 390; np.sjeverni.velebit@gs.htnet.hr, www.velebit.hr, www.np-sjeverni-velebit.hr

Camping

20 Camping Rača *

33 T 493208 4973577

44,91559°N 14,91395°O

Ein wenig südlich von Sv. Juraj folgt der Privatplatz Rača, der an einer sehr reizvollen Bucht liegt; Tauchstation, Minimarkt und nettes Strandlokal; keine Parzellen. Besucher kritisieren die geringe Anzahl und mangelnde Sauberkeit der Sanitäranlagen; **Preis:** 96 kn (13 €), **Info:** www.moko.hr

Camping

21 Camping Kozica **

33 T 489924 4989261

45,05674°N 14,87203°O

Terrassierter Hangplatz, etwas uneben und wenig Schatten, Felsstrand, recht kaltes Wasser; Ver-/Entsorgung ist auch für Nicht-Gäste möglich, aber teuer! **Lage/Anfahrt:** unmittelbar an der Küstenstraße; **Wasser:** mit Kanister; **Abwasser:** Ver-/Entsorgungsmöglichkeit sehr einfach; eher für Notfälle; **Chemie-WC:** ja; **Strom:** ja; **Preis:** ca. 148 kn (20 €); **Geöffnet:** Mai-Okt.; **Kontakt:** Tel. 051 8966153, Fax 051 8966154

SENJ (Novi Vinodolski – Senj ca. 32 km)

Bald schwenkt man um einen felsigen Vorsprung und plötzlich liegt Senj vor einem, die uralte Uskoken-Stadt (s. Exkurs). Ihre trutzige **Burg Nehaj** blieb erhalten. Als Verkörperung des uskokischen Widerstandsgeistes thront dieser wuchtige Würfel aus behauenen Steinquadern bis heute auf einem grünen Hügel sechzig Meter über der Stadt.

Senj selbst ist kein Touristenort und hat daher viel vom Charakter einer alten Küstenstadt bewahrt. Verschlafene Gässchen, blätternder Putz und zerbröckelnde Festungsanlagen verleihen ihm einen eigenen Charme und lassen es authentischer und ursprünglicher wirken als die herausgeputzten Ferienzentren.

Von Senj bis hinunter zum Nationalpark Paklenica hat die Küste dem Tourismus kaum etwas zu bieten. Stundenlang fährt man durch eine karge Felsenwüste mit winzigen, von Steinmauern eingefassten Gärtchen. Kein Badestrand, kein Campingplatz und kaum ein Hotel. So kann man hier getrost die Küste verlassen, um auf die vorgelagerten Inseln **Rab** (s. S. 140) und **Pag** (s. S. 146) auszuweichen oder um über den **Vratnik-Pass** einen Abstecher landeinwärts zu den **Plitvicer Seen im Plitviče-Nationalpark** zu unternehmen.

Information

TZG Senj, Stara cesta 2, 53270 Senj, Tel. 053 881068, Fax 053 881219, info@tz-senj.hr, www.tz-senj.hr

Parken

Nahe dem südlichen Ortsende, rechts der Straße liegt ein großer, ebener Teerplatz am Kai; im Sommer gebührenpflichtig.

Parken und Baden

33 T 492074 4982794

44,99855°N 14,89944°O

Ganz neuer, kleiner Pflasterplatz an der Straße, mit Schatten, wenige Schritte von einer netten, kleinen Badebucht mit Kies und Fels. Kurz vorher gibt es einen großen Parkplatz mit Restaurant.

Uskoken – Flüchtlinge der besonderen Art

Der Name „Uskoken" bedeutet „Flüchtlinge" und bezeichnet die Serben und Kroaten, die Anfang des 16. Jahrhunderts vor den bis nach Dalmatien vorrückenden Osmanen nach Norden flohen und sich schließlich in Senj niederließen. Hier, am Grenzwall des Habsburger Reiches gegen die Türken und die Venezianer, errichteten sie ihr trutziges Widerstandsnest: die Festung Nehaj („Fürchte nichts"). Als ein kleiner Haufen von weniger als tausend unerschrockenen Gesellen führten sie von dieser Burg aus ihren höchst eigenwilligen Krieg zur Verteidigung des Abendlandes und trotzten 70 Jahre lang allen fremden Mächten. Selbst haushoch überlegene Gegner lernten die Kampfkraft der Uskoken fürchten, die in Kroatien bis heute als das leuchtende Symbol des slawischen Widerstandes gelten. Da sie jedoch in Seeräubermanier nicht nur feindliche Türkenschiffe ausplünderten, sondern auch venezianische Händler und selbst päpstliche Schiffe, war es 1617 mit der Uskoken-Herrlichkeit vorbei: Nach einer Niederlage gegen die Venezianer musste sich das Haus Habsburg dazu verpflichten, die renitenten Streiter ins Landesinnere umzusiedeln.

Die trutzige Uskokenburg Nehaj

026kr Abb.: rh

Entfernungen:
Senj - Otočac - Plitvice-Nationalpark ca. 105 km,
Plitvice-Nationalpark - Otočac - Karlobag ca. 130 km,
Plitvice-Nationalpark - Gračac - Zadar ca. 155 km

Information

Plitvice-Nationalpark-Verwaltung, 53231 Plitvička Jezera, Tel. 053 751015, Fax 053 751013, info@np-plitvicka-jezera.hr, www.np-plitvicka-jezera.hr, Eintritt: 120 kn (16,26 €)/ 80 kn (10,84 €, NS) für Erwachsene (Pendelbus und Elektroboote inbegriffen), geöffnet: tägl. 8–18 Uhr

Parken

An beiden Eingängen gibt es riesige, geteerte Parkplätze im Buchenwald; beide gebührenpflichtig und mit Nachtparkverbot

Essen

Lička Kuća, Tel. 053 751024. Das hübsche Holzgebäude mit attraktivem, aber recht touristischem Ambiente liegt beim Eingang 1 und bietet Lamm am Spieß, allerlei Grillgerichte, frische Forellen, Käse der Region sowie andere landestypische Spezialitäten (40–80 kn/ 5,40–10,80 €); geöffnet tägl. 11–23 Uhr; Nov.–Apr. geschl.

ABSTECHER PLITVICER SEEN (PLITVIČKA JEZERA)

Von Senj aus geht es zunächst das malerische Schluchttal der Senjska Draga aufwärts, den Schildern „Plitvička Jezera/Otočac" folgend. Auf wenigen Kilometern wandelt sich die Landschaft vollkommen: Das mediterrane Küstenbild wird abgelöst durch dunkle Kiefernwälder, dann von einem herrlichen Buchenwald. Schließlich windet sich die Straße zum malerischen Vratnik-Pass empor. Unterwegs passiert man mehrere Parkmöglichkeiten mit Panoramablick.

Jenseits des Vratnik-Passes geht der Wald schließlich in eine trockene Bergheide mit Blumenwiesen und Wacholderbüschen über. Eine einsame Landschaft. Scheinbar endlos zieht sich das schmale Holpersträßchen dahin. Weit verstreut liegen die kleinen Dörfer im Wiesengrün und manchmal begegnet man Pferdefuhrwerken wie zu Urgroßvaters Zeiten. Man sollte langsam fahren, um die Landschaft zu genießen, aber auch, um den Schlaglöchern auszuweichen.

Die Straße passiert das Städtchen **Otočac** und nähert sich durch reizvoll einsame Bergheide dem Nationalpark. In einem langen Bogen zieht sich die Straße um ihn herum zu den beiden Eingängen direkt bei den berühmten Seen. Man passiert zunächst **Eingang 2** bei den oberen Seen und erreicht wenig weiter **Eingang 1** nahe den unteren Kaskaden.

Wo man beginnt, spielt keine Rolle. Geht man vom Eingang 1 durch den Buchenwald, so öffnet sich plötzlich das Blätterdach und man steht vor einer imposanten Schlucht, in deren Tiefe das kristallklare Wasser einer ganzen Kette blaugrüner Seen leuchtet. Ein wahres Wasserparadies, eingefasst von grünen Buchenwäldern, weißen Felsen, moosbedeckten Steinen und einem üppigen Gewucher aus Pestwurz, Ranken und Farnen. Überall rauschen die Wassermassen von

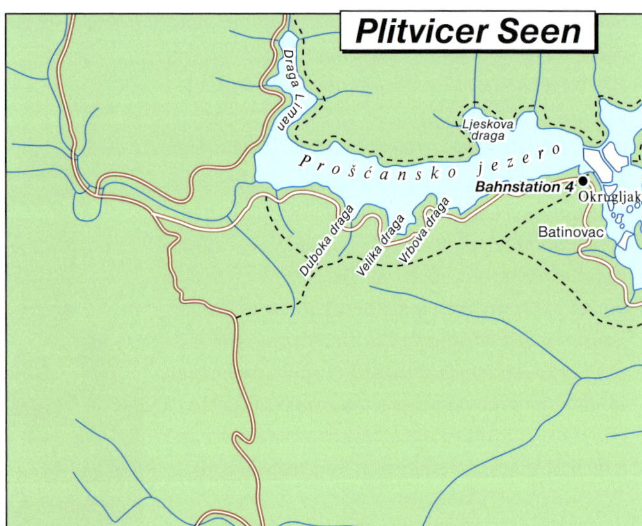

Camping

22 *Camping Korana***

33 T 550566 4977669

N44,95066°N 15,64102°O

Ruhiger, gepflegter, überwiegend sonniger Platz mit gutem Supermarkt in reizvoller Landschaft am Rande des Parks. Camper haben die Wahl zwischen großern Teerplätzen und kleinen Einzelparkbuchten inmitten von Birken und Tannen. Man kann auch auf idyllischen Wiesenhügeln und in geschützten Mulden stehen, doch nach Regen ist hier Vorsicht geboten, da der Boden morastig wird. **Lage/Anfahrt:** vom Eingang 1 ca. 7 km weiter in Richtung Zagreb; **Wasser:** ja; **Abwasser:** ja; **Chemie-WC:** ja; **Strom:** ja; **Preis:** ca. 190 kn (26 €); **Geöffnet:** 04.04.-30.09.; **Kontakt:** Tel. 053 751888, 751015, Fax 053 751882, info@np-plitvicka-jezera.hr.

TIPP:
Campinggäste können Ihre Eintrittskarte für den NP auf dem Platz kostenlos einen Tag verlängern lassen.

TIPP:
Besonders reizvoll, aber für größere Mobile nicht unbedingt zu empfehlen, ist die An- oder Weiterreise via Krasno Polje durch das Velebit-Gebirge (s. u. und S. 114).

den Felsen: in hohen Fällen, Katarakten und Kaskaden. Wasser, wohin man blickt. Über zahllose Stufen und Barrieren hinweg sucht es sich seinen Weg. Selbst die Luft ist erfüllt von belebender Gischt.

Bohlenstege führen bis an den Rand der sprühenden Fälle heran. Mit Wanderstiefeln und Rucksack kann man die amphibische Wasserwelt erkunden und auf einem schmalen Pfad am Ufer der unteren Seen entlang, bis hinauf zu den oberen Seen (bei Eingang 2) wandern. Dort überqueren kleine Elektroboote (im Eintrittspreis inbegriffen) das glasklare Wasser des **Kozjak-Sees.** Und auf der anderen Seite gelangt man in ein ganzes Labyrinth von Teichen, Bachläufen und Wasserflächen, durch die ein verzweigtes Netz von Pfaden, Holzbrücken und Bohlenstegen führt. Breite Schilfgürtel und Sumpfflächen schaffen Übergänge zwischen Land und Wasser. Auf dem Grund der türkisklaren Seen sind versteinerte Pflanzen und Baumstämme zu sehen: von

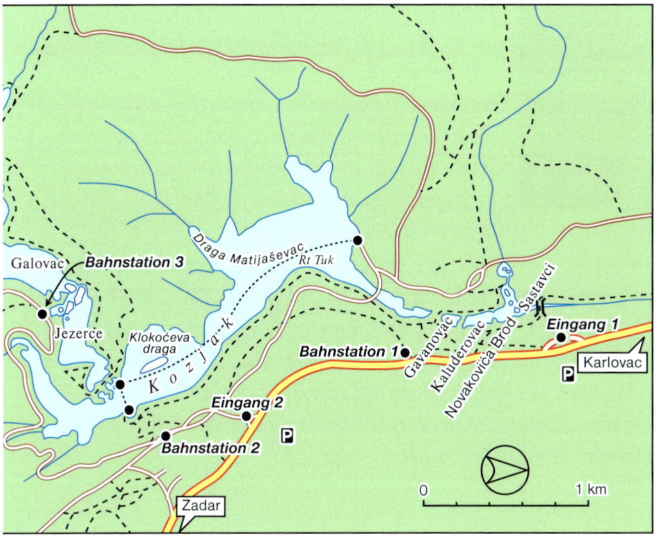

› Landkarte Seite V

Karstphänomene: Hier baut das Wasser!

Wie mag diese wundersame Welt der Plitvicer Seen entstanden sein?, fragt man sich. Im Grunde ganz einfach: durch das Zusammenwirken von Wasser und Kalkstein. Die harten Kalkfelsen dieser Berge besitzen nämlich eine besondere Eigentümlichkeit. Sie werden vom Wasser aufgelöst wie der Zucker im Kaffee. Viel langsamer zwar, aber doch genug, um im Laufe der Jahrmillionen die Landschaft zu gestalten.

027kr Abb.: rh

Wo die unterirdischen Wasserläufe wieder ans Tageslicht treten, tun sie das nicht als kleine Plätscherquellen, sondern als ausgewachsene Flüsse mit einer Wassermenge von Tausenden oder Zehntausenden von Litern pro Sekunde. Und dieses Wasser ist gesättigt mit Kalk, den es aus den Bergen herausgelöst hat. Jetzt, von der Sonne erwärmt, kann es den Kalk nicht mehr halten. Das kennt man ja vom Wasserkocher zu Hause. An jedem noch so kleinen Hindernis setzt sich der Kalk ab: an Ästen, Blättern und an Wasserpflanzen. Schicht um Schicht werden die Pflanzen in Stein eingehüllt. Und wenn sie schließlich absterben und zerfallen, bleibt die hohle Kalkhülle zurück. Sie wächst mit anderen Kalkhüllen zusammen und bildet den porösen Kalktuff, den der Fachmann Travertin nennt. Wie um einen Kristallisationskern wächst die Barriere weiter und weiter zu einem natürlichen Staudamm heran. Während Wasserläufe überall sonst auf der Welt Hindernisse abtragen, lassen sie hier im Karst ständig neue in die Höhe wachsen. Sie bauen bizarre Tuffterrassen quer durch das ganze Flussbett und haben auf diese Weise im Plitviče-Nationalpark eine Kette aus 16 stufenartigen Seen geschaffen.

Auch heute noch baut das Wasser unablässig weiter. Zwei bis drei Zentimeter pro Jahr wachsen die Terrassen. Der Spiegel der Seen steigt und das Wasser sucht sich neue Wege, baut an einer Stelle weitere Stufen und Kaskaden und reißt sie an anderer Stelle wieder ein. Eine Landschaft im ständigen Wandel. Ein malerisches Gefüge von Naturdämmen, Becken und Katarakten, die das Tal in eins der großartigsten Naturschauspiele unseres Planeten verwandelt haben.

den Kalkablagerungen mit einer weißen Kruste überzogene, bizarre Gebilde, die ihre Äste nach oben recken, fast gespenstisch wie die Arme Ertrunkener. Wo einer der alten Stammriesen aus dem Wasser ragt, ist er von einem dichten Moos- und Blütenteppich überwuchert. Zahllose Libellen und bunte Schmetterlinge schwirren durch die Luft und um jede Biegung des Pfades eröffnen sich neue Überraschungen. Es ist eine Wanderung durch eine fremde, märchenhafte Welt.

Rückfahrt: Man kann entweder auf dem gleichen Wege zurückfahren, den man gekommen ist, um ab **Senj** weiter der Küste am Fuße des **Velebit** zu folgen bzw. um die **Kvarner Inseln** oder **Pag** (s. Route 4) anzusteuern. Man kann aber auch ca. 10 km vor Otočac nach links biegen, um via Straße Nr. 50 durch die reizvoll ländliche Region des **Ličko Polje** zu fahren und dann bei **Gospić** rechts auf der Straße Nr. 25 über den **Oštarje-Pass** nach **Karlobag** an der Küste zu gelangen (ca. 130 km). Wer die Velebitküste umgehen und direkt Dalmatien ansteuern möchte, folgt der E 71 via **Gračac** zur Küste bei **Zadar** (ca. 155 km; Anschluss: Route 4).

AM FUSS DES VELEBIT

Hinter Senj wird die Küste zunehmend einsamer und dünner besiedelt. Nach ca. 8 km kommt man durch das Dörfchen **Sveti Juraj** und kurz danach zweigt links ein gut befahrbares Teersträßchen ab, das sich den Hang des Velebit emporschlängelt. Wenn man kleine Bergsträßchen liebt, kann man hier einen herrlichen und lohnenden Abstecher machen: im Frühjahr durch malerische Blumenwiesen und leuchtende Laubwälder – im Sommer, um der Küstenhitze zu entfliehen, ab September, um die fantastische Laubfärbung zu bewundern.

Nach ca. 14 km passiert man das Dörfchen **Oltare** und unmittelbar danach den gleichnamigen Pass (1018 m). Rechts zweigt ein Fahrweg ab, der nochmals rund 15 km weit bis zum **Botanischen Garten des Velebit** führt. Er ist wohl nur mit kleineren Mobilen zu empfehlen. Bei meinem letzten Besuch war er gesperrt, nach Auskunft des Parks aber nur für Bauarbeiten.

Kurz hinter **Sveti Juraj** klimmt die Küstenstraße etwas den Hang empor, weil der steile Fuß ihr direkt am Wasser keinen Platz mehr lässt. Im Gegensatz zur botanischen Vielfalt höher oben im Gebirge ist die Landschaft hier eine Felsenwüste: zerfressenes Karstgestein, zwischen dem selbst die anspruchslosen Schafe kaum ein Hälmchen finden, Geröllhalden und steile, öde Felsenbuchten, ohne Schatten. So müsste der Mond aussehen, wenn es dort Wasser gäbe.

Nach rund 40 km Einsamkeit ab Senj führt rechts eine gut ausgebaute Straße hinab nach **Jablanac,** dem hübschen kleinen Fährhafen (s. S. 120) für die Insel Rab (75 Einwohner, zwei Gasthäuser, ein Hotel).

Von Jablanac weiter an der Velebit-Küste entlang via **Prizna** (Fähre zur Insel Pag, s. S 120) und **Karlobag** folgen weitere rund 100 km

Parken und Baden

Sveti Jurai: am Hafen mit kleinem Strand

Bei **Kalič:** Badeparkplatz mit kleinem Restaurant

Parken und Picknick

Oltare – Krasno Polje: Entlang der Passstraße und zwischen beiden Orten gibt es nur wenige kleine Parkmöglichkeiten – aber dafür in herrlicher Landschaft!

Parken mit Meerblick:

33 T 492582 4965779

44,84538°N 14,90614°O

Schöner Parkplatz mit Meerblick und Felsen, nahe Lukovo, beim Restaurant „Bura".

rauer Felseneinsamkeit (fast völlig ohne Badestrände, Campingplätze und sonstige Ferieneinrichtungen) bis man die nach dem Krieg neu aufgebaute **Maslenika-Brücke** erreicht – den Zugang zu Zadar und der Ferienküste Dalmatiens (s. Route 4).

Etwa 45 km hinter Karlobag erreicht man **Starigrad-Paklenica** mit dem Zugang zum **Paklenica-Nationalpark** (s. u.).

Fähren zur Insel Rab

Jablanac – Mišnjak (ca. 15 Min.), im Sommer tägl. 5-23 Uhr, ca. alle 30 Min. Tel. 051 724122, www.rapska-plovidba.hr

Fähren zur Insel Pag

Prizna – Žgljen (ca. 15 Min.) im Sommer tägl. rund um die Uhr, etwa alle 30 Min. Achtung: Die Fähren von Karlobag nach Pag verkehren schon lange nicht mehr!

PAKLENICA-NATIONALPARK

Mit dem lang gezogenen Küstenort **Starigrad-Paklenica** endet plötzlich die Einsamkeit der Velebit-Küste. Nachdem man den Hauptort bereits durchquert hat und in den südlicheren Ortsteil beim Rt. Stara Kula gelangt, liegt rechts der Straße die **Nationalpark-Verwaltung** (33 T 535490 4904085; 44,28915 °N 15,44482 °O) mit einigen schattigen Parkplätzen nahe dem Strand und dem Campingplatz „Nacionalni Park" (Tel./Fax 023 369202, 369155). Kurz danach weist eine Tafel nach links den (anfangs etwas engen und verwinkelten) Weg zum Eingang in die **Velika-Paklenica-Schlucht.**

Information

Paklenica-Nationalpark, Dr. F. Tuđmana 14a, 23244 Starigrad-Paklenica, Tel. 023 369155, 369202, Fax 023 359133, np-paklenica@zd.t-com.hr, www.paklenica.hr

Parken

Schattiger, strandnaher Parkplatz bei der **Parkverwaltung.** Weitere Parkplätze direkt am **Parkeingang.** Innerhalb des Parks darf nachts nicht geparkt werden. Parkplätze hinter dem Eingang sind im Sommer nur früh am Tag zu ergattern.

Essen

Konoba Marasoviči, Tel. 023 209050. Das Fahrzeug auf dem Platz kurz vor dem Eingang des Nationalparks, wo die Straße nach links biegt, abstellen und die enge Gasse hinaufgehen. Wunderschöne Konoba in einem 300 Jahre alten, schön renovierten Bau mit kleiner Ausstellung, lauschigem Innenhof, solider Konoba-Kost und guter dalmatinischer Küche.
Konoba Batela, am Eingang des Camping Paklenica, Tel. 023 209065. Typisch dalmatinische Konoba mit netter Terrasse; einfacher als Marasoviči, aber mit gutem Spanferkel, Fischgrill und Lamm-Peka.

Auch dieses Naturparadies wurde durch die Kraft des Wassers aus dem Karstfels erschaffen. Während im Plitviče-Nationalpark durch den Aufbau von Tuffterrassen wundersame Welten entstanden sind, hat das Wasser hier eine wild zerrissene Schlucht durch das über 1700 m hohe Velebit-Gebirge gefräst. Dank seiner so unterschiedlichen Höhenlagen vereinigt der Nationalpark drei verschiedene Klimazonen auf engstem Raum: mediterrane Küstenvegetation mit Palmen und Agaven, die kontinentale Zone mit dichten Rotbuchenwäldern in den Tälern und Föhrenwald an den Berghängen sowie die subalpine Region mit blühenden Bergmatten und kahlen Karstflächen. Zahlreiche seltene Tier- und Pflanzenarten sind in dieser Bergwildnis zu Hause, darunter Rehe, Hirsche, Gämsen, Wildschweine, Wölfe, Braunbären, Steinadler und Gänsegeier.

Kernstück des 1949 gegründeten und 1978 unter UNESCO-Schutz gestellten Naturwunders sind die beiden Schluchten Velika (Große) und Mala (Kleine) Paklenica. Sie durchbrechen den Felsenriegel des Velebit und eröffnen Wanderern den Zugang ins Innere der einzigartigen Gebirgsregion, die von zahlreichen Fußpfaden durchzogen ist.

Eine abenteuerliche Szenerie wie die Kulisse zu einem Wildwestfilm eröffnet die Große Paklenica-Schlucht. Tatsächlich wurden in der Schlucht und ihrer näheren Umgebung zahleiche Szenen zu Winnetou- und anderen Karl-May-Verfilmungen gedreht. In der Schlucht selbst werden die Stellen allmählich markiert, in der Umgebung kann man die Stellen auf einer Allrad-Exkursion entdecken, die das Hotel Alan vermittelt. Gleich auf den ersten ein, zwei Kilometern hinter dem Eingang zeigt sie sich von ihrer spektakulärsten Seite. Bis zu 700 m hoch ragen die weißgrauen Felswände in den blauen Himmel, fast lotrecht und stellenweise sogar überhängend. Übereinander getürmte Felsbrocken so groß wie Häuser liegen im engen Talgrund. Steil schlängelt sich ein alter Maultierpfad dazwischen empor. Oberhalb wird das Tal flacher und grüner und dann wandert man durch schattige Buchenwälder bis zur Berghütte am oberen Ende des Tals – oder man steigt (ca. 1 km nach der Anićka-Kuk-Abzweigung) links in Serpentinen hinauf zur Mantica-Peć-Höhle. Noch wilder und einsamer ist die Mala Paklenica (Kleine Paklenica). Dort hat man Chancen, sogar Adler und Gänse-geier zu beobachten.

TIPP:

Das Exkursionsbüro an der Rezeption des Hotels Alan vermittelt faszinierende Exkursionen mit Allradfahrzeugen zu den Winnetou-Drehorten sowie Kanutouren und Rafting auf der Zrmania etc. Kontakt: siehe unten (Camping Paklenica)

Parken und Baden

33 T 537908 4902849; 44,27790°N 15,47505°O

Selce: Ebener Schotterplatz am südlichen Ortsrand mit nettem Strand und Bootshafen; im Sommer Nachtparkverbot

Anschluss

Folgt man weiter der E 65, so überquert man ca. 6 km nach Starigrad-Paklenica die Maslenika-Brücke und kurz dahinter beginnt die Route 4; weitere 36 km nach der Brücke erreicht man Zadar.

Camping

23 Camping Paklenica

33 T 535601 4903849
44,28702°N 15,44621°O

Reizvoller und gut geführter Platz im lichten Kiefernwald. Direkt an einem langen Kiesstrand und nur 2 km vom Parkeingang entfernt beim Hotel Alan gelegen. Der Platz hat bisher keine Parzellen. **Wasser:** ja; **Abwasser:** Plattform mit Deckel gleich nach der Einfahrt links; **Chemie-WC:** ja, **Strom:** ja; **Preise:** 207 kn (27,70 €) inkl. Anmeldegeb.; **Geöffnet:** 15.03.–08.11.; **Kontakt:** Hotel Alan, Tel. 023 209050, Fax 023 209073, alan@bluesunhotels.com, www.bluesunhotels.com

Die touristischen Highlights der Region Kvarner liegen im Meer: ein Kleeblatt aus vier paradiesischen Ferieninseln mit subtropischem Flair, Cres, Lošinj, Krk und Rab. Sieht man sie von der Küste aus oder von den hohen Hängen des Učka- oder Velebit-Gebirges, so wird man das kaum glauben wollen.

Von der Landseite her erscheinen sie schroff und abweisend als kahle, zerfressene Karstfelsen – und nicht mehr. Eine öde Felsenwüste wie auf dem Mond! Wer jedoch hinüberfährt und den Inselrücken überquert, dem enthüllt sich auf der Seeseite ein subtropisches Paradies aus Pinienwäldern und Palmenbuchten. Denn eigenartigerweise ist die Seeseite hier (und entlang dem Großteil der kroatischen Küste) die geschützte Seite, während vom Land her die eisigen Böen der gefürchteten Bora über die Felsen fegen und kaum einen Grashalm aufkommen lassen.

039kr Abb.: rh

ROUTE 3

KVARNER INSELN

› Routenübersicht hinterer Umschlag innen

ROUTENÜBERSICHT

Entfernungen:

Insel Cres: Porozina - Abzweigung Beli 13 km, Porozina - Cres 52 km, Cres - Osor 34 km; **Insel Lošinj:** Osor - Lošinj 22 km; **Insel Krk:** Valbiska - Krk 18 km, Krk - Punat 6 km, Krk - Baška 20 km, Krk - Vrbnik 12 km; **Insel Rab:** Mišnjak - Rab 9 km, Rab - Lopar 12 km

CRES – INSEL DER DELFINE UND DER GEIER

Fähren nach Cres

Brestova - Porozina (30 Min.), im Sommer rund um die Uhr etwa stündlich (nachts alle 2 Std.), Abfahrt zur halben Stunde von Brestova, zur vollen von Porozina; Mitte Sept.-Mitte Juni 6.30-20.30 Uhr

Info Brestova: Tel. 098 299134

Info Porozina: Tel. 051 840620

Parken

33 T 448048 4991255, 45,07285°N 14,34000°O

Ca. 10 km hinter Porozina (kurz ehe man den Wald verlässt) liegt links der Straße eine schöne, ebene Wiese (447 m ü. d. M.) auf einer Waldlichtung; Vorsicht: Bäumen mit niedrigen Ästen!

Vorseite: Uferpromenade von Rab auf der Insel Rab

Hauptfährhafen für Überfahrten auf die Insel Cres ist **Brestova** am steilen Fuß der istrischen Ostküste. *„Pašnja!"* – „Vorsicht", warnt ein Schild vor der 20 %igen Gefällstrecke hinunter zum *Trajekt* (Fähre) – aber im kleinen Gang nimmt man die Kehren ohne Probleme.

Wie der Rücken eines urweltlichen Meeresungeheuers erhebt sich die schroffe Kette dieser lang gestreckten Insel aus den blauen Fluten der Adria. Steinig, kahl und karg. Sie ist die Heimat mächtiger Gänsegeier, genügsamer Schafe und knorriger Olivenbäume. Eine durchgehend asphaltierte, wenngleich streckenweise sehr schmale Straße bildet die Verkehrs-Arterie. In zahlreichen Kurven windet sie sich zum über 600 m hoch reichenden Rückgrat des Eilands empor – mitten durch eine karge Karstlandschaft mit scharfkantigen Kalkschroffen, spärlichen Grasinseln, Trockenmauern und lichten Wäldern aus knorrigen Eichen oder Olivenbäumen. In Spalten und Ritzen blühen bunte Blumen. Langwollige Schafe mit gewundenen Hörnern rupfen das spärliche Grün.

Auf gut 500 m Höhe erreicht man die Wespentaille der Insel, die hier nur 2 km schmal ist. Durch dieses Nadelöhr können heftige Stürme toben, denen kein Baum mehr standhält. Selbst die Straße ist an der exponiertesten Stelle durch eine Steinmauer geschützt, damit die Fahrzeuge nicht von der Bora ins Meer hinuntergefegt werden. Weit reicht der Blick von hier über die Kvarner Bucht: nach Osten sieht man bis zu den Inseln Krk und Plavnik und nach Westen zur Südküste Istriens.

Parken

33 T 450172 4988288, 45,04630°N 14,36728°O

Ca. 12–13 km hinter Porozina auf der freien Kammhöhe, Schotterfläche rechts der Straße (421 m ü. d. M.); etwas uneben und heute leider durch Bauarbeiten und Schuttablagerung verschandelt, aber herrlicher Panoramablick und traumhafte Sonnenuntergänge! Bei starkem Wind ungeeignet, da sehr exponiert! (s. Bild rechts)

029kr Abb.: rh

▲ *Womo-Treff mit Panoramasicht*

BELI

(Porozina – Abzweigung Beli 13 km; Abstecher Beli ca. 8 km einfach)

Nach der Mauer zweigt links in spitzem Winkel eine schmale Stichstraße mit Ausweichbuchten (nicht für größere Fahrzeuge geeignet) ab, die ca. 8 km hinab nach Beli führt. Parken Sie dort spätestens am Ortseingang. Die malerische alte Fluchtburgsiedlung mit heute nur noch 40 Einwohnern besitzt am Ortseingang eine römische Brücke. Im Zentrum „Caput Insulae“ sind im Juli/August Ausstellungen über Gänsegeier zu sehen.

Information

Eko centar Caput Insulae,
Beli 4, 51559 Beli,
Tel. 051 840525

Vogelbeobachtung

Gute Chancen, Gänsegeier zu sehen, hat man auf den folgenden Kilometern, wenn man von der Abzweigung nach Beli weiter in Richtung Cres fährt, wo die Straße hoch am steilen Osthang der Insel verläuft.

CRES (Porozina – Cres 52 km)

Vielfältige Gesichter zeigt die Insel auf der weiteren Strecke: schattige Kiefernwälder an der Ostküste, würzig duftendes Macchia-Dickicht an den trockenen Hängen, steppenartige Hochebenen im Landesinneren mit endlosen Steinmauern, lavendelblaue Meere aus blühendem Salbei unterbrochen vom kräftigen Gelb der Ginsterblüten. 25 km nach Porozina passiert man die Abzweigung, die links hinunter

Information

TZG Cres, Cons 10,
51557 Cres,
Tel./Fax 051 571535,
tzg-cresa@ri.t-com.hr,
www.tzg-cres.hr

▶ *Die Fähre von Cres nach Krk im Hafen Merag*

030kr Abb.: rh

Fähren

Merag - Valbiska (Insel Krk), zwischen ca. 6 und 22 Uhr 13 Schiffe tägl., etwa alle 75 Min. (Fahrzeit ca. 40 Min.), **Info Merag (Cres):** Tel. 051 840202

Info Valbiska (Krk): Tel. 051 863170

zum Fährhafen **Merag** (11 km) für die Insel Krk führt, dann senkt sich die Straße zu einer Bucht hinunter und nach ca. 27 km hat man die Inselhauptstadt **Cres** erreicht.

Weltbewegende Sehenswürdigkeiten hat das Inselstädtchen nicht zu bieten, aber man kann durch das schattige Gassenlabyrinth streifen und am malerischen Fischereihafen gemütlich Kaffee trinken.

Parken

Trg Sv. Frane; an der Zufahrtstraße gleich hinter dem Kloster links

Essen

Gostionica Sidro, Creskog Statuta, Tel. 051 571253. Die etwas vom Hafen zurückgesetzte Gaststätte mit schattiger Terrasse wird gern von Einheimischen besucht; sie bietet gute, preiswerte Hausmannskost.

Einkaufen

Galeria Griffon, Palada 1; kroatisches Kunsthandwerk und Keramik

Camping

24 Camping Kovacine ***

33 T 452454 4979033 / 44,96314°N 14,39713°O

Großer, parzellierter und schattiger Platz auf einer eigenen Halbinsel; mit Kies-/Felsstrand, Sonnenplattform, Bootshafen, Sportanlagen, Tauchschule, Geschäft, Restaurant; Taxiboote zu abgelegenen Buchten. **Lage/Anfahrt:** nördlich (rechts) an der Stadt vorbei den Schildern folgen (ca. 1,5 km); **Wasser:** ja, Schlauch; **Abwasser:** tadellose Ver-/Entsorgungsstation; **Chemie-WC:** 3 Entleerungsstellen; **Strom:** ja; **Preis:** 213 kn (28,80 €); **Geöffnet:** 04.04.-15.10.; **Kontakt:** Tel. 051 573150, Fax 571086, campkovacine@kovacine.com, www.camp-kovacine.com (leider nur auf Kroatisch)

VALUN UND VRANER SEE

Etwa 8 km hinter Cres zweigt rechts ein Sträßchen ab und führt zu dem kleinen Fischerdorf **Valun,** das durch die Fernsehserie „Der Sonne entgegen" bekannt geworden ist. Das kurvige Sträßchen schlingt sich an der Steilküste hoch über dem Meer entlang. Tief drunten liegt das Filmstädtchen in einer malerischen Bucht: ein wahrhaft idyllischer Kurort mit weniger als 100 Einwohnern, vier Gaststätten und dem wohl klarsten Wasser der Adria. Hier kann man die Stille genießen, an der Kirche die glagolitisch-lateinische „Tafel von Valun" bewundern, auf Fußwegen zu einsamen FKK-Buchten spazieren oder auf der schattigen Terrasse der *Konoba* „Toš Juba" (Alte Mühle) einen Espresso trinken und versonnen aufs Meer hinausschauen.

▼ *Tief unten liegt das Dörfchen Valun*

031kr Abb.: rh

🅿 Parken

Sonnenwiese – ca. 0,5 km hinter der Abzweigung nach Valun mit weitem Ausblick über das Meer
Valun – wenige hundert Meter oberhalb des Orts gebührenpflichtiger, asphaltierter Parkplatz (Nachtparkverbot), der nicht ganz eben ist, aber einen herrlichen Blick auf die Bucht bietet; steiler Teerweg hinab in das autofreie Dorf
Lubenice – ca. 6 km entlang einer einspurigen Straße hinter Valun, unterhalb der Kirche; sonniger, etwas unebener (im Sommer gebührenpflichtiger) Parkplatz mit herrlichem Blick über das Meer

Hinter der Abzweigung nach Valun führt die neu und besser ausgebaute Straße durch die Einsamkeit der Trockensteppe – bis sich plötzlich ein überraschender Anblick im kalkigen Karstland eröffnet: der blau schimmernde Spiegel des fast 6 km langen **Vraner Sees** *(Vransko jezero),* ein rätselhafter Süßwassersee mit erstaunlich konstantem Wasserstand. Sein 75 m tiefer Grund liegt noch 13 m unterhalb des Meeresspiegels und früher glaubte man, dass er unterirdisch (bzw. unter-meerisch!) mit Grundwasserströmen des Festlands verbunden sei. Er ist das Trinkwasser-Reservoir der sonst wasserarmen Insel und daher für Badegäste und Wassersportler gesperrt.

🅿 Parken

Kurz vor **Vrana** rechts der Straße befindest sich ein kleiner Parkplatz bei der hübschen Kapelle Sv. Roki; über die Mauer sieht man auf den Vraner See.

MARTINŠĆICA, OSOR UND DIE KOROMAČNA-BUCHT

(Cres – Osor 34 km)

Nur 3 km weiter zweigt rechts eine gute Straße ab, die via Stivan (nicht via Grmov fahren!) zum 10 km entfernten Badeort **Martinšćica** führt, der nahe dem Ende dieser Sackgasse in stiller Einsamkeit an der Westküste der Insel liegt.

Camping

㉕ *Camping Slatina* ***

33 T 448052 4963257 / 44,82083°N 14,34293°0

Sehr schöner und ruhiger Platz am Ende der Straße inmitten der Natur; terrassierter Hang mit Parzellen-Reihen, die fast alle Meerblick bieten und durch Buschwerk stark voneinander isoliert sind (allerdings liegen nur sehr wenige direkt am Wasser); teils mit Strom-, Wasser- und Abwasseranschluss; schöner Fels-/Kiesstrand (2 Kiesbuchten: Tiha-Bucht und Slatina-Bucht); hinter der Slatina-Bucht finden Sie herrliche einsame Buchten, Bootshafen, Slipanlage, Tauchschule, Bootsverleih. **Lage/Anfahrt:** rechts am Ort vorbei den Schildern folgen; **Wasser:** ja, Schlauch; z. T. am Stellplatz; **Abwasser:** tadellose Ver-/ Entsorgungsstation; **Chemie-WC:** 3 Entleerungsstellen; **Strom:** ja; **Preis:** 193 kn (26,50 €); inkl. 15,50 kn Anmeldegebühr; **Geöffnet:** 04.04.-10.10.; **Kontakt:** Tel. 051 574127, Fax 051 547167, info@camp-slatina.com, www.camp-slatina.com, www.happyferien.com

Parken und Picknick

An der Zufahrt zum Camping „Slatina" liegt links der Straße ein großer, schattenloser Parkplatz mit Meerblick.

Rund 4 km hinter der Abzweigung nach Martinšćica erreicht man das Dörfchen **Belej,** wo links ein schmales Teersträßchen (für Fußgänger oder Radfahrer!) zu den einsamen weißen Stränden der **Koromačna-Bucht** hinunterführt (ca. 2,5 km einfach).

Etwa 11 km weiter hat sich die Straße wieder auf Meereshöhe gesenkt und erreicht das beschauliche Städtchen **Osor** (ca. 34 km von Cres), das einst mit über 15.000 Einwohnern die bedeutendste Stadt der Kvarner Inseln war. Heute leben nur noch knapp hundert Menschen an den stillen Pflastergassen, die von zahlreichen Skulpturen und blühendem Oleander gesäumt sind. Still und lauschig ist der Ort. Dabei hatten hier schon die Römer eine Großstadt errichtet und noch vor ihnen betrieb der illyrische Stamm der Liburner hier ein Handelszentrum an der Bernsteinstraße! Welches der beiden Völker den Kanal von Osor gegraben hat, ist heute nicht mehr bekannt. Aus einer Insel hat dieser Graben zwei gemacht: Cres und Lošinj – und das bis auf den heutigen Tag.

Camping

㉖ *Camping Bijar* **

33 T 452213 4949743 / 44,82083°N 14,34293°0

Sympathischer, ruhiger Platz rund einen Kilometer nördlich von Osor im Wald mit hohen Pinien, eigenem Strand und relativ großen Parzellen (z. T. mit Strom, Wasser- und Abwasseranschluss). **Lage/Anfahrt:** vor Osor nach rechts den Schildern folgen; **Wasser:** ja, z. T. am Stellplatz; **Abwasser:** tadellose Ver-/Entsorgungsstation (Schlüssel an der Rezeption); **Chemie-WC:** ja; **Strom:** ja; **Preis:** ca. 190 kn (26 €); **Geöffnet:** 15.04.-30.09.; **Kontakt:** Tel. 051 237147, Fax 051 237027, info@camp-bijar.com, www.jazon.hr. Dem Betreiber gehört auch der Campingplatz „Preko mosta" bei Osor (günstiger).

▲ *Ruhe pur im Camping Baldarin*

Parken

Biegt man in Osor unmittelbar vor der Drehbrücke rechts ab, so gelangt man auf einen großen, ruhigen und ebenen Parkplatz (unbefestigt) direkt am Kanal (Tauchbasis und mit schönem Blick auf die Bucht). Gleich gegenüber ist der **Campingplatz Preko mosta** **, Tel. 051 237350, ac-bijar@jazon.hr, 133 kn (18 €), www.jazon.hr.

Kurz vor Osor zweigt links eine reizvolle, aber über lange Strecken einspurige Teerstraße mit Ausweichbuchten ab, die via **Punta Križa** (14 km einfach) zur Südspitze der Insel (ca. 20 km einfach) führt. Dort findet man in einsamer mediterraner Küstennatur den herrlich gelegenen **Camping „Baldarin".**

Camping

27 Camping Baldarin **

33 T 461700 4939863 / 44,61110°N 14,51731°0

Ausgesprochen schön gelegener und ruhiger Platz am Ende der Straße auf einer Halbinsel inmitten mediterraner Natur; mit Wald, Felsküste und zahlreichen kleinen Kiesbuchten; teils FKK, Bootsverleih, Restaurant. **Lage/Anfahrt:** Kurz vor Osor zweigt links eine reizvolle, aber über lange Strecken einspurige Teerestraße mit Ausweichbuchten ab, die via Punta Križa (14 km einfach) zum Camping Baldarin an Südspitze der Insel (ca. 20 km einfach) führt (s. o.); **Wasser:** Schlauchanschlüsse für Frischwasser an beiden Entsorgungsstationen; **Abwasser:** zwei Entsorgungsstationen: im Textilteil nahe der Sanitäranlage, im FKK-Teil in der Nähe des Restaurants „Lucica"; **Chemie-WC:** ja, zwei; im Textil-Bereich gleich nach der großen Sanitäranlage, im FKK-Bereich bei der Entsorgungsstation (Camperservice); **Strom:** ja; **Preis:** ca. 122 kn (17 €); **Geöffnet:** 11.04.-01.10.; **Kontakt:** Tel. 051 235680, Fax 051 235646, info@camp-baldarin.com, www.camp-baldarin.com, www.happyferien.com

Parken

33 T 453916 4952977; 44,72870°N 14,41803°0

Einige Kilometer nördlich von Osor liegt östlich der Straße eine große schattenlose Parkfläche in dürrer Steppenlandschaft (159 m ü. d. M.).

033kr Abb.: rh

LOŠINJ – PINIENWALD UND PALMENBUCHTEN

Auf der Drehbrücke von Osor geht es über den Kanal hinweg auf die Insel Lošinj, die vor den kalten Bora-Stürmen besser geschützt und daher milder und grüner ist als Cres, mit Pinienwäldern und Parks voller Palmen, Agaven und Oleander. Zunächst folgt man der Ostküste, an der man vom „subtropischen Palmenparadies" noch nicht allzu viel spürt, in Richtung **Nerezine.**

Parken und Baden

Ca. 2 km südlich von Osor findet man recht ausgedehnte und ebene Parkmöglichkeiten direkt am Strand mit sehr schönem Blick auf Osor und den Lošinjski-Kanal.

Camping

28 Camping Lopari **

33 T 452120 4947694 / 44,68102°N 14,39584°0

Schöner, weitläufiger Wiesenplatz mit vielen Bäumen, langem grobsteinigem Strand und ruhiger, entspannter Atmosphäre, selbst in der Hauptsaison meist nicht sehr voll; Supermarkt, Surf- und Segelschule; perfekt zum Sonnenbaden. Viele schöne, strandnahe Plätze auf Wiesengrund. **Lage/Anfahrt:** kurz vor Nerezine unmittelbar links der Straße; **Wasser:** ja; **Abwasser:** Entsorgungsplattform, neu, leider mit schwerem Deckel, ohne Gefälle; **Chemie-WC:** ja; **Strom:** ja; **Preis:** 188 kn (26 €); **Geöffnet:** April–Okt.; **Kontakt:** Tel. 051 237128, Fax 051 237127, lopari@lostur.t-com.hr, www.losinjplov.hr

▲ *Am Pier bei Mali Lošinj*

Bei **Čunski** geht es über den Inselrücken hinweg zur Westseite von Lošinj, die grüner, üppiger und waldreicher ist als der Osten. Dann zieht sich die Straße direkt am glitzernden Wasser der **Mali-Lošinj-Bucht** entlang. Landzungen und vorgelagerte Inseln umschließen die traumhafte Wasserfläche wie ein riesiges Hafenbecken. Darin soll schon die römische Flotte Schutz gesucht haben, als sie zur Seeschlacht von Aktium segelte.

Wer an dieser Bucht im milden Abendlicht entlangfährt, der fühlt sich wie in ein exotisches Inselparadies versetzt. Das herbe Grün der Kiefern, auf denen rötlich die schöne Abendsonne schimmert, spiegelt sich im klaren Blau des Wassers. Viele weiße Jachten und bunte Fischerboote liegen am Ufer und draußen auf den Inseln heben sich die Kiefern als schwarze Silhouetten vom leuchtend roten Himmel ab.

Wandern zum Televerine

Von Nerezine führt ein Fuß- und Pilgerpfad zum Televerine, dem mit 588 m höchsten Berg der Insel. Der mit einem roten Kreis markierte Pfad steigt zunächst in Richtung Südwesten steil hinauf und folgt dann dem luftigen Kamm des Osorščica-Gebirges nach Nordwesten. Bis zum Gipfel braucht man etwa 2 ½ bis 3 Stunden. Knapp ½ Stunde vor dem Gipfel kommt man an der Wallfahrtskapelle Sv. Mikola vorbei. Von ganz oben reicht der Blick rings über den ganzen Archipel und an klaren Tagen sogar bis nach Istrien, Italien und zum Velebit. Wer nicht auf dem gleichen Weg zurückkehren will, kann weiter nach Osor wandern (insgesamt bis Osor ca. 4–5 Stunden).
Informationen: Touristbüro am Hafen von Nerezine, Tel. 051 237038

MALI LOŠINJ (Osor – Lošinj 22 km)

Mit 6700 Einwohnern ist Mali Lošinj die größte Stadt der Insel, obwohl ihr Name eigentlich das „kleine" Lošinj bedeutet. Aber die Seeschifffahrt hat Klein-Lošinj groß und reich werden lassen, sodass es jetzt mehr als sechsmal so viele Einwohner zählt wie das benachbarte Veli („Groß-") Lošinj. Die Kapitäne haben Schätze aus aller Welt in das Städtchen gebracht und prachtvolle Villen errichtet. Eine Marineschule wurde gegründet und mehrere Schiffswerften entstanden. Als Dampfschiffe die alten Segler verdrängten, drohte der Niedergang – doch der Tourismus hat das Städtchen vor dem Zerfall gerettet. Heute ist es schmuck herausgeputzt. Bunte Häuser ziehen sich an den Hängen der Bucht empor, Weinreben und Bougainvilleen umranken die Fassaden der alten Kapitänsvillen und die roten Dächer werden vom weißen Turm der Marienkirche überragt. Die engen Gassen hinter dem Hafenplatz verwandeln sich während der Saison in einen beinahe orientalischen Basar, auf dem man sich durch Stände mit Schmuck und Lederwaren, Spitzendecken und Schnitzereien schlängeln kann und zwischen Hausfassaden hindurch, die über und über mit bunten Teppichen behängt sind. Der große Platz am Hafenbecken ist gesäumt von Palmen und vielen Straßencafés, vor denen die Fischer und Segler sitzen. Am Kai liegt ein Sammelsurium von Ausflugsbooten und Jachten und ein findiger Kopf, der sein Schiffchen zum schwimmenden Marktstand umgebaut hat, bietet hier Obst und Gemüse zum Verkauf an.

Information

TZG Mali Lošinj, Riva lošinjskih kapetana 29, 51550 Mali Lošinj, Tel. 051 231547, 231884, Fax 051 233373, tzg-mali-losinj@ri.t-com.hr, www.tz-mali-losinj.hr (nur Kroatisch)

› Landkarte Seite IX

Parken und Picknick

33 T 457528 4932226 / 44,54211°N 14,46536°O

Schöner, kostenloser **Park- und Picknickplatz** mit Meerblick gleich nach der Brücke und kurz vor dem Ortseingang links; an vielen anderen Parkplätzen am Meer stehen leider bereits Wohnmobil-Verbotsschilder.

Parkplätze für einen Stadtbesuch findet man vor der Abzweigung zur Čikat-Halbinsel rechts (20 kn/2,70 € für 12 Std.) und am Anfang der Halbinsel rechts; ein großer, kostenloser Parkplatz auf der Halbinsel etwas weiter rechts (Schotter) ist für Wohnmobile von 0 bis 6 Uhr gesperrt.

Essen

Restaurant Baracuda, Priko 31, Tel. 051 233309, drago.rancic@inet.hr. Beliebtes Restaurant am Jachthafen mit einem Aquarium, in dem sich Hummer, Scampi und eine Vielfalt von Fischen tummelt. Hervorragende Fischgerichte in großer Auswahl.

Camping

29 Camping Čikat*

33 T 456354 4931551 / 44,53597°N 14,45064°O

Sehr schöner Platz im hohen Pinienwald mit langem Felsstrand und Kiesbuchten, Strandpromenade und vielen Sportangeboten; Parzellen z. T. mit Strom und Wasser; einer meiner Lieblingsplätze, auch wenn er im Sommer jetzt etwas sehr voll wird; nette und hilfsbereite Platzanweiser. **Lage/Anfahrt:** nahe dem Ortsende von Mali Lošinj rechts auf die Čikat-Halbinsel; sehr gute Teerstraße; **Wasser:** ja, z. T. am Stellplatz; **Abwasser:** relativ gute Entsorgungsstation; allerdings hat sie anstelle eines Gitters einen Deckel, den man öffnen muss, und etwas wenig Gefälle; **Chemie-WC:** ja; **Strom:** ja; **Preis:** ca. 245 kn (34 €, inkl. Anmeldegeb.); **Geöffnet:** 15.03.–20.10.; **Kontakt:** Tel./Fax 051 231708, info@camp-cikat.com, www.camps-cres-losinj.com

▼ *Solche Sonnenuntergänge kann man an der Čikat-Bucht genießen*

034kr Abb.: rh

Tipp

Innerhalb des Camping Čikat liegt als Kuriosität das kleine Camp Kredo. Es hat die gleiche schöne Strandlage und dieselbe Ver-/Enstorgungsstation (bzw. man nutzt die des Campingplatzes Čikat) und zudem ein gutes Restaurant und eine freundliche und sehr gute Beratung; **Preis:** 312 kn (ca. 30 €); **Kontakt:** Srebrna uvala, 51550 Mali Lošinj, Tel. 051 233595, Fax 051 238274, info@kre-do.hr, www.kre-do.hr

VELI LOŠINJ

Noch mehr als Mali Lošinj hat mich das kleinere Nachbarstädtchen Veli Lošinj beeindruckt – weil es zumindest außerhalb der Saison eine so exotische und verschlafene Atmosphäre besitzt, dass man sich ganz und gar in eine Traumwelt versetzt fühlt. Mediterrane Romantik par excellence! An einem milden Abend bin ich dort angekommen. Das Mondlicht spiegelte sich auf den blanken Kalkplatten der Gassen, Palmen standen wie schwarze Silhouetten vor dem samtenen Nachthimmel, exotische Blüten dufteten und das Gewinkel der engen Gassen wirkte so geheimnisvoll wie ein Palastgarten aus Tausendundeiner Nacht.

▼ *Die Kirche der Engelhaften Madonna von Veli Lošinj*

035kr abb.: rh

Essen

Restaurant Sirius, Rovenska Bucht, Tel. 051 236399; fantastische Innenausstattung, die bis ins Detail einem Schiff nachgestaltet ist; Spezialität: Fischgerichte

Da Lošinj für alle Fahrzeuge eine Sackgasse ist (ab Mali Lošinj gibt es nur Personenfähren nach Rab, Pag, Rijeka sowie zu den kleinen Kvarner Inseln Susak, Ilovik und Unije), muss man auf dem gleichen Weg zurückfahren, den man gekommen ist, und dann einige Kilometer hinter der Stadt Cres rechts zum Fährhafen **Merag** abbiegen, um zur Insel Krk zu gelangen.

Fähren zur Insel Krk

Merag – Valbiska (ca. 40 Min.) zwischen ca. 6 und 22 Uhr 13 Schiffe täglich, etwa alle 75 Min.
Information: Tel. 051 231765
Merag (Cres): Tel. 051 840202
Valbiska (Krk): Tel. 051 863170

Baden und Spazieren

Den reizvollen Fußweg, der unter schattigen Pinien von Mali nach Veli Lošinj führt, säumen eine ganze Reihe schöner Felsbuchten. Veli Lošinj selbst hat ein feinkiesiges Strandbad südlich der Rovenska-Bucht (hinter dem Park). Außerhalb des Strandbads liegen FKK-Buchten an der Felsküste. Fußpfade führen von Veli Lošinj zu abgelegenen Buchten und Stränden (meist Fels oder grober Kies) an der Südspitze der Insel.

› Landkarte Seite IX

036kr Abb.: rh

KRK – RAUE SCHALE, SCHÖNER KERN

Zugegeben der Name dieser karstigen Felseninsel klingt nicht eben einladend – und nicht halb so sanft und verlockend wie etwa Samoa oder Hawaii. Doch hinter der harten Kruste verbergen sich unerwartete Schönheit und Vielfalt: malerische Altstädte, traumhafte Strände und Badebuchten, Weinberge, Schluchten und einsame Felsenberge, perfekt ausgestattete Campinglätze und belebte Marinas.

Man erreicht die Insel Krk entweder vom Festland her über die mautpflichtige **Krk-Most** (s. Route 2) oder per Fähre von Merag auf Cres nach Valbiska. Im Sommer gibt es auch eine Fährverbindung von der Insel Rab nach Valbiska (s. S. 138).

Vom Fähranleger in **Valbiska** rollt man rund 10 km durch dichte Macchia, ehe man auf die Hauptachse der Insel stößt. Rechts geht es zur Inselhauptstadt Krk und nach Baška, links in Richtung Njivice und zur Brücke, die Krk mit dem Festland verbindet. Letztere Strecke hat, außer einigen recht unterschiedlichen Campingplätzen und den Badeorten **Malinska** und **Njivice,** nicht sonderlich viel zu bieten.

P *Parken*

Ein großer, sonniger Parkplatz mit Mülltonnen, Toilette und Gaststätte befindet sich am **Hafen von Valbiska.**

Camping

30 *Camping Pušća*

33 T 464883 5008996
45,23358°N 14,55262°O

Riesiger Wiesenplatz mit wenig Schatten, eigenem Strand und viel „Wildcampen"-Atmosphäre; leider auch mit recht unschönem Blick auf die Raffinerien von Rijeka. **Lage/Anfahrt:** kurz nach der Brücke rechts; **Wasser:** mit Kanister; **Abwasser/Chemie-WC:** einfache Entsorgungsstation für Abwasser und Chemie-WC; Vorsicht hoher Rand; **Strom:** ja; **Preis:** 119 kn (16 €); **Geöffnet:** 01.05.–30.09.; **Kontakt:** Tel./Fax 051 841440

▲ *Das FKK-Camp Konobe auf Krk*

Camping

31 *Camping Njivice* **

33 T 464399 5001928 / 45,16993°N 14,54696°O

Schön gelegener und sympathischer Platz im Eichenwald am Ende der Straße mit schmalem Fels-/Kiesstrand und Sonnenterrassen; Restaurant. **Lage/Anfahrt:** von der Inselstraße in Richtung Westen nach Njivice, nördlich am Ort vorbei durch Eichenwald mit Badestrand, den Schildern folgen; **Wasser:** ja, Schlauchanschluss; **Abwasser:** Schacht; **Chemie-WC:** 3 Entleerungsstellen; **Strom:** ja; **Preis:** 175,40 kn (23,70 €); **Geöffnet:** 01.05.–30.09.; **Kontakt:** Tel. 051 847800, 846720, Fax 051 846116, kamp@finvestcorp.hr, www.hoteli-njivice.hr

Parken

Hinter **Omišalj,** kurz vor der Brücke zum Festland liegt links der Straße ein riesiger geteerter Parkplatz mit Meerblick; Achtung: bei Wind sehr exponiert!
Voz: Über ein schmales Teersträßchen, das hinter Omišalj rechts abzweigt, fährt man hinunter nach Voz; dort liegt direkt an der Bucht zwischen alten Schiffswracks ein großer, ebener und ruhiger Schotterparkplatz mit Blick auf die Brücke.

KRK (Valbiska – Krk 18 km)

Biegt man 10 km hinter dem Fähranleger nach rechts, so erreicht man auf einer zunehmend besser ausgebauten Straße nach 13 km den Hauptort der Insel. Zu römischer Zeit trug er den ebenso langen wie stolzen Namen „Splendissima Civitas Curictarum“. Zweitausend Jahre später ist davon nur ein dürres „Krk“ übrig. Dafür blieb im historischen Städtchen selbst vieles verschont: Tore und Wachtürme, das wuchtige Bollwerk des Kastells und die imposante Basilika mit ihrem hübschen Zwiebelturm, der weit übers Meer hinaus die Segler grüßt.

Information

TZO Krk (Insel-Information), Trg Sv. Kvirina 1, 51500 Krk, Tel. 051 221359, Fax 051 222336, tz-otoka-krka@ri.hinet.hr, www.krk.hr
TZG Krk (Stadt-Information), Vela placa 1/1, 51500 Krk, Tel. 051 222583, Tel./Fax 051 221414, tz@tz-krk.hr, www.tz-krk.hr

Camping

32 *Autocamp Bor*

33 T 465477 4985550 / N45.02266 E14.56300

Sympathischer, ruhiger Privatplatz am Ortsrand; offene Flächen, aber auch schattige Olivenbäume und Pinien; ca. 10 Min. vom Meer; schöner Ausblick; nettes Restaurant. Die Besitzer stellen auch Wein und Olivenöl her; probieren lohnt sich! **Lage/Anfahrt:** die Innenstadt nördlich (nach rechts) umfahren; beim Kreisverkehr am Ende der Slavka nikoliča die erste rechts in die Kvarnerska, die in die Cirkvenica übergeht; auch für große Fahrzeuge problemlos; **Wasser:** ja, Schlauchanschluss; **Abwasser:** gute Plattform; **Chemie-WC:** ja; **Strom:** ja; **Preise:** 192 kn (27 €); **Geöffnet:** ganzjährig; **Kontakt:** 51500 Krk, Crikvenička 10, Tel. 051 221581, Fax 051 222429, www.camp-bor.hr

Östlich der Stadt stößt eine Landspitze weit ins blaue Wasser vor und umschließt eine geschützte Bucht wie einen natürlichen Hafen. Mitten darin liegt das Klosterinselchen **Košljun,** das mit seinen reichen Schätzen zu den bedeutendsten Kulturmuseen ganz Kroatiens zählt. Die Inselstraße schlingt sich um die Bucht zur Abzweigung nach Punat.

›Landkarte Seite IV

PUNAT (Krk - Punat ca. 6 km)

Information

TZG Punat, Obala 72, 51521 Punat, Tel./Fax 051 854860, Fax 051 854970, info@tzpunat.hr, www.punat.com

Unmittelbar bei der Abzweigung nach Punat kann man eine Kostbarkeit entdecken, die zunächst kaum auffällt. Unscheinbar wie ein Steinhaufen wächst dort eine pilzförmige Steinkuppel empor. Bei näherem Hinsehen erkennt man ein schlichtes Tonnengewölbe mit archaischer Kuppel: das Kirchlein **Sveti Dunat** aus altkroatischer Zeit, das wie ein zur Kugel gerollter Steinigel fast zwölf Jahrhunderte überdauert hat.

Parken und Baden

Bei der **Kapelle Sv. Dunat,** kurz vor der Abzweigung nach Punat, liegt ein ungeteerter Parkplatz direkt am Wasser; im Sommer meist überfüllt. Inzwischen gibt es auch auf der Straßenseite gegenüber einen neuen Parkplatz.

Ganz dicht am Wasser entlang – nur leider ohne geeigneten Parkplatz – schwingt die Straße um die Bucht herum nach Punat. Zunächst passiert man die riesige ACI Marina, dann geht es vom Wasser weg und im Bogen um die Stadt herum. Sehenswürdigkeiten hat das Städtchen nicht zu bieten, aber es ist ein hervorragend ausgestatteter Ferienort mit einem der besten Campingplätze der gesamten Region.

Parken und Baden

Einige schattige Parkplätze an der Promenade findet man, wenn man knapp 1 km nach dem Ortsschild rechts abbiegt und ca. 500 m in Richtung Hafen fährt; Vorsicht: niedrige Äste, im Sommer sehr voll.

Tipp:

Gäste des Camping Pila erhalten im Hotel-Restaurant Park Frühstück für 40 kn (ca. 5,40 €), Mittagessen für 65 kn (ca. 8,80 €) und ein Abendbuffet mit Getränk für 90 kn (ca. 12,20 €).

Essen

Hotel-Restaurant Park, Obala 102, Tel. 051 854110. Eines der besten Restaurants der Insel mit exzellenten Fischgerichten und Meeresfrüchten; Kenner fragen nach dem Olivenöl „Extra vergine“ von Punat.

Camping

33 Camping Pila ***

33 T 470718 4984789 / 45,01595°N 14,62838°0

Guter Platz im Pinienwald an der Strandpromenade und mit großen, ebenen Parzellen; selbst wenn es voll wird, ist die Atmosphäre angenehm ruhig; hervorragendes Management; ein großer Parkplatz neben der Rezeption dient als Wohnmobil-Stellplatz. **Lage/Anfahrt:** nach der Marina und vor dem Ortseingang links steil hinauf den Ort umfahren, dann wieder bergab und links (beschildert); **Wasser:** ja, mit Schlauch, tadellos!; **Abwasser:** tadellose Station vor dem Eingang links; **Chemie-WC:** 2 Entleerungsstellen; **Strom:** ja; **Preis:** 244 kn (33 €); **Geöffnet:** 01.04.–18.10.; **Kontakt:** Šetalište Ivana Brusića 2, Tel. 051 854020, Fax 051 854122, pila@hoteli-punat.hr, www.hoteli-punat.hr. **Auf dem Parkplatz** (inkl. Strom): mit Preisen von 163 kn (22 €) in der Vor- und 193 kn (26 €) in der Hauptsaison bisher leider überteuert, soll aber auf unsere Kritik hin deutlich ermäßigt werden. (Es ist von ca. 74 kn/10 € die Rede.)

Camping

㉞ FKK-Camp Konobe***

33 T 470894 4982013
44,99097°N 14,63076°O

Sehr schöner und gut geführter FKK-Platz inmitten der Natur (s. Foto S. 134). **Lage/Anfahrt:** von Punat weiter in Richtung Stara Baška den Berg hinauf; dann rechts eine steile, aber problemlose Teerstraße hinunter; **Wasser:** ja, mit Schlauch, tadellos!; **Abwasser:** Entsorgungsstation nahe dem Westende des Strands; **Chemie-WC:** 2 Entleerungsstellen; **Strom:** ja; **Preis:** 229,50 kn (31 €); **Geöffnet:** 01.04.–18.10.; **Kontakt:** Tel. 051 854049, 051 854036, Fax. 051 854036, konobe@hoteli-punat.hr, www.hoteli-punat.hr

Fährt man am Camp Konobe vorbei weiter nach Süden (Sackgasse), so gelangt man ca. 13 km hinter Punat auf der schmaler werdenden Straße nach **Stara Baška** mit einem hübschen kleinen Hafen und einem Kiesstrand.

Parken

33 T 474558 4986089;
45,02780°N 14,67704°O

Obzovo-Gerbirge: Sehr schöner neuer Parkplatz (Schotter, 283 m ü. d. M.) kurz hinter dem Pass mit Blick auf die Berge.

BAŠKA (Krk – Baška 20 km)

Landschaftlich reizvoll ist auch die Fahrt über die gut ausgebaute Straße Nr. 102 nach Baška (16 km ab Punat). Sie klettert hoch über die Bucht von Košljuin empor, überquert den Rücken des imposanten **Obzovo-Gebirges,** mit schroffen Felsabstürzen, herbgrünen Kieferwäldern, Steineichen, vereinzelten Akazien und einigen schönen Wandermöglichkeiten. Dann geht es an einer Quelle mit Trinkwasser vorbei und ein hübsches Bachtal mit Weinbergen und Gemüsegärten abwärts.

In **Jurandvor** zweigt rechts ein Fahrweg ab, der nach **Batomalj** und (an der Gabelung rechts) zu einer Bergkapelle mit herrlichem Ausblick führt (nicht für größere Fahrzeuge!). Gegenüber von dieser Abzweigung geht es nach links nur ein kurzes Stück zur Kapelle „Sv. Lucija, Baščanska Ploča“ (beschildert) mit der 1000 Jahre alten **„Tafel von Baška“,** dem ältesten kroatischen Schriftstück überhaupt.

038kr Abb.: rh

Wandern

Wer die weiße Felsenwelt des Obzova-Gebirges hautnah erleben will, kann auf einem fantastischen, aber recht anstrengenden Fußweg von Baška nach Stara Baška wandern (grüne Markierung, Gehzeit ca. 3,5 Stunden; reichlich Wasser mitnehmen!). Der Pfad beginnt beim Campingplatz „Zablaće“, südwestlich von Baška, führt zunächst durch das Tal in Richtung Norden nach Batomalj, dann geht es in südwestlicher Richtung steiler hinauf zum 370 m hohen Bergrücken, von dem man einen herrlichen Blick genießt. Der steile Abstieg nach Stara Baška erfordert Trittsicherheit.

Information

TZG Baška, Kralja Zvonimira 114, 51523 Baška, Tel. 051 856817, Tel./Fax 051 856544, tz-baska@ri.t-com.hr, infoffice@tz-baska.hr, www.tz-baska.hr

Das an die südöstlichste Bucht der Insel geschmiegte Städtchen Baška ist ein beliebtes Ferienzentrum mit einer reizvollen Altstadt, deren enge Treppen und Pflastergässchen an blumengeschmückten Häusern vorbei zu zahlreichen Restaurants und Cafés führen. Vor allem aber besitzt der Ort einen kilometerlangen Strand aus Sand und feinem Kies, der sich rings um die weite Bucht schwingt. Lohnend ist ein Spaziergang hinauf zur Kapelle Sv. Ivana mit einem fantastischen Ausblick über das Meer zur Insel Rab und der Festlandsküste.

Parken

Die teuren **Stadt-Parkplätze** an der Kralja Tomislava (am Ortseingang links hinauf) füllen sich im Sommer rasch und Wohnmobile werden dort meist nicht akzeptiert. Besser man fährt am Ortseingang rechts zum **Campingplatz „Zablaće“,** wo man bei den Tennisplätzen meist eine (inzwischen gebührenpflichtige) Möglichkeit findet.

Fähren

Valbiska/Krk – Lopar/Rab (ca. 1:15 Std.), 15.07.-30.09. 4 Autofähren.
Zum Festland gibt es ab Baška keine Verbindungen. Information: Split Tours, Tel. 021 352533
Lopar (Rab): Tel. 051 775532, **Valbiska** (Krk): Tel. 051 863180, Mobil 099 2700112

Camping

35 Camping Zablaće ***

33 T 479909 4979331
44,96714°N 14,74523°O

Großer, ebener, überwiegend sonniger und teilweise parzellierter Wiesenplatz mit traumhaftem, langem Kiesstrand; Sportanlagen, angenehme Atmosphäre; nur einen Strandspaziergang von Baška entfernt. **Lage/Anfahrt:** am Ortseingang rechts den Schildern folgen; **Wasser:** ja, mit Schlauch; **Abwasser:** 2 Stationen mit Plattform, aber etwas kleinem Schacht und ohne Gefälle; **Chemie-WC:** 2 Entleerungsstellen; **Strom:** ja; **Preis:** ca. 252 kn/27 € (inkl. 15,20 kn Anmeldegebühr); **Geöffnet:** 03.04.-15.10; **Kontakt:** Tel. 051 586909, Fax 051 856604, campzablace@hotelibaska.hr, www.hotelibaska.hr, www.campzablace.info

Camping

Naturist Camp Bunculuka ***

Am anderen Ende der Bucht (Ostseite) liegt das ähnlich ausgestattete Naturist Camp Bunculuka mit gleichen Preisen (fkk-bunculuka@ri.htnet.hr)

Information

TZG Vrbnik, Plava vrbnickog statuta 4, 51516 Vrbnik, Tel. 051 857 479, Fax 051 857479, tz@vrbnik.net, www.vrbnik.hr

VRBNIK (Krk – Vrbnik ca. 12 km)

Zurück vom Abstecher nach Baška lohnt es sich, kurz vor Erreichen der Abzweigung nach Punat rechts abzubiegen und quer durch die Insel zur schroffen Nordostküste zu fahren, wo auf einem felsigen Hügel das Städtchen Vrbnik trutzig aus dem Meeresblau aufragt. Vrbnik auf

Krk – mit Vokalen ist man hier sparsam! Umso großzügiger ist Vrbnik jedoch mit anderen Kostbarkeiten. Schon das Städtchen selbst ist ein Schmuckstück unter den vielen bezaubernden Altstädten Kroatiens. Seine Mauern bergen sehenswerte Kirchen und Kapellen und die 600 Jahre alte Fürstenbibliothek mit 15.000 Büchern, unter denen zahlreiche Raritäten zu finden sind. Und wenn Ihnen nach Baukultur und staubigen Folianten die Kehle brennt oder der Magen knurrt, dann ist die „Konoba Nada“ gleich hinter dem Kirchplatz wärmstens zu empfehlen. Ein wahres Kleinod der kroatischen Gastronomie. Dort können Sie auf der Dachterrasse mit Blick auf die Hafenbucht speisen oder im kühlen Gewölbekeller zwischen alten Holzfässern und unter duftenden Schinken, die verlockend von der Decke baumeln. Hausgemachter *„Sir i Pršut“* (Käse und Schinken) sind besonders zu empfehlen. Aber Sie können sich auch mit Fisch, Meeresfrüchten oder Fleischgerichten stärken und dazu einen der köstlichen Weine genießen. Allen voran natürlich den berühmten strohgelben *Žlahtina,* der nur auf dem fruchtbaren Karstboden in einem kleinen Gebiet bei Vrbnik gedeiht.

040kr Abb.: rh

▲ *Urige Atmosphäre herrscht in der Konoba Nada*

Parken

Ortseingang: Richtung Zentrum, dann rechts den Schildern folgen
Busparkplatz: Am Ortseingang links die Japenica hinunter in Richtung Bucht und dann rechts (beide gebührenpflichtig).

Essen

Konoba Nada, Glavaca 22, Tel. 051 857065, Fax 051 857205, nada@ri.t-com.hr, www.nada-vrbnik.hr, April–Okt.

BUCHT VON SOLINE

Wer das Inselhüpfen fortsetzen möchte, macht den Abstecher nach Vrbnik zuerst und setzt dann von Baška nach Rab über (s. o.). Falls die Fähren nicht verkehren oder man aus anderen Gründen lieber der Küste folgen will, kann man von Vrbnik zurück zur Inselhauptstadt fahren und über die gute, aber eher langweilige und an Wochenenden zeitweise überlastete Inselstraße zur Brücke zum Festland fahren. Reizvoller ist es, man biegt kurz hinter Vrbnik nach rechts in Richtung **Dobrinj** (8 km), dort kann man links biegen, um nach 7 km bei Malinska die Inselstraße zu erreichen.

Parken und Baden

Soline-Klimno: kleiner, schattiger, nicht ganz ebener Platz mit Bäumen, Wiese und Strand gleich hinter Soline
Soline-Čižići: sonniger Platz am Meline-Sandstrand kurz hinter Soline

Oder man fährt zuerst geradeaus in Richtung Klimno und erreicht dann nach ca. 3,5 km hinter dem Dorf Soline die reizvolle **Bucht von Soline** mit einem schönen Badeplatz. Hält man sich in Soline links in Richtung Čižići/Rudine, so sieht man bald, dass die Bucht ihren (von Sole für Salzlösung hergeleiteten) Namen nicht umsonst trägt: Kurz hinter dem Ort dehnen sich die weiten Uferflächen der einstigen Salzbecken aus – heute ein beliebter und für Kroatien ungewöhnlicher Sandstrand mit braunem Heilschlamm und sehr flachem Wasser.

Wer auf dem schmalen Sträßchen weiter via Čižići nach Rudine fährt, kann dort die **Biserujka-Höhle** besichtigen (www.klimno.net/biserujka_deu.htm). Andernfalls folgt man der Bucht noch ein kurzes Stück und schwenkt dann links in Richtung Malinska zur Inselstraße zurück. Dort angekommen sind es noch 13 km bis zur Brücke zum Festland.

Anschluss

Anschluss an Route 2 (s. S. 112).

Camping/Parken

Camping „Pušća" und Parkmöglichkeiten bei **Omišalj** und **Voz,** s. S. 134

RAB – GRÜNE INSEL MIT PARADIESSTRAND

Anschluss

In Jablanac an Route 2, (s. S. 119)

Fähren zur Insel Rab

Jablanac - Mišnjak (ca. 15 Min.), im Sommer 5–23 Uhr ca. jede halbe Stunde; trotzdem sind lange Staus möglich; Gesellschaft Rabska Plovidba, Tel. 051 724122, Fax 051 724018
Lopar - Baška (ca. 1:15 Std.), 17.06.–25.09. tägl. 2–4 Autofähren, Juli/August tägl. 6 Autofähren, Tel. 051 231765

„Rab ist die grünste und fruchtbarste Insel der nördlichen Adria", verkünden die Reiseführer. Wer mit der Fähre von Jablanac ankommt, wird das nicht glauben. Steingraue Schotterwüste empfängt ihn dort – so kahl wie der Mond. Und darüber flimmert die sengende Hitze. Totes Land. Kein Baum, kein Strauch und kein Grashalm.

Aber das ist nur die Landseite, die von den eisigen Böen der Bora kahl gefegt wurde wie bei fast allen kroatischen Inseln. Auf der Seeseite hingegen gedeihen Weinberge und Gemüsegärten. Stattliche Wälder mit Kiefern oder Flaumeichen säumen die Berghänge darüber und duftende Tamarisken flankieren die blauen Badebuchten. Das ist die andere, die grüne und einladende Seite des Eilands.

Ungefähr 3 km nach dem Fährhafen lohnt sich ein kurzer Abstecher die Teerstraße links hinunter zu dem alten Fähranleger von **Pudarica.**

Parken

Am **Fährhafen Mišnjak** ist ein riesiger, völlig schattenloser Parkplatz (mit Toiletten) für ein Picknick mit Meerblick oder sogar ein Bad.

Parken und Baden

Pudarica: großer, ebener, aber schattenloser Teerparkplatz und schöne Sandbuchten; außerhalb der Saison herrlich und ruhig; während der Saison Imbisslokal, viel Trubel und voll

041kr Abb.: rh

RAB – DIE INSELHAUPTSTADT (Mišnjak – Rab 9 km)

Auf halber Strecke der Inselstraße erreicht man das Städtchen Rab, eine wahre Perle unter den kroatischen Küstenstädten. Für viele die schönste überhaupt. Auf einer Landspitze erbaut, scheint die befestigte Altstadt wie ein Schiff durch das Meer zu pflügen. Hinter einem Wald von Segeljachten staffeln sich die Häuser den steilen Hang hinauf. Darüber – entlang der Donja Ulica aufgereiht – ragen die vier Kirchtürme in den Abendhimmel wie die Masten eines alten Schoners, der die Segel gerefft hat. Kühle Gassen, flankiert von Cafés und kleinen Geschäften, durchschneiden die Landspitze. Und ein von Palmen und blühenden Agaven gesäumter Uferweg führt darum herum wie eine Schiffspromenade – nur an der exponierten Südseite ist er unterbrochen, weil dort die Felsen und Mauern senkrecht aus dem Meer emporsteigen.

Den schönsten Blick über die Hohlziegeldächer und auf die vier Kirchtürme des Museumsstädtchens genießt man bei Sonnenuntergang von der alten Stadtmauer, die Rab zum Festland hin abschirmt. Dahinter erstreckt sich der traumhafte **Waldpark Komrčar,** der mit hundertjährigen Pinien, Zypressen und Feigenbäumen bis zur Uferpromenade hinunterreicht. Kein Wunder, dass Feriengäste schon vor hundert Jahren die Inselstadt entdeckt haben. Rab hatte den ersten FKK-Strand Kroatiens. Selbst der britische König *Eduard VIII.* ließ hier schon 1936 die Hüllen fallen. Und heute ist die gesamte Insel den Sommer hindurch ein beliebtes Touristenziel.

▲ *So kahl ist Rab nicht überall!*

Information

TZG Rab, Trg Municipium Arba 8, 51280 Rab, Tel. 051 724064, Fax 051 725057, tzg-raba@ri.t-com.hr, www.tzg-rab.hr

› Landkarte Seite VIII, IX

042kr Abb.: rh

▲ *Der Stadtplatz von Rab mit dem Fürstenpalast lädt zur ausgiebigen Pause ein*

Baden kann man nicht nur an der Strandpromenade und entlang dem Park, sondern man kann sich auch mit kleinen Booten auf die gegenüberliegende **Halbinsel Frkanj** bringen lassen, deren von Eichenwald gesäumte Felsufer bei FKK-Freunden sehr beliebt sind.

Parken

Zu ruhigeren Zeiten kann man zwischen Hafenmauer und Stadt oder beim Supermarkt am Hafen parken; in der Saison evtl. besser nicht links zum Hafen, sondern rechts zum Einkaufszentrum beim Busbahnhof fahren.

Ein **Abstecher** lohnt sich zum nahen **Kloster Sveta Eufemija** (auch zu Fuß auf dem ca. 4,5 km langen Uferweg zu erreichen) und durch den üppigen Wald der **Kalifront-Halbinsel** mit einigen schattigen Parkplätzen in Strandnähe. Hier ist es vorteilhaft, ein Fahrrad an Bord zu haben, denn auf der menschenleeren Halbinsel gibt es ein Geflecht reizvoller Waldpfade, die zu abgelegenen Buchten führen! **Achtung:** Campen und jede Art von Feuer sind auf der Halbinsel streng verboten!

Parken und Picknick

An der Straße nach **Suha Punta** (Richtung Kampor und ca. 3 km hinter Rab links um die Bucht herum) liegt ein großer, ebener Teerparkplatz zwischen Bäumen (gehört evtl. zur Ferienanlage). Unmittelbar danach folgen einige schöne Parkmöglichkeiten zwischen Kiefern auf unbefestigtem Grund.

LOPAR UND DER PARADIESSTRAND (Rab – Lopar 12 km)

Information

TZG Lopar, Lopar bb, 51281 Lopar, Tel. 051 775508, Fax 051 775487, lopar@lopar.hr, www.lopar.hr

Durch reizvolle Landschaft führt die Inselstraße weiter nach Lopar, das vom Stadtbild her nicht viel zu bieten hat, aber dennoch **das** touristische Zentrum der Insel ist. Warum? Wegen seines Paradiesstrandes: ein langer, feinsandiger und flach abfallender Badestrand rings um die hufeisenförmige **San-Marino-Bucht.** Das ist für Kroatien wahrhaft eine Rarität! Daher bietet der Ort an Restaurants, Souvenirshops und Freizeiteinrichtungen alles, was das Touristenherz begehrt – und einen großen Campingplatz, der fast die ganze Bucht umfasst. Zugleich ist die Stadt im Sommer der Fährhafen für Verbindungen zur Insel Krk.

Fähren Krk – Rab

Baška – Lopar (ca. 1:15 Std.), 17.06.–25.09. tägl. 2–4 Autofähren, Juli/August tägl. 6 Autofähren. Zum Festland gibt es ab Lopar keine Verbindungen. Information: Split Tours, Tel. 021 352533; **Lopar (Rab):** Tel. 051 775532; **Valbiska (Krk):** Tel. 051 863180

Am Paradiesstrand von Lopar

36 Camping San Marino***

Camping

Großer, sehr schön gelegener und teilweise parzellierter Platz mit Pappel- und Pinienwald, Wiese und einem für Kroatien einmaligen 1,5 km langen Sandstrand; daher aber leider selbst außerhalb der Hauptsaison meist sehr voll. **Lage/Anfahrt:** am Ortseingang rechts den Schildern folgen; **Wasser:** ja; **Abwasser:** Entsorgung möglich; **Chemie-WC:** ja; **Strom:** ja; **Preis:** 185 kn (25 €); **Geöffnet:** 01.05.-30.09.; **Kontakt:** Tel. 051 775135, Fax 051 775290, ac-sanmarino@imperial.hr

Anschluss

Von Lopar kann man entweder die Fähre nach Valbiska auf der Insel Krk nehmen und seine Reise dort fortsetzen (s. S. 138) oder man fährt auf dem gleichen Weg zurück, den man gekommen ist, und folgt dann der Festlandsküste ab Jablanac (s. u. Route 4).

Was hat Lopar mit San Marino zu tun?

San Marino nennt sich auch die Hotelsiedlung samt Campingplatz, die hinter der San-Marino-Bucht zwischen schattigen Pappeln und Pinien emporgewachsen ist, und man fragt sich, ob sie wohl etwas mit der Mini-Republik auf der Apenninenhalbinsel zu tun hat. Sie hat - zumindest der Legende nach. Der in Lopar geborene Steinmetz Marinus soll im 3. Jahrhundert übers Meer nach Rimini gesegelt sein, um dort am Bau der Festung mitzuarbeiten. An den Hängen des Monte Titiano, so heißt es, habe er eine Höhle gefunden, in die er sich als Einsiedler zurückzog. Gleichgesinnte folgten, eine Kirche wurde gebaut, dann ein Kloster und schließlich eine Stadt: San Marino.

Nach der kahlen Felsenküste zwischen Senj und der Maslenika-Brücke – wer würde da noch belebte Badeplätze erwarten, malerische Buchten oder gar feinsandige Strände, die doch in ganz Kroatien eine Rarität darstellen? Aber es ist so – ab Zadar reihen sich Badestrände und malerische alte Städte in bunter Folge aneinander.

Zwischen den wilden Karstschluchten von Paklenica und den Wasserwundern des Krka-Nationalparks erstreckt sich Norddalmatien.

Zentrum der Region ist die über 2000 Jahre alte Hafenstadt Zadar mit ihrer Vielfalt an Kulturschätzen und Baudenkmälern. Mit der kuppigen Hochfläche Ravni Kotari besitzt das „Tor nach Dalmatien" als einzige dalmatinische Küstenstadt ein fruchtbares Hinterland. Wer die kurvige Küstenstraße abkürzen möchte oder für die Rückfahrt eine Alternativroute sucht, kann auf die vorgelagerte Insel Pag ausweichen, die neben rauer Steinwüste auch paradiesische Badestrände und gute Campingplätze bietet. An der Küste südlich von Zadar erstreckt sich eine Kette malerischer Badeorte, Fischerdörfer und mittelalterlicher Museumsstädte. Und Schiffsausflüge locken in das Insellabyrinth des Kornaten-Nationalparks mit Hunderten von unbewohnten Robinson-Inseln.

062kr Abb.: rh

ROUTE 4

NORDDALMATIEN:

INSEL PAG, ZADAR BIS ŠIBENIK

ROUTENÜBERSICHT

Entfernungen:
Novalja - Pag 18 km, Pag - Nin ca. 55 km,
Nin - Zadar ca. 18 km, Zadar - Biograd 26 km,
Biograd - Šibenik 43 km, Šibenik - Skradin 18 km
Abstecher Povljana: 6 km einfach

INSEL PAG – KARSTINSEL MIT TRAUMSTRÄNDEN

Wer die Faxen der kurvigen Küstenstraße dicke hat, der nimmt ab **Prizna** (s. Route 2) die Fähre (ziemlich teuer) und ist 15 Minuten später schon in einer anderen Welt. Die rund 60 km lange **Insel Pag** zeigt sich zwar bei Ankunft in **Žigljen** so steinig, kahl und schattenlos wie ein ausgebrannter Stern, aber das ist man ja inzwischen gewöhnt. Und zwischen den Felsen sprießen hier die reinsten Kräutergärten. Die Schafe von Pag fressen kein Gras, sondern duftende Kräuter, die von den Böen der Bora zusätzlich mit feinem Salznebel aus dem Meer überstäubt werden. Das verleiht dem berühmten Pager Schafskäse *(Paški Sir)*, aber auch dem Schafsbraten seine besondere Würze.

NOVALJA – DAS TOURISTISCHE ZENTRUM

Information
TZO Novalja, P.O. Box 20, 53291 Novalja, Tel./Fax 053 661404, info@tz-novalja.hr, www.tz-novalja.hr

Die Inselstraße klettert in zwei Kehren den Hang hinauf und zieht sich dann schnurgerade über den steinigen Inselrücken. Nach 7 km ist die Abzweigung rechts zum Badeort Novalja erreicht, ein Ferienort wie aus dem Katalog und im Sommer entsprechend überfüllt. Die Stadt selbst bietet so ziemlich alles an Freizeiteinrichtungen – aber sonst fast nichts (abgesehen vom Heimatmuseum). Im Sommer parkt man lieber draußen und besucht sie zu Fuß – oder gar nicht.

Fähren nach Pag
Prizna – Žgljen (ca. 15 Min.), im Sommer tägl. rund um die Uhr, etwa alle 30-60 Min.; von Zgljen jede volle Stunde. Info: Tel. 053 889600 (Prizna), Tel. 098 299133 (Žigljen/Pag). Achtung: Die Fähren Karlobag – Pag verkehren längst nicht mehr!

Parken
33 T 492954 4931875; 44,54017°N 14,91131°O
Großer Parkplatz (30 kn/4 € pro Tag) vor der Stadt gegenüber der Zufahrt zum Camping „Straško"; weitere gebührenpflichtige Parkmöglichkeiten befinden sich in der Stadt, doch im Sommer ist das Gedränge dort groß!

◀ *Vorseite: Kiesstrand in der Zrće-Bucht bei Novalja*

Camping

37 *Camping Straško* **

33 T 490940 4931723
44,53878°N 14,88596°O

Sehr großer, weitläufiger Platz mit Pinien, Eichen und Freiflächen, der nicht gedrängt wirkt; langer Fels-/Kiesstrand, Geschäft, Restaurant, Bungalows; großer FKK-Bereich. **Lage/Anfahrt:** vor Novalja nach links den Schildern folgen (ca. 1,5 km); **Wasser:** ja, z. T. Stellplätze mit Strom-, Wasser- und Abwasseranschluss; **Abwasser:** neue und tadellose Entsorgungsplattform gleich hinter der Rezeption; z. T. Entsorgung am Stellplatz möglich (mit geeignetem Schlauch oder Eimer); **Chemie-WC:** 3 Entleerungsstellen in Sanitärgebäuden; **Strom:** ja; **Preis:** ca. 260 kn (35 €); **Geöffnet:** 18.04.-10.10; **Kontakt:** Tel. 053 661226, Fax 053 661225, turno@turno.hr, www.turno.hr

Fährt man rechts (östlich) an Novalja vorbei, so gelangt man ca. 6,5 km hinter dem Ort nach **Stara Novalja** (Alt-Novalja), dem einstigen Fähranleger, dessen großer, schattenloser Parklatz heute etwas verwaist liegt und die Möglichkeit zu einer ruhigen und gebührenfreien Mittags- oder Kaffeepause bietet.

Radtour

Wer ein bisschen Einsamkeit sucht oder eine nette Radtour unternehmen will, kann auf der recht guten Teerstraße nördlich von Novalja durch die karge Steppen- und Buschlandschaft der schmalen Halbinsel von Lun bis fast zu ihrer Nordspitze fahren (ca. 24 km einfach).

Parken und Picknick

Stara Novalja: großer, schattenloser Parkplatz am alten Fährhafen

Parken und Baden

Stara Novalja: schattenloser Wiesenplatz am Ortseingang rechts gegenüber Strandbad mit Toilette und Kiosk

ÜBER DEN INSELRÜCKEN

Fährt man von Novalja auf der Inselstraße nach Süden, so sieht man ca. 1 km hinter der Abzweigung nach Žgljen links einen schmalen Teerweg abzweigen, der durch den Kiefernwald zum Kiesstrand an der **Zrće-Bucht** führt. Außerhalb der Saison ein wahrhaft idyllisches Plätzchen mit P Parkmöglichkeit direkt auf dem Kiesstrand (s. Foto S. 144), im Sommer ein Riesen-Rummel mit teurem Parkplatz.

Auf den folgenden 5 km klettert die Straße höher auf den Inselrücken empor und zieht sich durch die grafischen Linienmuster zahlloser Steinmauern. Nach links zweigen immer wieder kleine Sträßchen ab, an denen Täfelchen einen „Plaža“ versprechen. Mit einem kompakten Fahrzeug lässt sich hier manches Idyll entdecken (besonders außerhalb der Saison); für größere Mobile sind die teils engen und steilen Zufahrten kaum geeignet.

Hinter dem Weiler **Kolan** schwingt sich die Straße zur Außenküste der Insel hinüber und eine kleine Stichstraße zweigt rechts zum fantastisch gelegenen Campingplatz „Šimuni“ ab.

Camping 38 Camping Šimuni***

33 T 497383 4923548 / 44,46523°N 14,96710°O

Sehr großer und überaus reizvoll gelegener Platz (z. T. Parzellen) mit Eichen und Pinien, der u. a. eine ganze Halbinsel umfasst; langer Kies- und Sandstrand, viele Sportangebote; Fisch-/Lebensmittelladen, Restaurant, Bungalows. **Lage/Anfahrt:** etwa 2,5 km hinter Kolan nach rechts den Schildern folgen; **Wasser:** ja, z. T. Stellplätze mit Strom- und Wasseranschluss; **Abwasser:** ja, („Trokadero"-)Plattform mit Deckel ohne Gitter, etwas enge Zufahrt (Vorsicht Bäume!) und falsches Gefälle; **Chemie-WC:** ja, in Sanitärgebäuden; **Strom:** ja; **Preis:** ca. 265 kn (35,60 €), Zuschlag für 1. Reihe 74 kn (10 €); **Geöffnet:** ganzjährig; **Kontakt:** Tel. 023 697441, Fax 023 697442, info@camping-simuni.hr, www.camping-simuni.hr

▼ *Badestrand am Camping Simuni*

045kr Abb.: rh

Wieder geht es über den kargen Inselrücken empor – mit weitem Blick übers Meer und zwischen Flächen blauer Salbeiblüten hindurch. Dann blickt man plötzlich wie aus der Vogelperspektive hinab auf die Bucht von Pag und auf das Gittermuster der Salinenbecken. Zwischen beiden liegt das Renaissancestädtchen Pag, das ebenfalls im Schachbrettmuster angelegt ist. Und gleich bietet sich ein großer Ⓟ Parkplatz an, von dem aus man dieses Panorama bei einer Kaffeepause genießen kann.

Ⓟ Parken und Picknick

Unbefestigter, schattenloser Platz gleich nach der Linkskurve rechts mit weitem Ausblick

PAG – RENAISSANCESTADT MIT SCHACHBRETTMUSTER (Novalja – Pag 18 km)

Eine über 500 Jahre alte Stadt mit einem rechtwinkligen Straßenmuster wie Manhattan oder sonst eine US-Metropole – da schaut man doch überrascht. Doch tatsächlich ist das beschauliche Städtchen mit seinem unberührten Charme 1483 von *Juraj Dalmatinac* ganz am Reißbrett entworfen und planmäßig angelegt worden: rings um den weiten und prachtvollen Marktplatz, auf dem ein Denkmal des Baumeisters steht. Dahinter erhebt sich die Basilika Sv. Maria (1443–1488), an deren Fassade sich Elemente aus der Gotik und der Renaissance mischen.

Südlich der Stadt bedecken riesige **Salinen** die flache Lagune, in denen schon seit 1215 Salz gewonnen wird und die noch heute zu den bedeutendsten des Landes zählen.

In den schattigen Gassen sitzen alte Frauen vor der Haustür und arbeiten an den berühmten **Pager Spitzen,** die nicht gestickt oder geklöppelt, sondern genäht werden. Sie sind so fein verästelt und zart wie Schneekristalle. Daher arbeiten die Frauen selbst an den kleinsten Deckchen tagelang von früh bis spät. Kein Wunder, dass diese Kunstwerke ihren Preis haben.

In kühlen Gewölbekellern reift der berühmte *Paški Sir* (Schafskäse von Pag), sauber aufgereiht neben duftenden Schinken und alten Holzfässern, in denen der Wein lagert. Alle Köstlichkeiten zusammen bekommt man in **„Bepo Biles Konoba“** serviert. Schon das Lokal ist ein Erlebnis: ein uraltes Gemäuer, das *Bepo* mit viel Liebe und Geschmack auf rustikale Weise ausgestattet hat – mit wuchtigen Tischen und einem offenen Kamin, in dem ein Feuer flackert. Und die typische Konoba-Küche ist einfach, authentisch und ausgezeichnet.

046kr Abb.: rh

▲ *Pager Spitzennäherin*

Information

TZG Pag, Ulica od spitala 2, 23250 Pag, Tel./Fax 023 611301, info@pag-tourism.hr, www.pag-tourism.hr

Parken

Parken kann man entweder beim Supermarkt gleich links oder bei der Tankstelle links und um die Altstadt herum bis zum großen Parkplatz am Ufer (zeitweise gebührenpflichtig).

Essen

Konoba Bile, Juraj Dalmatinca 35, (Beschreibung s. Text oben); geöffnet (meist) 19–1 Uhr. Gute Küche bietet auch das Bistro Tamaris, Tel. 023 61227

Einkaufen

Spitzen: bei den Herstellerinnen direkt in Pag oder Umgebung (die Preise sind hoch)
Pager Käse: am besten direkt vom Hersteller; außerhalb der Stadt entlang der Straße oder in kleinen Orten abseits davon, wo Schilder *„Paški Sir“* oder einfach *„Sir“* darauf hinweisen (ebenfalls nicht billig)

Verlässt man Pag in Richtung Süden, so fährt man an den Salzwerken vorbei (leider versperrt meterhohes Rohrdickicht den Blick) und folgt der Solana-Bucht mit ihren Salzbecken und kommt dann durch eine Reihe kleiner Ortschaften, in denen immer wieder *„Paški Sir“* angeboten wird. Nach 7 km kann man in Gorica rechts abbiegen, um einen

047kr Abb.: rh

▲ *Die Ruinen der Brückenfestung*

Abstecher (6 km einfach) nach **Povljana** zu machen. Dort findet man außer vielen Obst- und Gemüseständen den schönsten **Sandstrand** der Insel (an der Kirche vorbei rechts) und den kleinen, privaten Campingplatz „Malo Dubrovnik“ (die Zufahrt ist beschildert und problemlos).

Etwa 20 km von Pag entfernt erreicht man die 340 m lange Brücke **Paški-Most** (kostenlos), über die man von der Insel zurück aufs Festland gelangt. Auf einem kahlen, weißen Felsenriegel inmitten tiefblauer Fluten erheben sich die zerfallenden Mauern der **Most Fortica** (Brückenfestung).

Achtung:
Bei Bora kann die Brücke zeitweise gesperrt sein – manchmal für mehrere Tage!

Parken und Picknick

Ein Parkplatz mit schöner Aussicht befindet sich unmittelbar hinter der Brücke links; ca. 200 m vor der Brücke zweigt rechts ein Sträßchen ab, das zu einem zweiten, großen, ebenen, schattenlosen und meist ruhigen Parkplatz direkt bei der Ruine führt (UTM: 33 T 520346 4907795, 44,32313°N 15,25516°O). Wenn Sie mit Kindern unterwegs sind, bitte Vorsicht: Es herrscht Absturzgefahr! Schöner Blick auf die Brücke; manche übernachten dort.

Auf der anderen Seite kann man entweder geradeaus weiterfahren bis man nach ca. 23 km auf die Straße Nr. 8 stößt und dann links zur Maslenika-Brücke und dem Paklenica-Nationalpark fahren (siehe Route 2, S. 120) oder rechts nach Zadar (s. u.). Man kann aber auch schon nach knapp 10 km gleich hinter dem Dorf **Škulići** rechts abbiegen (dort, wo es links nach Ražanac geht) und auf kleinen Sträßchen durch die fruchtbare Gartenlandschaft von **Ravni Kotari** mit riesigen Melonenfeldern in Richtung Zadar fahren. Unterwegs passieren Sie zahlreiche Obst- und Gemüsestände. Vergleichen Sie die Preise! Sie sind nicht angeschrieben, sondern werden von den Händlerinnen spontan festgelegt!

NIN – WIEGE DER NATION UND DIE KLEINSTE KATHEDRALE DER WELT

(ca. 18 km von Zadar, 11 km von der Abzweigung bei Poljak)

Ehe man Zadar erreicht, lohnt sich unbedingt ein Abstecher in nördlicher Richtung nach **Nin.** Was heute ein unscheinbarer Fleck im Abseits ist, war einst Königsstadt, Bischofssitz und ein wichtiger Hafen; kurz: die „Wiege Kroatiens“. 846 begründete hier Fürst *Trpimir* die erste kroatische Herrscherdynastie. 879 erklärte sein Nachfolger Fürst *Branimir* seine Treue zur Römischen Kirche und wurde im Gegenzug von Papst *Johannes VIII.* als Herrscher des ersten selbstständigen Staates Kroatien anerkannt.

Wichtigste Sehenswürdigkeit des sympathisch verschlafenen Örtchens ist heute die **Kirche Sv. Križ (Heiligkreuz-Kirche).** Das im 10. Jh. errichtete vorromanische Kirchlein gilt nicht nur als die älteste Kirche des Landes, sondern auch als die kleinste Kathedrale der Welt. Diesen Titel verdankt sie dem Umstand, dass Nin Kroatiens erster Bischofssitz war. Hier residierte u. a. der von den Kroaten als Nationalheld verehrte Bischof *Grgur Ninski,* der im 9. Jahrhundert durchsetzte, dass in der Kirche anstatt dem Latein die den Menschen verständliche Glagoliza (siehe Exkurs S. 84) verwendet wurde. An ihn erinnert eine von dem berühmten kroatischen Bildhauer *Ivan Meštrovic* geschaffene Statue.

048kr Abb.: rh

▲ *Sveti Križ - das Kleinod aus dem Mittelalter*

Information

TZO Nin, Trg braće Radića 3, 23232 Nin, Tel. 023 265247, Fax 023 265247, tzg-nina@zd.t-com.hr, www.nin.hr

Parken

33 T 514469 4898653
44,24097°N 15,18121°O

an der Brücke rechts, 5 kn/Std. (ca. 0,70 €); neu angelegte Reihenparkplätze an der Brücke mit schönem Blick auf die Altstadt

Parken und Baden

Von der Straße zwischen Nin und Vrsi zweigen mehrere unbefestigte Stichstraßen zu einer schönen Meeresbucht mit flachen Sandstränden ab, die bislang fast nur von Einheimischen besucht werden.

› Landkarte Seite X

Fährt man von Nin weiter nach Zadar, so erblickt man kurz vor der Abzweigung zum Campingplatz „Zaton" auf einem Hügel rechts der Straße – unübersehbar und dank zweier vom Wind geformter Pinien äußerst fotogen – die altkroatische Wehrkirche **Sv. Nikola.** Das kleine, eher einem Wachturm als einem Gotteshaus ähnelnde Rundkirchlein stammt aus dem 11. Jahrhundert.

Parken und Picknick

Ein Wiesenparkplatz mit etwas abschüssiger Zufahrt liegt direkt an der Abzweigung zu der Kirche Sv. Nikola.

Camping

39 *Camping Zaton****

33 T 513306 4897934

44,23451°N 15,16662°O

Vorbildlicher, recht ebener Platz mit hohen Pinien, großen Parzellen, sehr guter Ausstattung, langem Kies-/Sandstrand, Pool, Restaurants, Shopping-Straße u. v. a. m.; riesengroß, aber so angelegt, dass man sich nicht bedrängt fühlt; einer der besten Plätze Dalmatiens. **Lage/Anfahrt:** von Zadar ca. 14 km nach Norden, dann links; **Wasser:** Wasserhahn und Abwasserschacht direkt am Stellplatz (Zone A), Schlauchadapter ist bei Bedarf kostenlos an der Rezeption erhältlich; **Abwasser:** Ver-/Entsorgungsstation außerhalb, nahe dem Nordende des Platzes (passt nicht ganz zur sonstigen Topqualität des Platzes); **Chemie-WC:** 6 Entsorgungsstellen in den Toiletten; **Strom:** ja; **Preis:** ca. 363 kn/ 48,80 € (Zone A), 337 kn/45,30 € (Zone B); Zuschlag: 1. Reihe 60 kn/8 €; **Geöffnet:** 01.05.–30.09.; **Kontakt:** Tel. 023 280280, Fax 023 280310, camping@zaton.hr, www.zaton.hr

ZADAR – RÖMERFORUM UND DIE SCHÖNSTEN MÄRKTE DALMATIENS

(Nin – Zadar ca. 18 km)

Wie ein wuchtiger Keil ragt die Altstadt von Zadar auf ihrer Halbinsel ins blaue Meer hinaus. Seit Jahrtausenden ist sie die bedeutendste Marktstadt Kroatiens und in ihren Straßen herrscht daher vormittags ein Gedränge, als ob ganz Dalmatien hierher zum Einkaufen käme. Wer Parkprobleme vermeiden will, kommt daher sehr früh oder mit dem Bus.

Information

TZŽ Zadar (Region Norddalmatien), Sv. Leopolda B. Mandića 1, 23000 Zadar, Tel. 023 315107, Fax 023 315316, tz-zd-zup@zd.t-com.hr, www.zadar.hr
TZG Zadar (Stadt-Information), I. Smiljaniča bb, 23000 Zadar, Tel. 023 212222, Fax 023 211781, tzg-zadar@zd.t-com.hr, www.visitzadar.net

Parken

Wer früh am Morgen kommt und/oder Glück hat, findet einen Parkplatz entlang dem Kai der **Obala Tomislava** bzw. ihrer Verlängerung, der **Liburnska Obala,** direkt vor den Mauern der Altstadt (Schildern „Trajekt" folgen); sonst steuert man besser den Parkplatz gegenüber an der **Obala Branimira** an, von dem man über die Hafenbrücke rasch zur Altstadt gelangt. Am stressfreisten ist es in der Saison fraglos, sich auf einem Campingplatz außerhalb (z. B. Zaton) einzuquartieren und den Bus zu nehmen bzw. den nagelneuen Radweg zu nutzen.

Auch wenn das Geschiebe dort am dichtesten ist, lohnt sich der Besuch der **Märkte** von Zadar unbedingt. Denn der täglich abgehaltene Fisch- und Bauernmarkt ist nicht nur der größte Markt Kroatiens, sondern ein Erlebnis für alle Sinne!

Übrigens: Zur Siestazeit, wenn der Markt vorbei ist, wird es in der Altstadt wieder deutlich ruhiger!

Einkaufen

Auf dem **Bauernmarkt** von Zadar bekommt man u. a. auch *Paški Sir* (Schafskäse aus Pag) und *Pršut* (Schinken); vergleichen Sie die Preise und lassen Sie sich ggf. von Einheimischen helfen. Der **Fischmarkt** jeden Morgen bietet frisch und relativ günstig alles, was an Essbarem in der Adria gedeiht. Nahe dem Ausgang der Fischhalle beginnt eine Gasse mit guten Metzgereien.

049kr Abb.: rh

▲ *Sv. Donat und der prachtvolle Dom Sv. Stošija*

Zu den klassischen Sehenswürdigkeiten der im 4. Jh. v. Chr. von den Römern gegründeten Stadt zählt das antike **Römische Forum** mitten in der heutigen Altstadt. Von der einst 95 m langen und 45 m breiten Anlage sind noch das Pflaster, Säulenfragmente und Kapitelle, eine 14 m hohe korinthische Säule, Reste eines Tempels und die Treppe zum ehemaligen Portikus zu sehen.

Daneben erhebt sich die Kirche **Sv. Donat,** die größte und kulturhistorisch bedeutendste altkroatische Kirche. An den im 9. Jahrhundert errichteten, vorromanischen Rundbau wurde im 12. Jahrhundert der prachtvolle Dom **Sv. Stošija** angebaut. Die dreischiffige Basilika ist ein Meisterwerk der Steinmetzkunst und heute das Wahrzeichen von Zadar.

Hie und da sollte man aber auch von der Hauptachse abweichen und durch die engen und schattigen Nebengassen bummeln, um die vielfältigen Sehenswürdigkeiten zu entdecken. Sie sind zu zahlreich, um hier auch nur einen Überblick geben zu können. Dafür müssen Sie schon einen Standard-Reiseführer bemühen. In diesen wiederum wird leider oft ein Hinweis auf die **Stadtmauer** vergessen, die einen großen Teil der Altstadt umrundet. Ein Spaziergang auf ihrer Krone eröffnet herrliche Blicke über Altstadt und Hafen. Sie ist zwar nicht so hoch und so berühmt wie die Stadtmauer von Dubrovnik, aber sogar noch länger als diese – und so dick, dass oben entlang eine Straße verläuft!

- 1 Agentur Atlas
- 2 Fischmarkt
- 3 Jadrolinija
- 4 Ugljan-Pier
- 5 Schnell- und Personenfähren
- 6 Informationen
- 7 Jadrolinija-Hauptstelle
- 8 Agentur Rimanic
- 9 Franziskanerkirche
- 10 Sv Stošija
- 11 Sv Donat
- 12 Post
- 13 Seefahrts-Museum
- 14 Sv Krševan
- 15 Meggi-Supermarkt
- 16 Markt
- 17 Atrij
- ★18 Patrizier-Palast
- ★19 Stadtwache
- 20 Sv Andrija
- 21 Agentur Kompass
- 22 Archäologisches Museum
- 23 Sv Marija
- 24 Internet-Café & Landkarten
- 25 Studentenkneipen
- @26 Multinet
- 27 Café Plaza
- 28 Nautisches Museum
- 29 Agentur Turisthotel
- 30 Sv Simun
- 31 Stadtinformation
- ★32 Stadtloggia
- 33 Foša

Banken

Essen

Restaurant Foša, am Fischerhafen Foša, Tel. 023 314422. Direkt über dem malerischen Fischerhafen der Altstadt gelegenes, gutes Fischrestaurant mit großer Auswahl (auch gute Fleischgerichte). Von der Terrasse bietet sich ein sehr schöner Blick über den winzigen Hafen, auf die Altstadt und übers Meer.

Restaurant Martinać, A. Paravije 7, Tel. 023 221645. Einfache, gemütliche Gostonica in einer Seitengasse nahe der Kirche Gospe od Kaštela. Täglich wechselnde preiswerte und schmackhafte Gerichte; Spezialität: Fisch, Meeresfrüchte und Tintenfisch-Risotto.

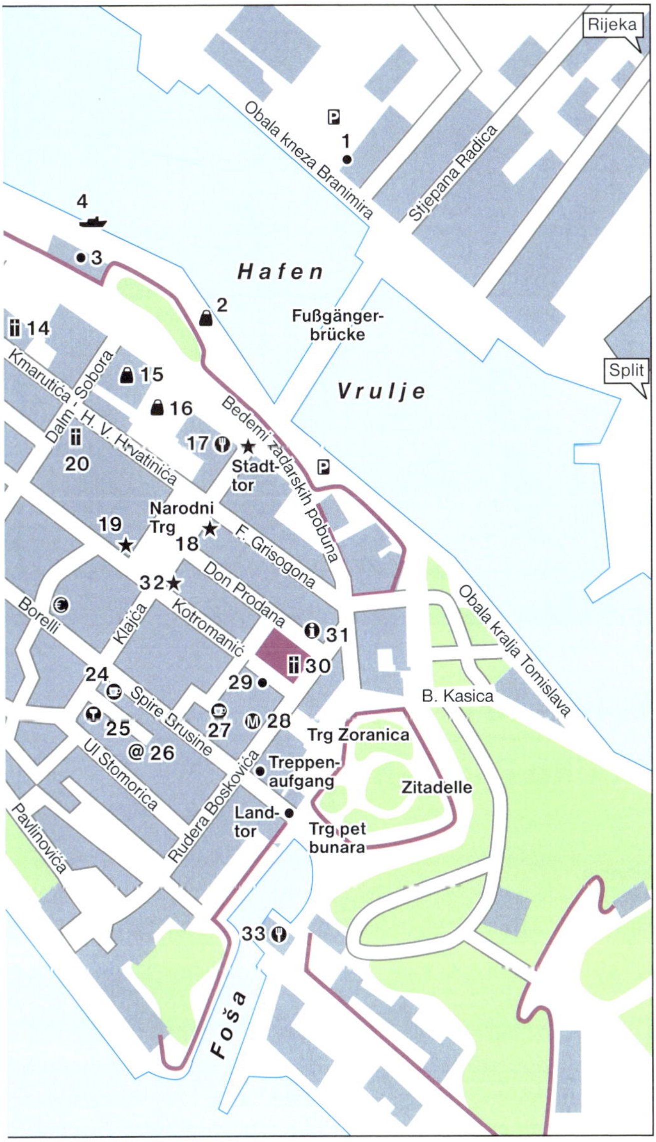

Fähren

Fährhafen an der Liburnska obala vor der Altstadt. Regelmäßige Autofähren zu den Inseln Ugljan, Pašman, Dugi Otok und Iž. Küstenfähren nach Pula, Rijeka, Split und Dubrovnik. Personenschiffe zu den Inseln Ist und Iž, jeweils mit Zwischenstopps auf kleinen Inseln. Tragflügelboot (nur Personen) nach Rijeka. Internationale Autofähre und Tragflügelschnellboote (nur Personen) nach Ancona/Italien.
Auskunft und Tickets: **Jadrolinija-Büro,** Liburnska obala 7 (am Fährkai), Tel. 023 254800, Fax 023 250351, zadar@jadrolinija.hr

Anschlüsse

Von Zadar kann man entweder entlang der Küste nach **Biograd** fahren (s. S. 163; den Schildern „Split/Šibenik“ folgen) oder mit einer der häufig verkehrenden Fähren zur **Insel Ugljan** übersetzen, von dort über die Brücke zur **Insel Pašman** gelangen und dann von Tkon die Fähre nach **Biograd** nehmen.

0501kr Abb.: rh

ABSTECHER ZU DEN INSELN UGLJAN UND PAŠMAN

▲ *Die kleine, kreisrunde Klosterinsel Galovac*

Entfernungen:
Preko - Ugljan 12 km einfach, Preko - Brücke ca. 10 km,
Preko - Pašman ca. 24 km, Pasman - Tkon 5 km

Die beiden „Garten-Inseln“ Ugljan und Pašman, unmittelbar vor der Küste von Zadar, sind grüner und fruchtbarer als fast alle anderen kroatischen Inseln (da es im Hinterland keine Berge und daher auch keine Bora gibt) und zudem vom Tourismus bislang relativ wenig berührt.

Fähren von Zadar nach **Preko** auf der Insel Ugljan verkehren etwa jede halbe Stunde, da viele Ugljaner als Pendler in Zadar arbeiten. Nach kaum 30 Minuten geht man im Fährhafen südlich von Preko an Land. Eine etwas schmale und steile Stichstraße führt hinab in die Gassen der „Hauptstadt“ mit ihrem malerischen kleinen Fischerhafen, an dem ein großer Platz die beste Parkmöglichkeit bietet.

Information

Ugljan Tourist Board,
23275 Ugljan,
Tel./Fax 023 288011,
info@ugljan.hr,
www.ugljan.hr,
Fähre: Tel. 023 286008
(Preko/Ugljan)

Parken

Preko: Parkplatz am Fischereihafen;
Fährhafen außerhalb von Preko: großer befestigter und unbefestigter Platz

Prekos Hauptsehenswürdigkeit, die winzige, kreisrunde **Klosterinsel Galovac,** schwimmt nur einen Steinwurf vom Ufer entfernt im Wasser. Ein Bootstaxi bringt die Gäste hinüber auf die von den Einheimischen wegen ihrer Liegewiesen geschätzte Badeinsel, auf der die Franziskaner im 15. Jahrhundert ein Kloster errichtet haben. Ein weiteres, reizvoll am Meer zwischen alten Kiefern gelegenes Franziskanerkloster (**Sv. Frane** aus dem Jahr 1430) findet man im 12 km entfernten Nachbardorf **Ugljan.** Dort gibt es auch einen kleinen Campingplatz.

Information

TZO Pašman, Tel./Fax 023 260155, pasman@ugljan-pasman.com, www.ugljan-pasman.com/pasman

Auf den über Preko aufragenden **Berg Sv. Mihovil** mit Festungsruine und einem grandiosen Ausblick über die ganze Insel und den halben Archipel von Zadar führt eine schmale Teerstraße hinauf, die sich besser für einen Spaziergang (ca. 1,5 Std.) eignet als für größere Fahrzeuge.

Vorbei an Olivenhainen, Feigenbäumen und Zypressen zieht sich die Inselstraße über Kukljica nach Süden und über die elegant geschwungene Bogenbrücke hinüber nach **Pašman.** Eine Nebenstraße zweigt links zum gleichnamigen Hauptort ab, in dem man die rustikale Gaststätte „Lanterna" findet.

Essen

Lanterna, Pašman, direkt am Ufer gelegene Gaststätte mit gutem und preiswertem Essen

Konoba „Treva". Im malerischen Weiler Ugrinić werden in der musealen Bauernstube an großen, rohen Holztischen Wein, Brot, eingelegte Gurken, Oliven, Schafskäse und Räucherschinken aus eigener Produktion serviert; abends Fischgerichte (vor dem Dorf parken! – und die wenigen Schritte zu Fuß gehen).

▲ *Vom Berg Sv. Mihovil eröffnet sich eine grandiose Aussicht*

Ein kurzer Abstecher führt zum **Franziskanerkloster Kraj,** das wunderbar still am Meer liegt, frisch restauriert wurde und nun klösterlich schlichte Zimmer vermietet.

Aber das wohl schönste der vier Inselklöster ist das winzige, auf einem Gipfel des Berges Ćacovac gelegene, 1125 errichtete **Kloster Tkon.** Zwar führt auch zu ihm eine sehr schmale Teerstraße hinauf, Wohnmobilisten sollten jedoch unten an der Hauptstraße parken, da es beim Kloster weder Parkmöglichkeit noch Platz zum Wenden gibt.

Parken und Essen

Beim **Kloster Kraj** ist ein unbefestigter Platz direkt am Ufer. Im ehemaligen Speisesaal des Klosters gibt es ein sehr schönes Restaurant.

Am **Fährhafen Tkon** befindet sich ein großer befestigter Parkplatz mit Bars und Restaurants.

Fähren

Tkon – Biograd (ca. 30 Min.), zwischen 6 und 21 Uhr etwa stündlich

Info: Tel. 023 285201 (Tkon/Pašman), Tel. 023 384589 (Biograd)

ABSTECHER ZUR INSEL DUGI OTOK

Entfernungen:
Sali - Zaglav 4 km, Zaglav - Brbinj 20 km,
Brbinj - Božava ca. 10 km, Bozava - Verunić ca. 5 km

Dugi Otok („Lange Insel“) wird wenig besucht und noch viel seltener mit dem Wohnmobil angesteuert, da sie relativ weit draußen im Meer liegt und die Fährpassage (1,5 Std.) nicht ganz billig ist. Trotzdem und gerade deshalb ist sie ein faszinierendes Ziel und meine kroatische Lieblingsinsel überhaupt.

Tanken

Es gibt auf der ganzen Insel nur eine Tankstelle am Hafen von Zaglav.

Fähren

Zadar – Brbinj (1,5 Std.), tgl. 2–3 Passagierfähren (zeitweise auch Autofähren) von **Zadar nach Sali und Zaglav** (1,5 Std.). Keine Verbindung ab Ugljan/Pašman

Info: Jadrolinija-Büro, Zadar, Liburnska obala 7 (am Fährkai), Tel. 023 254800, Fax 023 250351, zadar@jadrolinija.hr; Brbinj (Dugi otok), Tel./Fax. 023 378713

Die gute und wenig befahrene **Inselstraße** durchzieht Dugi Otok auf seiner gesamten Länge von 52 km und gilt als eine der schönsten Panoramastraßen auf den Inseln Kroatiens. Von vielen Stellen genießt man herrliche Ausblicke über das Meer und die umliegenden Inseln – manchmal aber leider auch auf rostige Autowracks und wilde Müllkippen. Berühmt ist die Insel auch für ihr kristallklares Wasser, für ihre einsamen Strände und als Taucherparadies.

▼ *Südsee-Flair: die Sakarun-Bucht*

052kr Abb.: rh

Von **Sali,** dem Hauptort der Insel mit beschaulichem Hafen, schlängelt sich die Inselstraße meist in luftiger Höhe nach Nordwesten. Ein Stopp lohnt sich beim Weiler **Savar,** wo auf einer Halbinsel beim alten Friedhof die **Kirche Sv. Pelegrin** aus dem 13. Jahrhundert steht, einer der bedeutendsten altkroatischen Sakralbauten. Wunderschön gelegen, recht ursprünglich erhalten und meist überraschend ruhig ist auch **Božava**, der touristische Hauptort der Insel.

Tauchparadies Božava

Die einzigartigen Taucherparadiese von Dugi Otok und der abenteuerlichen Telašćica-Bucht erschließt der Diverclub Božava. Die Tauchbasis unter deutscher Leitung mit Schule, Flaschenfüllstation, Geräteverleih und eigenem Bootsanleger bietet Kurse für Anfänger, Fortgeschrittene und Tauchlehrerassistenten.

Diverclub Božava, Hotel Božava, 23286 Božava, Tel. 023 318891, Fax 023 319287, Büro Deutschland: Tel. 0170 5951798, Tel. +385 995912264, tauchen@bozava.de, www.bozava.de

Information

TZO Sali, Obala P. Lorinija, 23281 Sali, Tel./Fax 023 377094, tz-sali@zd.t-com.hr, www.dugiotok.hr

Parken

vor dem Ort nahe der Bushaltestelle

Kurz hinter der Abzweigung nach Božava fährt man über eine Kuppe – und jenseits davon eröffnet sich plötzlich ein traumhafter Blick auf die „südsee-blaue" **Sakarun-Bucht** links und bis zur Pantera-Bucht und dem Leuchtturm am Nordkap der Insel. Dort kann man in Panoramalage eine Picknickpause mit weitem Ausblick genießen – und traumhafte Sonnenuntergänge über dem Meer erleben!

Parken und Picknick

unbefestigter, nicht ganz ebener Parkplatz links der Straße, ca. 2 km hinter der Abzweigung nach Božava

Camping

Es gibt bislang keinen Campingplatz auf der Insel (weshalb vermutet werden kann, dass hier diskretes Freistehen evtl. noch geduldet wird).

Gegenüber der Sakarun-Bucht zweigt rechts eine Teerstraße nach **Verunić** ab, das malerisch an der **Pantera-Bucht** liegt und einen Abstecher lohnt. Außerhalb der Saison wird man einen traumhaften Parkplatz direkt am Wasser finden (evtl. sogar über Nacht); sonst kann man bei den netten Leuten von **„Gorgonia"** (s. u.) fragen, ob man gegen eine kleine Gebühr auf ihrem schattigen (etwas unebenen) Parkplatz stehen darf. An einem milden Abend sollte man sich auf der Terrasse des sympathischen kleinen **„Restaurant DM"** ein ausgiebiges Abendessen gönnen (Fisch, Muscheln oder sonstige Meeresfrüchte!), das für mich zu den besten und am schönsten gelegenen Restaurants des Landes zählt. Auf den Tisch kommt hier, was *Dragan* am Morgen aus dem Netz gezogen hat – oder unmittelbar nach Bestellung aus seinen Muschel- und Krebsvorräten am Steg.

Essen

Restaurant DM, Put Mulića (Uferstraße), Tel. 023 378042; exzellente Küche, perfekter Service, idyllische Terrasse mit Meerblick – und die besten Miesmuscheln der Region! Spezialität ist Kalamare-Peka (vorbestellen).

Parken/Übernachten

Apartments Gorgonia. Wer einmal wieder in richtigen Betten schlafen will, dem bietet das traumhaft ruhig an der Pantera-Bucht gelegene Haus nicht nur saubere und komfortabel ausgestattete Apartments mit Balkon, eine Terrasse mit Grillplatz und einen kleinen Laden, sondern die überaus sympathischen Inhaber (Miriam spricht perfekt deutsch) sorgen auch für eine höchst angenehme Atmosphäre! Und das alles zu sehr familienfreundlichen Preisen. Essen kann man zwei Häuser weiter im „DM" (s. o.).

Verunić, Dugi Otok, Tel. 023 378153, Fax 023 378154, gorgonia@zadar.net.hr.

Im Winter: Tel/Fax +41 91 9944119 (Schweiz)

Achtung: Strand-Launen!

Es kann passieren, dass Sie zum berühmten Sandstrand von Sakarun kommen – und er ist gar nicht da! Anstelle von weißem Sand finden Sie dann nur Berge verfaulender Wasserpflanzen. Das ist jedoch kein Beweis mangelhafter Reiseführer-Recherchen, sondern eine Laune von Wellengang und Meeresströmungen, die zeitweise den Sand fortspülen und dafür tonnenweise Tang ans Ufer werfen. Doch nur Geduld: Früher oder später kommt der Sandstrand wieder zurück!

Kurz hinter der Abzweigung nach Verunić geht links ein Schotterweg ab, der durch einen Busch- und Waldstreifen zum schneeweißen **Sandstrand von Sakarun** führt, einem der schönsten Strände Kroatiens. Die Zufahrt zum schattigen [P] Parkplatz ist nur für sehr kompakte und robuste Fahrzeuge geeignet (schlechter Weg und tief hängende Äste), aber von der Straße sind es auch nur ein paar Schritte bis zum Strand. Allerdings gibt es an der Abzweigung kaum Parkmöglichkeiten. Der Sandstrand ist außerhalb der Saison meist völlig menschenleer und nach rechts zum Kap Lopata hin findet man traumhafte Felsbuchten.

Es lohnt sich, an der Abzweigung zum Weiler **Veli Rat** vorbei und weiter bis zum **Kap Veli Rat** zu fahren – auch wenn die Straße schmal wird und auf manchen Karten gar nicht mehr existiert. Sie führt durch eine faszinierende Buschlandschaft mit goldenem Ginster und verwilderten Olivenhainen, an der Pantera-Bucht entlang und zu einem großen, traumhaft gelegenen [P] Parkplatz beim **Leuchtturm Veli Rat** am gleichnamigen Nordkap der Insel. Direkt am Leuchtturm dehnt sich ein großer, teils schattiger Wiesenplatz; nach rechts weg findet man ebene Plätze zwischen den hohen Pinien. Links und rechts des Kaps gibt es mehrere kleine, aber wunderschöne Kiesbuchten zwischen weißen Kalkfelsen.

Aber Achtung: Keinerlei offenes Feuer! Der trockene Waldboden ist extrem leicht entzündlich!

053kr Abb.: rh

Parken, Picknick und Baden

Direkt vor dem und etwas rechts vom Leuchtturm findet man traumhafte Park- und Picknickplätze in idyllischer Natur!

TELAŠĆICA-NATURPARK

Etwa auf halber Strecke zwischen Sali und Zaglav zweigt nach Westen eine kleine Teerstraße ab, die in Richtung **Telašćica-Bucht** durch eine dürre Steppenlandschaft mit herrlichen Meerblicken und einigen kleinen Parkplätzen führt – zeitweise hoch oben über dem blauen Wasser, dann wieder direkt am Ufer entlang. An einem Seitenarm befindet sich links der Straße in einsamer Lage ein gutes **Restaurant** mit herrlicher Terrasse (erkennbar an davor aufgestellten Miet-Rollern). Nach einem steilen Aufstieg und kurz bevor man rechter Hand die Militärstation passiert, liegt rechts ein kleiner, unbefestigter Parkplatz auf einer rund 150 m hohen, senkrechten Klippe über dem Meer. Ein spektakulärer Ausblick! Die Straße reicht jedoch nicht – wie auf manchen Karten angegeben – bis zur Hauptbucht nahe dem See hinunter, sondern endet knapp 2 km vorher bei einem kleinen, schattenlosen Parkplatz, von dem ein Fußweg durch Buschland bis zum **Naturpark-Zentrum** mit Restaurant verläuft. Keine Angst: Die „Schlangen", die Sie unterwegs sehen werden, sind überwiegend harmlose „Riesen-Blindschleichen" *(Scheltopustik)* – und in jedem Fall sehr scheu und rasch verschwunden! Vom Restaurant führt ein kurzer und breit ausgetretener Pilgerweg bis zum **Salzsee Mir** mit seinem warmen Wasser und schattigen Picknickplätzen.

Sehr lohnend – wenngleich etwas beschwerlich, da es keinen Pfad gibt – ist eine kleine **Wanderung** (2–3 km) entlang dem Steilabbruch der Klippen zwischen der Bucht und dem offenen Meer. Die Ausblicke sind atemberaubend! Aber Vorsicht: Es gibt keinerlei Geländer oder sonstige Absicherung!

▲ *Wer solche atemberaubenden Ausblicke genießen will, sollte keine Höhenangst haben*

Telašćica-Naturpark

Ulica Danijela Grbin bb,
23281 Sali,
Tel./Fax 023 377395,
telascica@zd.t-com.hr,
www.telascica.hr

▶ *Biograd, die weiße Stadt am Meer*

ZWISCHEN ZADAR UND ŠIBENIK

Entfernungen:
Zadar - Sukošan ca. 9 km, Sukošan - Sv. Petar 8 km, Sukosan - Sv. Filip i Jakov 14 km, Sukošan - Biograd 21 km

Parken
33 T 524721 4877795; 44,05290° N 15,30861° O
Sukošan: Großer, geschotterter Platz am Hafen; 15.06.-15.09. 8-22 Uhr, sonst 15-20 Uhr; 3 kn (0,4 €) pro Std.

Auf der gut ausgebauten Küstenstraße in Richtung Šibenik ist man rasch aus der großen Stadt heraus und rollt weiter an der Urlaubsküste entlang. Keine 10 km weiter passiert man schon das hübsche Badestädtchen Sukošan, das von einer Reihe langer Sand- und Kiesstrände gesäumt ist. Südlich des Orts finden sich direkt an der Straße einige strandnahe Parkmöglichkeiten im Pinienwald, die nicht weit vom Strand entfernt sind.

Den besonders gut ausgestatteten, sympathischen und schön gelegenen Privat-Campingplatz „Filko" mit Strand erreicht man vor dem Ortseingang von Sveti Petar.

Parken und Baden
Südlich von Sukošan gibt es eine Reihe kleiner Parkplätze unter Pinien und nicht weit vom Strand, aber direkt an der viel befahrenen Uferstraße; ein Platz liegt an der Zufahrt zum Camping „Maleni-ca" auf ebener, aber schattenloser Wiese am Meer und sieht fast wie ein Campingplatz aus; Vorsicht: nach Regen z. T. morastig!

Camping

40 Camping Filko **
33 T 529448 4872504
44,00509° N 15,36733° O
Sehr schöner, kleiner und bestens ausgestatteter Privatplatz am Strand mit großen schattigen Parzellen auf einer ebenen Wiesenfläche; Bar-Restaurant mit Fisch, Grillgerichten, Spaghetti; Terrasse mit schönem Meerblick; sehr netter und hilfsbereiter Betreiber. **Lage/Anfahrt:** am Ortseingang rechts beim Badestrand; **Wasser:** ja, sehr gut, mit Schlauch; **Abwasser:** perfekte Station mit guter Zufahrt; **Chemie-WC:** perfekt und so schön gefliest, dass man sich kaum traut, die Kassette zu leeren!; **Strom:** ja; **Preis:** 130 kn (18 €); **Geöffnet:** Juni-Sept.; **Kontakt:** Tel. 023 391177, Fax 023 391109, Mobil 091 5132311, info@autokamp-filko.hr, www.autokamp-filko.hr

Camping

41 *Camp Đardin* **

33 T 534416 4867630

43,96099 °N 15,42899 °O

Ausgesprochen sympathischer und familiärer, wenngleich etwas veraltet wirkender Platz in einer Parklandschaft mit alten Bäumen (der Name des Platzes bedeutet tatsächlich auch „Garten"). Er liegt gegenüber der Insel Pašman und hat einen schönen Blue-Flag-Strand. **Lage/Anfahrt:** in Sv. Filip i Jakov rechts; **Wasser:** ja; **Abwasser:** Plattform vorhanden; **Chemie-WC:** ja; **Strom:** ja; **Preise:** 190 kn (ca. 26,50 €); **Geöffnet:** 15.04.-15.10.; **Kontakt:** Tel. 023 388607, camp.gardin@camping-croatia.com

BIOGRAD NA MORU (Zadar - Biograd 26 km)

Die „Weiße Stadt am Meer" ist ein beliebter Badeort und der Ausgangspunkt für viele Bootsausflüge in die Inselwelt der Kornaten. Obwohl die Stadt auf eine sehr lange Geschichte zurückblicken kann, hat sie außer den Resten einer römischen Villa keine nennenswerten Baudenkmäler vorweisen. Dafür gibt es hier aber ein sehr sehenswertes Stadtmuseum mit Exponaten aus der umfangreichen Ladung eines gesunkenen venezianischen Handelsschiffes aus dem 16. Jahrhundert.

Information

TZG Biograd, Trg hrvatskih velikana 12, 23210 Biograd, Tel./Fax 023 383123, info@tzg-biograd.hr, www.tzg-biograd.hr

Pakostane, Kraljice Jelene, 7823211 Pakoštane, Tel. 023 381892, Fax 023 381608 www.pakostane.hr, tzo pakostane@zd.t-com.hr

Stadtmuseum

Krešimirova 22, gegenüber Pier 1; Mo-Sa 8-12 und 18-22 Uhr

Essen

Kornati, Šetalište kneza Branimira 1, Tel. 023 384505; Marina-Restaurant mit gehobenem Service und guten Fisch- und Fleischgerichten (die Restaurants in den Marinas sind fast immer sehr gut!)

Fähren

Biograd - Tkon (ca. 30 Min.), zwischen 6 und 21 Uhr etwa stündlich

Info: Tel. 023 384589 (Biograd), Tel. 023 285201 (Tkon/Pašman)

Camping

42 *Camping Soline* ****

33 T 536534 4863996

43,92818 °N 15,45514 °O

Großer, parzellierter Platz im Pinienwald, der bis zum Kiesstrand reicht; schön, aber oft sehr voll; Womos können fast am Strand stehen. **Lage/Anfahrt:** nach Biograd hinein und dann links den Schildern folgen; **Wasser:** ja; **Abwasser:** neue, tadellose Plattform am Rand des Platzes; **Chemie-WC:** ja; **Strom:** ja; **Preis:** 289 kn (38,80 €); inkl. 14 kn (1,90 €) Anmeldegebühr); **Geöffnet:** ganzjährig; **Kontakt:** Tel. 023 383351, Fax 023 384823, info@camp-soline.com, www.campsoline.com

Quickstop:

Der Platz bietet als einer der wenigen spezielle Wohnmobil-Plätze in netter, schattiger Lage; Übernachtung inkl. Ver-/Entsorgung je nach Saison 98-123 kn (13,20-16,50 €); zzgl. Anmeldegebühr und Kurtaxe von je 7,40 kn (1 €) pro Pers.

VRANER SEE (VRANSKO JEZERO)

Entfernungen:
Biograd - Pakoštane 5 km, Pakoštane - Pirovac 16 km, Pirovac - Tisno 7 km

Information

Park Prirode, Kralja Petra Svačića 2, 23210 Biograd, Tel. 023 383181, Fax 023 386453 info@vransko-jezero.hr, www.vransko-jezero.hr

Der Abstecher in die Seitenstraße 2 km hinter Biograd rechts lohnt sich nicht - sie führt nur zum stark gesicherten Gelände eines privaten Clubs. Hingegen sollte man 5 km hinter Biograd bei **Pakoštane** links biegen, um den ungewöhnlichen und grasgrünen Vraner See (Vransko Jezero) zu erreichen. Der rund 12 km lange und nur durch eine schmale Landbrücke vom Meer getrennte See ist äußerst fischreich und deshalb in Anglerkreisen weltbekannt. An seinem moorigen Schilfufer erstreckt sich ein Vogelschutzgebiet, in dem zahlreiche Sumpf- und Wasservögel leben, darunter die einzige Kolonie von Purpurreihern. Leider sind See und Fauna durch die Klimaveränderung bedroht. In den letzten Jahren ist der Wasserspiegel gefallen und einstige Sumpfgebiete trocknen aus.

056kr Abb.: rh

▲ *Am grünen Vraner See*

Parken

33 T 540564 4861653
43,90687°N 15,50515°O,

In **Pakoštane** zwischen der Abzweigung und dem Ortsbeginn, 5 kn/Std. (0,70 €) von 7–23 Uhr. (Viele weitere kleine Parkplätze und Mini-Camps, die oft nur Vorgärten sind.)

Parken und Baden

33 T 540989 4864182 / 43,92961°N 15,51065°O

Ein schattiger Parkplatz mit öffentlichem Badestrand am Vraner See.

Camping

43 Camp Frankenland

33 T 550259 4854690 / 43,84359°N 15,62523°O

Außergewöhnlicher, kleiner Platz (max. 8 Mobile) für Leute, die es ganz familiär mögen. Mit einfachsten Mitteln, aber viel Liebe und Kreativität angelegt (Wasser aus dem Tank, solarbeheizt und mit Solarstrom). Der fast achtzigjährige gebürtige Franke begrüßt seine Gäste mit selbstgebrautem Kräuterschnaps und verkauft biologisches Olivenöl aus eigenem Anbau. Er gibt hervorragende Tipps und hilft nach Möglichkeit bei Transporten etc. **Lage/ Anfahrt:** Problemlos und von der Adriamagistrale her bestens ausgeschildert; **Wasser:** ja; **Abwasser:** ja; **Chemie-WC:** nein; **Strom:** ja (sparsam nutzen); **Preis:** 104 kn (ca. 14,30 €); **Kontakt:** Tel./Fax 022 467464

Essen

Tri Ferala, Pakostane Ivana Mestrovica b.b., Tel. 023 381107. Sehr gute Küche mit großer Auswahl und gutem Service; zu den Spezialitäten des Restaurants zählen Tintenfisch und Scampi und wer besonders großen Hunger hat bestellt ein Steak nach Art des Hauses!

Ab Pakoštane sind es rund 16 km durch eine kaum besiedelte Region mit Kiefernwald, über den hinweg sich einmal Blicke auf den grünen See, dann auf das blaue Meer eröffnen – unterbrochen nur von dem Weiler **Drage** und einer Abzweigung rechts zum Camping „Frankenland" (privates Minicamp).

Parken und Baden

Drage: südöstlich des Orts mehrere kostenlose, schattige Parkplätze
von denen Pfade zum Felsstrand führen

Camping

44 *Autocamp Oaza Mira* ★★★

33 T 542818 4859363 / 43,88613°N 15,53305°O

Außergewöhnlich schöner, vorbildlich gestalteter und relativ ruhiger Platz, etwas abseits der Hauptroute. Eigene feinkiesige Bucht, schön angelegte Terrassen mit hohen Pinien, einzigartige Sanitäranlagen mit Wasserspiel; trotz allem leger und unprätentiös. Einer der Toptipps in ganz Kroatien. **Lage/Anfahrt:** am nördlichen Ortsrand von Drage Richtung Meer, völlig problemlose Zufahrt; **Wasser:** ja; **Abwasser:** vorbildliche Plattform am Rand des Platzes; **Chemie-WC:** perfekt; **Strom:** ja; **Preis:** 170 kn (ca. 23 €); **Geöffnet:** 01.04.-31.10.; **Kontakt:** Dr. Franje Tuđmana 2, 23211 Drage, Tel. 023 635419, Fax 023 635393, info@oaza-mira.hr, www.oaza-mira.hr

INSEL MURTER

Abzweigung – Tisno 4 km (einfach), Tisno – Murter 5 km (einfach)

Hat man Pirovac passiert, so erreicht man bald eine Kreuzung, an der es rechts zur Insel Murter geht. Die fruchtbare Insel mit schönen Badebuchten 25 km nordwestlich von Šibenik ist für Badeurlauber und Segler ein beliebter Anlaufpunkt. Sie hat den Vorteil, auch ohne Fähre erreichbar zu sein, da sie durch eine Klappbrücke mit dem Festland verbunden ist. Die Brücke ist in der Saison täglich von 9 bis 9.30 und 17 bis 17.30 Uhr geöffnet und die Straße dann gesperrt!

Nahe **Tisno,** kurz vor der Brücke geht es zum Campingplatz „Hostin" und der Inselort **Jezera** bietet das große Camp „Jezera-Lovišća".

Information

TZO Tisno, Istočna Gomilica 1a, 22240 Tisno, Tel. 022 438604, Fax 022 438603, tz-opcine-tisno@si.htnet.hr, www.tisno.info

Ausflüge in die Kornaten

Kornat Turist, Hrvatskih vladara 2, 22243 Murter, Tel. 022 435854, Fax 022 435853, www.kornatturist.hr

Coronata, Žrtava Ratova 17, 22243 Murter, Tel. 022 435933, Fax 022 435 555, coronata@si.htnet.hr, www.coronata.hr

Parken und Picknick

33 T 552194 4850016 / 43,80136°N 15,64885°O

Insel Murter, Tisno: Bootshafen vor der Brücke; kostenloser, unbefestigter, ebener Parkplatz

Camping

45 *Camping Rastovac (Tisno)*

33 T 552663 4850070
43,80182°N 15,65468°O

Leicht terrassierter, relativ großer Platz mit Bäumen und entspannter Atmosphäre; kleine Kiesbucht mit Felsen und Badeplattform; Restaurant, Bungalows, Sportanlagen, Geschäft. **Lage/Anfahrt:** bei Tisno kurz vor der Brücke den Schildern folgen; **Wasser:** ja; **Abwasser:** nur Schachtdeckel; **Chemie-WC:** ja; **Strom:** ja; **Preis:** ca. 149 kn (20 €); inkl. 18 kn Anmeldegebühr; **Geöffnet:** 15.05.-01.10.; **Kontakt:** Tel. 022 438373, Fax 022 438722, hostin-komerc@zg.htnet.hr, www.hostin.hr

› Landkarte Seite XI

Camping

46 Camping Jezera-Lovišća*** (Jezera)

33 T 550502 4848944

43,79184°N 15,62771°O

Riesengroßer, aber dennoch recht gemütlicher Platz um eine große Bucht mit sehr schönen, schattigen Parzellen; teils terrassiert; sehr gute Ausstattung, breites Sportangebot, Restaurant, Bungalows, Bootshafen.

Lage/Anfahrt: bei Jezera rechts den Schildern folgen; **Wasser:** ja, mit Schlauch; **Abwasser:** gute Ver-/Entsorgungsstation; Plattform mit Schacht; grüner Deckel für Abwasser und Chemie-WC; Zufahrt problemlos; **Chemie-WC:** ja; s. o. Abwasser; **Strom:** ja; **Preis:** 257 kn (35,50 €), Zuschlag in HS für weniger als 3 Nächte 20 %; **Geöffnet:** 26.04.-11.10.; **Kontakt:** Tel.022 439193 (Winter Tel. 439075), Fax 022 439215, info@jezera-kornati.hr, www.jezera-kornati.hr

VODICE (Pirovac – Vodice 11 km)

Information

TZO Vodice, Obala Juricev Ive Cota 10, 22211 Vodice, Tel./Fax 022 443888, info@vodice.hr, www.vodice.hr

Hinter dem Abzweig nach Murter folgen 8 km „dürre", küstenlose Strecke, ehe man schließlich den beliebten Badeort Vodice erreicht. Das reizvolle einstige Fischerstädtchen hat zwar inzwischen ganz auf den lukrativeren Tourismus umgesattelt, doch im alten Zentrum konnte es viel von seinem eigentlichen nostalgischen Charme bewahren, da sich Hotels und Marina außerhalb des Stadtkerns zwischen Bäumen verstecken.

Sehenswürdigkeiten bietet es sonst keine, dafür aber eine sehr gute touristische Infrastruktur und vielfältige Sportangebote. Zudem ist es ein beliebter Ausgangspunkt für Törns im Archipel von Šibenik und den Kornaten. Mit dem Wohnmobil biegt man am besten gleich links in Richtung Hotels und Marina, wo man auch den Campingplatz und Strände findet.

Camping

47 Autocamp Slanica (Murter)

33 T 547186 4850595

43,80692°N 15,58664°O

Sehr schöner und ruhiger Platz mit langer Felsküste. Wer sich durch die teilweise sehr enge Zufahrt nicht abschrecken lässt, findet hier Stellplätze mit traumhaftem Meerblick. Für mich eine der reizvollsten Lagen Dalmatiens.

Lage/Anfahrt: via Tisno nach Stari Murter und kurz davor links zur Slanica Bucht, teilweise sehr eng, aber machbar; **Wasser:** ja; **Abwasser:** nicht optimal, aber machbar; **Chemie-WC:** ja; **Strom:** ja; **Preis:** 124 kn (16,60 €); **Geöffnet:** 01.05.-30.09.; **Kontakt:** Jurja Dalmatinca 17, 22243 Murter, Tel. 022 434580, Fax 022 435911, Mobil 098 336741, m.j.commerce@murter-slanica.hr, www.murter-slanica.hr

Parken

Hinter Vodice, vor der Krka-Brücke rechts liegt ein großer, ebener Teerplatz mit Blick auf den tief eingeschnittenen Fluss.

ŠIBENIK (Vodice – Šibenik 11 km)

▲ *Blick von der Festung auf die Dächer von Šibenik*

Die alte Königsstadt mit ca. 40.000 Einwohnern liegt etwas vom offenen Meer zurückgesetzt nahe der Krka-Mündung und besitzt dennoch einen großen Hafen. Ihre terrassenförmig am Steilhang über einer fjordartigen Bucht aufgebaute Altstadt gilt als eine der schönsten der dalmatinischen Küste. In ihrem malerischen Labyrinth gibt es auf Schritt und Tritt etwas zu entdecken.

Irgendwann öffnet sich dann plötzlich die schattige Enge der Gassen und man tritt auf den weiten, sonnenüberfluteten Domplatz, auf dem das prachtvollste Bauwerk der Stadt mit seiner mächtigen Kuppel in den tiefblauen Himmel ragt: die weltberühmte, monumentale **Kathedrale Sveti Jakov.** Das Meisterwerk der Steinmetzkunst wurde vom berühmtesten Baumeister Dalmatiens *Juraj Dalmatinac* geschaffen, der in Bronze verewigt vor seinem Werk steht. Vom Domplatz steigen verwinkelte Treppen und Gassen hinauf zur **Festung Sv. Ana,** die einst von den Venezianern zur Türkenabwehr erbaut wurde. Der Ausblick von diesem Adlerhorst über die Dächer der Altstadt und auf den engen Meereskanal ist umwerfend.

Das **Urlauberzentrum** von Šibenik liegt 6 km außerhalb der Stadt an der Südspitze der Zablaće-Halbinsel in einem ebenen und schattigen Gelände mit Swimmingpool, Felsstrand, FKK und Pendelbussen nach Šibenik.

- 1 Stadtinformation
- 2 Sv Ivan
- 3 Mariä Himmelfahrt
- 4 Nationaltheater
- 5 Park
- 6 Pizzeria
- 7 Bars
- Cafés
- 8 Stadtloggia
- 9 Dalmatinac-Denkmal
- 10 Sv Jakov
- Bischofspalast
- 11 Rektorenpalast u. Museum
- 12 Croatia Bank & Budget-Autoverleih
- 13 D@ Noi
- 14 Jadrolinija
- 15 Franziskuskonvent
- 16 Informationsstelle der Region
- 17 Hauptpost
- 18 Supermarkt
- 19 Großer Parkplatz

Reigen der Geizhälse

Rings um die Chorapsiden der Kathedrale zieht sich ein Fries aus 71 Köpfen, die den Besucher mit ihren unterschiedlichen Gesichtern erheitern. Allesamt sind sie Zeitgenossen des Baumeisters, mit individuellen Zügen und teilweise in Form witziger Karikaturen: Bürger, Bauern und Adelige, Fischer, Mädchen und Matronen. Sie glotzen, gaffen, granteln oder ziehen Grimassen. Der Überlieferung zufolge sind es Geizhälse, die ihren Beitrag zum Bau der Kirche verweigerten und dafür nun seit Jahrhunderten am Pranger stehen.

059kr Abb.: rh

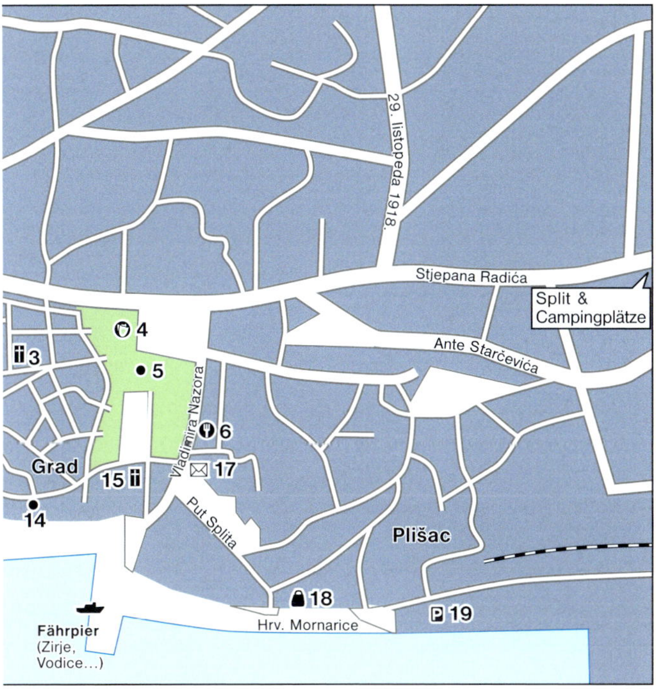

Information

TZO Šibenik (Stadt-Information), Fausta Vrančića 18, 22000 Šibenik, Tel. 022 212075, 022 214411, Fax 022 200183, tz-sibenik@si.t-com.hr, www.sibenik-tourism.hr

TZŽ Šibenik-Knin (Region Šibenik-Knin), Fra N. Ruzica bb, 22000 Šibenik, Tel. 022 219072, Fax 022 212346, tz-skz1@si.t-com.hr, www.sibenikregion.com

Internet

Café D@ Noi, J. Barakovića 3 (kleine Gasse wenig südöstlich des Trg Šibenskih Boraca, an dem die Touristinfo liegt)

Parken

33 T 571964 4842443
43,72991°N 15,89610°O

Sehr große gebührenpflichtige Parkflächen befinden sich nahe dem Ortsende jenseits von Fährhafen und Bahnhof – etwas südlich des Zentrums.

Fähr-Information

Jadrolinija, Dr Franje Tuđmana 7, Tel. 022 213468, Fax 022 200468 (Personenfähren zu den kleinen Inseln, Autofähre nach Zlarin, Küstenschnellfähre Rijeka – Dubrovnik)

Camping

48 Camping Solaris ***

33 T 570858 4838851
43,69930°N 15,87937°O

Großer Platz mit Wald- und Wiesenflächen nahe dem Strand; in der Saison sehr überlaufen; keine Parzellen (d. h., jeder okkupiert, was er kann); selbst mit Reservierung kann es bislang schwierig sein, einen Platz zu bekommen; älterer Standard. **Lage/Anfahrt:** am südlichen Stadtrand nach rechts (Westen) in Richtung Zablaće den Schildern folgen; **Wasser:** nur mit Kanister; **Abwasser:** „Plattform" im hintersten Winkel der Marina und dringend sanierungsbedürftig!; **Chemie-WC:** ja, bei der Abwasserplattform (aber recht zweifelhaft!); **Strom:** ja, zum Teil; **Preis:** ca. 181 kn (ca. 25 €); **Geöffnet:** 15.03.–31.10.; **Kontakt:** Hot. naselje Solaris, Tel. 022 361001, Fax 022 361800, info@solaris.hr, www.solaris.hr

060kr Abb.: rh

KRKA-NATIONALPARK (Šibenik – Skradin 18 km)

Nur wenige Kilometer landeinwärts von Šibenik hat der tief eingeschnittene Fluss Krka eine fantastische Wunderwelt geschaffen, die mit zum Schönsten gehört, was die vielfältige Natur an Kroatiens Küste zu bieten hat. 10 Kilometer nachdem man von der Adria-Magistrale Richtung Drniš abgebogen ist, geht es bei Lozovac links in den Nationalpark hinein. Wenige hundert Meter weiter gabelt sich die Straße zu den beiden Eingängen. Links gelangt man nach einer landschaftlich ungemein reizvollen Fahrt hinab ins tiefe Flusstal zu dem hübschen, kleinen Örtchen **Skradin.** Am Ortseingang steht ein großer, ebener [P] Parkplatz zur Verfügung und am Kai des malerischen Örtchens wartet eine ruswtikale, sehr empfehlenswerte Weinstube auf Besucher. Von Skradin fahren auch Ausflugsboote flussaufwärts zu den weltberühmten Wasserfällen.

[i] Information

TZG Skradin,
Trg Male Gospe 3, 22222 Skradin, Tel. 022 771329, Fax 022 771326, skradin@si.htnet.hr, www.skradin.hr

[P] Parken

33 T 574360 4852049 / 43,81777°N 15,92465°O

am Ortseingang Skradin, Gebühr: 7 kn/Std. (0,70 €), 50 kn/Nacht (7 €), 100 kn/24 Std. (14 €); großer, in der Saison recht voller Parkplatz mit wenig Schatten

33 T 574030 4852589 / 43,82267°N 15,92063°O

ca. 500 m außerhalb von Skradin, Gebühr: 5 kn/Std. (0,70 €), 40 kn/Tag (5 €); kleiner, schattenloser Wiesenplatz neben Privat-Camping

Essen

Prstać, Tel. 022 771312. Das nette Restaurant liegt bei der ACI Marina mit schattiger Terrasse, Blick auf den Hafen und sehr guten Fisch- und Muschelgerichten.

Camping

49 Camping Marina **

33 T 575877 4850072
43,79982°N 15,94324°O

Sehr ruhiger und netter Privatplatz – mit etwas Schatten; kleines, einfaches, aber gutes Restaurant mit solider Küche; sehr nette Leute; saubere Zimmer (80 kn/11 € pro Pers). **Lage/Anfahrt:** direkt an der Straße nach Skradin links; **Wasser:** ja; **Abwasser:** ja; **Chemie-WC:** ja, im Sanitärgebäude; **Strom:** ja; **Preis:** 80 kn (11 €); organisiert verschiedenste Exkursionen in den Park per Kleinbus und Boot (280 kn/39 €), bei denen man das eigene Fahrzeug nicht braucht und sicher manches entdecken wird, was man sonst versäumt; Rollervermietung 200 kn (27 €)/Tag; **Geöffnet:** April–Okt.; **Kontakt:** Tel. 022 778503, Mobil 091 5031402, predrag.skocic@si.t-com.hr, www.camp-marina.hr

Hält man sich an der Gabelung rechts, so erreicht man kurz darauf den Haupteingang des Nationalparks, der oberhalb des Tales auf dem Plateau liegt. Daneben erstreckt sich ein sehr großer, schöner [P] Parkplatz bis zum Waldrand. Von hier aus bringen Shuttlebusse die

◄ *Auf der Fahrt nach Skradin*

061kr Abb.: rh

▲ *Wie weiße Vorhänge schäumt das Wasser über die unteren Kaskaden im Krka-Nationalpark*

Besucher zu den **Wasserfällen.** Drunten klappert inmitten üppig grüner Natur eine museale Mühle, in der hübsche Trachten-Mädchen die uralte, aber höchst effiziente Technik vorführen. Zwischen rauschendem Wasser lockt ein zauberhaftes Café. Wenige Schritte weiter kommt man auf einen Felsvorsprung, von dem man den besten Blick auf die Hauptwasserfälle hat. Über 17 Felsstufen stürzen hier gewaltige Wassermassen insgesamt 46 m in die Tiefe – eine gischtende, weiße Wasserwand von fast hundert Metern Breite. Nicht zu Unrecht werden die Wasserfälle als die „schönsten Travertin-Wasserfälle Europas" gepriesen.

Durch die verwirrend verwobene Wasserwelt schlängelt sich ein schmaler Pfad, der über kleine Brückchen und Stege quer durch die urwaldhafte Natur führt. Überall gluckst, plätschert und rauscht es. Hier quillt ein Minifall aus dem Dickicht, dort stürzt sich ein mächtiger Strom über die Felsen. Blühende Seerosen bedecken einen stillen Tümpel, mannshohe Pflanzen mit riesigen Blättern verwandeln den Weg in einen Dschungelpfad. Dann steht man unterhalb der Fälle in einem grünen Wiesengrund vor einem kleinen Lokal, nahe dem sich die unteren Fälle in breiter Front über die Felsstufen ergießen. Eine erquickliche Oase, auf deren Terrasse man sich herrlich ausruhen kann.

ℹ Information

Nationalpark-Verwaltung,
Trg Ivana Pavla II br. 5,
22001 Šibenik,
Tel. 022 201777,
Fax 022 336836, info@npk.h, www.npkrka.hr

Ⓟ Parken

Ein riesiger, ebener, teils schattiger Platz liegt direkt am Haupteingang des Nationalparks (s. o.); kostenlos, Nachtpark-Verbot.

Vorzeitliche Waschmaschine

In einer Felsenkammer hinter der Mühle rauscht das Wasser direkt aus der Wand in ein rundes Becken: eine ebenso alte wie geniale Waschmaschine, die seit Jahrhunderten schon störungsfrei läuft! Die schmutzige Kleidung wird einfach hineingeworfen. Da der Wasserstrahl seitlich in das Becken schießt, erzeugt er einen starken Strudel, der die Wäsche sofort in die Tiefe zieht und dort im Kreis herumwirbelt. Eine halbe Stunde später ist sie sauber und wird mit einer Holzstange wieder herausgefischt. Verloren gehen kann dabei nichts, da die Strömung stets zur Mitte hin zieht.

124kr Abb.: rh

Stellplatz

(50) Womo-Stellplatz

33 T 577966 4849246
43,79216°N 15,96908°O

Schattenloser Wiesenplatz mit Steinmauer inmitten der Natur; keinerlei Ausstattung; eine Art „Beinahe-Stellplatz“. Vom (am Tag kostenlosen) Nationalpark-Parkplatz werden Wohnmobile abends verwiesen – und finden sich dann hier ein; der Inhaber kommt zum Kassieren vorbei; sehr ruhig, abgelegen, schattenlos; an Wasser, Abwasser und Strom wurde bei Redaktionsschluss noch gearbeitet. **Lage/Zufahrt:** kurz vor oberem Eingang des Krka-Nationalparks (Skradinski Buk) dem Schild nach rechts über einen Schotterweg durch die Trockensteppe folgen; knapp 100 m problemloser Wiesenweg; **Gebühr.** 40 kn/24 Std. (5,50 €). Achtung. Da die Vorschriften für Womo-Stellplätze neu festgelegt wurden und der Platz diesen nicht entspricht, kann es sein, dass er bald nicht mehr existieren wird.

› Landkarte Seite XII

Sandstrände und bizarre Felsenküsten, bunter Ferientrubel und stille Buchten, klares Wasser und Robinson-Inselchen – die Küste Mitteldalmatiens bietet jedem seinen Traumstrand. Und dazwischen liegen malerische, alte Städte voll römischer, byzantinischer und venezianischer Baudenkmäler.
Nach der mittelalterlichen Museumsstadt Trogir folgt die Straße der Kastelle mit einer ganzen Perlenkette lauschiger Küstenstädtchen und dann Solin mit einem faszinierenden Ruinenfeld riesiger Ausdehnung. Zentrum der Region ist die Metropole Split, die zweitgrößte Stadt des Landes und wohl die einzige Stadt der Welt, die aus einem römischen Kaiserpalast hervorgegangen ist. Zugleich dient ihr Hafen als Sprungbrett zu den ebenso zahlreichen wie unterschiedlichen Inseln: Brač, Hvar und Korčula (s. Route 6). An der Küste folgt die einstige Piratenfestung Omiš mit Sandstränden und der wildromantischen Cetina-Schlucht. Dann steigen steil aus dem Meer empor die weißen Kalkwände des Omiško-Gebirges und jenseits davon erreicht man die berühmte Makarska Riviera, die sich fast bis zum Delta der Neretva erstreckt.

074kr Abb.: rh

ROUTE 5

DIE KÜSTE MITTELDALMATIENS: ŠIBENIK BIS PLOČE

› Routenübersicht hinterer Umschlag innen

ROUTENÜBERSICHT

Entfernungen:
Šibenik - Trogir 62 km, Trogir - Split ca. 20 km, Split - Omiš 22 km, Omiš - Vrulja Bucht 23 km, Vrulja Bucht - Makarska 19 km, Makarska - Drvenik 29 km, Drvenik - Gradac 12 km

Parken und Baden
33 T 572603 4838249 / 43,69371°N 15,90094°O
Hinter Brodarica gelegener großer, schattenloser und kostenfreier Parkplatz an einem Kiesstrand. Wenig weiter folgt direkt hinter der Brücke über den Ausgang der **Morinje-Bucht** ein geteerter Parkplatz mit Tischen, Pinien und Meerblick. (33 T 574956 4835824; 43,67164°N 15,92981°O)

ZWISCHEN ŠIBENIK UND SPLIT

Hinter Šibenik endet das fruchtbare Tiefland Ravni Kotari und die Küste wird wieder buchten- und abwechslungsreicher. Auf dem kristallklaren Wasser schaukeln Fischerboote und an Kiesstränden sonnen sich Badegäste. Dicht am Meer entlang passiert man **Brodarica** und weitere winzige Fischerdörfer; dann geht es um die Grebaštica-Bucht herum und etwas höher empor. Immer wieder weisen Schilder auf Campingplätze hin – meist winzige Privatplätze im Vorgarten mit enger Zufahrt.

Camping

51 Privatcamp Ante & Toni**
33 T 577158 4831324
43,63091°N 15,95647°O
Eines von mehreren privaten Mini-Camps am Meer, die z. T. nicht mehr als Vorgärten sind und enge Zufahrten haben, aber einen eigenen Reiz; man sucht sich einen Platz – und abends kommt der Besitzer per Mofa zum Kassieren. **Lage/Anfahrt:** an der Südseite der Grebaštica-Bucht eine kleine Teerstraße hinab; ca. 1,5 km; **Wasser:** nur mit Kanister; **Abwasser:** nein; **Chemie-WC:** nein; **Strom:** ja; **Preis:** 90 kn (ca. 12,50 €) pro Nacht (inkl. Strom); **Saison:** 1.5.-30.9.; **Kontakt:** Sparadići bei Grebastica, Tel./Fax 022 577404, Mobil 091 5077893, toni.sparada@si.t-com.hr, www.dalmatianet.com/sparada. Tipp: Gute Pizza bekommt man in der nahen Pizzeria Roko mit Meerblick und sehr netter Bedienung.

52 Camping Jasenovo
33 T 576662 4833482
43,65038°N 15,95062°O
Idyllisches, kleines Familiencamp mit 50 Plätzen zwischen Pinienwald und weißem Feinkiesstrand; sauber, gut ausgestattet und erfrischend anders – ein echtes kleines Paradies. Liebevoll gepflegte Anlage mit eigenem Strand; gemütliches Café mit Meerblick (abends Fisch- und Grillgerichte). **Lage/Anfahrt:** beim winzigen Ort Jasenovo, nahe Brodarica (zwischen Šibenik und Primošten); Schild an der Straße beachten; problemlos erreichbar. **Wasser:** ja; **Abwasser:** ganz neue Entsorgungsplattform; **Chemie-WC:** ja; **Strom:** ja; **Preis:** 163 kn (22 €); **Geöffnet:** 01.05.-30.09.; **Kontakt:** Tel. 022 350550, Fax 022 350953, kamp@jasenovo.hr, http://jasenovo.hr

INSELSTÄDTCHEN: PRIMOŠTEN UND ROGOZNICA

(Šibenik - Primošten ca. 28 km, Primošten - Rogoznica ca. 8 km, Šibenik - Trogir ca. 62 km)

Um das Kap herum mit Ausblick auf eine schmale Landzunge erreicht man ca. 28 kurvenreiche Kilometer hinter Šibenik das malerisch auf einer Insel gelegene Fischerstädtchen Primošten. Errichtet wurde es im frühen 16. Jahrhundert von Flüchtlingen aus dem Landesinneren,

◀ *Vorseite:*
Peristyl: Das historische Split bei Nacht

Die Weinberge von Primošten

Die weltberühmten Weinberge von Primošten wurden auf zahllosen Fotos verewigt - ein riesiges Bild dieser einzigartigen Rebenhänge ziert sogar das UN-Gebäude in New York. Generationen von Winzern haben in mühevoller Arbeit Steine abgesammelt und die Hänge mit einem faszinierenden Graphikmuster winziger Karrees überzogen - Tausende und Abertausende von kleinen Vierecken. Dabei sind die freigelegten Nutzflächen kaum breiter als die Mauerwälle selbst: handtuchgroß, beinahe im wahrsten Wortsinn. Sie haben zudem einen dreifachen Nutzen: sie halten den Wind ab, reflektieren die Sonnenstrahlen auf die Reben und speichern die Wärme. Von weitem sehen die Hänge wie überdimensionale Seiten eines Rechenheftes aus, in dessen weißen Kästchen das frische Grün der Reben strahlt. Hier gedeiht der Babić, ein trockener Rotwein, der ebenso bekannt ist wie die dekorativen Steinwälle, zwischen denen er wächst.

063kr Abb.: rh

die sich auf der Insel vor den anrückenden Türken in Sicherheit bringen wollten. Inzwischen ist die Insel durch einen Damm mit dem Festland verbunden und offen für die Invasion der Urlauber. Trotzdem hat sich Primošten viel von seiner altertümlich-beschaulichen Atmosphäre bewahrt. Vom lauschigen Dorfplatz führen steile Sträßchen zum Kirchberg hinauf und unterwegs sieht man die ersten Dächer aus Kalksteinplatten, die für Dalmatien so typisch sind. Die Ferienanlagen und ein großer ⛺ Campingplatz liegen auf einer Halbinsel nördlich des Orts; den schönsten Postkartenblick auf das Inselstädtchen genießt man rückblickend auf der Weiterfahrt nach Süden.

Information

TZO Primošten, Trg Biskupa Josipa Armerića 2, 22202 Primošten, Tel. 022 571111, Fax 022 571703, tz-primosten@si.htnet.hr, www.summernet.hr/primosten

Parken

33 T 574831 4826589; 43,58851°N 15,92697°O

Großer asphaltierter Parkplatz am Ortseingang

Womo-Abend auf dem Camping Adriatik, der sonst aber meist voller ist

064kr Abb.: rh

Camping

53 Camping Adriatik***

33 T 574415 4828589
43,60657°N 15,92210°O

Sehr großer, moderner, gut ausgestatteter, aber auch teurer Platz mit langem Kiesstrand, Pinienwald, Tauchcenter, Taxiboot, Sportanlagen u. v. a. m.; im Sommer sehr voll und evtl. etwas überforderte Verwaltung. **Lage/Anfahrt:** vor Primošten gleich rechts der Küstenstraße; **Wasser:** ja, sehr gut, Schlauch; **Abwasser:** vorbildliche Ver-/Entsorgungsstation; **Chemie-WC:** ja, an der Ver-/Entsorgungsstation; **Strom:** ja; **Preis:** 318 kn (42,85 €; Standardparzelle); ca. 341 kn (46 €; Luxusparzelle); **Geöffnet:** 01.05.-15.10.; **Kontakt:** Tel. 022 571223, Fax 022 571360, info@camp-adriatic.hr, www.camp-adriatic.hr

Information

TZO Rogoznica, Obala kneza Domagoja bb, 22203 Rogoznica, Tel. 022 559253, Fax 022 558030, turisticka-zajednica@si.htnet.hr

Nur 6 km weiter erreicht man die Abzweigung nach **Rogoznica,** das etwas mehr abseits der Touristenströme liegt, aber wegen seiner Marina bei Skippern beliebt ist. Wie Primošten ist es ein Inselstädtchen mit ganz ähnlicher Geschichte und wenigstens ebenso reizvoller Lage. Die hübsche und selbst im Sommer überraschend ruhige Uferstraße ist eine Einbahnstraße. Um wieder zurück zum Ausgangspunkt zu gelangen, wird man durch einen Pinienwald und die Gassen am Ortsrand gelotst, wo man sich mit großen Fahrzeugen etwas schwer tut.

Parken

Es gibt einige Parkplätze gleich hinter der Brücke direkt am Wasser.

Die Straße verlässt vorübergehend die Küste und führt etwa 10 km durch ein trockenes Tal mit Steinmauern und Olivenbäumen zur **Marina-Bucht** mit dem gleichnamigen Ort, der tatsächlich eine Marina besitzt, wie es sein Name besagt – zudem aber auch einen trutzigen Festungsturm, der direkt aus dem Wasser der Bucht aufragt. Die fünfhundert Jahre alte Schutzburg gegen die Türken wurde inzwischen zum Hotel umgebaut. Heute flüchtet man hierher nicht mehr vor wilden Reiterheeren, sondern vor Alltagsstress und Hektik – und im Hotelrestaurant kann man sich mit traditionellen Fisch- und Fleischgerichten stärken.

Essen

Heritage Hotel „Raafourty“, Marinska kula, Obala kardinala Alojzija Stepinca 1, 21222 Marina, www.raafourty.hr, Tel. 021 889073, Fax 889125. Außergewöhnliches Hotel im Bischofsturm mit nostalgischem Erlebnisrestaurant; umfangreiche Speisekarte (zzt. leider nur auf Kroatisch) mit Pasta, Fisch und Meeresfrüchten

Parken und Picknick

33 T 594024 4818485 / 43,51339 °N 16,16328 ° O

Der kostenlose Park- und Picknickplatz liegt **nahe Marina;** auf der Straßenseite gegenüber liegt der Strand mit überwiegend Fels und etwas Kies.

Einen weiteren kostenlosen Platz findet man am anderen **Ortsende von Marina;** schattenlose Schotterfläche mit Strand und Dusche.

Tipp

33 T 595355 4818461; 43,51300 °N 16,17974 ° O

Neu angelegter **Wohnmobilstellplatz** an einer kleinen Kiesbuch bei Vranjica. Schottergrund und bislang wenig Schatten, aber mit nettem Strand, kleiner Imbissbar, Toilette, Freidusche, Waschbecken und Stromanschluss (an einer Entsorgungsstation wird offenbar gearbeitet); Preis 74 kn (10 €) pro Nacht.

TROGIR – SPAZIERGANG DURCH DAS MITTELALTER

(Šibenik – Trogir ca. 62 km, Rogoznica – Trogir ca. 26 km)

Nirgends in Dalmatien wird man eine zweite Stadt finden, die ein so geschlossenes mittelalterliches Bild bewahrt hat wie Trogir. Abseits wichtiger Heerstraßen und Handelsrouten gelegen, hat die Stadt im Windschatten der Weltgeschichte ein halbes Jahrtausend ohne nennenswerte Veränderung überdauert. Ein mittelalterliches Museumsstädtchen, aber nicht verstaubt, sondern von Leben erfüllt. Wie Primošten und Rogoznica wurde die Stadt Trogir auf einer Insel erbaut. Ihre Mauern und Befestigungen sind jedoch nie geschleift worden.

Alles ist noch wie vor Jahrhunderten, nur dass jetzt anstelle venezianischer Patrizier eine bunte Touristenschar durch die engen Pflastergassen pilgert. Und dass die Hauptgeschäftsstraße neuerdings nach *Helmut Kohl* und *Hans-Dietrich Genscher* „Ulica Kohl-Genschera“ benannt wurde – als Dank dafür, dass Deutschland als erster Staat die Unabhängigkeit Kroatiens anerkannt hat!

Schmuckstück der Stadt ist ihr **Dom,** um dessen romanisches Westportal sich ein wahrer Bilderreigen spannt. Das Kirchendach überragt ein eleganter Campanile, den spitzenfeines Maßwerk ziert. Zusammen mit dem **Patrizierpalast Ćipico,** dem Rathaus, der Loggia sowie der dahinter aufragenden Basilika

▼ Die Mauern von Trogir – als wären die Jahrhunderte spurlos vorbeigezogen

065kr Abb.: rh

› Landkarte Seite XIII

Sv. Barbara macht er das Geviert zu einem der schönsten Stadtplätze Kroatiens. Ein verzweigtes Netz enger Pflastergässchen erschließt von hier aus die Reize der weiteren Altstadt, in der man auf Schritt und Tritt kostbare Baudenkmäler, romantische Winkel und lauschige Restaurants entdeckt. Im Kloster Sveti Nikola kann man ein griechisches Relief des Gottes Kairos bewundern, den Gott des günstigen Augenblicks mit seiner Stirnlocke, an der man ihn im sprichwörtlichen Sinne packen kann (aber nur von vorn!). Und die malerische Palmenpromenade auf der Seeseite der Altstadt führt zur Festung Kamerlengo.

Straßen

A Ul. Kohl-Genschera
B Šubičeva
C Matije Gupča
D Augustina Kažotica
E Obrova
F Duknovica
G Mornarska
H Ribarska
J Matice Hrvatske
K Vukovarska
L Budislavićeva
M Šubičeva
N Hrvatskog Proljeca 1971

1 Kaufhaus
2 Taxistand
3 Krankenhaus
4 Markt
5 Busbahnhof
6 Erste Hilfe
7 Post
8 Stadtmuseum & Buchhandlung
9 Kathedrale
10 Restaurant Krstan, Bistro Jambo u.a.
11 Restaurant Marjana
12 Restaurant Tragos
★13 Stadtloggia, Uhrturm
★14 Rathaus
15 Johannes-Abtei
16 Kapelle & Galerie
17 Sv Dominik
18 Restaurant Monika
19 Restaurant Staročeski
20 Apotheke
★21 Gerichtshof
22 Touristinformation
23 Sv Nikolaj & Kairos-Museum
24 Kleine Loggia (Fischmarkt)
•25 Sportplatz
★26 Marmont Pavillon
27 Jachtanleger
•28 Agentur Atlas
29 Privater Weinverkauf

Banken

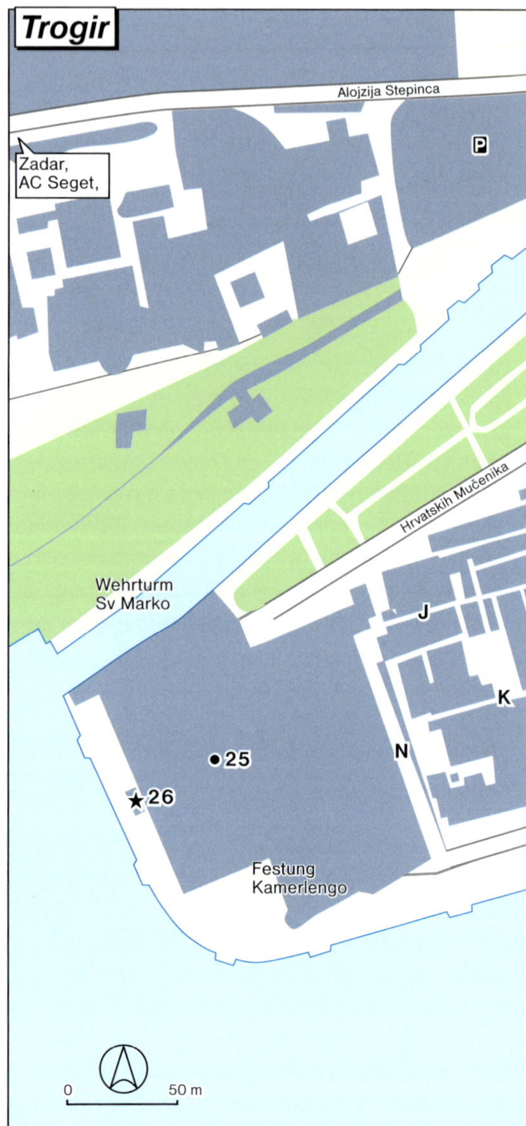

Das schönste Panorama der Gesamtanlage bietet sich jedoch von der Nachbarinsel **Čiovo,** die man über eine schwankende Klappbrücke erreicht. Von dort blickt man über stolze Jachten hinweg auf eine stattliche Palmenallee und die hohen Festungsmauern, die von roten Ziegeldächern und zierlich-filigranen Kirchtürmen überragt werden. Neben dem Seetor haben die Stadtherren eine kleine Loggia an die Außenseite der Mauer geklebt – als Obdach für Reisende, die Trogir erst nach Torschluss erreichten. Heute dient das Gebäude als Fischmarkt.

Information

TZG Trogir, Trg Ivana Pavla II. Br. 1, 21220 Trogir, Tel./Fax 021 881412, www.trogir-online.com

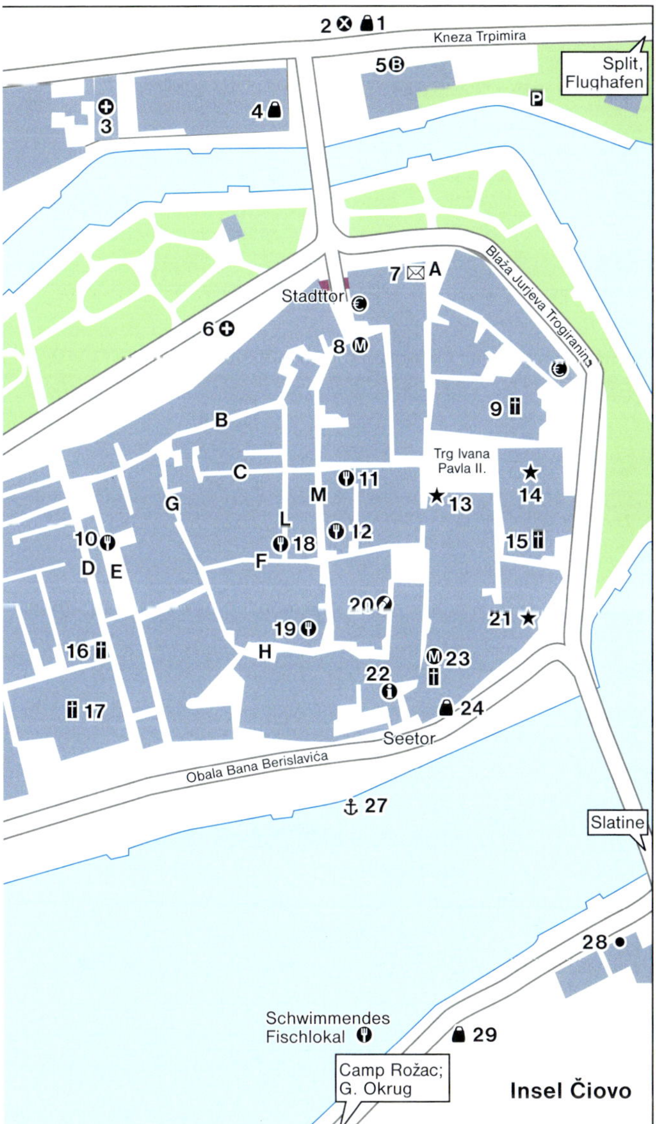

› Landkarte Seite XIII

▶ *In der Kathedrale von Trogir*

066kr Abb.: rh

Parken

fast direkt gegenüber der Altstadt an der Straße in Richtung Split (meist sehr voll!)

Essen

Restaurant Monika, Buduslavičeva 12, Tel. 021 884808. Lauschiges, kleines Lokal mit schattigem Innenhof um einen Brunnen; es werden sehr gute Fisch- und Fleischgerichte serviert.

Camping

54 Camping Vranjica-Belvedere ***

33 T 596527 4818359

43,51193°N 16,19421°O

Relativ schattiges Terrassen-Camp mit schönem Kiesstrand, Bootshafen, Tennisanlage und Apartments. **Lage/Anfahrt:** bei Seget Vranjica, ca. 6 km westlich von Trogir; **Wasser:** ja; **Abwasser:** Plattform mit Schacht (keine WC-Kassetten entleeren!); **Chemie-WC:** nur bei Toilette 7; **Strom:** ja; **Preis:** 182 kn (24,50 €); **Geöffnet:** April–Okt.; **Kontakt:** Tel. 021 894141, Tel./Fax 021 894151, vranjica-belvedere@st.htnt.hr, www.vranjica-belvedere.hr

55 Camping Seget *

33 T 598930 4819178

43,51899°N 16,22409°O

Großer Platz mit etwas Schatten, Bootsverbindungen nach Trogir. **Lage/Anfahrt:** Seget Donji, ca. 2 km westlich von Trogir; **Wasser:** ja; **Abwasser:** möglich; Schachtklappe sehr nahe an einer Mauer, gute Zufahrt; **Chemie-WC:** ja; **Strom:** ja; **Preis:** 29 €; **Geöffnet:** 10.04.-10.10.; **Kontakt:** Tel./Fax 021 880394, kamp@kamp-seget.hr, www.kamp-seget.hr

Tipp: Essen kann man in Seget Donj im Restaurant Amor (Tel. 021 880312). Frischer Fisch!

56 Camping Rožac

33 T 601708 4817681

43,50514°N 16,25817°O

Jugendlicher Platz in erstklassiger Lage mit dynamischem Team; 2 km von Trogir auf einer eigenen, bewaldeten Halbinsel; Feinkiesstrand auf der einen, Felsstrand auf der anderen Seite. Sehr gute, behindertengerechte Ausstattung; freundliche Atmosphäre. **Lage/Anfahrt:** Bei Trogir über die Brücke nach Čiovo, danach rechts und den Schildern folgen; enge Straßen und meist dichter Verkehr. **Wasser:** ja; **Abwasser:** tadellose Plattform; **Chemie-WC:** ja; **Strom:** ja; **Preis:** 174 kn (23,50 €); **Geöffnet:** 01.04.-01.10.; **Kontakt:** 021 806105, Fax 021 882554, booking@camp-rozac.hr, www.camp-rozac.hr. **Tipp:** Leser empfehlen auch den Platz Labadusa (www.labadusa.com) an der Außenküste von Čiovo (gleiche Anfahrt, nur ca. 5 km weiter und teils über nicht geteerte Straßen) und die dortige Konoba Duga mit exzellenten gegrillten Calamari.

KAŠTELA – STADT DER KASTELLE (Trogir – Split ca. 20 km)

Zwischen Trogir und Split verläuft die gut ausgebaute Adria-Magistrale etwas vom Meer zurückgesetzt. Näher am Meer und teils direkt am Strand entlang führt die „Straße der Kastelle“ durch den lang gestreckten Ort Kaštela, der aus einer Kette von sieben Fluchtburgen hervorgegangen ist, die sich Adel und Klerus aus Split im 16. Jahrhundert auf Küstenfelsen oder kleinen Inseln errichten ließen, als die Türken das Land bedrohten. Um jede der Burgen entstand ein kleiner Ort – und inzwischen sind sie alle zu einem großen Konglomerat aus Altstadtkernen, Wohnvierteln und ausufernder Industrie zusammengewachsen. Hinter gesichtslosen Vierteln und grauen Schloten lässt sich noch immer kleinstädtische, ja teils mittelalterliche Idylle entdecken: Bilderbuchburgen und kleine Kirchlein, Natursteinhäuser, Palmenpromenaden mit beliebten Restaurants, flache Strände sowie lauschige Häfen. Für größere Fahrzeuge kann das unübersichtliche Straßengewinkel allerdings mühsam werden!

Information

TZG Kaštela, Dvorac Vitturi, Brce 1, 21215 Kaštel Lukšić, Tel. 021 228355, Fax 021 227933, tzg-kastela1@st.htnet.hr, www.kastela.hr, www.kastela.org

Essen

Konoba Sv. Jure, Kaštel Novi, Obala kralja Tomislava 21, Tel. 021 232759, info@svjure.com. Die sehr reizvoll ausgestattete, rustikale *Konoba* am Meer serviert traditionelle dalmatinische Küche, u. a. Muscheln, Scampi und Hummer aus dem Holzbackofen.

Camping

57 Camping Biluš*

33 T 608977 4822926 / 43,55133°N 16,34913°O

Kleiner, ruhiger, einfacher und sehr sympathischer Privatplatz in Strandnähe auf einer schattigen Wiese mit alten Bäumen; Küche und Grill; sehr angenehme Atmosphäre und ein sehr netter, hilfsbereiter Inhaber. **Lage/Anfahrt:** Kaštel Stari, die Straße ist sehr eng, oft zugeparkt und für größere Mobile daher nicht zu empfehlen; **Wasser:** ja; **Abwasser/Chemie-WC:** ja; **Strom:** ja; **Preis:** 115 kn (ca. 15,75 €); **Geöffnet:** Juni bis Oktober; **Kontakt:** Obala kralja Tomislava 49, Tel.021 230543, Fax 021 227933, ivica.bilus1@st.t-com.hr

SALONA – RUINEN EINER ANTIKEN GROSSSTADT

Bei Solin, 5 km nördlich von Split, liegen die ausgedehnten Ruinen von Salona, der einst 50.000 Einwohner zählenden **römischen Hauptstadt Dalmatiens.** Auf der fruchtbaren Küstenebene hatten schon die Griechen eine Kolonie gegründet, die unter den Römern rasch expandierte. Im 7. Jahrhundert zerstörten Slawen und Awaren

Information

TZG Solin, Kralja Zvonimira 69, 21210 Solin, Tel. 021 210048, Fax 021 260900, tzg-solin@st.htnet.hr, www.solin-info.com

› Landkarte Seite XIII

die Metropole für immer. Außerhalb der antiken Mauern entstand das neue Solin, das vom 9.–11. Jh. Hauptort des kroatischen Königreichs war.

Schilder weisen den Weg (zuerst in Richtung Klis, dann links) zum 🅿 Parkplatz bei der archäologischen Zone, die touristisch kaum erschlossen ist. Von dort aus kann man im 160 Hektar großen Ausgrabungsgebiet selbst auf Entdeckertour gehen. Zwischen Olivenbäumen und Gestrüpp schlummern die Überreste der antiken Metropole mit Tempeln, Thermen und Theater, Grundmauern, Säulenresten, Gräberfeldern und Resten aus frühchristlicher Zeit. Viele der Funde sind in den Museen von Split ausgestellt.

🅿 Parken

33 T 619628 4822132 / 43,54255°N 16,48077°O

Der kostenlose Parkplatz liegt direkt bei der Ruinenanlage; nicht sehr groß und ohne Schatten; in Richtung Klis fahren und dann links den Schildern folgen.

▶ *Hier brodelte einst hauptstädtisches Leben*

067kr Abb.: rh

Abstecher zur Felsenfestung Klis

Zu dem ca. 8 km nördlich von Split auf 360 m Höhe gelegenen Pass-Städtchen Klis schlängelt sich die E 71 in Richtung Sinj hinauf. Auf dem Felsen, der den Ort überragt, entstand schon im frühen Mittelalter eine Festung, die den Pass ins Landesinnere kontrollierte. Sie fiel 1537 an die Türken, die von hier aus Vorstöße gegen Split unternahmen. Erst 1648 eroberte ein venezianisches Heer die Burg zurück. Das heutige Aussehen der Festung wurde von den Venezianern und Österreichern geprägt. Aus türkischer Zeit ist nur eine Moschee erhalten, die später in eine Kirche umgewandelt wurde. Auch heute noch bietet die Ruine einen imponierenden Anblick – und einen noch eindrucksvolleren Ausblick über die Bucht von Split.

Parken und Picknick

Fährt man von der Ruine nicht wieder zurück zur Straße Klis-Sinj, sondern folgt weiter der schmalen Straße nach links, so findet man in einer Rechtskurve links einen kleinen Parkplatz mit herrlichem Blick auf die Festung und bis hinunter nach Split.

SPLIT – DIE STADT IM RÖMERPALAST

Split ist wahrhaft einmalig! Eine Stadt, die man sich nicht entgehen lassen sollte – auch wenn man zu jenen gehört, die Städte sonst lieber meiden. Aber wo sonst könnte man eine Stadt erleben, die in die Mauern eines riesigen römischen Palastes hineingebaut wurde?!

Zugleich ist Split aber auch die Metropole Dalmatiens und neben Rijeka die mit Abstand größte Küstenstadt Kroatiens mit ausufernden Wohnvierteln und Industriegebieten. Am einfachsten umfährt man sie zunächst auf der mehrspurigen Adria-Magistrale und nimmt erst die letzte Ausfahrt (Wegweiser „Zentrum/ Fährhafen") in Richtung Zentrum, ab der man dann fast immer geradeaus bis zum Palast gelangt. Dort folgt man nach links den Schildern zum nahen Fährhafen, um einen Parkplatz zu finden.

Nur wenige Schritte vom Hafen erreicht man bereits die große Attraktion der Stadt: den einmalig gut erhaltenen, weltberühmte **Diokletian-Palast**. Der vom Römerkaiser *Diokletian* zwischen 295 und 305 nahe seiner Geburtsstadt Salona direkt am Meer errichtete, gewaltige Palast ist 180 Meter breit und 215 Meter lang und hatte mit seinen kaiserlichen Gemächern und Repräsentationsräumen, mit Tempeln, Kasernen und Wohnungen für die Dienerschaft fast 100.000 m^2 Wohnfläche. Dass die kolossale Anlage zu erheblichen Teilen praktisch im Original erhalten ist, verdankt man nicht zuletzt dem Einfall der Awaren. Als sie 614 Salona in Schutt und Asche legten, flohen dessen Bewohner in die schützenden Mauern des Römerpalastes und richteten sich dort häuslich ein. Die einstige Kaiserresidenz verwandelte sich so in eine Art Stadt in einem einzigen Gebäude. Ihren Müll entsorgten die neuen Palastbewohner, indem sie ihn einfach durch ein Loch im Boden in die Gewölbe-Räume der Keller-Etage warfen. So füllte sich im Laufe von Jahrhunderten das gesamte Untergeschoss mit Unrat und alles blieb original erhalten. Noch immer ist man dabei, weitere Gewölbe freizulegen – und aus ihren Mauern ließen sich auch die Räume darüber exakt rekonstruieren.

Glanzstück des Palasts ist das zentrale **Peristyl,** ein säulenumkränzter Hof, von dem Eingänge in die kaiserlichen Gemächer führten. Heute dienen seine Stufen als Treff der Spliter Jugendlichen und im Café Luxor kann man seinen Espresso genießen, wo einst das Volk dem Kaiser

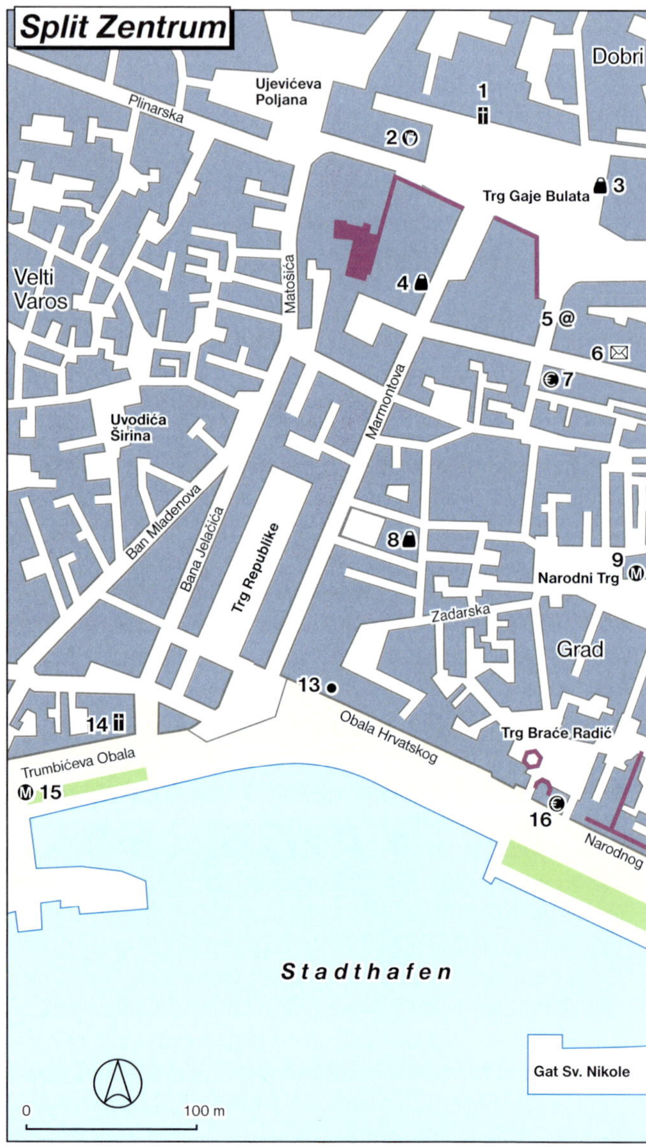

Information

TZG Split (Stadt-Information), Hrvatskog narodnog preporoda 7, 21000 Split, Tel. 021 348600, 348601, Fax 021 348604, tz-split@st.t-com.hr, www.visitsplit.com

TZŽ Split-Mitteldalmatien (FVA der Region), Prilaz braće Kaliterna 10/I, p.p. 430, 21000 Split, Tel. 021 490032, 490033, 490036, Fax 021 490032, 490033, info@dalmatia.hr, www.dalmatia.hr

zujubelte. Eine Treppe führt hinunter in die **Katakomben,** über Gassen erreicht man den **Jupitertempel,** der später zur christlichen Taufkapelle umfunktioniert wurde. Direkt neben dem Peristyl erhebt sich die **Kathedrale Sv. Duje** (einst das Mausoleum des Christenverfolgers *Diokletian!*) mit einer kostbar verzierten Holztür und reichen Schätzen im dämmerigen Inneren. Der Aufstieg zum Turm ist kostenpflichtig und schweißtreibend, aber der Blick auf den Palast lohnt die Mühe!

Allein in seinem dicht gedrängten Geviert gibt es so viel zu entdecken, dass es einen eigenen Reiseführer bräuchte, um alles zu be-

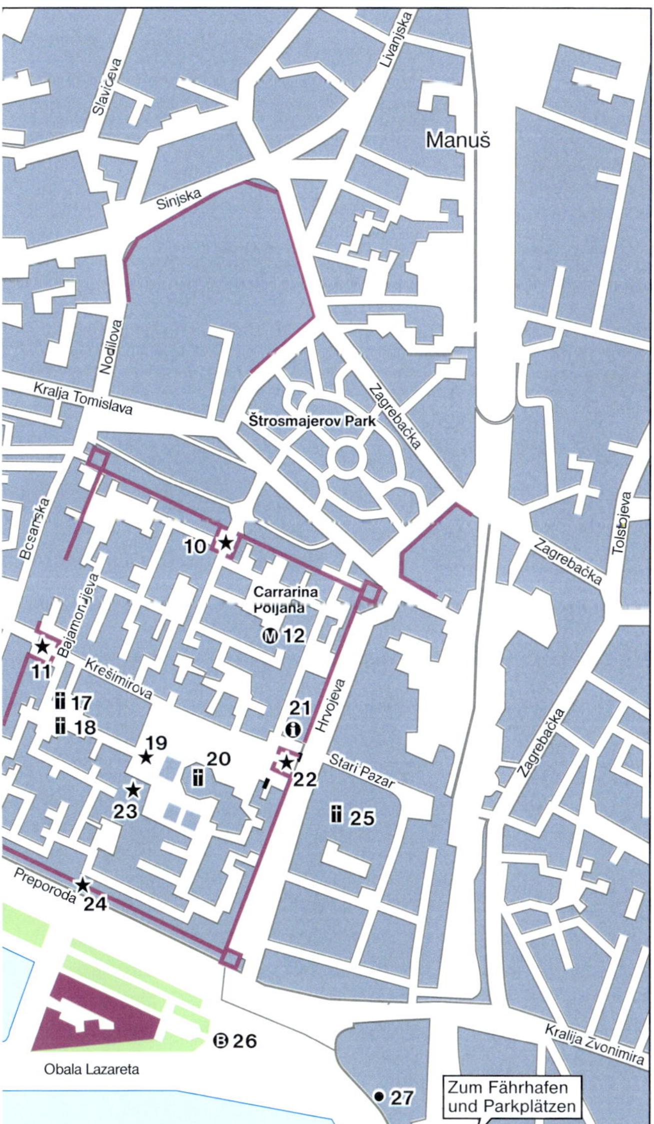

- 1 Gospa od Zdravlja
- 2 Nationaltheater
- 3 Kaufhaus Prima
- 4 Fotoladen, Kaufhaus
- 5 Internet Klub
- 6 Hauptpost
- 7 Splitska Banka
- 8 Fischmarkt
- 9 Ethnografisches Museum
- 10 Goldtor
- 11 Eisentor
- 12 Stadtmuseum
- 13 Post, Croatia Airlines, Konsulate
- 14 Franziskanerkirche
- 15 Marjan-Berg, Archäolog. Museum
- 16 Bank
- 17 Sv. Ivan
- 18 Jupitertempel (Taufkapelle)
- 19 Peristyl
- 20 Kathedrale Sv. Duje
- 21 Touristinformation
- 22 Silbertor
- 23 Katakombengang und Vestibül
- 24 Seetor & unterirdischer Gang zum Peristyl
- 25 Sv. Dominik
- 26 Stadt- u. Flughafenbusse
- 27 Valuna-Reiseagentur & Post

068kr Abb.: rh

schreiben. Und daneben schließen sich das mittelalterliche Zentrum um den **Nardonis Trg** und die venezianische Altstadt am **Trg Republike** an. Und schließlich lohnt sich auch ein Spaziergang zum **Marjan-Berg** hinauf. Keinesfalls verpassen sollte man die von ausladenden Palmen beschattete **Hafenpromenade,** die übrigens erst durch Auffüllungen entstanden ist, während hier vorher die Palastmauern direkt aus dem Meer aufstiegen. Heute flanieren auf der Promenade am Abend die Einheimischen und es lohnt sich unbedingt, in einem der vielen Straßenlokale gemütlich beim Wein zu sitzen, um die Prozession zu bewundern. Dabei werden Sie feststellen, dass Split nicht zu Unrecht den Ruf genießt, die Stadt mit den schönsten Frauen Kroatiens zu sein!

Parken

Am **Fährhafen** finden Sie nur wenige Schritte vom Zentrum gebührenpflichtige Parkplätze (Achtung: z. T. enge Ausfahrten).Wer zu einer der Inseln will, kann auch auf den großen **Fährparkplätzen** (33 T 616546 4817538) kostenlos stehen. Aber ruhig ist es natürlich nicht! Besser ist es, auf den Campingplatz Strobeč zu gehen und von dort mit dem Bus in die nahe Stadt zu fahren.

▲ *Blick auf die Kathedrale vom Silbernen Tor aus*

Internet

Tod Internet Klub, Sinjska 2/4, gegenüber dem Kaufhaus „Prima" im 4. Stock, Mo–Sa 9.30–22 Uhr, So 17–22 Uhr

Fähren

Jadrolinija, Gat. Sv. Duje 4, Tel. 021 338333, Fax 021 338222, www.jadrolinija.hr; zahlreiche Autofähren zu den großen Inseln Brač, Hvar und Korčula, zu kleineren Inseln wie Vis, Šolta und Lastovo und eine Verbindung täglich nach Ancona, Italien. Zwischen Brač und Hvar gibt es keine Autofähre. Um von einer Insel zur anderen zu gelangen, muss man zunächst zurück aufs Festland!

Camping

58 Camping Strobeč

33 T 623359 4817948
43,50428°N 16,52598°0

Nach umfassender Renovierung wieder eröffneter Platz, 6 km vom Diokletian-Palast; auf einer Halbinsel mit schattigem Wald und mit schönem Feinkiesstrand. Angenehm entspannte und recht ruhige Atmosphäre, wenngleich die Adriamagistrale nicht ganz außer Hörweite ist. Bushaltestelle (Linie 25) gleich vor der Rezeption mit guter Verbindung ins Zentrum (die Linien 30 und 60 fahren jenseits der Adriamagistrale ab). Der ideale Platz, um Split zu besichtigen, und das sollte sich niemand entgehen lassen! **Lage/Anfahrt:** Auf der Adriamagistrale an Split vorbei in Richtung Dubrovnik und bei Strobeč rechts ab via Put Svetog Lovre den Schildern folgen (nicht zu früh abbiegen); für alle Fahrzeuge problemlos. **Wasser:** ja; **Abwasser:** tadellose Plattform; **Chemie-WC:** ja; **Strom:** ja; **Preis:** 158,50 kn (21,35 €); **Geöffnet:** ganzjährig; **Kontakt:** Sv. Lovre 6, Stobreč, Tel. 021 325426, Fax 021 325452, camping.split.kontakt@gmail.com, www.campingsplit.com

VON SPLIT ZUR MAKARSKA RIVIERA

Hinter Split verändert sich die Küstenszenerie bald dramatisch. Kaum hat man die letzten Vororte hinter sich, rücken weiße Felswände dicht an die blaue Adria heran: zunächst das **Mosor-** und das **Omiško-Gebirge,** dann das mächtige **Biokovo-Gebirge.**

Dennoch zeigt die Küste hier kein abweisend kahles Gesicht wie bei Karlobag unterhalb des Velebit. Ganz im Gegenteil! Palmen und mediterrane Gärten säumen lange Kies- und Sandstrände. Kleine Ortschaften versinken in üppigem Grün. Der Fuß des Gebirges ist überzogen von herbgrünen Pinienwäldern oder vom goldenen Gelb des Ginsters. Und unmittelbar dahinter ragen die weißen Kalkfelsen steil empor. Der Kontrast ist einfach überwältigend!

Parken und Baden

33 T 633150 4810922 / 43,43936°N 16,64534°O

Zwischen Dugi Rat und Omiš gibt es eine ganze Reihe kleiner, kostenloser Parkstreifen nur wenige Schritte vom Sandstrand und einen etwas größeren Platz mit ein wenig Distanz zur Straße (nahe den o. g. Koordinaten).

OMIŠ – PIRATENFESTUNG AN DER CETINA-SCHLUCHT

(Split – Omiš 22 km)

Unmittelbar am Meer entlang schlängelt sich die Adria-Magistrale nach Omiš an der malerischen Mündung der Cetina, deren grünes Wasser in einem tiefen Canyon aus den Kalkbergen hervorbricht. Eingeschlossen zwischen Felsen, Fluss und Meer, war das Städtchen schon immer eine natürliche Festung – ideal für Freibeuter, die es im Mittelalter durch Stadtmauern und eine Burg zu einem wehrhaften Seeräubernest ausbauten. Mit ihren schnellen, wendigen Booten attackierten sie unerschrocken byzantinische und venezianische Handelsschiffe. Selbst vor den vorübersegelnden Kreuzfahrern machten sie nicht Halt. Schließlich bereiteten die Venezianer dem skrupellosen Korsarentreiben ein Ende: 1444 unterwarfen sie das Piratennest und machten es zu einem Bollwerk gegen die Türken.

Im Stadtteil Priko (vor der Brücke links) verbirgt sich das kleine Kirchlein **Sveti Petar** – nur etwa 10 m lang und 6 m breit, aber über tausend Jahre alt! Mit seinem Tonnengewölbe und einer Kuppel in der Mitte verkörpert es eine Mischung byzantinischer, westlicher und altkroatischer Einflüsse und zählt zu den am besten erhaltenen Kirchen dieser Art.

Flache Sandstrände direkt vor dem Ort – von der Cetina angespült – locken zum Badeurlaub. Und hinter der Brücke links gelangt man in

Information

TZG Omiš, Trg kneza Miroslava bb, 21310 Omiš, Tel./Fax 021 861350, info@tz-omis.hr, www.tz-omis.hr

die wildromantische **Cetina-Schlucht** mit dem beliebten Ausflugslokal **Radmanove Mlinice** (s. u.). In der Schlucht kann man klettern, wandern, eine stille Bootspartie oder eine weniger stille Rafting-Tour erleben. Kurz nach der Mühle steigt die Straße in vielen Serpentinen aus der Schlucht heraus und führt durch einsame und streckenweise reizvolle Landschaft nach Zadvarje bei den häufig gepriesenen **Gubavica-Wasserfällen**, die aber eigentlich einen Besuch kaum lohnen.

069kr Abb.: rh

▲ *Schroff zeigt sich die Cetina-Schlucht*

Parken

33 T 637116 4811967
43,44806°N 16,69458°O

Nach der Cetina-Brücke links in Richtung Schlucht abbiegen; hinter dem ersten Tunnel; großer, ebener und kostenloser Platz mit wenig Schatten zwischen Fluss und Kletterfelsen

Parken und Baden

Nach der Cetina-Brücke gleich rechts abbiegen und ca. 500 m weiterfahren; großer, teils schattiger Schotter- und Wiesenplatz am feinkiesigen Badestrand

Essen

Radmanove Mlinice, 6 km von Omiš in der Cetina-Schlucht, Tel. 021 862073. Das beliebte Ausflugslokal mit idyllischer Gartenwirtschaft wurde inmitten grüner Natur in einer alten Wassermühle eingerichtet. Neben dalmatinischen Spezialitäten wie Schinken, Schafskäse und Lamm am Spieß werden frische Forellen, selbstgebackenes Holzofenbrot und guter Wein serviert. Allerdings ist es in der Saison durch zahlreiche Bootsgruppen recht voll und hat kaum noch Amosphäre.

Camping

59 Camping Galeb***

33 T 635935 4811129 / 43,44073°N 16,67979°O

Sehr großer, ebener, weitgehend schattiger Platz mit langem, flachem Sandstrand, wie man ihn weiter südlich selten findet, parzelliert; in der Saison meist sehr voll und ohne viel Atmosphäre; die Rezeption wirkt nicht besonders einladend und die Preise sind ziemlich überzogen. **Lage/Anfahrt:** am Ortseingang von Split her rechts; beim Stadion; **Wasser:** ja, Schlauch; **Abwasser:** tadellose Plattform mit guter Zufahrt; **Chemie-WC:** ja; **Strom:** ja; **Preis:** 271 kn (ca. 37 €); **Geöffnet:** Mai–Okt.; **Kontakt:** Tel. 021 864430, Fax 021 864458, camping@galeb.hr, www.galeb.hr

Tipp

Wer es familiärer mag, findet ein wenig südlich von Dugi Rat direkt am Meer den Platz Camping Ivo, einen schönen Wiesenplatz mit Bäumen.

Hinter Omiš folgt die Straße noch ein Stück weit dicht der Küste. Hier findet man eine ganze Reihe kleiner P Parkplätze, von denen es nur wenige Schritte bis zum Kiesstrand sind. Bei **Celina** wird der Platz zwischen Meer und Bergen langsam knapp.

Die Straße klettert hinauf in die weiße Karstwelt. Tief unten liegen malerische Buchten und kleine Städtchen, deren rote Dächer sich vom dunklen Blau des Meeres abheben. Steil fallen die Felsen in das klare Wasser der **Vrulja-Bucht** ab (s. Foto rechts). Der reinste Aussichtsbalkon. Und als die Straße hier unlängst neu ausgebaut wurde, hat sie einen großen P Park- und Rastplatz erhalten, damit man den grandiosen Ausblick auf die Felsen und bis zu den Inseln Brač und Hvar bei einem Picknick genießen kann.

070kr Abb.: rh

▲ *Das Omisko-Gebirge hoch über der Vrulja-Bucht*

P *Parken und Baden*

33 T 645399 4807436
43,40571° N 16,79569° O

Am Ortseingang von Lokva Rogoznica, unmittelbar westlich von **Mirnice:** zwei große, schattenlose Schotterplätze (kostenlos) zu beiden Seiten der Straße; mit Pinien, Tischen und Bänken, WC und Telefon; gleich oberhalb einer herrlichen Kiesbucht, gesäumt von hohen Felsen; leider zeitweise sehr vermüllt.

P *Parken und Picknick*

33 T 652168 4807224; 43,40246° N 16,87919° O

Hoch über der **Vrulja-Bucht** (s. Foto oben), kurz vor der Abzweigung zur Passstrecke ins Landesinnere liegt ein schöner, nicht ganz ebener Teerplatz mit Mülltonnen und weiter Aussicht (150 m ü. d. M.).

Camping

60 *Camping Sirena* **

33 T 643946 4807477
43,40636° N 16,77778° O

Reizvoller, erfreulich günstiger und sympathischer Platz an einem steilen Hang mit schöner Felsbucht, eigenem Kiesstrand, herrlichem Ausblick und sehr netten Leuten. Kleines Restaurant mit täglich wechselnden, landestypischen Angeboten; Fischernächte mit dalmatischer Livemusik und Bombenstimmung! Wer gerne feiert, findet an der ganzen Küste kaum etwas Besseres.

Lage/Anfahrt: bei Lokva Rogoznica; Achtung: Zufahrten biegen gleich an beiden Enden eines Tunnels ab; **Wasser:** ja, Schlauch; **Abwasser:** Plattform mit Schacht, steile Zufahrt; **Chemie-WC:** ja; **Strom:** z. T. ja; **Preis:** 130 kn (17,80 €); **Geöffnet:** ganzjährig; **Kontakt:** Tel./Fax 021 870266, autocamp-sirena@st.t-com.hr, www.autocamp-sirena.com

MAKARSKA RIVIERA – PERLENKETTE DER BADEORTE

Entfernungen:
Split – Vrulja-Bucht 45 km, Vrulja-Bucht – Makarska 19 km, Makarska – Podgora 9 km, Podgora – Drvenik 20 km, Drvenik – Gradac 12 km, Gradac – Ploče 10 km

Hinter der Vrulja-Bucht verkündet eine große Tafel den Beginn der Makarska Riviera. Sie reicht bis hinunter nach Gradac. Hier reiht sich ein Ferienort an den anderen wie Perlen einer Kette: Brela, Baška Voda, Makarska, Podgora und so weiter. Überall reichen die Pinienwälder bis an den Strand heran, sodass man zwischen Sonne und Schatten wählen kann. Und es sind alles Ferienorte, so wie man sie sich wünscht: mit langen, feinen Kies- oder Sandstränden, Palmenpromenaden, üppiger Vegetation und zwanglos mediterraner Atmosphäre.

BRELA

(Vrulja-Bucht – Brela ca. 5 km)

Information
TZG Brela, Trg A. Stepinca bb, 21322 Brela, Tel. 021 618337, Fax 618455, tz-brela@st.t-com.hr, www.brela.hr

Das erste Seebad ist das unterhalb der Küstenstraße gelegene und daher vom Verkehr nicht beeinträchtigte Brela, bekannt für seine langen Kiesstrände und seine Strandpromenade, für sauberes Wasser und vor allem für sein Wahrzeichen: einen von Kiefern bewachsenen Felsen nahe dem Strand, von dem man mehrere Meter tief ins Meer springen kann.

BAŠKA VODA

(Brela – Baška Voda ca. 5 km)

Information
TZG Baška Voda, Obala Sv. Nikole 31, 21320 Baška Voda, Tel. 021 620713, Fax 021 678 754, info@baskavoda.hr, www.baskavoda.hr

Wenige Kilometer weiter folgt schon der nächste Badeort, der bei einer Quelle gegründet wurde und daher den Name Baška Voda (= sprudelndes Wasser) trägt. Wie Brela ist er ein beliebtes Ziel der Badeurlauber mit Pinienwäldern und einem langen Kiesstrand. Wanderpfade führen hinauf in das wilde Biokovo-Gebirge und ein bequemerer Spazierweg zieht sich direkt an der Küste entlang zu dem traditionellen Fischerdorf Bratuš.

Etwa 2,5 km weiter lohnt ein Abstecher zum kleinen Ort **Promajna,** der einen recht großen, gebührenpflichtigen P Parkplatz besitzt und einen langen, flachen Kiesstrand mit Pinien, Stranduschen und Umkleidekabinen.

Parken und Picknick

Brela – Makarska: Entlang der gesamten Strecke gibt es zahlreiche neue und schön angelegte Park- und Picknick-Plätze mit Meerblick; teils Schotter, teils befestigt; einige mit Tischen und Bänken; alle direkt an der Straße.

Tipp

33 T 659292 4801383; 43,34842°N 16,96543°O

Camping Baško Polje: Südlich von Baška Voda in einem großen Pinienwald gelegener Platz mit viel Potenzial, der aber noch recht renovierungsbedürftig ist. **Kontakt:** Tel./Fax 021 612329, kamp.baskopolje@club-adriatic.hr. (Bei den Koordinaten handelt es sich um die der Abzweigung!)

Parken und Baden

33 T 657684 4802509; 43,35889°N 16,94591°O

Baška Voda: gebührenpflichtiger Parkplatz direkt am Meer

MAKARSKA

(Vrulja-Bucht – Makarska 19 km, Baška Voda – Makarska ca. 9 km)

Durch ausgedehnte Pinienwälder senkt sich die Straße hinunter nach Makarska. Wie in einem riesigen Amphitheater schmiegt sich das hübsche Städtchen in eine Bucht am steilen Hang des Biokovo-Gebirges. Seine schmucken Steinhäuser leuchten aus dem Grün der Palmen. Davor glitzert verlockend das Meer und dahinter ragt als dramatische Kulisse der Gipfel des Sveti Jure in den Himmel. 1762 Meter ist

071kr Abb.: rh

Blick über den Hafen auf Makarska

er hoch, aber da er direkt an der Küste emporsteigt, wirkt er spektakulärer als mancher der höchsten Alpengipfel. Wer vom Strandleben genug hat, der kann in die Biokovo-Berge hinaufwandern. Ein markierter Pfad zum Gipfel des Sveti Jure beginnt gleich am Ortsrand. Dort oben gibt es ein Naturschutzgebiet mit zahlreichen Wildblumen und wenn man Glück hat, kann man sogar Gämsen oder Mufflons beobachten. Markierte Wanderwege führen u. a. von **Makar** und **Veliko Brdo** (3 km nördlich von Makarska) bis zum **Gipfel des Sveti Jure** hinauf (Aufstieg: ca. 5 Std.). Bequemere und ebenfalls sehr schöne Spaziergänge und Wanderungen kann man von der Berghütte **„Vrata Biokova"** (s. u.) aus unternehmen, von der ein alter Karrenweg fast ohne Steigung durch die malerische Bergwelt führt.

Hauptsächlich jedoch ist **Makarska** ein Badeort, flankiert von herrlichen Kiesstränden mit schattigem Pinienwald. Einen Campingplatz gibt es derzeit nicht, dafür aber eine ganze Reihe (mehr oder weniger!) gebührenpflichtiger Strandparkplätze.

Information

TZG Makarska, Obala Kralja Tomislava 16, 21300 Makarska, Tel. 021 612002, Fax 021 616288, tzg-makarska@st.htnet.hr, www.makarska-info.hr

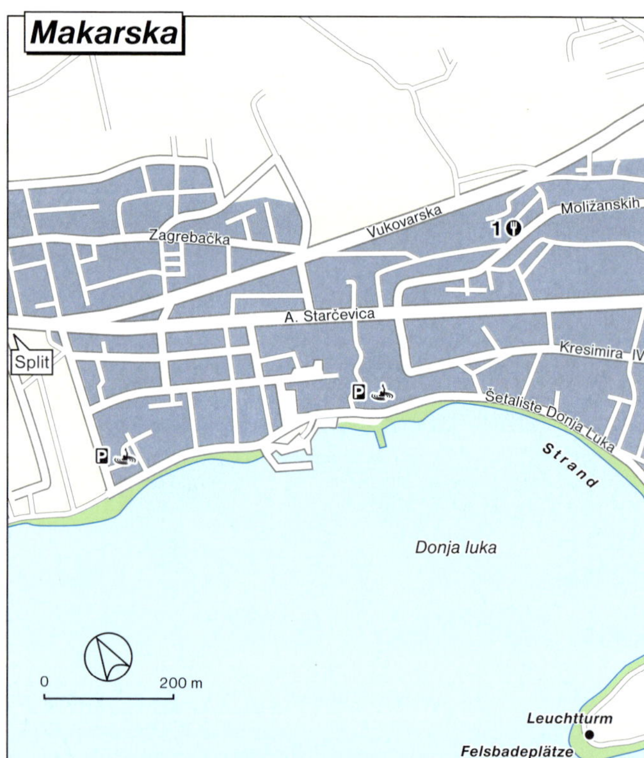

Fähren zur Insel Brač

Makarska-Sumartin (ca. 1/2 Std.), im Sommer tägl. 5 Abfahrten zwischen 7.30 und 20 Uhr, sonst tägl. 3 Abfahrten

Jadrolinija Agencija Makarska, Tel. 021 679515;

Delfin Tours, Kačićev trg 16Makarska, Tel. 021 612248, 611455, Fax. 021 611152, delfin-tours@st.htnet.hr

Parken

großer, gebührenpflichtiger Parkplatz am Hafen

Parken und Baden

Makarska 1:

33 T 662420 4797756 / 43,31511 °N 17,00291 °O

kurz vor dem Ort von Split kommend rechts; großer, kostenloser Parkplatz mit einigen Pinien; evtl. zeitweise durch eine Kette abgesperrt

Makarska 2:

33 T 662594 4797214 / 43,31020 °N 17,00490 °O

von Split her gleich nach dem Ortsschild rechts; privater, nicht ganz ebener, teils schattiger Schotterplatz nur wenige Meter vom Strand und ca. 1 km vom Zentrum; Dusche am Strand; 20 kn (2,70 €) für 24 Std. (Nebensaison 10 kn/24 Std.)

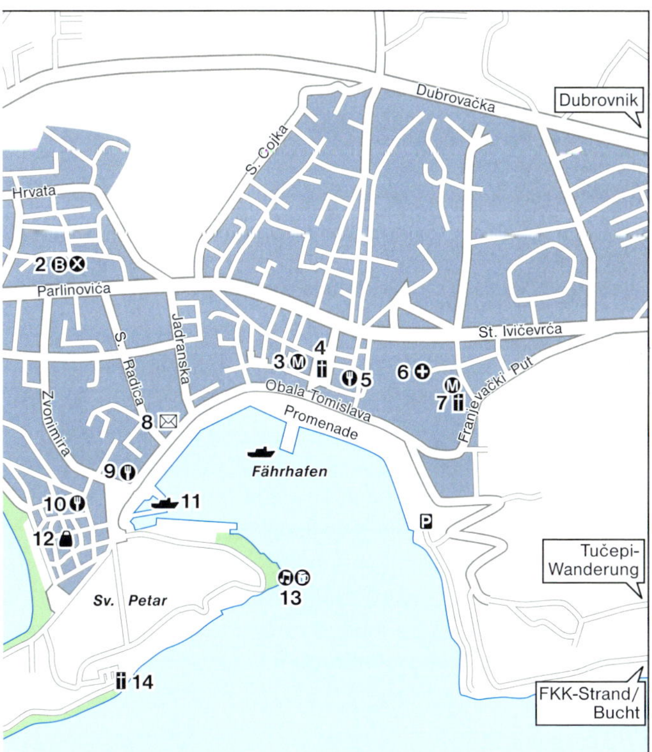

1 Konoba Adria
2 Busbahnhof
Taxistand
3 Stadtmuseum
4 Sv Marko
5 Susvid
6 Krankenhaus
7 Franziskanerkloster
Muschelmuseum
8 Post
9 Burger-Imbiss
10 Mondo
11 Fähre nach Brač (Sumartin)
12 Jahrmarkt & Buden
13 Disco Grotta, Biergarten
14 Kapelle Sv Petar

ABSTECHER AUF DER BIOKOVO-PANORAMASTRASSE

(Makarska – Gorni Tučepi ca. 8 km, Gorni Tučepi – Vrata Biokova ca. 7 km, Gorni Tucepi – Straßenende ca. 20 km)

Wer will, kann die wilde Bergnatur hinter Makarska sogar mit dem Fahrzeug erreichen – aber er sollte dann schon schwindelfrei und ein sicherer Fahrer sein und zudem ein möglichst kompaktes Reisemobil steuern, denn die Panoramastraße zum **Sveti Jure** hinauf ist wahrhaft abenteuerlich! Gegenüber von Makarska beginnt sie als eine landschaftlich reizvolle Teerstraße (Nr. 512), die bis **Gornji Tučepi** (ca. 8 km) problemlos zu befahren ist. Der Ort ist auch von **Podgora** aus gut zu erreichen. Dahinter setzt sie sich dann als eine ca. 20 km lange Mautstrecke fort, die sich in Schwindel erregenden Serpentinen steil durch die Felsen windet. Auf dem Kamm erreicht man (ca. 15 km von Makarska und auf rund 900 m Höhe) die traumhaft gelegene, bewirtschaftete **Berghütte „Vrata Biokova".** Die Mautstrecke bis zur Berghütte ist definitiv nichts für empfindliche Gemüter: Streckenweise windet sie sich in engen Kehren an nahezu senkrechten Felswänden empor und an kritischen Stellen fehlt oft jegliche Absicherung, sodass man frei über den Abgrund blickt – tausend Meter in die Tiefe! „Atemberaubende Ausblicke" im wahrsten Wortsinn! Weiter folgt die Panoramastraße (nun weniger Schwindel erregend) dem Kamm und erklimmt schließlich am Rand des Biokovo-Naturparks den **Sveti Jure** bis fast zum 1762 m hohen Gipfel. Allerdings ist auch diese Strecke sehr eng und wegen fehlender Ausweichbuchten nur für kompakte Fahrzeuge geeignet (im Sommer öfter Stau).

072kr Abb.: rh

Die **Gebirgswelt westlich des Sveti Jure** ist zugleich eines der schönsten und ursprünglichsten Wandergebiete Kroatiens. Wegen ihrer einzigartigen Pflanzenwelt mit über 2000 Arten, wegen ihrer Karstphänomene und wegen ihrer grandiosen Landschaft wurde sie als **Biokovo-Naturpark** unter Schutz gestellt.

Information

Naturpark Biokovo, Trg Tina Ujevića, 21300 Makarska, Tel. 021 616 914

Essen, Aussicht und Reittourismus

Vrata Biokova, Put Mlikarica 12, 21300 Makarska, Tel. 021 613902, Mobil 098 9245051, elvis.prgomet@st.t-com.hr. Die Berghütte hat eine traumhafte Lage! Angeboten werden dort sehr gute dalmatinische Hausmannskost (Peka-Gerichte), Kräuterschnaps aus 48 Heilkräutern; Kräutertees, Berghonig, Reit-Exkursionen und Wanderungen.

TUČEPI (Makarska - Tučepi ca. 5 km)

Hinter Makarska folgt als nächste Perle der Badeort Tučepi mit bis an die Küste reichenden Kiefernwäldern, einer Marina und kilometerlangen Sand- und Kiesstränden. Sehenswert ist die romanisch-gotische Kirche Sv. Jure (12./13. Jh.) im alten Zentrum. Daneben befindet sich ein archäologischer Park mit Resten einer römischen Villa Rustica, eines spätantiken Oratoriums, einer mittelalterlichen Kirche und eines Klosters.

Information

TZG Tučepi, Kraj 46, 21325 Tučepi, Tel./Fax 021 623100, www.tucepi.hr, tzo-tucepi@st.htnet.hr

Parken

33 T 667566 4790556 / 43,24919°N 17,06415°O

Strandparkplatz Tučepi an der Strecke Tučepi - Podgora

PODGORA UND IGRANE

(Makarska - Podgora 9 km, Podgora - Igrane 7 km)

Ins Grün der Küstenwälder eingebettet, folgt kurz dahinter **Podgora** mit seinem Badestrand und einem vielfältigen Freizeitangebot. Von hier führt auch eine Straße nach **Gornji Tučepi** und zur **Biokovo-Panoramastraße** (s. o.).

Igrane ist ein etwas kleinerer Badeort mit Kiesstrand und barockem Landhaus. Das wohl bedeutendste Kulturdenkmal der Makarska Riviera ist die frühchristliche Kirche Sv. Mihovil (12./13. Jh.) auf einem Hügel über dem Dorf Igrane mit ihrem vorromanischen Tonnengewölbe.

Information

TZG Podgora, Branimirova 87, 21327 Podgora, Tel./Fax 021 625560, tz-podgora@st.htnet.hr, www.podgora.hr

TZG Igrane, 21329 Igrane, Tel./Fax 021 627801, tz-igrane@st.htnet.hr, www.igrane.com

Parken

33 T 674244 4784751 / 43,19544°N 17,14452°O

Igrane: ebener, teurer Teerplatz am Hafen, laut

Camping

61 Camping Dole*

33 T 678567 4782127
43,17082°N 17,19684°O

Großer, flacher und schattiger Platz mit Pinien und Olivenbäumen, Wiesenfläche und schönem, langem Fels-/Kiesstrand, aber stark überteuert und mit sehr dürftiger Ver-/Entsorgung für Wohnmobile. **Lage/Anfahrt:** zwischen Živogošće und Drvenik; **Wasser:** nur Kanister; **Abwasser:** nur sehr hoher Schachtdeckel zum Öffnen; **Chemie-WC:** nein; **Strom:** z. T. ja; **Preis:** 265 kn (36,30 €); **Geöffnet:** 01.05.-30.09.; **Kontakt:** Tel. 021 628749, Fax 021 628750, auto-camp-dole@st.t-com.hr

Camping

62 Camping Čiste*

33 T 679570 4781880
43,16836°N 17,20909°O

Sehr ruhiger und reizvoller Privatplatz mit schattigen Pinien, schöner, Rollstuhl-geeigneter Kiesstrand; freitags kostenloser Grillfisch; ab 23 Uhr geschlossen. **Lage/Anfahrt:** ca. 3 km nordwestlich von Drvenik; gute Teerzufahrt; **Wasser:** ja, Schlauch; **Abwasser/Chemie-WC:** tadellose Ver-/Entsorgungsstation mit Plattform, Schacht und Entsorgung für Chemie-WC; **Strom:** ja, z. T. alte Anschlüsse; **Preis:** 150 kn (20,50 €); Zuschlag für nur eine Nacht 10 %; **Geöffnet:** ganzjährig; **Kontakt:** Mobil 098 1967658, admin@autocamp-ciste.com

073kr Abb.: rh

DRVENIK UND GRADAC

(Makarska – Drvenik ca. 29 km, Drvenik – Gradac 12 km)

Drvenik ist der Fährhafen für Sućuraj auf Hvar und bietet einige schöne Sandbuchten. Südlichster Ort der Makarska Riviera ist Gradac mit einem der schönsten und längsten Strände ganz Dalmatiens, der sich südlich des Hafens in der Bucht Gornja Vala erstreckt.

Weiter in Richtung **Ploče** mit dem Fährhafen zur **Halbinsel Pelješac** gelangt man bereits nach Süddalmatien (s. Route 7, S. 228ff).

Information

TZG Gradac, Stjepana Radica 1, 21330 Gradac, Tel./Fax 021 697511, info@gradac.hr, www.gradac.hr
Info: Tel. 021 628100 (Drvenik); Tel. 021 773433 (Sućuraj/Hvar)

Fähren nach Hvar

Drvenik – Sućuraj (ca. 15 Min.), im Sommer tägl. rund 10 Fähren

Parken

Drvenik: am Fährhafen links; mit Kiesstrand, Toilette, Wasser und Kiosk
Gradac: 33 T 0690605 4775288 / 43,10635°N 17,34247°O; gebührenpflichtig

Vor der Küste von Split liegen drei große Inseln im Blau der Adria – die „drei schönen Schwestern“, wie sie auch genannt werden: Brač, die „Dicke“, Hvar, die „Lange“ und Korčula, die „Romantische“. Jede von ihnen hat ihren ganz eigenen Charakter. Und jede ist groß und abwechslungsreich genug, sodass sich auch mit dem Wohnmobil der Sprung übers Wasser lohnt.

Die Split am nächsten gelegene Insel Brač ist bergig, karg und rau. Neben etwas Wein und anspruchslosen Schafen gedeiht hier nicht viel. Doch ihr Stein hat die Insel weltbekannt gemacht – aus dem berühmten „Bračer Marmor“ wurde nicht nur der Diokletian-Palast in Split erbaut, sondern auch der Berliner Reichstag und das Weiße Haus in Washington. Das „Goldene Horn“ von Bol gilt als einer der schönsten Strände Kroatiens.

Weit touristischer und lieblicher ist Hvar, die Lavendel-Insel, auf der es den ganzen Sommer hindurch nach Kräutern duftet. Ihr Schmuckstück ist die gleichnamige Inselhauptstadt, einer der charmantesten kroatischen Badeorte überhaupt.

Ihre Nachbarin Korčula ist bekannt für die malerische Festungsstadt Korčula, die nicht zu Unrecht als „Klein-Dubrovnik“ bezeichnet wird, sowie für ihre wilden, farbenprächtigen Schwerttänze.

081kr Abb.: rh

ROUTE 6

DIE INSELWELT MITTELDALMATIENS

BRAČ, HVAR UND KORČULA

› Routenübersicht hinterer Umschlag innen

ROUTENÜBERSICHT

Entfernungen:
Supetar - Postira 9 km, Postira - Pučišća 14 km, Pučišća - Pražnica 7 km, Pražnica - Bol 14 km (Insel Brač); Sućuraj - Jelsa 50 km, Jelsa - Vrboska ca. 6 km, Jelsa - Stari Grad 8 km, Stari Grad - Hvar via Tunnel 16 km, über die Berge 20 km (Insel Hvar); Dominče - Korčula 2 km, Korčula - Vela Luka 48 km (Insel Korčula); Orebić - Lovište 15 km, Orebić - Potomje 22 km, Potomje - Ston 43 km (Halbinsel Pelješac)

Alle drei Inseln sind von Split aus mit der Fähre zu erreichen (Korčula allerdings nur mit der Küstenfähre); außerdem hat jede von ihnen eine weitere Fährverbindung zum Festland (Brač von Sumartin nach Makarska, Hvar von Sućuraj nach Drvenik und Korčula von Dominče zur Pelješac-Halbinsel), sodass man sie in eine Rundstrecke integrieren kann. Leider gibt es jedoch bislang keine Autofähre zwischen Brač und Hvar. Um von der einen zur anderen zu gelangen, muss man zurück zum Festland.

BRAČ –
MARMORINSEL UND GOLDENES HORN

Mit 395 km² ist Brač die drittgrößte Insel der Adria, und ihr 778 m hoher Vidova Gora ist der höchste Berg aller adriatischen Inseln. Verwaltungszentrum und wichtigster Fährhafen ist Supetar. Der schönste Badeort ist Bol, der einzige Ort an der steilen Südküste, mit dem berühmten „Goldenen Horn". Die meisten übrigen Ortschaften liegen an der Nordküste der Insel. Das bergige, nur dünn besiedelte Inselinnere ist überwiegend von Wäldern und Macchia bedeckt.

SUPETAR

(Supetar - Postira 9 km, Supetar - Ložišće 14 km, Ložišće - Milna 6 km einfach, Ložišće - Nerežišća 10 km, Nerežišća - Supetar 8 km)

Von Split kommend, legt die Fähre im Hauptort der Insel an, der nicht gerade wie ein Badeort aussieht, aber außerhalb, in Richtung Leuchtturm, einen langen feinkiesigen Strand besitzt (mit Stranduschen) – und am Leuchtturm selbst einen FKK-Bereich. Dahinter liegen im Pinienwald Hotels, Surf- und Tauchschulen etc. Als Wohnmobilist wird man sich hier allerdings nicht sehr lange aufhalten, sondern nach links in Richtung Postira fahren.

◀ *Vorseite: Blick von der Festung über die Stadt Hvar auf die „Höllen-Inseln"*

Alternativ kann man zunächst an der Küste entlang nach Westen via Mirca, Sutivan und dem hübschen Ložišće nach **Milna** fahren, das in einer reizvollen Bucht liegt, bei Skippern beliebt ist und am Hafen einen schönen [P] Parkplatz unter Palmen besitzt.

Fähren

Supetar – Split 10–12 x täglich, Tel. Supetar (021) 631357, Tel. Split (021) 338333

Parken und Baden

Kurz nach dem Fähranleger Supetar erstreckt sich links an der Straße ein ebener Parkplatz mit Bäumen, Toilette, Mülltonnen und einem kleinen Strand; im Sommer gebührenpflichtig.

Camping

63 Camping Supetar

33 T 626739 4804281
43,38070°N 16,56461°O

Relativ ruhiger Platz mit hohen Bäumen ca. 200 m vom Strand; nur wenige gut zugängliche Womo-Plätze; einfache Ausstattung; keine Ver-/Entsorgung. **Lage/Anfahrt:** von der Fähre links ca. 1 km in Richtung Postira; **Wasser:** nur mit Kanister; **Abwasser:** nein; **Chemie-WC:** angeblich in der Damentoilette; **Strom:** nein; **Preis:** ca. 163 kn (15 €); **Geöffnet:** Mai–Okt.; **Kontakt:** Supetar, Put Vele Luke, Tel. 021 630022

Einkaufen

Kurz nach dem Camping „Supetar" ist links der Supermarkt „Konzum" mit großem Parkplatz.

Bald zieht sich die Straße dicht am Meer entlang – mit schattigen Pinien, Blicken auf das blaue Wasser und gelegentlichen kleinen Badestränden.

Parken und Baden

33 T 627909 4804237; 43,38011°N 16,57903°O

kostenloser, kleiner Parkplatz mit etwas Schatten bei einem Kies-/Felsstrand

Information

TZG Supetar, Porat 1, 21400 Supetar, Tel./Fax 021 630551, tzg-supetar@st.t-com.hr, www.supetar.hr

TZO Milna, 21405 Milna, Tel. 021 636233, Fax 021 636505, tzo-milna@st.t-com.hr, http://go.to/tzo-milna/

ABSTECHER ZUR VIDOVA GORA

(Supetar – Splitska 5 km – Škrip 3 km – Nerežišća 5 km – Vidova Gora 6 km)

Knapp 5 km hinter Supetar zweigt rechts ein schmales und von hohen Steinmauern begrenztes Sträßlein zum nur wenige Kilometer entfernten Museumsdörfchen **Škrip** ab. Der Abstecher lohnt sich! Denn das älteste Dorf der Insel sieht noch fast aus wie vor Jahrhunderten: mit grauen Steinmauern, ganz aus Naturblöcken errichteten und mit Steinplatten gedeckten Häusern, einer altkroatischen Kirche aus dem

075kr Abb.: rh

▲ *Ein fantastischer Blick zum Goldenen Horn belohnt den Wanderer auf dem Vidova-Gora-Gipfel*

9. Jahrhundert mit Fürstengruft, illyrischen Mauerresten und einem wuchtigen Wehrturm, in dem heute ein sympathisches kleines Museum untergebracht ist.

Hinter Škrip geht es weitere 5 km durch einsame Berglandschaft, ehe man auf 400 m **Nerežišća** erreicht, ein unscheinbares Bergdorf, das jedoch im Mittelalter Sitz der Fürsten von Brač war. Hier biegt man links auf die Straße Nr. 113 in Richtung Sumartin.

Etwa 4 km weiter zweigt rechts ein einspuriges, aber gut geteertes Sträßlein ab, das in die einsame Bergwelt der **Vidova Gora** hineinführt. Diese Strecke durch das unter Naturschutz stehende, wilde Hochplateau bis hinauf zum mit ca. 780 m höchsten Berggipfel aller

Felsenkloster Blaca

Das 1588 in wilder Bergeinsamkeit gegründete Kloster klebt wie ein Schwalbennest unterhalb einer steilen Felswand. Die verschachtelte, museale Eremitenstätte ist nur noch von einem Verwalterehepaar bewohnt. Besonders sehenswert ist die original erhaltene, historische Sternwarte des Astronomen und letzten Mönches von Blaca, Don Milićević. Zu erreichen ist das Kloster allerdings bis heute nur zu Fuß. Entweder von Nerežišća aus (zunächst evtl. einige Kilometer auf einer sehr schlechten und für Wohnmobile nicht geeigneten Piste, dann 40 Minuten zu Fuß) oder ab Bol (mit dem Boot zur Uvala Blaca und dann ca. 30 Minuten bergauf).

Ölträge

Aus dem Stein von Brač wurden nicht nur berühmte Bauwerke gefertigt, sondern in überaus mühsamer Arbeit auch mannshohe Steintröge gehauen, die mehrere tausend Liter Olivenöl fassten. Inzwischen wurden diese riesigen Behälter durch Metall- und Kunststoff-Tanks verdrängt - und zum Teil einfach in die Landschaft der Vidova Gora entsorgt. Einer von ihnen (einer der kleineren!) wurde bei der Konoba „Vladimir Nazor" zur Telefonzelle umfunktioniert!

076kr Abb.: rh

Adria-Inseln ist eine der landschaftlich eindrucksvollsten Routen Kroatiens. Sie führt zunächst durch herrlichen Wald aus mächtigen, steinalten Schwarzkiefern. Dann wird der Wald immer lichter, die Bäume werden zerzauster, kleiner und verkrüppelter. Schließlich ist eine weite, baumlose Hochfläche erreicht. Sie endet beim Sendemast direkt an der Schwindel erregenden Abbruchkante hoch über der Südküste. Der Ausblick auf Bol, Hvar und das aus dem blauen Wasser leuchtende „Goldene Horn" ist wahrhaft atemberaubend. Einen schöneren Picknickplatz kann man kaum finden. Zudem lockt wenige Schritte entfernt die rustikale *Konoba* „Vladimir Nazor" mit Wein, Oliven, Käse und Schinken.

Parken und Picknick

Entlang der ca. 6 km langen Stichstraße gibt es mehrere herrliche Parkplätze in wildromantischer Natur; besonders schön ist der nach ca. 5 km erreichte größere Wiesenplatz mit gigantischen Steintrögen (falls sie noch da sind, s. Exkurs).

POSTIRA UND PUČIŠĆA

(Supetar - Postira 9 km, Postira - Pučišća 14 km)

An einer Bucht etwas abseits der Küstenstraße Supetar - Postira liegt das stille Dörfchen **Splitska** mit einigen Parkmöglichkeiten am Strand.

Parken und Baden

33 T 629315 4803958; 43,37735°N 16,59632°O

kleiner, sonniger und kostenloser Parkplatz bei einer schönen Kiesbucht am Ortseingang von Splitska; kurz danach ein schattiger Parkplatz mit WC seitlich der Bucht

› Landkarte Seite XIV

Die Hafenfront von Pučišća

Information

TZG Pučišća, 21412 Pučišća, Tel./Fax 021 633555, tzo-postira@st.htnet.hr

Dann klettert die Straße etwas höher den Hang empor und hinter **Postira** verlässt sie schließlich die Küste und zieht sich durch das karge Innere der Insel, ehe man hoch über **Pučišća** schließlich wieder das Meer erblickt. Die mit 1700 Einwohnern „größte Stadt" der Insel liegt an einer tief eingeschnittenen Bucht und ist das Zentrum des Kalkstein-Abbaus sowie der Steinmetzkunst. Links des Hafens liegt die Steinmetzschule, in der man den angehenden Meistern bei der Arbeit zusehen kann.

Parken

33 T 640198 4800964

43,34845°N 16,72983°O

Am Ortseingang liegt gleich links ein sehr großer, ebener, relativ ruhiger, aber nicht sonderlich schöner Kiesplatz ohne Schatten, von dem es nur wenige Schritte zum Hafen sind.

BOL UND DAS GOLDENE HORN

Information

TZO Bol, Porat bolskih pomoraca bb, 21420 Bol, Tel. 021 635638, Fax 021 635972, tzo-bol@st.t-com.hr, www.bol.hr

(Pučišća – Pražnica 7 km, Pražnica – Bol 14 km)

Von Pučišća windet sich die Straße landeinwärts zum Inselrücken empor und erreicht nach 7 km **Pražnica.** Unmittelbar danach stößt man auf die Inselstraße Nr. 113, auf der man nach rechts biegend ebenfalls das Sträßchen zur Vidova Gora (s. o.) erreichen kann. Man folgt ihm jedoch 3 km nach links und biegt bei **Gornji Humac** rechts auf die Straße Nr. 115, die sich bald (breit und gut ausgebaut) die steile Südküste der Insel hinunterzieht. Drunten lockt **Bol,** das touristische Zentrum der Insel, mit dem berühmtern **Zlatni rat** (Goldenes Horn). Diese – tatsächlich wie ein Horn – 600 m weit ins kristallklare Wasser hinausragende Landspitze aus feinem Kies und Sand ist ein Bade- und Surferparadies – und ein Produkt eigenartiger, gegenläufiger Meeresströmungen in der Engstelle zwischen den Inseln Brač und Hvar. Je nach momentaner Strömungsrichtung ist die Spitze des Horns in die eine oder andere Richtung gekrümmt! Auch der Ort selbst ist ganz auf den Strandtourismus ausgerichtet und doch ein reizvoller Ort mit einer hübschen Uferpromenade und gemütlichen Cafés. Allerdings auch mit einer Enttäuschung: Es gibt keine Stellplätze am Meer und nicht einmal einen Campingplatz mit Strandzugang, denn abgesehen vom „Horn" selbst ist die Küste einfach zu steil. Dafür gibt es oberhalb des Goldenen Horns einen großen, schattigen und im Sommer gebührenpflichtigen [P] Parkplatz.

Sehenswert ist das **Dominikanerkloster** aus dem 15. Jahrhundert mit Klostermuseum, das reizvoll auf einer Landzunge am östlichen Rand von Bol liegt. Daneben steht ein schönes altkroatisches Kirchlein aus dem 10. Jahrhundert. Ein lohnender Ausflug kann zum Felsenkloster Blaca führen (s. Kasten bei Nerežišća).

Information

TZO Bol, Porat bolskih pomoraca bb, 21420 Bol, Tel. 021 635638, Fax 021 635972, tzo-bol@st.htnet.hr, www.bol.hr

Wandern

Sehr schöne, markierte Wanderwege führen von Bol hinauf zum ca. 780 m hohen Gipfel **Vidova Gora** (s. o.) und der rustikalen Berggaststätte „Vladimir Nazor" mit offenem Kamin und einfachen, aber köstlichen Gerichten (Aufstieg ca. 2 Std.; Wanderstiefel erforderlich). Oder man lässt sich mit dem Boot zur Badebucht Uvala Blaca südöstlich von Bol fahren, von wo man in etwa einer halben Stunde durch Weinberge und Wald zum **Kloster Blaca** (s. o. Nerežišća) hinaufwandern kann.

Surfschule Big Blue

Bol ist dank günstiger Windbedingungen ein Mekka der Windsurfer. Und einen besseren Lehrer als den Leiter der Surfschule Big Blue auf Brač wird man kaum irgendwo sonst an der Adria finden, denn Professor Ivica Dolenc, genannt „Johnny", ist einer der Spitzen-Surfer des kroatischen Surfcups und Coach des Nationalteams. Seine Schule liegt direkt am Strand von Bol und hat nicht nur Kurse für Anfänger und Fortgeschrittene mit neuestem Equipment im Programm, sondern außerdem spezielle Funboard-Kurse. Daneben bietet die Schule übrigens auch Tauchkurse und andere Sportangebote. Surfschule Big Blue, 21420 Bol, Tel./Fax 021 635614, tomaz@big-blue-sport.hr, www.big-blue-sport.hr

[P] Parken und Baden

33 T 632420 4790895 / 43,25923° N 16,63148° O

Mehrere große Parkplätze zum Teil im schattigen Pinienwald gibt es nahe dem Zlatni Rt; schön – aber ohne sonstige Einrichtung und im Sommer sehr voll;

▲ *Am Goldenen Horn lässt es sich hervorragend surfen*

01.06.-30.09.; gebührenpflichtig: 30 kn/Tag (4 €), 100 kn/Nacht (14 €). Versuchen Sie in der Saison nicht, sonst irgendwo zu parken – es gibt überall Wächter!

Camping

64 Camping Mario***

33 T 633990 4791539

43,26476°N 16,65098°O

Nahe dem Ortseingang am Hang, nicht am Strand und weit vom Goldenen Horn gelegen und kaum Schatten; als Urlaubsplatz weniger geeignet. **Lage/Anfahrt:** vor dem Ortseingang links; **Wasser:** ja, aber ungünstig gelegene Zapfstelle; **Abwasser:** Entsorgungs-Plattform mitten in der Einfahrt; **Chemie-WC:** ja; **Strom:** ja; **Geöffnet:** Mai–Okt.; **Kontakt:** Tel./Fax 021 635028, fanika.eterovic@st.htnet.hr. **Hinweis:** Keiner der Campingplätze von Bol liegt am Strand oder nahe dem Goldenen Horn!

Da Bol am Ende einer Sackgasse liegt, muss man zurück den Berg hinauf bis Gornji Humac fahren. Dort biegt man rechts auf die Straße Nr. 113 und erreicht nach ca. 16 km durch das karge Binnenland den kleinen Hafenort **Sumartin** mit Verbindungen zum Festland (Fortsetzung ab **Makarska** s. Route 5, S. 193ff). Wer weiter nach Stari Grad auf der Insel Hvar möchte, der muss zurück nach Supetar und von dort mit der Fähre zunächst nach Split fahren!

Fähren

Sumartin – Makarska (ca. 1/2 Std.)
02.07.-11.09.: 6.00, 9.00, 12.00, 15.00 und 18.30 Uhr
25.05.-01.07. und 12.09.-02.10.: 6.00, 11.00 und 16.30 Uhr,
Info: Tel. 021 648224 (Sumartin/Brač), Tel. 021 679515 (Makarska)
Achtung: Erkundigen Sie sich nach den aktuellen Zeiten und planen Sie Ihre Ankunft in Sumartin entsprechend, sonst müssen Sie u. U. lange warten!

HVAR – DIE LAVENDEL-INSEL

Hvar ist mit 300 km² die viertgrößte Adria-Insel und hat 11.000 Einwohner. Sie ist 68 km lang und maximal 10,5 km – über lange Strecken sogar kaum 5 km – breit. Die schönsten Badeorte sind Hvar, Jelsa und Stari Grad.

Dank ihrer geschützten Lage (durch ihre Nachbarin Brač gegen kalte Festlandswinde abgeschirmt) besitzt sie das mildeste Klima aller Adria-Inseln und wird deshalb auch häufig im Winter besucht. Der Fremdenverkehr konzentriert sich auf den Westteil zwischen Jelsa und Hvar. Die restlichen zwei Drittel zwischen Jelsa und Sućuraj hingegen sind nur sehr dünn besiedeltes Buschland.

Tanken

Tankstellen befinden sich in Hvar, Jelsa und Vrboska; die in Hvar liegt nicht an der Zufahrtsstraße, sondern etwas abseits in einem Ortsteil vor dem Zentrum links (beschildert).

SUĆURAJ

(Sućuraj – Jelsa ca. 50 km)

Wer von Split die Küste herunterkommt oder von Brač nach Makarska übergesetzt hat, um als nächstes Ziel Hvar anzusteuern, folgt der Route 5 bis zum kleinen Fährhafen von **Drvenik** (s. S. 199). Eine halbe Stunde später ist bereits Sućuraj nahe der östlichsten Spitze von Hvar erreicht und man kann nun gut 50 km weit der recht guten Straße folgen, die sich auf dem Rücken der lang gestreckten Insel durch den kaum besiedelten Ostteil zieht.

Information

TZG Sućuraj, 21469 Sućuraj, Tel./Fax 021 717288, tz.sucuraj@st.htnet.hr, www.sucuraj.com

Parken

großer Teerplatz am Fähranleger mit schönem Blick auf Bucht und Dorf

Abstecher zur Hirtensiedlung Humac

An der Hauptstraße etwa 8 km östlich von Jelsa und ca. 6 km nach dem Weiler Poljica zeigt ein Schild den kurzen Weg (zuerst Teer, dann noch einige Meter Schotter) zur archaischen Hirtensiedlung Humac. Die seit dem 14. Jahrhundert von Hirten und Bauern immer nur zeitweise bewohnte Siedlung ist eine Art Freilichtmuseum, das mit seinen grauen Feldsteinhütten und historischen Gerätschaften das schwere Leben der Hirten anschaulich macht. Der Weiler, der während der Weinlese noch heute zum Übernachten genutzt wird, steht vollständig unter Denkmalschutz. In der Saison bietet das Touristbüro Jelsa Führungen an.
Info: Tel./Fax 021 761017

Parken und Baden

Ca. 1 km hinter **Zastražišće** zweigt rechts ein kleines, aber recht gutes Sträßchen nach **Velika Stiniva** ab, das ca. 2,5 km weiter an einer traumhaften Kiesbucht mit ebenem, aber schattenlosem Teerparkplatz endet.

Camping

65 Camping Mlaska *

33 T 674337 4778266

43,13706°N 17,14363°O

Schön gelegener Platz inmitten einsamer Natur mit schattigen Terrassenplätzen nahe dem Meer (z. T. FKK), gutem Restaurant und schönem Sandstrand; die Sanitäranlagen recht alt und einfach, z. T. mit defekten Türen. Vorsicht: Nach Regen kann das Gelände morastig sein! **Lage/Anfahrt:** ca. 4 km nach Sućuraj rechts eine schmale, aber gute Straße hinunter; **Wasser:** ja; **Abwasser:** ja, Schacht; **Chemie-WC:** Abwasserschacht, Zufahrt nicht ideal; **Strom:** ja; **Preis:** ca. 148 kn (20 €); **Geöffnet:** ganzjährig; **Kontakt:** Tel. 098 425661, Fax 021 77371; mlaska@mlaska.com; www.mlaska.com

Nachdem man über eine Stunde lang nicht viel mehr als ödes Buschland gesehen und sich schon längst gefragt hat, warum Hvar wohl als Ferien- und Lavendel-Insel gepriesen wird, senkt sich die Straße zur Nordküste hinunter und der „Ferien-Teil" beginnt. Man fährt durch grünen Pinienwald an kleinen Badebuchten vorüber, passiert einen einladenden P Parkplatz und kurz vor **Jelsa** die ersten sehr belebten Campingplätze.

Parken und Baden

33 T 639795 4779635 / 43,15656°N 16,71945°O

großer, flacher und bislang kostenloser Beton-Parkplatz für die Gäste eines längst geschlossenen Hotels; schöne Badebucht mit Kai, WC-Ruine; Vorsicht: Der Platz ist teils unterspült!

Camping

66 Camping Grebišće *

33 T 639098 4779830 / 43,15844°N 16,71093°O

Platz in einer kleinen Felsbucht mit sehr engen Wegen; in der Saison überlastet; mir hat der nahe gelegene Campingplatz „Holiday-Jelsa" besser gefallen. **Lage/Anfahrt:** an der Zufahrt nach Jelsa von Osten her erster Platz; **Wasser:** ja; **Abwasser/Chemie-WC:** nach Auskunft der Rezeption soll es eine Ver-/Entsorgungsstation geben; ich konnte sie nicht finden; **Strom:** ja; **Preis:** ca. 161,80 kn (21,80 €); **Geöffnet:** 1.5.–1.10.; **Kontakt:** Tel./Fax 021 761191, www.grebisce.hr, camp@grebisce.hr

Camping

67 Camping Holiday-Jelsa ***

33 T 638870 4780081

43,16073°N 16,70819°O

Sehr schöner privater Platz mit sehr freundlichem und hilfsbereitem Personal; Womo-Plätze direkt über dem Strand (schöner Felsstrand mit Platten und Badeleiter); leider verläuft direkt hinter den Womo-Plätzen eine (noch öffent-

liche) Straße durch den Platz, die allerdings nachts relativ wenig befahren ist; Top-Sanitär-Anlagen, die neu renoviert und tadellos sauber sind!
Lage/Anfahrt: östlich von Jelsa direkt an der Zufahrtstraße; **Wasser:** Wasseranschluss und Ausguss direkt am Stellplatz; **Abwasser:** Entsorgungsplattform am oberen Ausgang; Zufahrt und Gefälle sind leider sehr problematisch, das soll bald geändert werden; **Chemie-WC:** tadellose Entsorgungsstellen in den Sanitäranlagen; **Strom:** ja; **Preis:** ca. 148 kn (20 €); **Geöffnet:** ganzjährig; **Kontakt:** Tel./Fax 021 761140, jelsa@hi.t-com.hr

JELSA UND VRBOSKA

(Jelsa – Vrboska ca. 6 km)

Das romantische, einst für seinen Schiffsbau berühmte Küstenstädtchen **Jelsa** ist dank seiner schönen Strände und seines geschützten Hafens neben Hvar der beliebteste Touristenort auf der Insel. Zahlreiche Restaurants und Cafés säumen den Dorfplatz und die palmenbeschattete Hafenpromenade, dennoch ist die Atmosphäre angenehm ruhig und entspannt. Taxiboote fahren zu den vorgelagerten Badeinseln und an der Küste entlang führt ein schöner Spazierweg zum Nachbarort Vrboska.

Mit dem Fahrzeug muss man einen weiten Bogen um die Bucht herum machen, um nach **Vrboska** zu gelangen. Das einfache Fischer- (und zunehmend auch Ferien-)dorf mit nur 500 Einwohnern birgt hinter seinen Häusern versteckt eine Sehenswürdigkeit, die einzigartig an der gesamten Adria ist: Die wuchtige **Festungskirche Sv. Marija** mit 15 m hohen, fensterlosen Mauern. Sie wirkt wie ein trutziger Fes-

▼ *Seine Lage macht Jelsa zu einem bevorzugten Touristenort*

079kr Abb.: h

▶ *Keine Burg, sondern eine Kirche: Sv. Marija*

tungsbau – nur ein kleiner Glockenturm verrät, dass es sich tatsächlich um ein Gotteshaus handelt. Der hervorragend erhaltene Renaissancebau wurde nach dem türkischen Angriff von 1571 als Fluchtburg für die Dorfbewohner errichtet. Sehenswert ist auch das Fischereimuseum mit vielen Exponaten und einem rekonstruierten Fischerhaus (Tel. 021 77021, geöffnet Do–Mo 9.30–12 und 18–20 Uhr).

Information

TZG Jelsa, Riva bb, 21465 Jelsa, Tel./Fax 021 761017, info@tzjelsa.hr, www.tzjelsa.hr, www.jelsa-online.com

TZG Vrboska, Vrboska bb, 21453 Vrboska, Tel. 021 774137, Fax 021 717255, info@vrboska.info, www.tz-vrboska.hr, www.hvar-vrboska.com

Parken

Jelsa: am Ortseingang links gebührenpflichtiger Parkplatz

Vrboska: außerhalb der Saison sehr schöne Plätze direkt am Hafenbecken

Achtung Tunnel! Gegenüber der Abzweigung nach Jelsa führt eine schmale Holperstraße via Pitve nach **Zavala** an der Südküste. Versuchen Sie es nicht! Es sei denn, Sie haben ein Hubdach-Fahrzeug, das maximal 2,20 m hoch ist, denn der ca. 1,8 km lange Tunnel ist tatsächlich nur 2,20 m breit und auch nur 2,20 m hoch! Ein Hinweis an der Zufahrt fehlt und das etwas verblasste Schild am Tunnel ist leicht zu übersehen, wenn man an der Ampel in der Schlange steht. Wer mit einem höheren Fahrzeug hineinfährt, kommt etwa bis zur Tunnelmitte, steckt dann fest und muss fast einen Kilometer rückwärts fahren!

STARI GRAD

(Jelsa - Stari Grad 8 km, Vrboska - Stari Grad 9 km)

Von Jelsa führt die breit und gut ausgebaute Straße durch fruchtbares Tiefland nach Westen zur Abzweigung nach Stari Grad. Der Name bedeutet „alte Stadt" - und tatsächlich gilt die bereits von den Griechen gegründete Siedlung als die älteste der Insel. Dank der Autofähre von Split, die hier anlegt, ist Stari Grad heute das Verkehrs- und Wirtschaftszentrum der Insel. Doch es wäre schade, die Stadt nur als Durchgangstor zu betrachten. An der Uferpromenade laden gemütliche Bars und Cafés zum Verweilen ein und am palmengesäumten Platz steht das **Tvrdalj Schloss,** der Renaissancepalast des kroatischen Dichters *Petar Hektorović* mit einem Fischteich und Laubengang im stillen Innenhof.

Der Fährhafen liegt etwas außerhalb in Richtung Hvar. Im Sommer stauen sich davor oft lange Autoschlangen und lassen erkennen, dass man gut daran tut, sich zeitig einzureihen, um noch einen Platz auf dem Schiff zu bekommen.

Information

TZG Stari Grad, 21460 Stari Grad, Tel./Fax 021 765763, tzg-stari-grad@st.tel.hr, www.stari-grad-faros.hr

Fähren

Stari Grad - Split (2 Std). Es gehen täglich nur 3 Fähren (an Wochenenden im Sommer max. 5 Schiffe) und die Nachfrage ist groß. Es ist daher ratsam, 1-2 Stunden vor Abfahrt in der Reihe zu stehen. Information: Tel. 021 765048, Fax. 021 717153

HVAR - MONDÄNER KURORT UNTER PALMEN

(Stari Grad - Hvar via Tunnel ca. 16 km, über die Berge ca. 20 km)

Von Stari Grad führt die neu gebaute - und in manchen Karten noch nicht eingezeichnete - Straße Nr. 116 durch einen (ausreichend hohen und breiten!) Tunnel zur Südseite der Insel und dann an der Küste entlang über Milna. Sie ist bestens ausgebaut und bietet schöne Ausblicke aufs Meer - nur fehlen leider geeignete Parkplätze für ein Picknick mit Meerblick.

Fast an der Westspitze der Insel erreicht man ihre Hauptstadt Hvar, die sich in das behagliche Flair eines Kurorts der Jahrhundertwende hüllt und als einer der charmantesten Orte der gesamten Adria gilt. Eine elegante Hafenpromenade, gesäumt von Palmen und mondänen Hotels, ziert ihre Seeseite und der große **Hauptplatz** ist eingefasst von historischen Bauten: der romanischen Kathedrale Sv. Stjepan, dem Bischofspalast und dem venezianischen Arsenal, das einst

› Landkarte Seite XIV

Information

TZG Hvar, Trg Sv Stjepana 16, 21450 Hvar, Tel. 021 741059, Fax 021 742977, tzg-hvar@st.t-com.hr,, www.hvar.hr, www.tzhvar.hr; viel mehr als Zimmervermittlung und bunte Prospekte darf man dort nicht erwarten

als Parkgarage für die Handelschiffe diente. Darüber befindet sich das Theater von 1612, eines der ältesten Stadttheater ganz Europas. Durch enge Gassen mit steilen Treppen und zwischen subtropischen Gärten, die in üppigem Grün und Blumenschmuck versinken, gelangt man hinauf zur **Spanischen Festung.** Umweht von frischer Luft und Blumenduft genießt man dort einen traumhaften Blick über die Stadt und hinaus auf die **Pakleni Otoci,** die „Höllen-Inseln", die vor der Bucht von Hvar im Wasser schwimmen (s. Foto S. 201). Diese kleinen Eilande mit ihren herrlichen Wäldern, Sandstränden und Buchten zählen zu den schönsten Badeinseln der Adria.

Parken

33 T 617601 4780954 / 43,17219°N 16,44685°O

Stadtparkplatz: Unmittelbar vor der Altstadt liegen mehrere große, überwiegend schattenlose Parkplätze mit Toilette; näher am Zentrum werden Sie nichts finden (15 kn/2 € pro Std. 120 kn/16 € pro Tag).

33 T 616976 4781339 / 43,17577°N 16,43924°O

Festungsparkplatz: Über der Altstadt, nur einen kurzen Spaziergang von der Festung entfernt liegt ein teils schattiger, nicht ganz ebener, kostenloser Parkplatz etwas abseits der Straße an einer schmalen (fahrbaren) Zufahrt zur Festung. Man kann auch oben parken und zu Fuß zur Stadt hinuntersteigen.

Einen schöneren und ruhigeren Parkplatz findet man oben nahe der Festung, wenn man der Straße Nr. 116 ein kurzes Stück weiter in Richtung Vira folgt. Sie zieht sich nach links den Berg hinauf; nach weniger als einem Kilometer geht es links ab.

▼ *Der Hauptplatz von Hvar hat historischen Charme*

082kr Abb.: rh

Internet

am Trg Sv. Stjepana gegenüber dem Touristbüro

Wer über die neue Straße in die Inselhauptstadt gekommen ist, sollte wenigstens für die Rückfahrt die alte Strecke durch die Berge via **Brusje** nehmen (am Ortsausgang in Richtung Vira gleich rechts hinauf). Das kleine, kurvige Sträßchen schlängelt sich der Länge nach über den Inselrücken – zwischen Olivenhainen, Feigenbäumen, Weingärten und Kräuterwiesen. Unterwegs kann man weite Ausblicke genießen, Ziegenhirten begegnen und Eseln, die am Straßenrand grasen. Und vor allem wird man dann vielleicht endlich verstehen, warum Hvar die „Lavendel-Insel" genannt wird – und dass es diese Blüten auf Hvar doch nicht nur in Säckchen an Touristenständen gibt! Im Sommer fährt man im Hochland hinter Brusje tatsächlich durch weite Flächen von blühendem Lavendel – teils wild oder verwildert – und zudem durch Kräuterwiesen, die nach Rosmarin, Basilikum und Majoran duften.

Parken

33 T 624949 4780547 / 43,16736°N 16,53713°O

kostenloser kleiner Parkplatz auf dem Kamm nahe einer Kažuni-Ruine; schöner Ausblick; Fußweg zur Kapelle Sv. Nikolai

KORČULA – ROMANTISCHE INSEL DER WILDEN SÄBELTÄNZE

Mit 276 km² ist die 47 km lange und höchstens 8 km breite Insel Korčula die kleinste, aber bevölkerungsreichste des Trios. Die gleichnamige Inselhauptstadt (4000 Einw.) ist eine wunderschöne, oft als „Klein-Dubrovnik" gerühmte Festungsstadt und das überragende Urlaubszentrum der Insel. Größter Ort ist aber die Hafenstadt Vela Luka (4500 Einw.) an der Westküste. Das Inselinnere ist nur spärlich besiedelt. Berühmt ist Korčula für seine lebendigen Traditionen mit farbenprächtigen Ritterspielen und weltbekannten Klapa-Chören.

Die meisten Besucher kommen von der Halbinsel Pelješac via Orebić (Anschluss an Route 7, S. 230). Es gibt aber auch eine Autofähre von Split (Anschluss an Route 5, S. 185) nach Vela Luka, sodass man die Insel in eine Rundstrecke einbauen kann. Außerdem wird die Stadt von der Küstenschnellfähre Dubrovnik – Rijeka angelaufen (Vorbuchung obligatorisch!), welche die einzige Möglichkeit bietet, von Hvar aus direkt nach Korčula zu gelangen.

Beachten Sie: Korčula ist aus praktischen Gründen der Streckenführung in diese Route integriert. Verwaltungsmäßig gehört es – ebenso wie die Halbinsel Pelješac – zur Region Dubrovnik-Neretva (Süddalmatien).

Information

TZŽ Dubrovnik-Neretva, Vukovarska 24, PP 259, 20000 Dubrovnik, Tel. 020 324999, Fax 020 324224, info@visitdubrovnik.hr, www.visitdubrovnik.hr

Information

TZG Korčula, Obala Dr. Franja Tudjmana, 20260 Korčula, Tel. 020 715867, Fax 020 715866, info@korculainfo.com, www.korculainfo.com

KORČULA – RITTERSPIELE UNTER PALMEN

(Dominče – Korčula ca. 2 km)

Am einfachsten und günstigsten erreicht man sowohl die Stadt als auch die Insel Korčula mit der Fähre von Orebić (s. S. 220) aus, die wenige Kilometer außerhalb von Korčula bei Dominče anlegt.

Die Stadt Korčula gilt vielen als eine Art Taschenausgabe der weltberühmten Festungsstadt Dubrovnik – etwas kleiner, vielleicht etwas weniger berühmt, aber mindestens ebenso schön! Nur durch einen schmalen Damm mit der übrigen Insel verbunden, schiebt sich die von wuchtigen Mauern, Türmen und Zinnen beschützte Altstadt in den schmalen Meereskanal hinaus, der Korčula von der Halbinsel Pelješac trennt. Im Meeresblau leuchten die weißen Segel ein- und auslaufender Jachten. Und jenseits des Kanals erhebt sich kahl und schroff der fast 1000 m hohe Gipfel des Sveti Ilija. Faszinierend sind jedoch nicht nur die Lage und das perfekt erhaltene, **mittelalterliche Stadtbild** von Korčula, sondern auch die planmäßige und durchdachte Anlage der Stadt: Alle wichtigen Gebäude liegen an der vom Landtor ausgehenden Hauptachse, von der wie Blattrippen die Seitengassen abzweigen, die so angeordnet sind, dass sie kalte Winterwinde abhalten, kühlende Sommerbrisen hingegen in die Häuser leiten.

Da ganz Korčula eine **Museumsstadt** und fast jeder Stein darin eine Sehenswürdigkeit ist, wage ich hier keinen Versuch, auch nur die wichtigsten Attraktionen zu umreißen, sondern verweise auf einschlägige Reiseführer. Wichtig ist es hingegen, in einer halbwegs ruhigen Zeit zu kommen (möglichst nicht, solange ein Kreuzfahrtschiff am Kai liegt, dessen in die Tausende gehende Passagiere durch die engen Gassen flanieren) und sich Zeit zu lassen für einen geruhsamen Entdeckungs-Bummel.

Marco Polo – ein Korčulaner?

Die strategisch günstige Lage an dem schmalen Pelješki-Kanal, durch den seit der Antike eine der wichtigsten Handelsrouten in der östlichen Adria führt, machte Stadt und Insel Korčula zu einem oft und heftig umkämpften Ort. Einer der blutigsten Kämpfe war die Seeschlacht von 1298 zwischen Genua und Venedig, nach der dem siegreichen Genua nicht nur die Stadt und große Reichtümer in die Hände fielen, sondern auch ein unbekannter venezianischer Seemann, der einem Mithäftling abenteuerliche Reiseberichte in die Feder diktierte. Sein Name: Marco Polo. Geboren sei der frühe Fernreisende, so behaupten die Korčulaner, nirgends anders als in Korčula. Tatsächlich hat man in alten Taufregistern der Stadt eine Eintragung mit dem Namen Polo gefunden. Und so besitzt denn Korčula heute ein ausgeschildertes Marco-Polo-Geburtshaus, von dessen Turm man den schönsten Blick über die Dächer der mittelalterlichen Museumsstadt genießt. Dass das Haus erst gut 200 Jahre nach dem Tod des erwiesenermaßen 1324 in Venedig verstorbenen Marco Polo gebaut wurde, stört weder die Aussicht noch die Korčulaner – ebenso wenig wie die Tatsache, dass ihr „Beweistäufling" erst im Jahr 1520 eingetragen ist …

Parken

Dominče: großer, ebener Teerplatz am 5 km außerhalb von Korčula gelegenen Fährhafen Dominče

Korčula: großer, ebener Parkplatz an der Stadtmauer am Kai; Anfahrt: vorbei an der Marina über den Damm und über den Platz vor dem Eingangstor zur Altstadt, dann außerhalb der Stadtmauer rechts bis zum Ende der Straße (in der Saison meist voll!)

Moreška – der wilde Säbeltanz von Korčula

Im Rahmen des großen Festtages für den Stadtheiligen Sv. Theodor (29. Juli) findet in Korčula seit fast 400 Jahren Ende Juli eine große Moreška-Aufführung statt. Das farbenprächtige Ritterspiel, bei dem in komplizierten, akrobatischen Tanzformationen mit klirrenden Säbeln gefochten wird, geht auf ein Ereignis aus dem 16. Jahrhundert zurück. In den nicht ungefährlichen Zweikämpfen wird um die Königsbraut Bula gestritten. Entführt hat sie der schwarz kostümierte Königssohn Moro, Anführer der in türkischen Diensten kämpfenden Mauren. Der rot kostümierte König Osman, der zugleich das christliche Abendland verkörpert, besiegt nach langen Gefechten die Streiter aus dem Orient und erobert seine Braut zurück. Die Moreška wird in der Saison mehrfach wiederholt. Kleinere Programm-Auszüge kann man öfters im Park neben dem Hotel „Park" erleben.

▼ *Historienspektakel vor dem Stadttor: der Säbeltanz Moreška*

083kr Abb.: rh

Fähren

Orebić – Dominče (ca. 20 Min.), etwa 14 Fähren täglich

Korčula direkt: Küstenschnellfähre Dubrovnik – Rijeka via Hvar (Reservierung erforderlich);

Info: Jadrolinija Korčula, Plokata 21, Tel. 020 715410, Fax. 020 711101, Tel. 020 714075 (Orebić/Pelješac); Mediteranska Plovidba, www.korcula.net, www.medplov.hr (Linien Orebić-Korčula und Drvenik-Korčula).

› Landkarte Seite XV

Ausflug nach Mljet

Von Korčula werden Tagesausflüge zur Insel Mljet (siehe Route 7, S. 240) angeboten, die von hier aus schneller und günstiger zu erreichen ist als ab Dubrovnik. Die Ausflugsboote legen dienstags bis samstags um 9 Uhr von Korčula ab und brauchen für die Überfahrt nach Pomena etwa eine Stunde. Gegen 16 Uhr ist man zurück in Korčula. Information: TZG Korčula (s. o.)

Camping

68 Camping Kalac

Großer und gut angelegter Platz beim Hotel „Repos", 2 km südöstlich der Altstadt mit sehr schönen, gartenartigen Parzellen; umfangreiche Ausstattung mit Sportanlagen, Fahrrad-, Surfbrett-, Bootsverleih, Tennis-, Segel-, Tauchschule u. a.; langer Strand mit etwas Sand und flachem Wasser; Busse zur Altstadt. **Lage/Anfahrt:** vom Fähranleger nach ca. 600 m rechts zum Hotel „Bon Repos"; **Wasser:** ja; **Chemie-WC:** ja; **Strom:** ja; **Preis:** ca. 195,50 kn (26,75 €); **Geöffnet:** Mai-Sept.; **Kontakt:** Tel. 020 726 693 , Fax 020 711746, kalac@htp-korcula.hr, www.korcula-hotels.com

VON KORČULA NACH VELA LUKA

(Korčula – Vela Luka 48 km)

Durch malerischen Zypressenwald zieht sich die Inselstraße von der Festungsstadt den Hang hinauf nach **Žrnovo,** wo im Ortsteil Postrana das Kastell des Humanisten *Jakov Baničević* (1466–1532) steht. Dahinter fährt man durch Weinberge, in denen noch viele der traditionellen, mit Steinplatten gedeckten Häuschen zu sehen sind.

Einige Kilometer nach dem Dorf **Pupnat** führt eine sehr schlechte Geländepiste hinab zu der wenig besuchten Traumbucht **Pupnatska Luka:** türkisgrünes, kristallklares Wasser und weißer Strand, dahinter Feigen- und Johannisbrotbäume und eine Hand voll Wochenendhäuschen und Fischerhütten. Die Bucht ist von Westen (Vela Luka) her nicht zugänglich.

▼ *Fahrt durch die Weinberge bei Lumbarda*

085kr Abb.: rh

Blato, die größte Stadt im wenig besiedelten Inselinneren, ist bekannt für ihr Ritterspiel Kumpanija, das noch älter ist als die Moreška und alljährlich am 23.4. ausgetragen wird.

Mit Blick auf das grafische Muster der Gärten im fruchtbaren Blatsko Polje geht es weiter zur Hafenstadt **Vela Luka,** deren Name durch den Ohrwurm „Vela Luka" in ganz Kroatien zu einem Begriff geworden ist. Hübsch ist die Hafenpromenade mit hohen Palmen, Cafés und Restaurants, überragt vom Turm der Pfarrkirche Sv. Josip (19. Jh.), aber sonst hat die Stadt wenig Charme.

▲ *Am Hafen von Vela Luka*

In der Umgebung findet man einige sehr schöne **Badebuchten,** Boote fahren zu den vorgelagerten Inselchen **Ošjak** (ein Natuschutzgebiet mit Wald und reicher Vegetation) und **Proizd** (mit einem FKK-Strand und Restaurant). Und in der Grotte **Vela Špilja,** die 1974 nordöstlich des Orts entdeckt wurde, bietet sich die wohl romantischste Möglichkeit, die Melodie „Vela Luka" zu genießen: dargebracht vom berühmten Klapa-Chor des Ortes in dieser akustisch und atmosphärisch einzigartigen Kulisse.

Information

TZG Vela Luka, Ulica 41, br. 11, 20270 Vela Luka, Tel./Fax 020 813619, tzo-vela-luka@du.htnet.hr, www.tzvelaluka.hr

Parken

zahlreiche Parkmöglichkeiten auf großen ebenen Teerflächen am Hafenkai

Camping

69 Camping Mindel***

Einfacher, aber sympathischer Privatplatz mit ca. 120 Stellplätzen unter schattigen Mandel- und Olivenbäumen; zu Fuß 5–20 Minuten von verschiedenen Kies- und Felsstränden entfernt. Netter und hilfsbereiter Betreiber; enge Zufahrt; Stellplätze nur für kompakte Mobile. **Lage/Anfahrt:** 5 km westlich von Vela Luka; **Wasser:** ja; fragen Sie an der Rezeption und man wird Ihnen helfen; **Abwasser:** noch keine Entsorgungsplattform (geplant); **Chemie-WC:** ja, neben der Sanitäranlage; **Strom:** ja; **Preis:** ca. 113 kn (15 €); **Geöffnet:** ganzjährig; **Kontakt:** Stani 192, 20270 Vela Luka, Tel./Fax 020 813600, velaluka@hotmail.com, www.mindel.hr

Parken und Baden

Pupnatska Luka: Parkmöglichkeiten direkt hinter dem Kiesstrand; von der Hauptstraße etwa 1 km beschwerliche Anfahrt über zwei schlechte Pisten am Anfang und Ende der Bucht

› Landkarte Seite XV

PELJEŠAC - HALBINSEL DER WEINBAUERN UND AUSTERNZÜCHTER

Die maximal 7 km breite, aber 70 km lange Halbinsel hat kaum 8000 Bewohner und ist zudem vom Tourismus relativ wenig berührt. Sie besteht aus einem mächtigen Gebirgszug, dessen höchster Gipfel, der 960 m hohe Sv. Ilija, vor allem bei Wanderern, Jägern und Naturfreunden beliebt ist. An den kargen Karsthängen wird hauptsächlich Wein angebaut. Besonders berühmt sind die schweren Rotweine Dingač und Postup (s. Exkurs S. 224). Die einzige touristische Region auf der Halbinsel ist die äußerste Nordwestküste zwischen Orebić und Lovište.

Information

TZŽ Dubrovnik-Neretva (s. S. 235)

Beachten Sie: Die Halbinsel Pelješac ist aus praktischen Gründen der Streckenführung in diese Route integriert; verwaltungsmäßig gehört sie - ebenso wie Korčula - zu Süddalmatien (Region Dubrovnik-Neretva).

Fähren

Neben der Straßenanbindung bei Ston gibt es eine Fähre **zwischen Ploče und Trpanj,** die in der Saison 7-mal täglich verkehrt (Fahrzeit: ca. 1 Std.).

Die Fähre **Orebić - Dominče** (5 km außerhalb der Stadt Korčula) verkehrt in der Saison 14-mal täglich (Fahrzeit: ca. 20 Min.).

Information: Jadrolinija Ploče, Tel. 020 679321; Jadrolinija Korčula, Tel. 020 715410

OREBIĆ - DIE STADT DER KAPITÄNE

(Orebić - Viganj 7 km, Orebić - Lovište 15 km)

Von Dominče, dem Fährhafen Korčulas, ist es nur ein Katzensprung hinüber zum malerisch am Fuß des hoch aufragenden Berges Sv. Ilija gelegenen Hafenort **Orebić** (1500 Ew.), benannt nach einer Kapitänsfamilie des 16. Jahrhunderts. Er ist das touristische Zentrum des Pelješac mit prachtvollen subtropischen Gärten und den Villen der pensionierten Adriakapitäne. An die große Vergangenheit als Seehafen mit einst 33 eigenen Großseglern erinnert das **Seefahrtmuseum** *(Pomorski Muzej)* am Trg Mimbelli. Herrlich ist es aber auch, einfach ziel- und planlos durch die von verschwenderischer Blumenfülle gesäumten Pflastergassen und entlang der Uferpromenade zu bummeln.

Vom westlichen Ortsende führt ein lohnender Spaziergang über einen steilen Teerweg hinauf zum **Franziskanerkloster** (15. Jh.), dessen rotes Dach aus gelben Ginsterhainen ragt und dessen Kirchturm mit den Zypressen um die Wette gen Himmel strebt (s. Foto rechts). Die schlichte kleine Loggia vor der Kirche bietet einen grandiosen Blick hinüber nach Korčula. Gute Kondition und Ausrüstung vorausgesetzt, kann man vom Kloster auf einem Pfad in etwa 4 Stunden den Gipfel des **Sveti Ilija** erreichen, an dessen Hängen noch Mufflons und Schakale leben.

C86kr Abb.: ih

▲ *Schlank wie eine Zypresse streckt sich der Kirchturm des Franziskanerklosters in den Himmel*

Information

TZG Orebić, Trg Mimbeli bb, 20250 Orebić, Tel. 020 713718, Fax 020 714 001, tz-orebic@tz-orebic.com, www.tz-orebic.com

Parken

Am Fährhafen befinden sich mehrere gebührenpflichtige Parkplätze.

70 Camping Adriatic****

Camping

33 T 681429 4760683
42,97718°N 17,22503°O

Ein privater, malerischer und mit viel Liebe direkt am Meer angelegter Platz, auf dem man sich wirklich wie bei Freunden fühlt! Einer meiner Lieblingsplätze in Kroatien überhaupt! Mit alten Pinien und romantischem Fels-/Kiesstrand, traumhafter Beachbar, Tauchzentrum mit Kursen und Exkursionen; Apartments und einem ausgezeichneten Restaurant! Ruhig und überaus sympathisch. Der einzige Haken: Die Zufahrt ist über ca. 80 m sehr(!) eng und für große Fahrzeuge ungeeignet; mittelgroße Wohnmobile erfordern bereits präzises Manövrieren. **Lage/Anfahrt:** beim Ortsteil Mokalo von Orebić kommend rechts ab; aus der Gegenrichtung schwierige Spitzkehre!; **Wasser:** ja; **Abwasser/Chemie-WC:** eine neue Ver-/Entsorgungsstation; **Strom:** ja, teilweise; **Preis:** ca. 183,30 kn (24,70 €); **Geöffnet:** April–Okt.; **Kontakt:** Fam. Mikulić, Tel. 020 714 328, Fax 020 713420, www.adriatic-mikulic.com, kamp-adriatic@du.t-com.hr

71 Camping Nevio****

Camping

33 T 679206 4761304
42,98330°N 17,19799°O

Platz an der steilen Küste, der 2005 eröffnet wurde. Einige Mobile können direkt am Strand stehen, die Zufahrt ist steil, aber problemlos, die Plätze am Strand sind jedoch so schmal, dass man kaum passieren kann. Herrlicher Meerblick; sehr sauber! **Lage/Anfahrt:** kurz vor Orebić links; beschildert; **Wasser:** Schlauchanschluss; **Abwasser:** zzt. wegen ungünstig angelegter Station nur mit Eimern möglich; Verbesserung ist geplant; **Chemie-WC:** ja; **Strom:** ja; **Preis:** 28,60 €); **Geöffnet:** ganzjährig; **Kontakt:** 20250 Orebić, Tel. 020 713100, Fax 020 713950, www.nevio-camping.com

Tipp

Empfohlen wird auch der Platz Camping Trstenica (Kneza Domagoja 50, Tel. 020 713348, rezervacije@kamp-trstenica.com, www.kamp-trstenica.com) gleich neben dem Hauptstrand von Orebić.

›Landkarte Seite XVII

Von Orebić zieht sich die schmale Straße eng an der Küste entlang nach Norden zu den Badestränden der ebenfalls von üppiger Vegetation verwöhnten Orte **Kučište** und **Viganj** (7 km) und weiter über die Ausläufer des Sv.-Ilija-Massivs nach **Lovište** (15 km von Orebić) nahe dem Westkap der Halbinsel.

Camping

72 Camping Antony Boy****

33 T 671823 4760671

42,97930° N 17,10731° O

Vor allem bei Surfern beliebter Platz mit (teils schwer zugänglichen) Hangterrassen; Zufahrt ab Orebić über eine schmale Straße; oft sehr voll und überlastet; schmaler Kiesstrand auf der anderen Straßenseite; Windsurfschule und Board-Verleih. **Lage/Anfahrt:** bei Viganj, unmittelbar rechts der Straße; ab Orebić schmale Straße direkt am Wasser; **Wasser:** nur mit Kanister; **Abwasser/Chemie-WC:** eine Ver-/Entsorgungsstation soll es ganz am oberen Ende des Platzes geben (schwierige Zufahrt); ich konnte sie nicht finden; **Strom:** ja; **Preis:** 158 kn (21,60 €); **Geöffnet:** ganzjährig; **Kontakt:** Tel. 020 719077, Fax 020 719444, info@antony-boy.com, www.antony-boy.com

Tipp

Hinter Camping Antony Boy folgen weitere Plätze, die alle recht „vom Wind verwöhnt", also mehr für Surfer als für Badegäste interessant sind.

ÜBER DEN RÜCKEN DER HALBINSEL

(Orebić – Trpanj 24 km, Orebić – Potomje 22 km, Potomje – Trstenik 7 km, Trstenik – Ston 36 km)

Fährt man von Orebić in Richtung Osten, so klettert die Straße bald an den Felsen entlang hoch auf den Inselrücken empor und eröffnet einige herrliche Ausblicke über die kleinen Inselchen im Pelješki-Kanal und auf Korčula. Nach etwa 16 km ab Orebić zweigt links eine Straße ab, die durch eine wilde Gebirgslandschaft 8 km zum Fährhafen **Trpanj** führt, von dem man nach Ploče gelangt.

Fähren

Trpanj – Ploče (1 Std.), 5–7 Verbindungen täglich, Information: Ploče, Tel. 020 679321, Trpanj (Pelješac) Tel. 020 743911

Weiter führt die gut ausgebaute Inselstraße über die weite Hochebene und durch kleine, verschlafene Bauerndörfchen. Man passiert das für seine Weine berühmte Winzerdorf **Potomje,** ehe es am Hang einer tief eingeschnittenen Bucht wieder hinunter geht. Der einst lebhafte Hafen **Trstenik,** von dem früher Fähren hinüber zur Nachbarinsel Mljet verkehrten, liegt heute still und verwaist. Viele Häuser sind verlassen und malerisch eingewachsen. Am langen Kiesstrand zieht sich eine von Tamarisken beschattete Promenade entlang. Auch wenn der Strand, seit der Fährbetrieb eingestellt wurde, nicht mehr gepflegt wird: Zu einer stillen Badepause im touristischen Abseits lädt er immer noch ein.

Parken und Baden

einige Parkplätze am Kiesstrand von **Trstenik**

Auch bei dem vergessenen Küstendorf **Žuljana** (gegenüber am anderen Ufer der breiten Bucht, über eine gut 3 km lange, desolate Stichstraße von Westen oder über eine 5 km lange bessere Straße von Osten her zu erreichen) warten schöne, einsame Badebuchten auf Liebhaber von Strandromantik nach Robinsonart.

Parken und Baden

einige Parkmöglichkeiten direkt am herrlichen Kiesstrand; bei der Touristinformation von Žuljana rechts ab

Durch Weinfelder gelangt man zu einer Bucht an der Nordostküste der Halbinsel mit Austern- und Muschelzuchten sowie einem Restaurant, das allerlei Meeresgetier aus eigener Produktion anbietet, das ich aber bislang nicht probieren konnte. Dann geht es noch einmal rund 20 km zwischen zwei Bergzügen durch einsame Landschaft, ehe man am dünnen „Stiel" der Halbinsel die Doppelortschaft Ston erreicht.

STON – DIE LÄNGSTE VERTEIDIGUNGSMAUER EUROPAS

(Orebić – Veliki Ston ca. 64 km)

Dort, wo zwei flache Meeresengen die Halbinsel fast vom Festland abschnüren, liegt die Doppelstadt Ston, von der man zuerst Veliki Ston erreicht. Die im 14. Jahrhundert von der Stadtrepublik Ragusa, dem heutigen Dubrovnik, streng geometrisch angelegte Ortschaft ist im September 1996 durch ein schweres Erdbeben stark beschädigt worden – konnte aber seither weitgehend wieder restauriert werden.

Fast schadlos überstanden hat die Katastrophe jedoch die große Sehenswürdigkeit der Stadt – die längste Verteidigungsmauer Europas. Den Hang hinauf zieht sie sich mehr als 5 km lang quer über die gesamte Landenge bis zum Wehrdorf **Mali Ston** – 5 bis 10 m hoch und mit etwa vierzig Türmen und Bastionen befestigt. Angelegt hatte dieses gewaltige Festungswerk die mächtige Handels- und Hafenstadt Ragusa, um die zu ihrem Staatsgebiet gehörende Halbinsel Pelješac zu schützen. Vor allem aber zum Schutz der wertvollen und

Königliche Rotweine: Dingač und Postup

Ganz Dalmatien ist für seine Rotweine berühmt, doch die besten davon kommen von der felsigen Halbinsel Pelješac: Der dunkelrote Dingač und der rubinrote Postup. Beide gedeihen nur auf diesem so karg wirkenden Felsenriegel. Ersterer wird rings um das Dorf Dingač angebaut, nach dem er seinen Namen trägt. Man gewinnt ihn aus der kleinen Plavač-Traube, die erst geerntet wird, wenn sie fast schwarz und halb vertrocknet ist. Ihren außergewöhnlich hohen Zuckergehalt verdankt diese Traube aber auch der intensiven Sonneneinstrahlung an der Südseite der Halbinsel und insbesondere der extremen Neigung der Rebhänge, die bis zu 75 Grad steil ins Meer abfallen, sodass die Trauben zusätzlich durch die Reflektion des Meeres erwärmt werden. Der volle, frisch und harmonisch schmeckende Dingač erreicht daher einen Alkoholgehalt von 15 %, bei einem Restzucker von über 30 g/l - weshalb ihn die Winzer zu Braten, Wild und Käse aus Likörgläsern trinken.

Nicht minder qualitätvoll ist der Postup, der unter ähnlichen Bedingungen bei den Orten Trstenik und Mokalo angebaut und ebenfalls aus der Plavač-Traube gekeltert wird. Seit 1967 trägt er das Gütesiegel als Qualitätswein und auch im Alkohol- und Zuckergehalt ähnelt dieser königliche Tropfen dem Dingač.

088kr Abb.: rh

gewinnträchtigen Salinen von Ston, die bereits von den Illyrern angelegt wurden und bis heute in Betrieb sind.

Neben der Salzgewinnung dienen die flachen Lagunen der Meeresarme auch zur einträglichen **Austernzucht.** Preiswert und garantiert frisch kann man die Delikatesse in dem uralten, vom Erdbeben verschont gebliebenen Wehrdorf Mali Ston kosten, das sich malerisch um ein kleines Hafenbecken gruppiert und von den Festungen Koruna und Podzvizi überragt wird.

Anschluss

Etwa 4 km nach Ston gelangt man wieder auf die Adria-Magistrale (s. Route 7, S. 230).

Information

TZO Ston, 20230 Ston, Pelješki put 1, Tel./Fax 020 754452, tzo-ston@du.t-com.hr, www.ston.hr

Parken

entlang der Stadtmauer von Veliki Ston oder am Ortsrand von Mali Ston

Hier werden Austern gezüchtet

Essen

Koruna, Mali Ston, Tel. 020 754359. Das vor der Stadtmauer gelegene Restaurant mit großen Bassins direkt im Speisesaal bietet hervorragende Austern und zahllose andere Meeresfrüchte aus eigener Zucht; Feinschmecker aus Italien kommen eigens hierher, um die exzellente Küche zu genießen.

Camping

73 Camping Prapratno ***

33 T 718752 4744057 / 42,81781°N 17,67583°O

Schöner, teils schattiger, teils sonniger Wiesenplatz an einer hübschen Kiesbucht, der leider im Preis sehr stark angezogen hat. **Lage/Anfahrt:** von Veliki Ston ca. 3 km in Richtung Orebić, dann bei der Rechtskurve links hinunter; das letzte Stück der Zufahrt ist bisher einspurig, soll aber bald ausgebaut werden; **Wasser:** mit Kanister; **Abwasser:** Schacht ganz am Ende des Platzes; **Chemie-WC:** im WC; **Strom:** ja; **Preis:** 202 kn (27,60 €); **Geöffnet:** 15.05.–30.09.; **Kontakt:** Tel. 020 754000, 356156, Fax 020 754344, 356161, dubrovacko-primorje.dd@inet.hr, www.duprimorje.hr

Süddalmatien umfasst die „Gespanschaft“ *(Županije)* Neretva-Dubrovnik – vom fruchtbaren Neretva-Delta bis zur Festungsstadt Dubrovnik und bis zum Konavle-Tal mit der Halbinsel Pelješac, dem romantischen Korčula, der Honiginsel Mljet und dem Archipel der Elaphyten. Die lange Anreise über die kurvenreiche Adria-Magistrale lässt den Touristenstrom hier etwas dünner werden. Doch der lange Weg lohnt sich, vor allem auch, weil diese Küste und ihre Inseln weniger überfüllt sind als die Touristenzentren Istriens. Hier hat man noch Chancen auf stille Plätzchen, an denen man ungestört stehen und baden kann.

An Vielfalt und Kontrasten ist auch in Süddalmatien kein Mangel: vom fruchtbaren Sumpfland des Neretva-Deltas mit seinen Sandstränden bis zu kargen Felsenküsten, von den Austernbänken bei Ston bis zur „kroatischen Toskana“ des Konavle-Tals, von steinigen Bergregionen, in denen Mufflons und Schakale leben, bis zur subtropischen Üppigkeit der Insel Mljet und von den belebten Badezentren wie Cavtat bis zu den stillen Buchten der Inseln. Außerhalb der touristischen Zentren ist die Infrastruktur allerdings noch weniger ausgebaut. Die Campingplätze sind meist einfacher – dafür kann man aber liebevoll angelegte Privatplätze entdecken.

096kr Abb.: rh

ROUTE 7

SÜDDALMATIEN

›Routenübersicht hinterer Umschlag innen

ROUTENÜBERSICHT

Entfernungen:
Ploče - Neum 34 km, Neum - Slano 34 km, Slano - Trsteno 14 km, Trsteno - Dubrovnik ca. 15 km, Dubrovnik - Cavtat ca. 15 km

ZWISCHEN PLOČE UND DUBROVNIK

Das glanzvolle Finale am Südende der Makarska Riviera bildete Gradac mit der Bucht Gornja Vala, in der einer der schönsten Strände der ganzen östlichen Adria zum Baden lockt (s. Route 5, S. 199). Danach verlässt die Adria-Magistrale für ein kurzes Stück die Küste und windet sich einen Bergrücken empor, hinter dem überraschend und in sattem Grün der bei Anglern sehr beliebte **Bačinska Jezera** aus dem Tal hervorleuchtet. Weit weniger reizvoll als dieser See ist die gesichtslose Industrie- und Hafenstadt **Ploče:** mehr ein Sprungbrett für die Fähre zur Halbinsel Pelješac (s. S. 220ff) als ein Ort zum Verweilen.

Fähren

Ploče - Trpanj (1 Std.), 5-7 Verbindungen täglich, Information: Tel. 020 679321, Tel. 020 743911 (Trpanj/Pelješac)

DAS NERETVA-DELTA - SUMPFLANDSCHAFT IM KARST

(Ploče - Neum 34 km)

Information

TZG Ploče, Vladimira Nazora 45, 20340 Ploče, Tel./Fax 020 679510

Bei Ploče erreicht man das Neretva-Delta, eine amphibische Landschaft aus Wasser und ein wahres Vogelparadies. Das fruchtbare Schwemmland ist ein einziger üppiger Garten. Hier fährt man die Ernte nicht mit dem Wagen ein, sondern mit kleinen Kähnen. An der Straße bieten zahlreiche Stände frisch geerntetes Obst und Gemüse feil. Kleine, aber gute Sträßchen ziehen sich zwischen Schilf und Wasserflächen zur Küste mit fast menschenleere Sandstrände hin.

Die Neretva-Piraten

Jahrhundertelang war das unwegsame Sumpfland des Neretva-Deltas Machtzentrum der berüchtigten Neretvaner, eines slawischen Stammes gefürchteter Seeräuber. Bis hinauf nach Omiš dehnte sich ihr Reich Paganien im 9.-13. Jahrhundert und umfasste zeitweise sogar die Inseln Brač, Hvar, Korčula und Mljet. Ende des 14. Jahrhunderts wurden sie vom bosnischen Königreich unterworfen, ihre Macht zerfiel und schließlich konnte sich Venedig das Piratenreich einverleiben.

◄ ***Vorseite:** Im Hof des Klosters Sv. Klara, Dubrovnik*

▲ *Die Felder und Deiche im Neretva-Delta bilden bizarre Muster*

Camping

74 Camping Rio **

33 T 0701229 4765259
43,01338°N 17,46929°O

Sehr reizvoll und ruhig gelegener Privatplatz mit viel Potenzial, aber minimaler Ausstattung; höchst verschlafen und renovierungsbedürftig; für Kroatien ungewöhnlicher, langer Sandstrand. **Lage/Anfahrt:** kurz nach der Abzweigung links in Richtung Opuzen nach rechts den Schildern folgen, die einige Kilometer auf kleinen, aber guten Sträßchen zur Küste führen; **Wasser:** mit Kanister; **Abwasser/Chemie-WC:** nein; **Strom:** ja; **Preis:** 15 €; **Geöffnet:** 01.05.–01.10.; **Kontakt:** Vl. Luka Zonjić Put Zlatinovca 23, 20355 Opuzen, Tel. 020 692303, 671640, Fax 020 692299, www.rio-autocamp.hr

Parken und Picknick

großer Schotterplatz mit Panoramablick dort, wo die Straße aus dem Delta emporsteigt

Kurz hinter der Abzweigung nach Opuzen klettert die Straße aus dem Delta wieder am Hang empor und eröffnet einen herrlichen Blick auf das grafische Muster der strahlenförmig verlaufenden Kanäle, Felder und Wasserflächen. Größere Parkflächen rechts der Straße laden dazu ein, diesen Ausblick bei einer Kaffeepause zu genießen.

DER KORRIDOR VON NEUM

Kaum hat man diese eigenartige und so gar nicht in das sonstige Bild der Küste passende Sumpfebene hinter sich, da folgt als Gegenstück zu dieser launischen Eigenart der Natur ein politisches Kuriosum: der Korridor von Neum. Staatsrechtlich gehört der 8 km schmale Meereszugang mit riesigen Hotels und Villen zu Bosnien-Herzegowina. Zu sozialistischer Zeit hat sich die Politprominenz hier ihre Sommervillen

› Landkarte Seite XVII, XVIII

Das Kuriosum von Neum

Bereits im 17. Jahrhundert hatte die Republik Ragusa (Dubrovnik) den schmalen Korridor von Neum den Osmanen überlassen: als schützende Pufferzone zu den venezianischen Gebieten. Als nach dem Zweiten Weltkrieg die Grenzen der jugoslawischen Teilrepubliken festgelegt wurden, blieb der Korridor bestehen und verschaffte Bosnien-Herzegowina einen Zugang zum Meer, der auch 1995 im Abkommen von Dayton erhalten blieb und Süddalmatien seither zur Exklave macht. Der schmale Meereszugang umfasst einige Badestrände - aber keinen geeigneten Hafen. Als Gegenleistung für freie Passage durch den bosnischen Landkorridor gewährt Kroatien dem Nachbarland freien Zugang zum Hafen von Ploče.

errichtet, neben riesigen Hotelburgen für die zweite Garnitur. Inzwischen wurden reguläre Grenzkontrollstellen eingerichtet und theoretisch ist ein Personalausweis oder Reisepass erforderlich, doch Touristen werden fast immer durchgewunken.

Außerdem wird mit Hochdruck an einer Straßenbrücke gearbeitet, die kurz vor Klek zur Halbinsel Pelješac führen und so den Korridor von Neum umgehen wird.

Information

FVA Bosnien-Herzegowina, Branilaca Sarajeva 21/II, 71000 Sarajevo, Tel. 033 252928 Fax 033 252901, media@tourism.ba, www.bhtourism.ba
Herzegowina: Tel/Fax: 036 580275, hercegovina@hercegovina.ba

Information

TZG Slano, 20232 Slano, Trg Rudera Boskovica 1, Tel./Fax 020 871236, tzo-dubrovacko-primorje@du.t-com.hr

Parken

kleiner, ebener und teils schattiger Parkplatz am Hafen

Information

Trsteno und Orašac: TZG Dubrovnik (s. u.)

ENTLANG DER LANDENGE VON STON

(Neum – Abzweigung Halbinsel Pelješac 18 km, Abzweigung – Slano 16 km, Slano – Trsteno 14 km, Trsteno – Dubrovnik ca. 15 km)

Hinter Neum folgt die Straße dicht an der Küste und durch kaum besiedeltes Land dem Kanal von Ston, über den hinweg man die Halbinsel Pelješac erblickt. Im seichten Wasser des Kanals erkennt man die Bojen und Leinen der zahlreichen Austern- und Muschelzuchten, für welche die Region um Ston bekannt ist, und passiert dann die Abzweigung zur Halbinsel **Pelješac** (s. S. 220ff). Inzwischen gibt es hier auch einen Stand, der frische Muscheln verkauft.

Auch dahinter zieht sich die Straße durch menschenleere und kaum erschlossene Küstenlandschaft bis nach **Slano.** Der kleine und recht ruhige Badeort liegt zwischen Kiefernwäldchen und Olivenhainen an einer reizvollen, 2 km langen Bucht mit schönen Stränden.

Etwa 14 km weiter erreicht man den inmitten üppiger Vegetation gelegenen Ort **Trsteno,** einst Residenz der bekanntesten Dubrovniker Familien *Gučetić (Gozze),* die hier einen sehenswerten Park angelegt haben, einen der ältesten und schönsten Renaissanceparks des Landes (das heutige Arboretum). Zwei riesige, mehrere Jahrhunderte alte Platanen fallen bereits an der Ortsdurchfahrt ins Auge. Leider gibt es hier kaum Parkmöglichkeiten und die Zufahrt ist sehr eng. Ich konnte aber bei der Riesenplatane parken und die wenigen Schritte zu Fuß hinuntergehen.

Camping

75 Autocamp Trsteno ★★★

33 T 743839 4733436
42,71472°N 17,97773°O

Sympathischer, familiärer Platz mit Terrassen in parkartiger Landschaft am Hang, nahe dem Arboretum und 10 Min. vom Meer entfernt; schöne Gaststätte. **Lage/Anfahrt:** Am nördlichen Ortseingang von Trsteno rechts hinab (recht steil und schmal, aber auch mit Standard-Womos problemlos; Wendemöglichkeit vorhanden). **Wasser:** ja; **Chemie-WC:** nein; **Strom:** ja; **Preis:** 97 kn (13 €); **Geöffnet:** 01.04.-15.10.; **Kontakt:** Tel. 020 751060, Fax 020 751010, camping-trsteno@trsteno, www.trsteno.hr/camping.htm.

Beim Dörfchen **Zaton** schlingt sich die Straße um eine weitere kleine Bucht herum, dann steht man vor den Pforten der Adriaperle Dubrovnik. Vor wenigen Jahren musste man noch einen gut 10 km langen Umweg um die fjordartige Bucht machen (die Kroatien hier fast bis zur Ostgrenze durchschneidet!), heute kann man sie auf einer neu eröffneten Brücke überqueren, die mit Stahlseilen an einem einzigen Pfeiler aufgehängt ist.

091kr Abb.: ·h

Imposant: die neue Brücke bei Dubrovnik

› Landkarte Seite XVIII, XIX

DUBROVNIK – BOLLWERK ZWISCHEN ORIENT UND OKZIDENT

Versuchen Sie am besten gar nicht erst, mit dem Wohnmobil bis vor die Tore der Altstadt zu gelangen, denn erstens ist dies stressig und zweitens werden Sie dort garantiert keinen Parkplatz finden und müssen dann sowieso wieder zurückfahren. Biegen Sie lieber gleich rechts ab und fahren sie in Richtung zum **Fährhafen** im Stadtteil **Gruž** (Schilder mit Schiffssymbol). Sie können Ihr rollendes Zuhause dann auf dem großen, gebührenpflichtigen Platz am Hafen abstellen und den Stadtbus (Linie 6) ins Zentrum nehmen (ca. 2 km) oder um die Hafenbucht herumfahren und den Schildern zum ⛺ **Campingplatz „Solitudo“** folgen, denn erstens stehen Sie dort auf einem der besten Plätze Süddalmatiens, nicht weit vom Strand und der Bushaltestelle, und zweitens lohnt es sich, für Dubrovnik mehr als ein paar Stunden Zeit zu haben. (Sollten Sie allerdings doch bereits vor dem Stadttor stehen, so können Sie rund 800 m weiter in Richtung Cavtat fahren und versuchen, auf dem 🅿 Parkplatz der Seilbahn eine Lücke zu finden).

🅿 *Parken*

34 T 0261161 4727139

42,65966°N 18,08589°0

Fährhafen Gruž: großer, ebener und beleuchteter, aber teurer und nicht sonderlich ruhiger Teerplatz direkt am Fährhafen; 20 kn/Std. (2,70 €), 120 kn/Tag (16 €)

- ● 1 Calypso Travel
- ⛺ 2 Camping Solitudo
- 3 Markt
- 4 Einkaufszentrum Minčeta
- Ⓑ 5 Busbahnhof
- Ⓑ 6 Bus Nr. 10 nach Cavtat
- ✚ 7 Krankenhaus
- ✚ 8 Krankenhaus
- Ⓑ 9 Stadtbusse

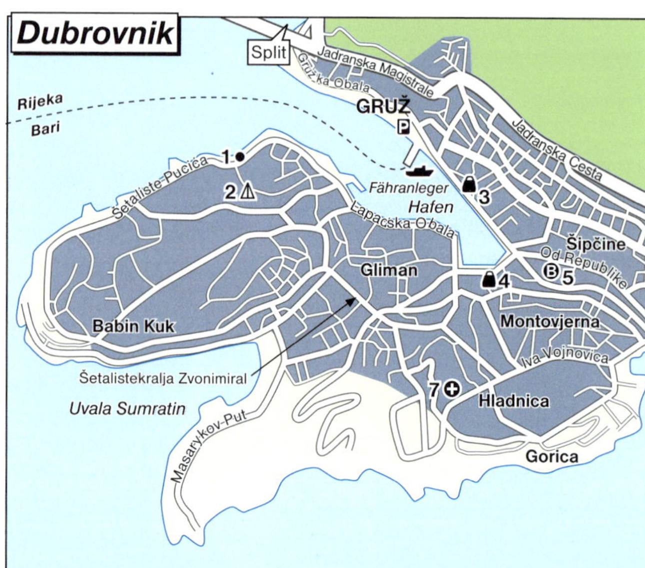

Ragusa – Dubrovnik: eine kleine Stadtgeschichte

Als die Awaren 605 die Römerstadt Epidaurum (heute Cavtat) eroberten, flüchteten die Überlebenden auf einen steil aus dem Meer aufragenden Felsen. Sie nannten ihre neue Heimat „Ragusa" (vermutlich von „Lausa", griechisch für „Fels"). Gegenüber, am Fuße des Berges Srd, siedelten die Slawen und nannten ihren Ort „Dubrava" (von „Dubr", slawisch für „Eiche"). Beim Verfall des Oströmischen Reichs gelang es den Ragusanern, ihre ökonomisch günstige, strategisch jedoch höchst prekäre Lage am Schnittpunkt zwischen Orient und Okzident auszunutzen, indem sie sich zum Mittler zwischen den konkurrierenden Kräften machten. Selbst als Venedig 1204 Byzanz eroberte und Ragusa unter venezianische Herrschaft geriet, konnte die Handelsmetropole sich beträchtliche Freiheiten bewahren.

1526 wurde Ragusa zu der mit allen Attributen staatlicher Souveränität ausgestatteten „Freien Stadtrepublik Ragusa". Ihre Blütezeit währte bis ins 17. Jahrhundert und ihr Stadtbild wurde durch venezianische Kirchen und Paläste geprägt. Niemandem ist es je gelungen, das monumentale Bollwerk einzunehmen. So war es übermenschlichen Kräften vorbehalten, den strahlenden Stern fast zum Erlöschen zu bringen. Am Morgen des 6. April 1667 verwüstete ein Erdbeben die Stadt und vernichtete ihre Kunstschätze. Nur etwa 2 Prozent ihrer rund 20.000 Einwohner überlebten die Katastrophe. Doch exakt nach den alten Plänen bauten sie ihre Stadt neu auf. Ihren alten Glanz hat sie danach nicht wieder erreicht und 1808 fiel alle Regierungsgewalt an Napoleons Statthalter und die stolze Stadtrepublik erlosch. Den Namen Ragusa behielt sie weiterhin. Erst nach dem Zweiten Weltkrieg wurde Ragusa als Dubrovnik zu einem Teil von Titos Vielvölkerstaat. Als die Serben die Stadt 1991 vom Berg Srd herunter mit Granaten beschossen, drohte der Untergang eines einzigartigen Kulturerbes. Doch die Schäden hielten sich in Grenzen und heute ist praktisch nichts mehr davon zu sehen.

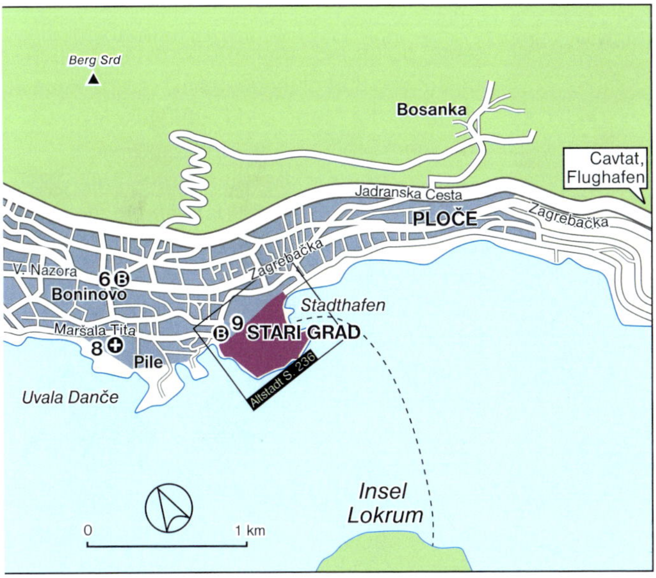

› Landkarte Seite XIX

Die **Altstadt** von Dubrovnik mit ihren riesigen Mauern und mittelalterlichen Kirchen, Klöstern und Patrizierpalästen ist ein Gesamtkunstwerk und Kulturdenkmal, das in Europa seinesgleichen sucht. Mit kulturhistorischen Schätzen von Weltrang und mediterranem Charme ist die als Weltkulturerbe geschützte Festungsstadt ein faszinierendes Reiseziel und zugleich Sprungbrett zu den subtropischen Naturparadiesen der süddalmatinischen Inseln.

Eindrucksvoller könnte der Eintritt in das historische Herz von Dubrovnik kaum sein als durch das gewaltige **Pile-Tor** an der Nordseite. Nicht nur, dass es als Bauwerk und Befestigung imponiert – zugleich ist es fast wie das Tor in eine andere Welt: Aus dem Verkehrschaos des Brsalje-Platzes wechselt man in ein autofreies Idyll, das jedem Historienfilm als Kulisse dienen könnte. Breit und schnurgerade schneidet die Placa (oder Stradun) genannte Pflasterstraße durch das historische Ensemble und markiert den Verlauf des einstigen Kanals, der die Felsinsel vom Festland trennte. Alle Gebäude entlang dieser Flaniermeile sind aus demselben gelbweißen Stein erbaut, mit dem auch der Boulevard gepflastert ist. Die großen Steinplatten glänzen wie frisch gewachst und poliert, denn in vielen Jahrhunderten haben Millionen von Füßen sie spiegelblank geschliffen.

▼ *Die monumentale Stadtmauer beim Pile-Tor*

092kr Abb.: rh

Gleich hinter dem Pile-Tor erreicht man den von einer schmucken Kuppel gekrönten **Großen Onofrio-Brunnen** und links führt eine steile Treppe hinauf zum Wehrgang der **Stadtmauer** und zum **Minčeta-Turm,** von dem sich einer der schönsten Blicke auf die Altstadt eröffnet. Und egal, was man sonst anschaut oder nicht: Ein Spaziergang auf dieser einzigartigen Mauer (am besten bei Sonnenuntergang!) sollte bei keinem Dubrovnik-Besuch fehlen! Von dort oben überblickt man die ganze Pracht der Stadt- und Festungsanlage wie auf einem Stadtplan im Maßstab 1 : 1.

Geschaffen hat dieses monumentale Bollwerk der Architekt *Juraj Dalmatinac,* der die Stadt Mitte des 15. Jahrhunderts (mit Finanzhilfe des Vatikans!) als äußersten Vorposten des Christentums gegen den türkischen Balkan ausbaute. Bis zu 25 Meter hoch und sechs Meter mächtig türmen sich die Felsquader der fast 2 km langen Zyklopenmauer. 15 Wehrtürme und vier Bastionen ergänzen die Anlage.

Zwischen der kleinen Erlöserkapelle am Pile-Tor und der an den Stradun grenzenden Klosterkirche führt eine schmale Gasse zum

Franziskanerkloster. Es besitzt einen herrlichen Kreuzgang mit filigranen Doppelsäulen um den stillen Innenhof mit Orangenbäumen und Oleander herum. Zu seinen größten Kostbarkeiten zählt jedoch die seit 1317 unverändert erhaltene **Klosterapotheke,** eine der ältesten der Welt.

Am anderen Ende des Stradun gelangt man auf die weite **Placa Luža,** seit Jahrhunderten das Zentrum allen städtischen Lebens. Ihre Mitte markiert das mittelalterliche Symbol der freien Handelsstadt, eine große Roland-Säule. Um den Platz erheben sich die repräsentativen Sitze der drei tragenden Säulen Ragusas (Kaufleute, Ratsherren und Kirche): Der **Sponza-Palast** der Kaufleute, eines der wenigen Bauwerke, die das Erdbeben von 1667 überstanden haben, die schlichte, aber monumentale, von einer mächtigen Kuppel überspannte **Kathedrale Sv. Gospa** und der **Ratspalast,** der bis heute noch als Rathaus dient.

Direkt daneben erstreckt sich der **Rektorenpalast** mit seiner prachtvoll verzierten Renaissance-Loggia und dem Arkaden-Innenhof. Über seinem Portal liest man die Maxime der Stadtrepublik: „Obliti privatorum, publica curate" – „Vergesst den Privatkram, sorgt für die Öffentlichkeit!"

Vom Stradun und den Plätzen führend Dutzende von Gassen in ein faszinierendes Labyrinth der Entdeckungen: historische Bauwerke, Kunstschätze und zahllose Restaurants. Nehmen Sie sich Zeit zum Bummeln und Genießen!

Der Wunschkopf

An der Fassade der Franziskaner-Klosterkirche entdeckt man rechts neben dem Portal einen etwa in Kniehöhe aus der Wand ragenden Reliefkopf. Wer den Balanceakt schafft, mit beiden Beinen und ohne sich festzuhalten auf der schmalen, glatten und abschüssigen Fläche des Kopfes zu stehen, dessen Wunsch geht in Erfüllung – so heißt es. Die Dubrovniker schwören auf ihren Wunschkopf – und wie die starken Abnutzungen zeigen, wird er seit Generationen fleißig genutzt.

Abb.: rh 093kr

Information

TZG Dubrovnik (Stadt-Information), Sv. Dominika 7, 20000 Dubrovnik, Tel. 020 323887, Fax 020 323725, info@tzdubrovnik.hr, www.tzdubrovnik.hr

TZŽ Dubrovnik-Neretva (Region Süddalmatien), Vukovarska 24, PP 259, 20000 Dubrovnik, Tel. 020 324999, Fax 020 324224, info@visitdubrovnik.hr, www.visitdubrovnik.hr

Campingclub Region Dubrovnik, Božo Metković, Molunat 28, 20219 Molunat, Tel. 098 9128144, info@dubrovnik-campingregion.com, www.dubrovnik-campingregion.com. (Božo Metković, der Ansprechpartner des Campingplatzverbands der Region Dubrovnik ist außergewöhnlich kompetent, weitsichtig und effizient!)

› Landkarte Seite XIX

Camping

76 Camping Solitudo***

34 T 259888 4727387
42,66149°N 18,07028°O

Sehr große Anlage mit mehreren Plätzen (die einzige im Stadtgebiet); gut, aber teuer; wenig Schatten; nachts Autolärm; belebter Strand und Pool wenige 100 m entfernt; gute Ver-/Entsorgungsstation nahe der Rezeption, in der Saison mit Warteschlangen; Buslinie 6 zur Altstadt (ca. 6 kn/ 0,80 €, Haltestelle ca. 500 m vom Platz). **Lage/ Anfahrt:** Richtung Fährhafen Gruž und den Schildern zur Hotel-Halbinsel folgen; der Platz ist in weitem(!) Umkreis ausgeschildert, trotzdem kann man sich im Gewirr des Stadtverkehrs verfransen; **Wasser:** ja, Station nahe dem Eingang mit Schlauchanschluss; **Abwasser:** tadellose Plattform mit Schacht nahe dem Eingang; **Chemie-WC:** ja; **Strom:** ja; **Preis:** 245,60 kn (32,90 €); **Geöffnet:** 01.03.-31.10., **Kontakt:** V. Lisinskog 17, Tel. 020 448249, Fax 020 448688, camping-dubrovnik@valamar.com

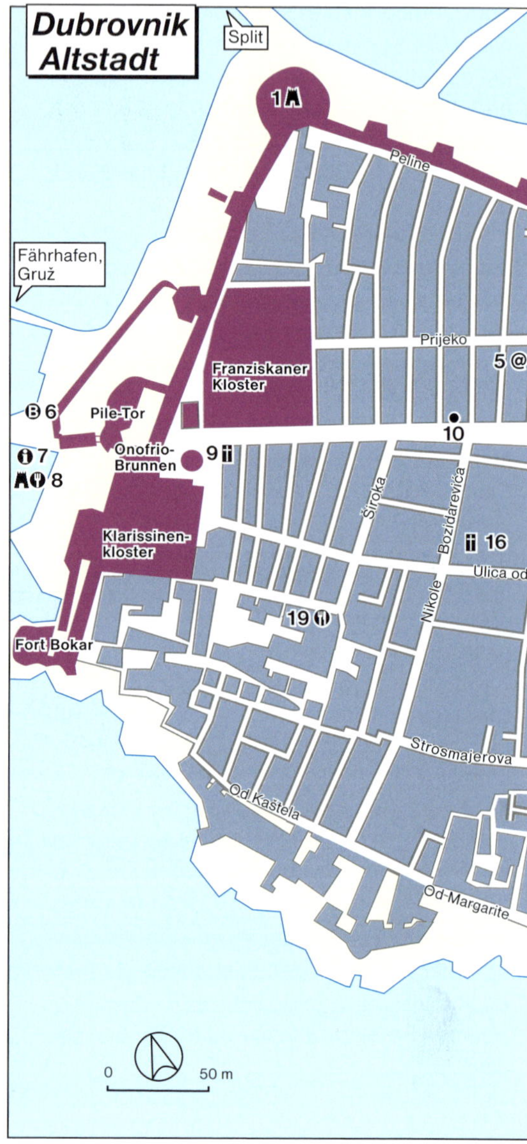

Fähren

Der **Fährhafen** der Stadt Dubrovnik liegt etwa 2 Kilometer nördlich der Altstadt im Stadtteil Gruž. Ab hier fahren z. B. die internationale Autofähre nach Bari/Italien, die nationale Eilfähre nach Rijeka (mit vielen Zwischenstopps) und eine regionale Autofähre nach Sobra/Mljet. Man kann von hier aber auch mit einer der diversen Personenfähren zu den Elaphiten-Inseln Šipan, Lopud und Koločep fahren.

Jadrolinija-Büro, Obala S. Radiča 40, Tel. 020 418000

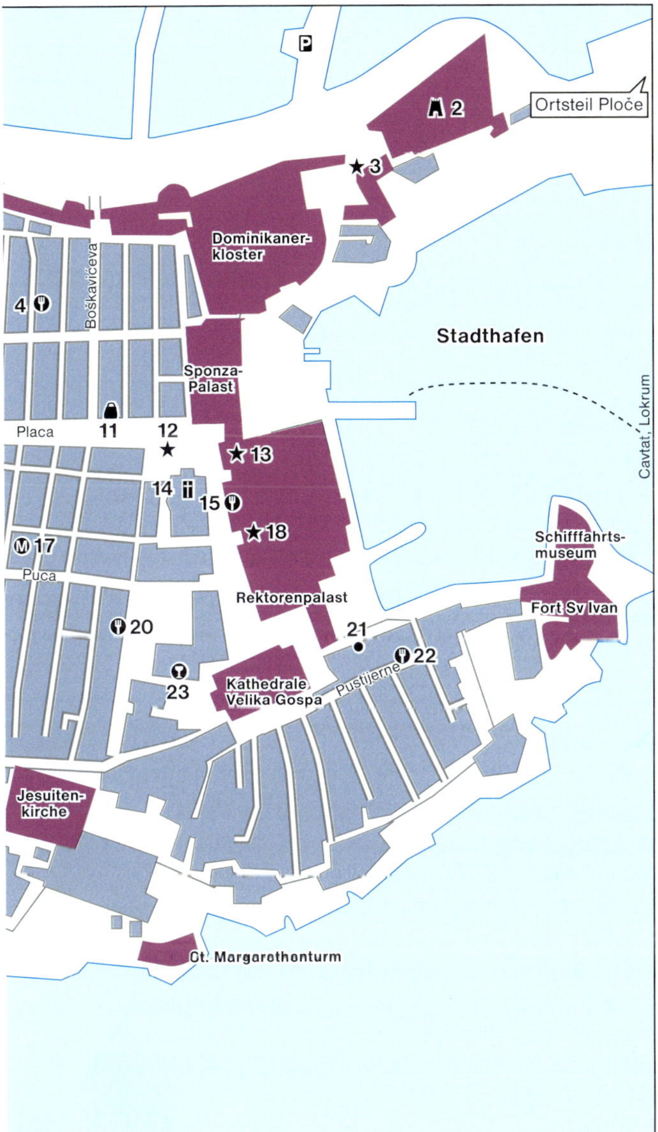

1 Festung Minčeta
2 Fort Revelin
3 Lukas-Turm und Ploče-Tor
4 Ragusa 2
5 Netcafé
6 Stadtbusse
7 Touristeninformation
8 Festung Lavrijenac
Nautica
9 Sv Spas
10 Ticket-Verkaufsstelle für Dubrovnik-Festspiele
11 Buchladen Algoritam
12 Orlando-Säule
13 Uhrturm
14 Sv Vlaho
15 Gradska kavana
16 Serbisch-orthodoxe Kirche
17 Ikonenmuseum
18 Stadthalle
19 Pizzeria Mea Culpa
20 Fischlokal Gundulića
21 Erzbischöflicher Sitz
22 Restaurant Amoret
23 Picolo Bar, Cocktail Bar Mirage

Essen

Gradska kavana, Placa Luža (im ehemaligen Arsenal), Tel. 020 426402. Das „Stadtcafé" ist eines der beliebtesten Lokale, in dem sich Einheimische wie Besucher gleichermaßen treffen. Man sitzt entweder auf der belebten Terrasse zur Placa hin oder, was Fremde oft nicht wissen, auf der stillen Meeresterrasse mit Blick auf den alten Hafen, das Fort Revelin und die Villen von Ploče.

Ragusa 2, Zamanjina 12, Tel. 020 442435; traditionsreiches, seit 1929 bestehendes Restaurant in der Altstadt mit guter dalmatinischer Küche

›Landkarte Seite XIX

CAVTAT UND DAS KONAVLE-TAL

(Dubrovnik – Cavtat ca. 15 km)

Verlässt man Dubrovnik nach Süden in Richtung Cavtat, so klettert die Küstenstraße am steilen Fuß des Berges Srd empor und bietet herrliche Panoramablicke auf die an drei Seiten vom Meer umgebene Altstadt (mehrere Parkplätze am Straßenrand; schönster Blick am Morgen). Dann geht es wieder hinunter zur **Župski-Bucht** mit den kleinen Badeorten **Srebreno** und **Mlini,** an der Kroatien zwischen der bosnischen Grenze und dem Meer gerade noch einen Kilometer breit ist.

Camping

77 *Camping Kupari***

34 T 269424 4722890 / 42,62396°N 18,18832°O

Alter und sehr einfacher Platz in Strandnähe, aber ohne eigenen Strand; ruhig, schattig und bei meinem Besuch mitten in der Saison kaum halb voll. **Lage/Anfahrt:** in Srebreno an der Tankstelle links; **Wasser:** ja; **Abwasser:** Betonschacht mit nicht ganz einfacher Zufahrt; **Chemie-WC:** angeblich ja; **Strom:** ja; **Preis:** ca. 149,30 kn (20 €); **Geöffnet:** April–Okt.; **Kontakt:** Tel. 020 485548, Fax 020 487344, info@campkupari.com, www.campkupari.com

Camping

78 *Camping Kate****

34 T 271042 4722907 / 42,62459°N 18,20802°O

Ausgesprochen sympathischer, kleiner Privatplatz über dem Meer mit schönem Ausblick, viel Grün, Hangterrasse und einem netten und hilfsbereiten jungen Mann an der Rezeption, der etwas deutsch und englisch spricht; Taxiboote (80 kn/10,70 € hin und zurück) und Busse (10 kn/1,35 €) nach Dubrovnik. **Lage/Anfahrt:** hinter Soline unmittelbar rechts der Küstenstraße; **Wasser:** Schlauch gegenüber der Entsorgungsstation; **Abwasser:** an der Einfahrt links Betonplatte mit Loch; nicht ganz ideale Zufahrt; **Chemie-WC:** möglich; in der Abwasser-Entsorgung; **Strom:** ja; **Preis:** 115 kn (16 €); **Geöffnet:** April–Okt.; **Kontakt:** Tel. 020 487006, Fax 020 487006, info@campingkate.com, www.campingkate.com

Etwa 15 km südlich von Dubrovnik, auf einer bewaldeten Halbinsel jenseits der Župski-Bucht, zweigt rechts eine Straße zum Ferienstädtchen **Cavtat** ab, besser bekannt unter seinem antiken Namen Epidauros. Seine malerische Altstadt, die luxuriösen Hotels, eine traumhafte Promenade, schöne Strände und diverse Kulturdenkmäler haben den Ort zu einer Touristenattraktion ersten Ranges gemacht.

Information

TZG Cavtat & Konavle, Tiha 3, 20210 Cavtat, Tel. 020 478025, Fax 020 478025, info@cavtat-konavle.hr, www.tzcavtat-konavle.hr

Parken

großer Parkplatz am Ende der Stichstraße, knapp 3 km hinter der Abzweigung; Felsstrand und schöner Spazierweg

Von Cavtat nach Südosten erstreckt sich zwischen bewaldeten Küstenbergen und dem 1234 m hohen Snježnica-Massiv bis zur Bucht von Kotor das 20 km lange **Konavle-Tal** (Konavosko Polje), das wegen seiner zahlreichen Zypressen, Olivenhaine und Weinberge und seines milden Klimas als die „Toskana Dalmatiens" bezeichnet wird. Dieses fruchtbare Tal im Südzipfel Dalmatiens ist dafür bekannt, dass dort alte Bräuche und Feste auch bis heute noch gepflegt und gelebt werden. Besonders gerühmt wird auch seine traditionelle Küche. Die wohl beste Möglichkeit, ihre Köstlichkeiten kennenzulernen, bietet das **Restaurant „Konavski dvori"** in einer alten Mühle am romantischen Wildbach Ljuta (bei Gruda links abbiegen und der kleinen Straße ca. 3 km folgen). Hier stimmt einfach alles – nicht zuletzt das traumhafte Ambiente der Gartenwirtschaft im kühlen Schatten der Bäume direkt am rauschenden Wasser.

Tipp

Abstecher nach Herzegowina:
Der Grenzübergang bei Dabeli brijeg ist in der Saison überlastet. Dann kommt man schneller und problemloser über die Grenze, indem man die westlich verlaufende Parallelstrecke über Pločice und Vitaljina wählt.

Essen

Konavoski Dvori, 20217 Pridvorje, Ljuta, Tel. 020 791039, Fax 020 442573, www.esculap-teo.hr, sales@esculap-teo.hr. Das romantische Restaurant in einer alten Mühle hat viele Tische im Freien unter schattigen Bäumen am kühlenden Wildbach Ljuta. Es werden ausgezeichnete Lammgerichte, frische Forellen und das beste selbstgebackene Brot geboten, das ich in Kroatien bisher bekommen habe. Und alles wird serviert von hübschen Mädchen in regionaler Tracht.

Camping

70 Autocamp Monika ***

34 T 288555 4703252 / 42,45277 °N 18,42863 °O

Familiärer Platz mit schön angelegten Terrassen über einer stillen, eigenen Bucht mit kleinem Sandstrand. Sehr mildes Mikroklima ganz ohne Bora und mit Wassertemperaturen über 19 °C schon Anfang Mai; gutes Restaurant mit herrlichem Meerblick. Božo und Monika produzieren außerdem Bio-Olivenöl und guten Wein und sind dabei, einen der ersten Wohnmobilstellplätze Kroatiens zu schaffen. Ein wahrer „Geheimtipp" und so weit im südlichsten Winkel des Landes, dass man ihn vielleicht sogar verraten darf, ohne dass der Platz gleich überrannt wird. **Lage/Anfahrt:** Von Dubrovnik nach Süden und einige Kilometer hinter Gruda rechts abbiegen; sehr gut ausgeschildert. In Molunat links steil hinunter. **Wasser:** ja; **Abwasser:** ja, tadellose Plattform; **Chemie-WC:** ja; **Strom:** ja; **Preis:** 220 kn (30 €); **Geöffnet:** April–Okt.; **Kontakt:** Božo Metković, 20219 Molunat, Tel./Fax 020 794417, info@camp-monika.hr, www.camp-monika.hr. **Aktivitäten:** In der nähren Umgebung gibt es neben erstklassigen Bademöglichkeiten u. a. das Tauchcenter Molunat (Tel. 020 794352), Freeclimbing Konavle (info@adventuredalmatia.com, www.adventuredalmatia.com), ATV Safaris (Tel. 098 606929, www.kojankoral.hr) und Möglichkeiten für schöne Radtouren. Drei gute Faltblätter inklusive Karte verteilt das FVA Cavtat & Konavle (s. S. 238).

095kr Abb.: rh

▲ *Üppiges Grün prägt die Insel*

MLJET – HONIGINSEL MIT SUBTROPISCHER PFLANZENPRACHT

Mljet ist die südlichste und die grünste aller dalmatinischen Inseln. Touristisch ist das stille Naturparadies kaum erschlossen und deshalb der perfekte Ort für Naturliebhaber. Die knapp 100 km^2 große „Honiginsel“ (wie der aus dem Griechischen abgeleitete Name lautet) ist nur von 1200 Menschen bewohnt und zu 80 % von herrlichen Eichen-, Pinien- und Kiefernwäldern bedeckt. Dank dieser unberührten Natur wurde ein Teil der Insel zum Nationalpark erklärt. Der Legende zufolge haben hier einst die wilden Amazonen gelebt und in der Meeresgrotte soll Odysseus sieben vergnügliche Jahre bei der Nymphe Kalypso verbracht haben.

Neben üppiger Natur, eigenartigen Salzsseen und der **Klosterinsel Sv. Marija** sind es die stillen Strände, die den Besuch von Mljet lohnen. Besonders schön ist die Sandbucht Saplunara beim Dorf Korita, am Ostende der Insel. Fährhafen ist **Sobra** an der Bucht im Nordosten der Insel. Hier legen die Küstenfähren Split – Dubrovnik an und in der Saison tägliche Personen- und Autofähren von Dubrovnik.

Hauptattraktion der Insel ist jedoch der **Nationalpark Mljet,** der ihr westliches Drittel umfasst. Der 31 km^2 große Nationalpark wurde 1960 gegründet, um die üppige und artenreiche Pflanzenwelt der Insel zu schützen. Neben Kiefern- und Steineichenwäldern gedeihen Lorbeer-, Johannisbrot- und Olivenbäume, Mastixsträucher und Myrten. Die einst ebenfalls sehr reiche Vogel- und Reptilienwelt wurde allerdings durch den zur Schlangenbekämpfung eingeführten Mungo stark dezimiert. Das Kernstück des Nationalparks bilden die beiden natürlichen Salzseen **Veliko Jezero** und **Mali Jezero,** die durch Kanäle mit dem Meer verbunden sind. Entstanden sind sie aus Karstsenken, die sich durch das Ansteigen des Meeres mit Wasser gefüllt haben. Ein besonders beliebtes Touristenziel ist die „Insel auf der Insel" im Veliko Jezero mit einem Benediktinerkloster.

Da die einzige Autofähre von Dubrovnik nach Sobra auf Mljet nur einmal täglich verkehrt, etwa 2 Stunden braucht und für Wohnmobile nicht gerade billig ist, empfiehlt es sich, den Nationalpark bei Pomena per Tagesausflug von Korčula aus zu besuchen (s. Korčula).

Information Mljet

Nationalpark-Verwaltung, Pristanište 2, 20226 Goveđari, Tel. 020 744041, Fax 020 744043, np-mljet@np-mljet.hr, www.np-mljet.hr

TZO Goveđari, 20226 Goveđari, Tel. 020 744186, Fax 020 744086, tz-mjesta@du.t-com.hr

TZO Babino Polje, 20225 Babino polje, Tel./Fax 020 745125

Fähren

Fähren verkehren von Prapratno/Pelješac (ca. viermal tgl.) und Dubrovnik via Šipan (zweimal tgl.) nach Sobra auf Mljet;

Info: Tel. 020 754247 (Prapratno); Tel. 020 418000 (Dubrovnik); Tel. 020 746134 (Sobra/Mljet)

Blick auf das Kloster Sv. Marija

098kr Abb.: rh

097kr Abb.: rh

ANHANG

ÜBERSICHT CAMPINGPLÄTZE

GPS-Koordinaten der im Buch beschriebenen Stell- und Campingplätze
(Kartendatum WGS84)

Nr.	Platz	Ort	UTM-Koordinaten
Route 1: ISTRIEN			
1	Camping Pineta	Savudrija	33 T 382171 5038143
2	Stella Maris	Umag	33 T 384460 5034009
3	Camping Finida	Umag	33 T 385874 5027586
4	Parc Umag (Ladin Gaj)	Umag	33 T 386233 5024780
5	Sirena	Novigrad	33 T 388359 5049003
6	Lanterna	Tar, Poreč	33 T 389725 5017084
7	FKK Ulika	Poreč	33 T 388883 5012486
8	Porto Sole	Vrsar	33 T 390096 4999644
9	Stellplatz Farm Pino	Baderna	33 T 400201 5008192
10	Camping Polari	Rovinj	33 T 395652 4990848
11	Valalta Naturist	Rovinj	33 T 392347 4997505
12	Valdaliso	Rovinj	33 T 391842 4995490
13	Veštar	Rovinj	33 T 396523 4989824
14	Camping Village Stoja	Pula	33 T 406356 4968040
15	BI Village	Fažana	33 T 406091 4974415
16	Camping Village	Medulin	33 T 415556 4962903
17	Kranjski Camp	Pula	33 T 414305 4962061
18	Camping Oliva	Rabač	33 T 432769 4992291
Route 2: KVARNER KÜSTE			
19	Camping Sibinj	Sibinj	33 T 490410 4987862
20	Camping Rača	Rača	33 T 493208 4973577
21	Kozica	Sibinj	33 T 489924 4989261
22	Camping Korana	Plitviče-Nationalpark	33 T 550566 4977669
23	Camping Paklenica	Paklenica-Nationalpark	33 T 535601 4903849
Route 3: KVARNER INSELN			
24	Kovacine	Cres, Cres	33 T 452454 4979033
25	Slatina	Cres, Martinišća	33 T 448052 4963257
26	Camp Bijar	Cres, Osor	33 T 452213 4949743
27	Camping Baldarin	Cres, Südspitze	33 T 461700 4939863
28	Camping Lopari	Cres, Nerezine	33 T 452120 4947694
29	Camping Čikat	Lošinj, Mali Lošinj	33 T 456354 4931551
30	Pušća	Krk, Omišalj	33 T 464883 5008996
31	Camping Njivice	Krk, Njivice	33 T 464399 5001928
32	Autocamp Bor	Krk	33 T 465477 4985550
33	Camping Pila	Krk, Punat	33 T 470718 4984789
34	FKK Camp Konobe	Krk, Punat	33 T 470894 4982013
35	Zablace	Krk, Baška	33 T 479909 4979331
36	San Marino	Rab, Lopar	

Route 4: NORDDALMATIEN			
37	Camping Straško	Pag, Novalja	33 T 490940 4931723
38	Camping Simuni	Pag, Simuni	33 T 497383 4923548
39	Camping Zaton	Zadar-Nin	33 T 513306 4897934
40	Filko	Sv. Petar	33 T 529448 4872504
41	Camp Đardin	Sv. Filip i Jakov	33 T 534416 4867630
42	Camping Soline	Biograd	33 T 536534 4863996
43	Camp Frankenland	Pirovac	33 T 550259 4854690
44	Autocamp Oaza Mira	Drage	33 T 542818 4859363
45	Rastovac	Tisno/Murter	33 T 552663 4850070
45	Jezera-Lovišća	Jezera/Murter	33 T 550502 4848944
47	Autocamp Slanica	Murter	33 T 547186 4850595
48	Camping Solaris	Sibenik	33 T 570858 4838851
49	Camp Marina	Zufahrt Skradin	33 T 575877 4850072
50	Womo-Stellplatz	beim Krka-Nationalpark	33 T 577966 4849246

Route 5: MITTELDALMATIEN, KÜSTE			
51	Ante & Toni	Primošten-Krapanj	33 T 577158 4831324
52	Camping Jasenovo	Jasenovo	33 T 576662 4833482
53	Camp Adriatik	Primošten	33 T 574415 4828589
54	Vranjica-Belvedere	Seget Vranjica	33 T 596527 4818359
55	Kamp Seget	Seget Donji	33 T 598930 4819178
56	Camping Rožac	Trogir	33 T 601708 4817681
57	Camp Biluš	Kaštel Stari	33 T 608977 4822926
58	Camping Strobeč	Stobreč	33 T 623359 4817948
59	Camp Galeb	Omiš	33 T 635935 4811129
60	Camping Sirena	Omiš, Lokva Rogoznica	33 T 643946 4807477
61	Kamp Dole	Živogošće	33 T 678567 4782127
62	Camp Čiste	NW von Drvenik	33 T 679570 4781880

Route 6: MITTELDALMATIEN, INSELN			
63	Camp Supetar	Brač, Supetar	33 T 626739 4804281
64	Camp Mario	Brač, Bol	33 T 633990 4791539
65	Mlaska	Hvar	33 T 674337 4778266
66	Camp Grebišće	Hvar, Jelsa	33 T 639098 4779830
67	Holiday-Jelsa	Hvar, Jelsa	33 T 638870 4780081
68	Camping Kalac	Korčula, Nähe Altstadt	
69	Camping Mindel	westlich von Vela Luka	
70	Adriatic	Mokalo-Orebić	33 T 681429 4760683
71	Camping Nevio	Orebić	33 T 679206 4761304
72	Antony Boy	Viganj, Pelješac	33 T 671823 47606671
73	Prapratno	Ston	33 T 718752 4744057

Route 7: SÜDDALMATIEN			
74	Camp Rio	Opuzen	33 T 701229 4765259
75	Autocamp Trsteno	Trsteno	33 T 743839 4733436
76	Solitudo	Dubrovnik	34 T 259888 4727387
77	Autokamp Kupari	Srebreno	34 T 269424 4722890
78	Camping Kate	Mlini, Srebreno	34 T 271042 4722907
79	Autocamp Monika	Molunat	34 T 288555 4703252

KLEINE SPRACHHILFE KROATISCH

WÖRTER RUND UMS WOHNMOBIL

A

Abblendlicht	oboreno svjetlo
abdichten	zaptivanje
Abschleppen	šlepati
Abschleppseil	saila za šlepanje
Abschleppwagen	vozilo za šlepanje
abstellen/parken	ostaviti/parkirati
Abwasser	odpadne vode
Achse	osovina
Alarmanlage	alarmni uređas
Ampel	semafor
Anlasser	anlaser
Anschluss/Adapter	priključak/adapter
Antriebsräder	pogonski točkovi
Auspuff	auspuh
Auto	auto

B

Batterie	baterija
Batterie laden	bateriju napuniti
befahrbar (nicht befahrbar)	prohodan (nije prohodan)
Benzin	benzin
Benzinpumpe	benzinska pumpa
beschädigt	oštećen
Blinker	žmigavac
Breite	širina
Bremsbelag	kočione obloge
Bremse	kočnice
Bremsen (die)	kočiti
Bremsflüssigkeit	ulje za kočnice

C, D

Chemie-Toilette	hemiski toalet
defekt	kvar
dicht	zaptivanje
Dichtung	zaptivka
Diesel	dizel
Differential	diferencjal

E

Einspritzpumpe	pumpa za ubrizgavanie
eng, schmal	usko
entleeren/entsorgen	isprazniti
erlaubt	dozvoljeno
Ersatzrad	rezerni kotač
Ersatzteil	rezerni dio

F

Feder	opruga
Fernlicht	dugo svjetlo
Feuerlöscher	aparat za gašenje požara
Frostschutzmittel	antifriz
Führerschein	vozačka dozvola

G

Gang	brzina
Gasflasche	boca za gas
gebrochen	slomljen
geöffnet	otvoren
Gepäckträger	nosač prtljaga
geschlossen	zatvoreno
Geschwindigkeit	brzina
gesperrt	blokiran

Getriebe	mjenjač
Gewicht	težina
Glühbirne	sijalica
Grauwasser	mutna voda

H

Haarnadelkurve	oštra krivina
Handbremse	ručna kočnica
Hebel	poluga
Heizung	grijanje
Hilfe	pomoć
Höhe	visina
Hupe	sirena

K

Kabel	kabal
Kanister (Benzin-)	kanister (benzin)
Kardanwelle (Antriebswelle)	kardansko vratilo (pogonsko vratilo)
Karosserie	karoserija
Keilriemen	kaišnik
Kfz-Kennzeichen	tablica
Kolben	klip
Kugellager	kuglični ležaj
Kühler	hladnjak
Kühlschrank	vitrina za hlađenje
Kupplung	kvačilo
Kurve	krivina
Kurzschluss	kratki spoj

L

Länge	dužina
langsames Fahrzeug	sporo vozilo
Lastwagen	teretno vozilo
leer	prazan
Lenkrad	volan
Lenkung	upravljanje
Licht ein- und ausschalten	svjetlo uključiti isključiti
Lichtmaschine	dinamo mašina
Luftfilter	zračni filter
Lüftung	zračenje

M, N

Massekabel	kabal za masu
Messstab	štap za mjerenje
Motor	motor
Motoröl	motorno ulje
Mutter	matica
Nabe	prirubnica
niedrig	nizak

O, P

Ölwechsel	mjenjanje ulja
Panne	kvar
Parkplatz	parking
Propangas	propan gas

R

Rad	kotač
Radkappe	radkapa
Radkreuz	ključ za maticu
Radmutter	matica za kotač
Radwechsel	zamjena kotača
Rastplatz	mjesto za odmor
Reifen	guma
Reifendruck	pritisak u gumi
reparieren	popraviti
Reserverad	rezerni kotač
Rücklicht	zadnje svjetlo
Rückspiegel	ogledalo

S

Schalter	prekidač
Scheibenwischer	brisač
Scheinwerfer	far
Schlauch	šlauf
Schlüssel	ključ
Schmutzwasser	prljava voda
Schneeketten	lanci za snijeg
Schraubenschlüssel	ključ za šarafe
Schraubenzieher	šafziger
Sicherung	osigurač
Starthilfe-Kabel	kablovi za startovanje
Steckdose	šteker ženski
Stecker	šteker muški
steil	strm
Stoßdämpfer	amortizer
Stoßstange	branik
Strom	struja

T

Tank	rezervar
tanken	točiti
Tankstelle	benzinska pumpa

Tempolimit	ograničenje brzine
Trinkwasser	voda za piće

U

Überbrückungskabel	produžni kablovi
übernachten	prenoćište
undicht	ne zaptiva
Unfall	nezgoda

V

Ventil	ventil
Ventilator	ventilator
Ver-/Entsorgung	snabdjevanje/odvoženje
verboten	zabranjeno
Vergaser	karburator
Verletzte (Schwer-)	povređen (teško povređen)
Versicherung	osiguranje
voll tanken	pun rezervar
Vorfahrt	prednost

W

Wagenheber	dizalica za auto
Wasserpumpe	pumpa za vodu
Wassertank	rezervar za vodu
Werkstatt	radionica
Werkzeug	alat
Windschutzscheibe	vjetrobransko staklo
Wohnmobil	kamping vozilo
Wohnmobilist	vozač kamping vozila
Wohnmobil-Stellplatz	kamping plac

Z

Zündkerze	svjećica
Zündschlüssel	kontakt ključ
Zündung	paljenje
Zylinder	cilindar
Zylinderkopf	glavava cilindra

HÄUFIGE GEBRAUCHTE BEGRIFFE

Berg	brdo
Bucht	uvala
Burg	kula
Dorf	selo
Ebene	ravan
Fluss	rijeka
Gebirge	planine
Hafen	luka
Hochebene	visoravan
Insel	ostrvo
Kirche	crkva
Kloster	manastir
Markt	pijaca
Platz	trg
Rathaus	općina
Schloss	zamak
Schlucht	zaliv
See	jezero
Stadt	grad
Strand	mjesto
Straße	ulica
Tal	dolina
Teich	močvara
Turm	toranj

Wohnmobil-Tourguide

Die schönsten Routen durch die PROVENCE

- Günstige **Anreiserouten** aus Deutschland
- **9 detaillierte Touren** durch die schönsten Gegenden
- **Citybesuche** in den interessantesten Städten
- **Praktisch alle Stellplätze** der Region mit ausführlicher Beschreibung
- **GPS-Koordinaten** aller Stellplätze und Campings
- Viele **Picknick- und Parkplätze** an besonders idyllischen Stellen
- **Alle Ver- und Entsorgungspunkte** entlang der Strecke
- Praktische Hinweise zum **Reisen in der Provence**
- Wanderungen und andere **sportliche Aktivitäten**
- **Exkurse** zu interessanten Themen
- Ratschläge zur **Sicherheit und Pannenhilfe**

Reise Know-How Verlag, Bielefeld

Rainer Höh
Die schönsten Routen durch die Provence
240 Seiten, über 100 Fotos,
19 Stadt- und Lagepläne, Register

Wohnmobil-Tourguide

Die schönsten Routen durch Sardinien

- Günstige **Anreiserouten** aus Deutschland
- **7 detaillierte Touren** erschließen die gesamte Insel
- **Citybesuche** in den interessantesten Städten
- **Praktisch alle Campings und Stellplätze** der Insel mit ausführlicher Beschreibung
- **GPS-Koordinaten** aller Stellplätze und Campings
- Viele **Picknick- und Parkplätze** an besonders idyllischen Stellen
- **Alle Ver- und Entsorgungspunkte sowie Quellen** entlang der Strecke
- Praktische Hinweise zum **Reisen auf Sardinien**
- Wanderungen und andere **sportliche Aktivitäten**
- **Exkurse** zu interessanten Themen
- Ratschläge zur **Sicherheit und Pannenhilfe**

Reise Know-How Verlag, Bielefeld

Peter Höh
Die schönsten Routen durch Sardinien
304 Seiten, über 130 Fotos,
6 Stadt- und Lagepläne, Routenatlas

KROATIEN

Das komplette Handbuch für individuelles Reisen und Entdecken

- Alle **praktischen Reisefragen** von A bis Z
- Sorgfältige Beschreibung aller **sehenswerte Orte** und Landschaften
- **Besichtigungstipps** zu architektonischen Besonderheiten und Museen
- Ausführliche Kapitel zu **Geschichte, Kunst, Politik, Kunst und Natur**
- **Kulinarische Tipps** von Kennern: die ganze Vielfalt der lokalen Küche
- Empfehlungen für den **Reisealltag:** Einkaufen, Märkte und Feste
- **Exkurse** zu interessanten Hintergrundthemen
- **Tipps für Aktivitäten:** Baden, Tauchen, Wandern und kulturelle Veranstaltungen

Werner Lips
Kroatien
480 Seiten, über 120 Fotos,
48 Stadtpläne und Landkarten
Register, robuste Heftung

Reise Know-How Verlag, Bielefeld

REGIONALFÜHRER KROATIEN

Die Reiseführer Istrien, Kvarner Buch, Norddalmatien und Süddalmatien helfen sowohl pauschal als auch individuell Reisenden, ihren Aufenthalt in Kroatien bestmöglich zu planen

- Kleine Landeskunde
- Alles Wichtige über die jeweilige Region
- Praktische Tipps für die Reiseplanung und -durchführung
- Sport- und Erholungsmöglichkeiten für Taucher, Segler, Wanderer, Biker, Familien, Strandurlauber

Istrien, 312 Seiten, detaillierte Karten und Stadtpläne
Kvarner Bucht, 360 Seiten, detaillierte Karten und Stadtpläne
Norddalmatien, 348 Seiten, detaillierte Karten und Stadtpläne
Süddalmatien, 312 Seiten, detaillierte Karten und Stadtpläne

Reise Know-How Verlag, Bielefeld

Einfach sprechen – Kauderwelsch!

Die **Sprechführer der Reihe Kauderwelsch** helfen dem Reisenden, wirklich zu sprechen und die Menschen zu verstehen. Wie wird das gemacht?

- Die **Grammatik** wird in einfacher Sprache so weit erklärt, dass es möglich ist, ohne viel Paukerei mit dem Sprechen zu beginnen, wenn auch nicht gerade druckreif.

- Alle Beispielsätze werden doppelt ins Deutsche übertragen: zum einen **Wort-für-Wort,** zum anderen in „ordentliches" Hochdeutsch. So wird das fremde Sprachsystem sehr gut durchschaubar. Ohne eine Wort-für-Wort-Übersetzung ist es so gut wie unmöglich, einzelne Wörter in einem Satz auszutauschen.

- Die **Autorinnen und Autoren** der Reihe sind Globetrotter, die die Sprache im Lande gelernt haben. Sie wissen daher genau, wie und was die Leute auf der Straße sprechen. Deren Ausdrucksweise ist häufig viel einfacher und direkter als z.B. die Sprache der Literatur. Außer der Sprache vermitteln die Autoren Verhaltenstipps und erklären Besonderheiten des Reiselandes.

- Jeder Band hat 96 bis 160 Seiten. Zu fast jedem Titel ist **Tonmaterial** erhältlich.

- **Kauderwelsch-Sprechführer gibt es für über 140 Sprachen in mehr als 200 Bänden!**

Reise Know-How Verlag, Bielefeld

Praxis-Ratgeber für Wohnmobilisten

Rainer Höh

Clever reisen mit dem Wohnmobil

Kauf, Ausbau oder Miete? Welches Reisemobil? Einrichtung und Beladen. Reiseplanung. Fahrtechnik. Mobile Küche. Sicherheit. Reisen mit Kindern. Die schönsten Reiseländer und Routen. Wintercamping.

Swantje Küttner

Reise-Kochbuch für Wohnmobil, Camping und Ferienwohnung

Anregungen für eine einfache und unkomplizierte Küche ohne lange Kochzeiten. Kochutensilien. Die wichtigsten Zutaten und durch was man sie unterwegs ersetzen kann. Abmessen ohne Waage und Messbecher. Verpackung, Kühlung, Gewürze. Kochen unter improvisierten Bedingungen. Über 100 Rezepte.

Rainer Höh

Handbuch Wohnmobil-Ausrüstung

Tipps und Ratschläge, um das richtige Wohnmobil und die passende Ausrüstung zu finden. Alle Fragen rund um die Ausstattung und Installationen. Hilfe bei Störungen. Optimieren des Fahrzeugs.

Rainer Höh

GPS Outdoor-Navigation

GPS-Grundlagen. Gerätekunde. Kaufberater. GPS-Funktionen. Digitale Straßenkarten. Routenplanung. Mit GPS unterwegs.

Martin Zimmer

Wohnwagen Handbuch

Vorteile des Camping. Wohnwagen oder Wohnmobil? Auswahl und Anschaffung. Gespannfahren. Schlafkomfort, Kochen, Bad und WC. Wohnwagengrundrisse. Reisewohnwagen. Dauercamping. Wintercamping. Sonderausstattung. Zubehör.

Alle Titel: 8,90 Euro, ca. 160 Seiten, viele farbige Abbildungen, kompaktes Taschenformat, robuste Ausstattung, Register, textbegleitendes Glossar

REISE KNOW-HOW Verlag, Bielefeld

Mit Reise Know-How sicher ans Ziel

Die Landkarten des world mapping project bieten gute Orientierung – weltweit.

- Moderne Kartengrafik mit Höhenlinien, Höhenangaben und farbigen Höhenschichten
- GPS-Tauglichkeit durch eingezeichnete Längen- und Breitengrade und ab Maßstab 1:300.000 zusätzlich durch UTM-Markierungen
- Einheitlich klassifiziertes Straßennetz mit Entfernungsangaben
- Wichtige Sehenswürdigkeiten, herausragende Orientierungspunkte und Badestrände werden durch einprägsame Symbole dargestellt.
- Der ausführliche Ortsindex ermöglicht das schnelle Finden des Ziels.
- Auf reiß- & wasserfestem Polyart®-Papier gedruckt: beschreibbar, kann individuell aufs passende Format gefalzt werden

Derzeit über 150 Titel lieferbar (siehe unter www.reise-know-how.de), beispielsweise:

Sardinien	**1:200.000**
Toscana	**1:200.000**
Istrien	**1:70.000**
Dalmatien	**1:175.000**
Kroatien	**1:300.000**

world mapping project
Reise Know-How Verlag, Bielefeld

REGISTER

W

Z

ÜBER DEN AUTOR

Rainer Höh, 1955 geboren, ist durch seine Bücher und Artikel zu Outdoor-Themen bekannt geworden. Seit rund 20 Jahren ist er aber auch für verschiedene Wohnmobil- und Allrad-Zeitschriften tätig. Er hat ein Buch zum Thema „Wohnmobil-Reisen in den USA" verfasst und eine Reihe spezieller Wohnmobil-Reiseführer herausgebracht. Für die Reihe PRAXIS des REISE KNOW-HOW Verlags verfasste er neben zahlreichen Outdoor-Büchern u. a. das „Handbuch Wohnmobil-Ausrüstung", „Clever reisen mit dem Wohnmobil" und den Titel „GPS Navigation für Auto, Motorrad und Wohnmobil". Zusammen mit seinem Bruder Peter Höh hat er für den gleichen Verlag die Reihe der Wohnmobil-Tourguides begründet, in der auch sein Buch „Die schönsten Routen durch die Provence" erschienen ist.

Mit gemieteten Reisemobilen hat der Autor weite Teile Nordamerikas erkundet, mit seinem eigenen Reisemobil bereiste er zu allen Jahreszeiten Europa vom Mittelmeer bis zum Polarkreis und von Irland bis zum Baltikum. Kroatien (damals als Teil Jugoslawiens) hat er 1971 erstmals besucht – allerdings noch nicht per Wohnmobil, sondern mit dem Moped. Aber seine erste Reise mit dem selbst ausgebauten Campingbus führte 1989 wieder an die kroatische Küste. Während der Kriegsjahre hat er vor allem Istrien und die Kvarner Inseln besucht, um Texte für Bildbände zu verfassen.

Sofort nach dem Krieg hat er dann zusammen mit seinem Bruder Peter die gesamte Küste und alle größeren Inseln Kroatiens intensiv bereist. Seither besucht er das Land regelmäßig ein- bis zweimal pro Jahr, um seine Bücher zu aktualisieren und neue Informationen zu sammeln.

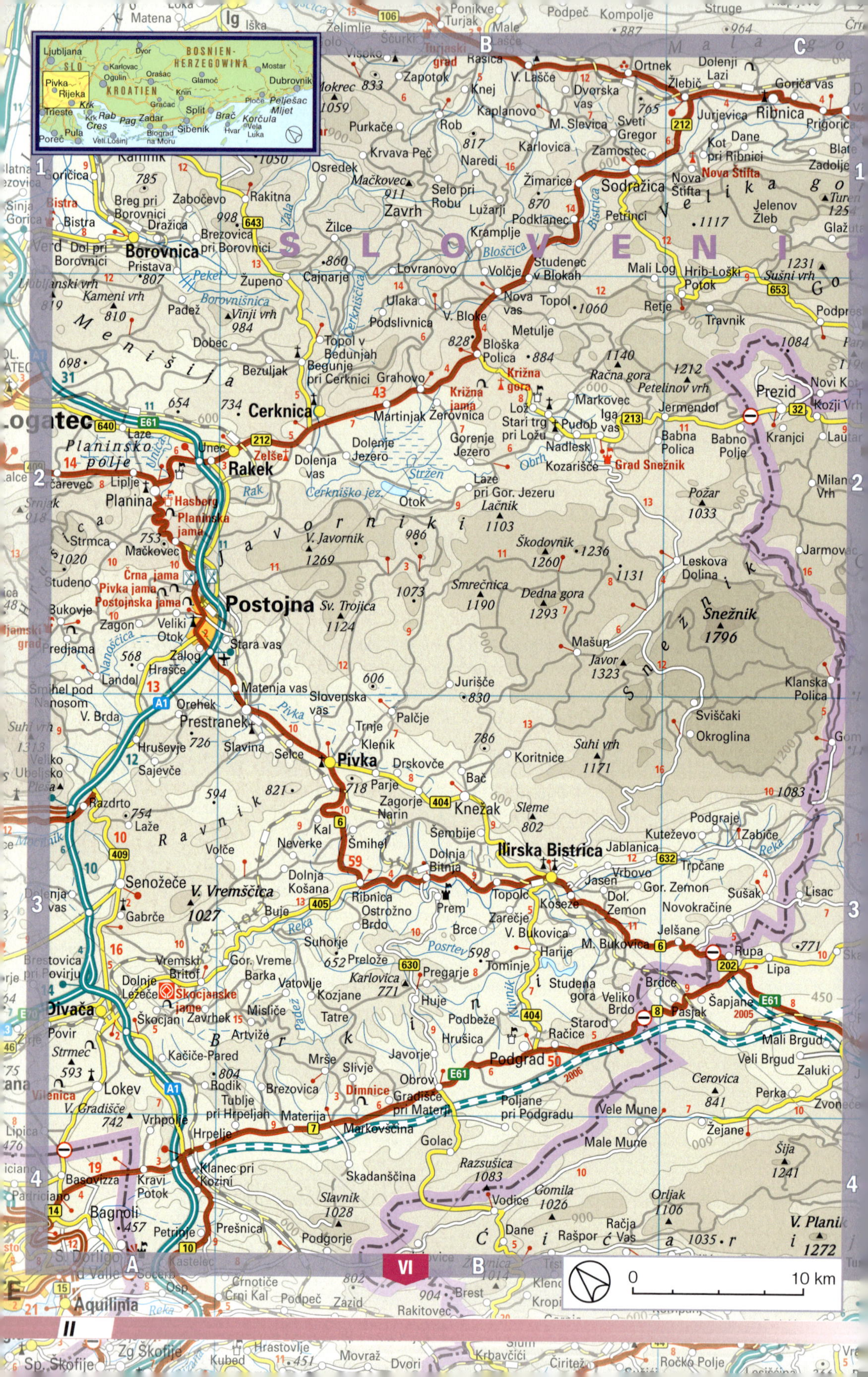

Ljubljana
Pivka
Rijeka
SLO
BOSNIEN-HERZEGOWINA
KROATIEN
Trieste
Dubrovnik
S L O V E N I J A
Cerknica
Rakek
Postojna
Pivka
Ilirska Bistrica
Ribnica
Sodražica
Borovnica
Logatec
Divača
Senožeče
Podgrad
Prezid
Lokev
Bagnoli
Aquilinia
Cerkniško jez.
Planinsko polje
Postojnska jama
Škocjanske jame
Snežnik
1796
Grad Snežnik
Javorniki
Ravnik
Vremščica
V. Vremščica
1027
Slavnik
1028
Razsušica
1083
Nova Štifta
Turjaški grad
Križna jama
Planinska jama
Pivka jama
Črna jama
Hasberg
Vilenica
Dimnice
Velika gora
Menišija
Mala gora
10 km
VI

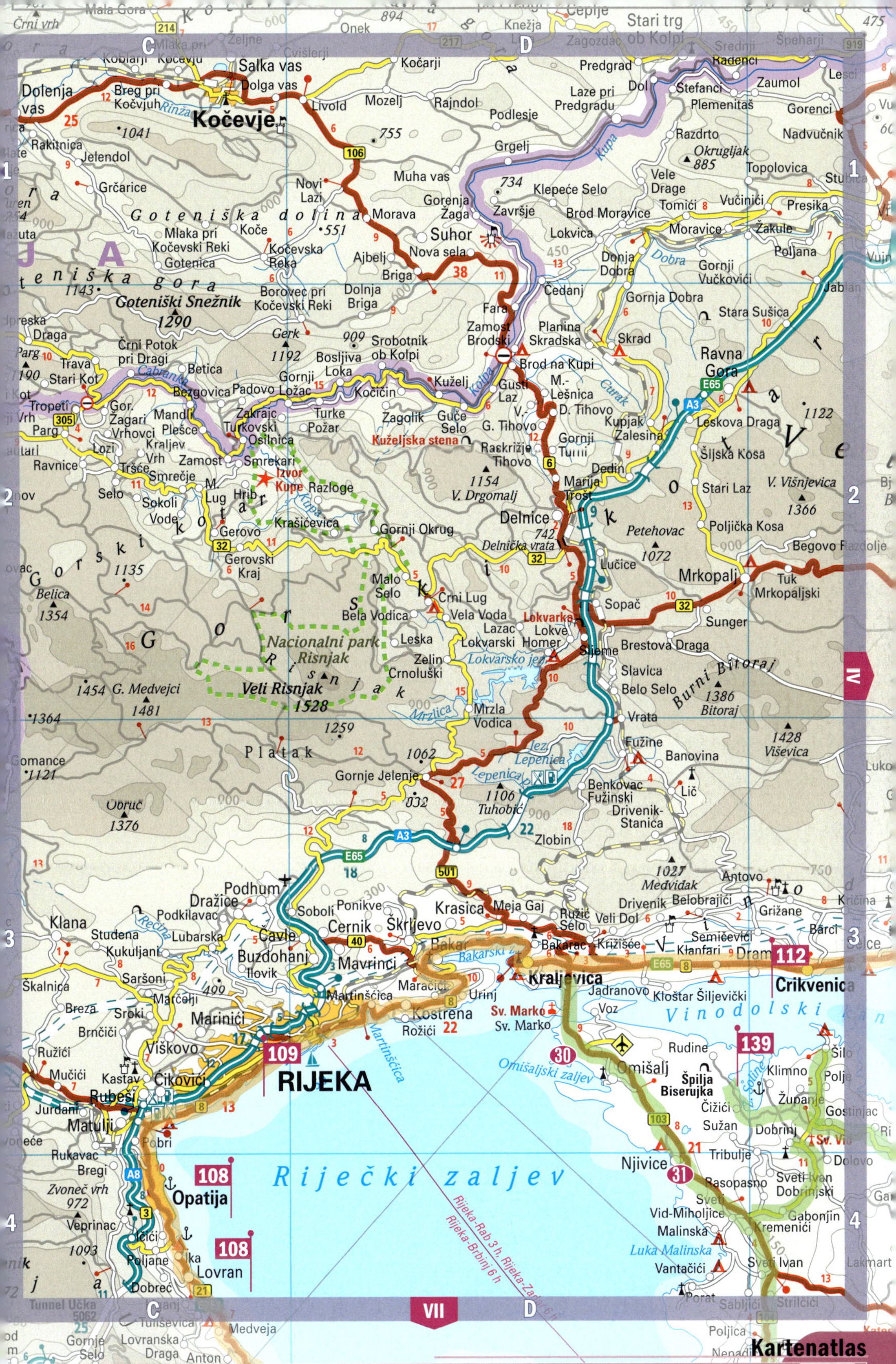
Kočevje
Salka vas
Dolga vas
Dolenja vas
Breg pri Kočevju
Livold
Mozelj
Kočarji
Rajndol
Podlesje
Predgrad
Laze pri Predgradu
Dol
Stefanci
Plemenitaš
Zaumol
Gorenci
Nadvučnik
Stari trg ob Kolpi
Rakitnica
Jelendol
Grčarice
Novi Lazi
Morava
Muha vas
Grgelj
Gorenja Žaga
Suhor
Završje
Klepeće Selo
Brod Moravice
Lokvica
Vele Drage
Tomići
Razdrto
Okrugljak 885
Topolovica
Vučinići
Presika
Moravice
Žakule
Poljana
Goteniška dolina
Mlaka pri Kočevski Reki
Koče
Kočevska Reka
Gotenica
Ajbelj
Nova sela
Briga
Dolnja Briga
Goteniška gora
Goteniški Snežnik 1290
Borovec pri Kočevski Reki
Gerk 1192
Srobotnik ob Kolpi
Bosljiva Loka
Fara
Zamost Brodski
Čedanj
Donja Dobra
Dobra
Gornji Vučkovići
Gornja Dobra
Stara Sušica
Planina Skradska
Skrad
Ravna Gora
Brod na Kupi
Draga
Črni Potok pri Dragi
Trava
Stari Kot
Betica
Čabranka
Bezgovica
Padovo
Gornji Ložac
Kočičin
Kuželj
Kupa
Gusti Laz
M.-Lešnica
D. Tihovo
Ćurak
Kupjak
Zalesina
Leskova Draga
Tropeti
Gor. Žagari
Mandli
Zakrajc
Turkovski
Turke
Požar
Zagolik
Guče Selo
G. Tihovo
Kuželjska stena
Vrhovci
Plešce
Osilnica
Raskrižje Tihovo
Gornji Turni
Šiljska Kosa
Lozi
Kraljev Vrh
Zamost
Smrekari
Izvor Kupe
Razloge
1154 V. Drgomalj
Dedin
Marija Trošt
Stari Laz
V. Višnjevica 1366
Ravnice
Tršće
Smrečje
Selo
Sokoli
Vode
M. Lug
Hrib
Delnice
Petehovac 1072
Poljička Kosa
Begovo Razdolje
Gerovo
Kraščevica
Gornji Okrug
Delnička vrata
Gorski kotar
Gerovski Kraj
1135
Lučice
Mrkopalj
Tuk Mrkopaljski
Belica 1354
Malo Selo
Crni Lug
Sopač
Sunger
Bela Vodica
Vela Voda
Lazac Lokvarski
Lokvarka
Lokve
Homer
Leska
Brestova Draga
Nacionalni park Risnjak
Zelin Crnoluški
Lokvarsko jez.
Sljeme
Slavica
Burni Bitoraj
Veli Risnjak 1528
1454 G. Medvejci 1481
Belo Selo
1386 Bitoraj
1364
Mrzlica
Mrzla Vodica
Vrata
1428 Višavica
Platak
1259
1062
Fužine
Banovina
Gornje Jelenje
Lepenica
Lez. Lepenica
Benkovac Fužinski
Lič
Gomance 1121
Obruč 1376
1106 Tuhobić
Drivenik-Stanica
Zlobin
Medvidak
Antovo
Drivenik
Belobrajići
Grižane
Podhum
Dražice
Soboli
Ponikve
Krasica
Meja Gaj
Ružić Selo
Veli Dol
Klana
Podkilavac
Rečina
Studena
Lubarska
Čavle
Cernik
Škrljevo
Bakar
Semičevići
Klanfari
Dram
Kukuljani
Buzdohanj
Mavrinci
Bakarac
Križišće
Crikvenica
Saršoni
Ilovik
Bakarski zaljev
Kraljevica
Jadranovo
Kloštar
Šiljevički
Škalnica
Marčelji
Martinšćica
Maračići
Urinj
Vinodolski kanal
Breza
Sroki
Marinići
Kostrena
Rožići
Sv. Marko
Voz
Brnčići
Viškovo
Rudine
Ružići
Mučići
Kastav
Cikovići
RIJEKA
Omišaljski zaljev
Omišalj
Špilja Biserujka
Klimno
Šilo
Jurdani
Rubeši
Matulji
Čižići
Župani
Sužan
Dobrinj
Pobri
Rukavac
Bregi
Zvonеč vrh 972
Opatija
Riječki zaljev
Njivice
Tribulje
Rasopasno
Sveti Ivan Dobrinjski
Veprinac
Ičići
Vid-Miholjice
Gabonjin
Malinska
Kremenići
Poljane
Ika
Lovran
Luka Malinska
Vantačići
Sveti Ivan
Dobreč
Porat
Rijeka-Rab 3 h, Rijeka-Zadar 6 h
Rijeka-Brbinj 6 h
Tunnel Učka 5062
Tuliševica
Medveja
Gornje Selo
Lovranska Draga
Anton
Poljica
Nenadići
Vranja
Mala Učka
Rt Jablanac
Konec
Glavotok
Brzac
Grabrova
Mošćenice
VI
VII
108
109
112
139

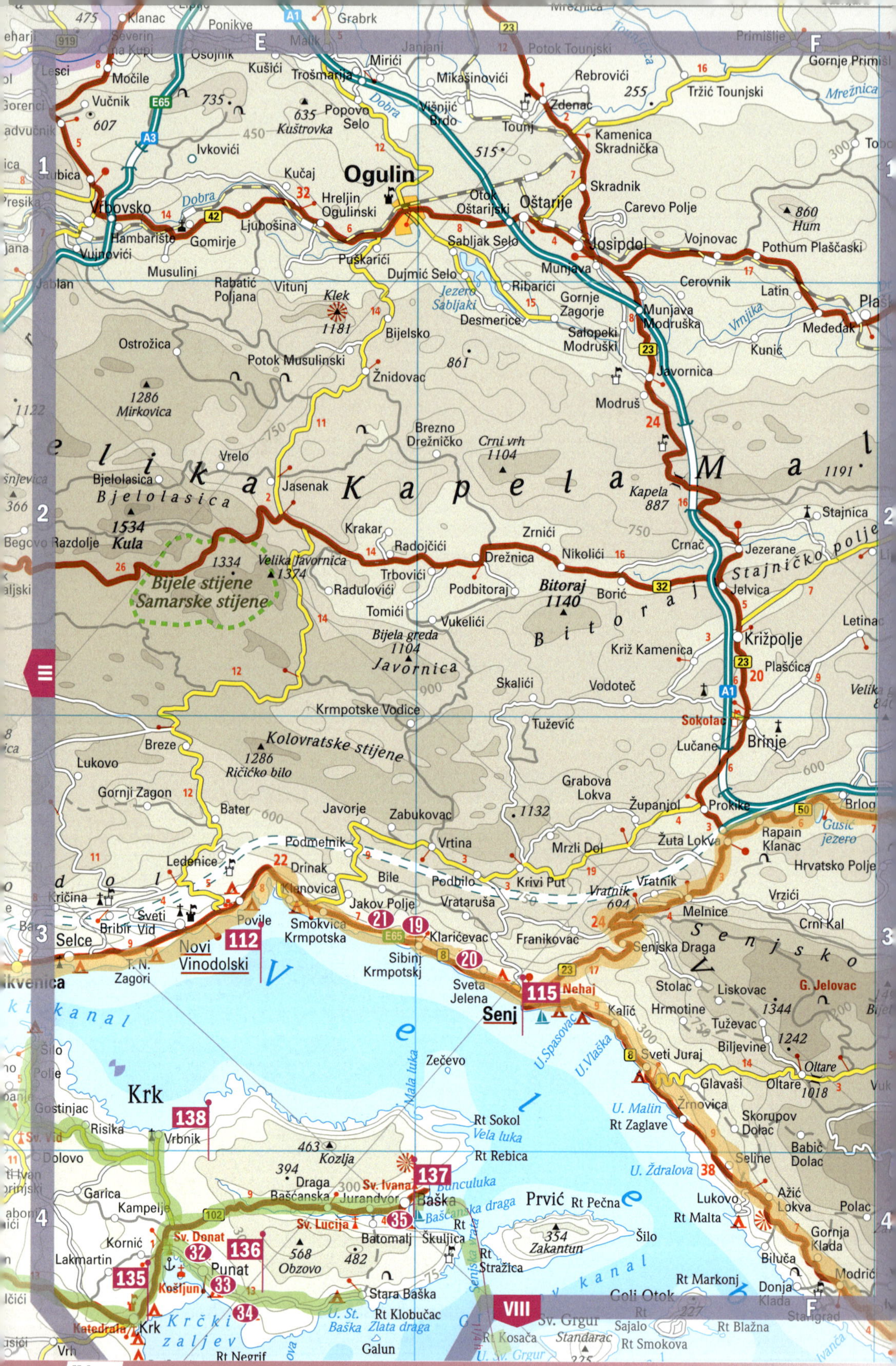
E
F
1
2
3
4
Ogulin
Vrbovsko
Hreljin Ogulinski
Ljubošina
Gomirje
Hambarište
Vujnovići
Musulini
Puškarići
Dujmić Selo
Sabljak Selo
Otok Oštarijski
Oštarije
Josipdol
Munjava
Vojnovac
Pothum Plaščaski
Carevo Polje
Skradnik
Kamenica Skradnička
Zdenac
Tounj
Tržić Tounjski
Rebrovići
Potok Tounjski
Mikašinovići
Višnjić Brdo
Miričí
Trošmarija
Popovo Selo
Kuštrovka
Kučaj
Ivkovići
Vučnik
Močile
Klek
1181
Jezero Sabljaki
Ribarići
Gornje Zagorje
Desmerice
Bijelsko
Žnidovac
Salopeki Modruški
Munjava Modruška
Javornica
Modruš
Cerovnik
Latin
Medeđak
Kunić
Vrnjika
Rabatić Poljana
Vitunj
Ostrožica
Potok Musulinski
Mirkovica
1286
Brezno Drežničko
Crni vrh
1104
Vrelo
Jasenak
Bjelolasica
1534
Kula
Velika Kapela
Mala Kapela
Kapela
887
1191
Stajnica
Stajničko polje
Jezerane
Crnač
Zrnići
Krakar
Radojčići
Drežnica
Nikolići
Bijele stijene
Samarske stijene
Velika Javornica
1374
1334
Trbovići
Radulovići
Podbitoraj
Bitoraj
1140
Borić
Jelvica
Tomići
Vukelići
Bijela greda
1104
Javornica
Križ Kamenica
Križpolje
Letinac
Plaščica
Skalići
Vodoteč
Krmpotske Vodice
Tuževič
Sokolac
Brinje
Lučane
Kolovratske stijene
Ričićko bilo
1286
Breze
Lukovo
Gornji Zagon
Bater
Javorje
Zabukovac
Grabova Lokva
Županjol
Prokike
Brlog
Gusić jezero
Rapain Klanac
Hrvatsko Polje
Žuta Lokva
Mrzli Dol
Vrtina
Podmelnik
Drinak
Ledenice
Kričina
Selce
Bribir
Sveti Vid
Povile
Novi Vinodolski
Klenovica
Smokvica Krmpotska
Jakov Polje
Bile
Podbilo
Vrataruša
Krivi Put
Vratnik
694
Melnice
Vrzići
Crni Kal
Senjska Draga
Senjsko bilo
Franikovac
Klaričevac
Sibinj Krmpotski
Sveta Jelena
Senj
Nehaj
Kalić
Hrmotine
Stolac
Liskovac
G. Jelovac
1344
Tuževac
1242
Biljevine
Sveti Juraj
Oltare
1018
Glavaši
Žrnovica
Skorupov Dolac
Babić Dolac
Seline
Ažić Lokva
Lukovo
Polac
Gornja Klada
Biluča
Modrič
Donja Klada
Starigrad
Crikvenica
T. N. Zagori
Vinodolski kanal
Velebitski kanal
Zečevo
Mala luka
Krk
Šilo
Gostinjac
Risika
Vrbnik
Dolovo
Garica
Kampelje
Kornić
Lakmartin
Sv. Donat
Punat
Košljun
Krk
Katedrala
Krčki zaljev
Vrh
Rt Negrif
Obzovo
568
482
Kozlja
463
394
Draga Baščanska
Jurandvor
Sv. Ivana
Baška
Bunculuka
Sv. Lucija
Batomalj
Škuljica
Baščanska draga
Stara Baška
Rt Klobučac
Zlata draga
U. St. Baška
Galun
Rt Sokol
Vela luka
Rt Rebrica
Prvić
Rt Pečna
Zakantun
354
Šilo
Rt Stražica
Senjska vrata
U. Žđralova
Rt Zaglave
U. Malin
U. Spasovac
U. Vlaška
Rt Malta
Rt Markonj
Goli Otok
Sv. Grgur
Rt Kosača
Standarac
Sajalo
Rt Smokova
Rt Blažna
112
115
135
136
137
138
19
20
21
32
33
34
35
VIII

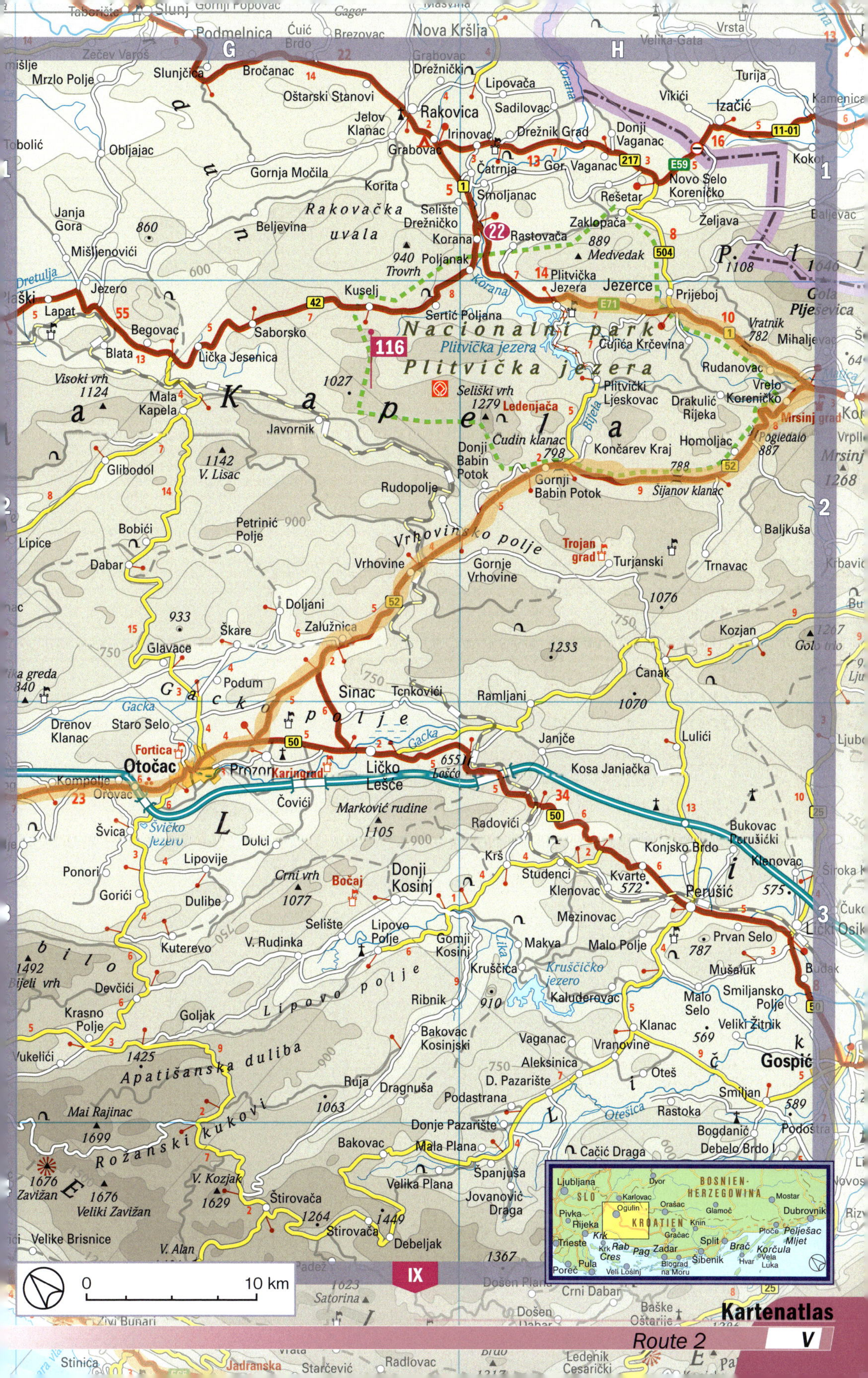
Slunj
Podmelnica
Nova Kršlja
Slunjčica
Bročanac
Oštarski Stanovi
Rakovica
Lipovača
Sadilovac
Izačić
Drežnik Grad
Irinovac
Grabovac
Obljajac
Gornja Močila
Korita
Čatrnja
Gor. Vaganac
Donji Vaganac
Smoljanac
Novo Selo Koreničko
Rešetar
Janja Gora
Beljevina
Rakovačka uvala
Drežničko Selište
Rastovača
Zaklopača
Korana
Mišljenovići
940 Trovrh
Poljanak
889 Medvedak
Plitvička Jezera
Jezerce
Prijeboj
Jezero
Kuselj
Lapat
Begovac
Saborsko
Sertić Poljana
Nacionalni park Plitvička jezera
Plitvička jezera
Čujića Krčevina
Vratnik 782
Mihaljevac
Blata
Lička Jesenica
Rudanovac
Visoki vrh 1124
Seliški vrh 1279
Ledenjača
Plitvički Ljeskovac
Drakulić Rijeka
Vrelo Koreničko
Mrsinj grad
Mala Kapela
Javornik
Cudin klanac 798
Končarev Kraj
Homoljac
Pogledalo 887
Glibodol
1142 V. Lisac
Donji Babin Potok
Gornji Babin Potok
Šijanov klanac
Rudopolje
Lipice
Bobići
Petrinić Polje
Vrhovinsko polje
Trojan grad
Turjanski
Baljkuša
Dabar
Vrhovine
Gornje Vrhovine
Trnavac
Doljani
Zalužnica
1076
933
Škare
1233
Kozjan
Glavace
1267 Golo brdo
Čanak
Podum
Sinac
Tcnkovići
Ramljani
1070
Gacka
Gacko polje
Drenov Klanac
Staro Selo
Lulići
Fortica
Janjče
Otočac
Prozor
Karingrad
Ličko Lešće
Kosa Janjačka
Kompolje
Orovac
Čovići
Markovič rudine 1105
Radovići
Bukovac Perušički
Švica
Švičko jezero
Dulci
Konjsko Brdo
Klenovac
Ponori
Lipovlje
Krš
Studenci
Kvarte 572
Perušić
Gorići
Dulibe
Crni vrh 1077
Bočaj
Donji Kosinj
Klenovac
Mezinovac
Lički Osik
Selište
Lipovo Polje
Gornji Kosinj
Makva
Malo Polje
Prvan Selo
Kuterevo
V. Rudinka
Kruščica
Kruščičko jezero
Mušaluk
Budak
1492 Bijeli vrh
Devčići
Ribnik
Kaluđerovac
Malo Selo
Smiljansko Polje
Krasno Polje
Goljak
Lipovo polje
Klanac
Veliki Žitnik
Bakovac Kosinjski
Vaganac
Vranovine
Gospić
Vukelići
1425
Apatišanska duliba
Aleksinica
Oteš
D. Pazarište
Ruja
Dragnuša
Podastrana
Smiljan
Mai Rajinac 1699
1063
Otešica
Rastoka
Donje Pazarište
Bogdanić
Rožanski kukovi
Bakovac
Mala Plana
Cačić Draga
Debelo Brdo I
Spanjuša
Velika Plana
1676 Zavižan
1676 Veliki Zavižan
V. Kozjak 1629
Štirovača
Jovanović Draga
Štirovača
1264
1449
Velike Brisnice
Debeljak
V. Alan
1367
IX
0
10 km
Ljubljana
SLO
Karlovac
Dvor
BOSNIEN-HERZEGOWINA
Ogulin
Orašac
Mostar
Pivka
Rijeka
KROATIEN
Knin
Dubrovnik
Trieste
Krk
Rab
Pag
Zadar
Split
Pelješac
Mljet
Cres
Gračac
Šibenik
Brač
Korčula
Poreč
Pula
Veli Lošinj
Biograd na Moru
Hvar
Vela Luka

TRIESTE
Muggia
S. Rocco
Aquilinia
Hrvatini (Crevatini)
Lazzaretto
Ankaran (Ancarano)
Koprski zaliv
Koper
(Capodistria)
Dekani
Bertoki (Bertocchi)
Izola (Isola)
Jagodje
Dobrava
Strunjan (Strugnano)
Lucija
(Lucia)
Piran (Pirano)
Portorož (Portorose)
Seča (Sezza)
Sečovlje (Sicciole)
Piranski zaliv
Kanegra
Crveni Vrh
Savudrija (Salvore)
Bašanija (Bassania)
Murine (Morno)
Zambratija (Zambrattia)
Katoro
Monterol
Umag (Umago)
Finida
Lovrečica (S. Lorenzo)
Dajla (Daila)
Mareda
Novigrad (Cittanova)
Antenal
Tarski zaljev
Červar-Porat
Luka Črvar
Črvar
Poreč
Sv. Nikola
Plava Laguna
Zelena Laguna
Luka Funtana
Funtana
Vrsar
Sv. Juraj
Koversada
Valalta
Limski zaljev
Figarola
Rovinj (Rovigno)
Buje (Buie)
Brtonigla (Verteneglio)
Nova Vas (Villa Nova)
Grožnjan (Grisignano)
Momjan (Momiano)
Kaštel (Castelvenere)
Motovun
Buzet
Vižinada
Višnjan
Jama Baredine
Hrastovlje
Kubed
Šmarje
Marezige
Sočerga
Sv. Ivan
Sveti Lucija
Oprtalj
Livade
Kaldir
Karojba
Žminj
Tinjan
Baderna
Sv. Mihovil
Vrh
Sovinjak
Roč
Lanišće
Brest
Rakitovec
Tinjan
Zg Škofije
Sp. Škofije
Pobegi
Vanganel
Babići
Kampel
Pomjan
Gažon
Padna
Raven
Dragonja (Dragogna)
Val Drnica
Plovanija
Kaldanij (Caldania)
Valica (Valizza)
Petrovija (Petrovia)
Juricani (Giurizzani)
Kmeti
Čepljani
Seget
Križine
Radini
Bužinija (Buzinia)
Karigador
Fiorini
Babići
Buroli
Rogovići
Tar
Vabriga
Perci
Dvori
Nova Vas
Žikovići
Kadumi
Dračevac
Radmani
Montižana
Gradina
Garbina
Jasenovica
Fuškulin
Flengi
Mugeba
Vranići kod Višnjana
Baričí
Smolići
Rajki
Fabci
Sveti Ivan
Rupeni
Gambetići
Pršurići
Jehnići
Bonaci
Čeničí
Ladrovići
Žbandaj
Veleniki
Ružići
Stranići kod
Marasi
Kloštar
Tribano
Triban (Tribano)
Bibali
Baredine
Zemlje
Narduci
Danci
Lozari
Čuki
Baldaši
Cerjani
Mekiši kod Kaštelira
Labinci
Markovac
Bačva
Deković
Vržnaveri
Antonci
Gedići
Rošini
Cancini
Ferenci
Velići
Prhati
Baškoti
Zoričići
Cvitani
Žužići
Brajkovići
Vela Traba
Novaki Motovunski
Škropeti
Rakotule
Brkač
Antonci
Pirelici
Makovci
Gomila
Kuberton
Oskoruš
Brdo
Briči
Kucibreg
Čepić (Cepici)
Vrnjak (Vrgnac)
Šterna
Šorgi
Žnjidarići
Ipši
Zamask
Zamaski Dol
Kašćerga
Bartolići
Ukotići
Barušići
Brda
Sovinjska
Jezero Butoniga
Butoniga
Krušvari
Prodani
Račice
Klarići
Juradi
Kosoriga
Korelići
Marčenegla
Grimalda
Pagubice
Šćulci
Krsikla
Sveti Donat
Sovinjsko Polje
Štrped
Kajini
Škuljari
Seljaci
Baredine
Ugrini
Pregara
Brezovica pri Gradinu
Gradin
Trsek
Abitanti
Hrvoji
Zrenj
Žonti
Istarske Toplice
Popetre
Smokvica
Gračišče
Sv. Anton
Lopar
Čežarji
Dol pri Hrastovljah
Movraž
Dvori
Perci
Krbavčići
Čiritež
Selca
Cunj
Sušići
Kropinjak
Gornja Nugla
Slum
Tršćenik
Klenovšćak
Prapoče
Podgaće
Kompanj
Žbevnica
Jelovice
Zazid
Podpeč
Črni Kal
Črnotiče
Kastelec
Socerb
Osp
Rižana
Plavje
S. Dorligo d. Valle
Bagnoli
Prešnica
Petrinje
Slavnik
Vodice
Dane
Rašpor
Rakitovec
Trieste-Durrës 25 h
Koštabona
Puče
Malija
Korte
Parečag (Parezzago)
Škocjan (San Canziano)
DUMO
SEMEDEA
ŽUSTERNA
Labor
Bije
Bajiiae
BOSNIEN-HERZEGOWINA
SLO
KROATIEN
Ljubljana
Dvor
Karlovac
Ogulin
Oračac
Glamoč
Mostar
Dubrovnik
Pivka
Rijeka
Knin
Ploče
Pelješac
Mljet
Krk
Rab
Pag
Gračac
Split
Brač
Korčula
Trieste
Cres
Zadar
Šibenik
Hvar
Vela Luka
Pula
Poreč
Veli Lošinj
Biograd na Moru
0
10 km
A
B
II
4
5
6

C
D
III
VIII
Tunnel Učka 5062
Vojak 1401
Učka
Brgudac
Semić
Brest pod Učkom
Gornje Selo
Lupoglav
Dol. Vas
Vranja
Vela Učka
Mala Učka
Lovran
Medveja
Liganj
Tuliševica
Lovranska Draga
Anton
Petar
Grabrova
Mošćenička Draga
Mošćenice
107
Rt Jablanac
Konec
Važminec
125
Beli
Sveti Petar
Ivanje
Porozine
Filozići
Dragozetići
Predošćica
Glavotok
Vela Vrata
Srednja
Veliki bok
Lesišćina
Boljunsko Polje
Boljun
Sv. Marija od Karmela
Brgud
907
Jelena
Golovik
Martina
Brseč
Paz
Šušnjevica
Nova Vas
Jesenovik
Belaj
Letaj
Kontuši
Kostrčani
Zankovci
Grobnik
Zatka Čepić
Čepićko polje
Sisol 835
Kožljak
Zagore
Brestova
Zagorje
Gradinje
Purgarija Čepić
Polje Čepić
Vozilići
Gologorica
Krbune
Tupljak
Kršan
Plomin
Uvala Plomin
Plomin Luka
Gologorički Dol
Potpićan
Blaškovići
Stepčići
Škopljak
Zajci
Lazarići
Čusi
Pićan
Šumber
Nedešćina
Ripenda
Verbanci
Standar 474
Ripenda Kosi
103
Rabac
Luka Rabac
Gračišće
Lindar
Montovani
Kukurini
Kraj Drage
Vrećari
Štrmac
102
Labin
Pazin
80
Jakačići
Sveta Katarina
Santalezi
Ružići
Vinež
Mandalenčići
Čubanići
Martinski
Markoci
Veli Golji
Presika
Duga Luka
Sveta Marina
Lovrin
Bertoši
Bazgalji
Orič
Gorica
Cvitići
Paradiž
Frančići
Sv. Bartul
Snašići
Raša
Kranjci
Crni
Drenje
Ravni
Heki
Pulići
Milotski Breg
Batlug
Medančići
Balići
Barbići
Kunj
Letaj
Breg
Bartići
Salakovci
Goli 538
Sv. Martin
Skvaranska
Raška Draga
Zabrežani
Laginji
Domijanići
Rudani
Juričev Kal
Most-Raša
Gora Glušići
Polje
475
Skitača
Lim
Jurići
Žagrići
Klimni
Benčići
Melnica
Barban
Brgod
Stanišovi
Viškovići
Brovinje
Žminj
Gradišće
Gržini
Rajki
Vadreš
Šalije
Trget
Tregetari
Sveti Lovreč Labinski
Crna punta
Koromačno
Orbanići
Krajcar Breg
Prkačini
373
Rojnići
Petehi
Kožljani
Grandići
Hrboki
Kresini
Mužini
Modrušani
Foli
Orihi
Želiski
Rebići
Radetići
Vidulini
Ladići
Bričanci
45
Hreljići
Raša
95
Dvigrad
Kanfanar
Svetvinčenat
Bokordići
Borinići
Manjadvorci
Belavići
Bratulići
Rakalj
Krnica
Červari
Korenići
Mrgani
Burići
Raponji
Pusti
Režanci
Šajini
297
Glavani
Smoljanci
Bibići
Stokovci
Prodol
Rt Sočja
Peruški
Okreti
Kurili
Krmed
Kranjčići
Boskari
Filipana
Mutvoran
M. Vareški
Šegotići
Luka Vinjole
Jural
Brajkovići
Čabrunići
Butkovići
Juršići
Orbanići
Divšići
Marčana
Cokuni
V. Vareški
Pavičini
Kavran
Žuntići
Matohanci
34
Sv. Petar
Cukrići
Kuzinići
196
Pinezići
148
Rt Sekal
Luka Budava
Soriči
206
Golaš
Sv. Kvirin
42
Nesaticum
Muntić
Rt Cuf
Rovinjsko Selo (Villa di Rovigno)
Bale
Gajana
Čelija
Valtura
Jadranska magistrala
Radeki
125
140
Sv. Nikola
Negrin
Golubovo
Vodnjan
Loborika
Ušićevi Dvori
U. Kale
63
104
Šišan (Sissano)
Grabrovići
Rt Munat Veliki
Sv. Brita
13
Sv. Damjan
Mandriol
Sv. Jakov
Toranj
Sv. Martin
Galižana (Gallesano)
Jadreški
69
Ližnjan
Rt Marlera
Rovinj (Rovigno)
Barbariga
Peroj
68
Sv. Elizej
96
Pula
Sv. Petar
Medulin
100
M. Sestrica
Maškin
V. Sestrica
Rt Barbariga
99
Valbandon
Šikići
Levan
Sv. Ivan
Porer
Fažana
Fažanski kanal
15
Štinjan
Amfiteatar
Valbonaša
Bodulaš
Mali Brijuni
Kotež
Uljanik
Sv. Kristof
17
Medulinski zaljev
Rt Glavina
99
Brijuni
Vinkuran
Pomer
Premantura
16
Fenera
Ceja
Gaz
Sv. Jerolim
Pulski zaljev
Banjole
Galija
14
Pješčana uvala
Valun
Grunj
Veli Brijun
Veruda
Frašker
Rt Kamenjak
Krasnica (Vanga)
Rt Pinida
Fenoliga
Nacionalni park Brijuni
Kvarner
Raški zaljev

E
F
IV
VII
Krk
Punat
Katedrala
Krčki zaljev
Rt Crnika
Rt Negrif
Stara Baška
Rt Klobučac
U. St. Baška
Zlata draga
Galun
U. Drenova
Sv. Mikula
Valbiska
U. Lagdimor
Pinezići
Brzac
Linardići
Žgaljići
Nenadići
Brusići
Poljica
Sabljići
Strilčići
Vrh
Skrbčići
Sveti Ivan
Kornić
Lakmartin
Vantačići
M. Plavnik
Kormati
Tenka punta
Rt Madona
Rt M. Pin
Veli bok
Plavnik
Rt Veli Pin
Kanal Krušija
Rt Tarej
Sv. Bartolomej
Merag
Vodice
Sv. Salvator
Sv. Vid
Sv. Blaž
Cres
U. Kruščica
U. Homutići
Lovreski
Rt Žakeni
U. Papina
U. Gavza
Rt Kovačine
Rt Križice
Betkaf
Loznati
Rt Pržuni
U. Kraj
Valun
Orlec
U. Lukovac
Rt Pernat
Pernat
Grabrovica
Zbišina
Mali Podol
Zbičina
Vransko jezero
Stanić
Vrana
Hrasta
Rt Sv. Duh
U. Koromačna
Rt Zaglav
Rt Miračine
Lubenice
Helm
Grmov
U. Miračine
Rt Brkljač
U.Vrutek
Vidovići
Belej
U. Čašarov
Rt Meli
Plat
U. Glaboka
Ćutin Veli
Srem
Martinšćica
Rt Koludar
Miholašćica
Rt Kijac
Stivan
Sv. Mihovil
U. Lupeška
Ustrine
Majka Božja od Loze
Sv. Ivan
Tanki rt
Rt. Lučica
Tanki rt
Visoki
Grmožaj
Loze
Murtovnik
Zeča
Mišar
Rt Ustrine
Rt Županja
Osorski zaljev
Drakovac
Punta Križa
Pogana
Pregaznik
Debeli rt
Veliki
Osor
Tržić
U. Zakolo
Rt Seka
Rt Osor
Televrina
Sv. Nikola
Nerezine
U. Martinšćica
Sveti Jakov
Rt Lučica
U. Zatanki
Veli Osir
Ćunski
Rt Tomožina
Lošinj
Rt Lokunji
U. Goligna
Rt Pejni
Rt Mišnjak
U. Vognišća
U. Tomožina
U. Studenčić
Artatore
Liski
Murta
Beli
Rt Kurila
Samunćel
Galijola
Unije
Rt Maračol
U. Maračol
Unije
Rt Arbit
Rt Vnetak
L. Vrulje
Prolaz Veli Zapal
Vele Srakane
Male Srakane
Prolaz Žaplić
Arat
Rt Segarina
Susak
Rt Munat Veliki
Rt Marlera
Levan
Bodulaš
Kvarner
Kvarnerić
Unijski kanal
Lošinjski kanal
Vela vrata
Kanal
Goli Otok
Sv. Grgur
Standarac
Rt Kosača
U. Sv. Grgur
Rt Plitvac
Rt Sajalo
Rt Smokova
Rt Saramić
Rapski kanal
T. N. San Marino
Lopar
Rt Štojan
U. Crnika
G. Draga
Sv. Petar
Rt Sorinj
Supetarska draga
Supetarska Draga
Staničići
Kamporska draga
Kampor
T. N. Suha Punta
Rt Kalifront
Rt Kanitalj
U. Sv. Mara
U. Planka
V. Laganj
Tanki rt
Ljubljana
Dvor
BOSNIEN-HERZEGOWINA
SLO
Karlovac
Ogulin
Orašac
Mostar
Glamoč
Dubrovnik
Pivka
Rijeka
KROATIEN
Knin
Krk
Gračac
Split
Pelješac
Mljet
Trieste
Rab
Pag
Zadar
Brač
Korčula
Cres
Ploče
Pula
Šibenik
Hvar
Vela Luka
Poreč
Veli Lošinj
Biograd na Moru
Zadar 8 h
0
10 km

G
V
H
4
5
X
6
Klada
Biluča
Veliki Zavižan
Stirovača
Draga
Jadovno
Modrići
Velike Brisnice
Debeljak
Rusovo
Donja Klada
Starigrad
Ivanča
Jurkuša
Vlaka
Živi Bunari
Dundović Podi
Zečjak
1622
Crni Padež
1623
Satorina
Došen Plana
1332
Crni Dabar
Baške Oštarije
928
Došen Dabar
Blažna
U. Vela Ivanča
Bileni
Rupčići
Vrata
Mliništa
Budakovo Brdo
Oštarijska vrata
Ledenik Cesarički
Stinica
U. Stara vlaka
Jablanac
Jadranska magistrala
E65
27
Starčević Podi
Radlovac
1317
Kućišta Cesarička
Vidovac Cesarički
Sušanj
Konjsko
Rab
Rt Krklant
410
Kamenjak
Mišnjak
Rt Glavina
Zavratnica
Vranjak
Jasenovača
Pejakuša
Staništa
Bačvica
Prizna
14
Vidov grad
Mažurani
141
Banjol
Barbat na Rabu
U. Barnjača
U. Krivača
U. Bočarije
Gradina
Cačići
Cesarica
Karlobag
Sv. Marija
Rt Frkanj
Dolin
117
Gornji rt
Zadar 4 h
Rijeka 3 h
U. Matovica
Paški kanal
Zali rt
U. Koromačna
Žigljen
1/4 h
U. Tatinja
Rt Krištofor
Panos
218
Metajna
Paška vrata
Veli brig 263
Kolegiata
Pag
Stara Novalja
Rt Deda
Zaglava
205
Vidalići
Zubovići
Kustići
Paški zaljev
Rt Lun
Lun
Gurijel
135
U. Trimalj
Livić
107
Uvala Stara Novalja
146
Caska
U. Caska
Zrće
Vodice
Tovarnele
Dudići
Borovići
Dabove
Novalja
50
106
206
Sv. Vid
348
Bošana
Stari grad
Gager
Potočnica
Vidasi
Škunca
Kolan
Rt Gaj
Akvapark
37
Gajac
Dolfin
1 1/4 h
U. Potočnica
U. Kanić
U. Mthovilje
Rt Vrtlić
Straško
U. Slatina
134
Šimuni
38
Rt Suha
U. Proboj
Rijeka-Zadar 6 h
Rijeka-Brbinj 6 h
Pag
Mišnjak
Rt Mišnjak
Mandre
Maunski kanal
Maun
U. Dražica
U. Rakovica
Rt Šip
65
Rt Sadina
Škrda
U. Kopnica
Olipski porat
Kvarnerić
Pohlip
Pohlipski kanal
Planik
Plančić
Rt Sv. Damjan
Rt Garmina
Arat
U. Slatina
U. Slatinica
Olib
27
Punta Križa
U. Jadrišćica
Palacol
Oruda
Rt Šip
Šip
Morovnik
Kurjak
Olib
Kalac
74
Rt Žali
Rt Ploće
U. J. Slatina
Rt Zubinin
Rt Samotvorac
Rt Karf
Rt Tale
Olipski kanal
Zadar 2 1/2 h
Vele Orjule
Male Orjule
133
Sidrište Orjule
U. Pernestica
83
Silba
Silba
Mali Lošinj- Zadar 4 h
Poljana
U. Sv. Martin
131
Veli Lošinj
242
Grgoščak
Kozjak Sv. Petar
Rt Radovan
Južni Arat
Ist
175
Straža
29
Mali Lošinj
Ilovik
88
U. Paržine
Rt Ugradica
U. Papranica
3 1/2 h
L. Sv. Ante
Grebeni
Rt Kok
U. Kosiraca
Ist
Koludarc
Ilovička vrata
Kraljeva
Ilovik
2 1/2 h
Silbanski kanal
Grujica
Kvarnerićka vrata
Škarda
102
Škarda
Vodenjak
Škardska vrata
Maslinjak
Premuda
Rt Lopata
Lutrošnjak
Rt Medvijak
88
Kamenjak
Premuda
Hr. Masarine
U. Premuda
U. Zaporat
Široka u.
Premudska vrata
U. Lojišće
Margarina

Jadovno
Rizvanuša
Visočica
1615
Orljak
1138
Brušane
Kozjak
1522
Veliko Rujno
V. Oštra glava
Nacionalni park Paklenica
Jurlina
H
J
K
Veliki Vuganac
Kneževići
Manita peć
Kovačeva špilja
Zubčići
Debeli kuk
1269
Bojinac
1110
Malo Rujno
Turska špilja
120
Zidine
23
Seline
Rovanjska
Sv. Juraj
Baške Oštarije
1286
V. Sadikovac
Siljevača 1451
Pamino korito
Devčići
Reljina špilja
Asanovac
Urumovac
Sv. Trojica
Starigrad-Paklenica
Rt Srara
Kula
Rt Pisak
Vinjerac
Vučjak
Goli brig
248
Konjsko
Reljinovac
Tribanj-Šibuljina
E65
Sušanj
Cesarički
Šugarje
Sveta Marija Magdalena
Veli Ražanac
Slivnica
Golubovača
Rudelići
Devčić Draga
Tribanj
M. Ražanac
Bokulja
Slivnica Donja
Mazurani
Lukovo Šugarje
Tomljenović Žal
V. Pržunac
Rt Debela nožica
Orlić
Ražanac
Barasovići
Jovići
U. Bliznica
U. Marasovka
k a n a l
49
Bočetina
106
Rudići
Radovin
Kneževići
Grgurica
Rt Krištofor
Rt Santiš
Tusta 112
Miškovci
Ljubačka vrata
Miletići
Rtina
Skulići
Podvršje
•108
Paška vrata
Sveti Ivan
148
Dinjiška
Dinjiška uvala
Ljubački zaljev
Rt
Stari Grad
Lovinac
Gornji Poličnik
Kolegata
Pag
Gorica
Vrčići
Stara Vas
30
Vlašići
Mrtvi rt
Ljubljana
Ljubač
Ljubačka uvala
Ljubački Stanovi
Krneza
•114
Visočane
Suhovare
Vodice
Solana
M. blato
V. Blato
78
Smokvica
U. Vlašići
Veli Sikavac
Dračevac Ninski
Poličnik
Stari grad
Košljun
Košljunski zaljev
108
Zečevo
Vrsi
Poljica
23
Povljana
Uvala Stara Povljana
Mulo
34
R
Poljica Brig
Petranović
U. Proboj
63
Rt Zminka
Sv. Nikola
U. N. Povljana
Prutna
151
Grbe
Žerava
Grusi
Briševo
Smokovic
Rt Zaglav
Rt Rastovac
61
Rt Kulina
Ninski zaljev
Nin
Sv. Križ
Poljak
Murvica
U. Rakovica
Veli Brušnjak
Kanal Povljana
Sabunike
66
Ninski Stanovi
U. Radnjača
Vir
Skoblari
Aenona
Bokanjačko blato
152
E65
Vir
Lozice
U. Šapovac
Privlački zaton
39
27
32
Crno
Sv. Juraj
112
Torovi
Rt Kozjak
Artić
Privlaka
U. Dražnik
Zaton
306
Bokanjac
Zadar
Ploče
Rt Vrulja
Rt Pedinka
Z. Viševica
Punta Skala
Kožino
Petrčane
U. Borik
Rt Skala
Rt Radman
Sv. Donat
Bibinje
IX
kanal
Virsko more
Zadarski kanal
1/2 h
Planćić
Poljana
Ošljak
Preko
Sutomišćica
Sv. Franje
Ugljan
Lukoran
Kali
Jidula
Sušica
110
Škah
Sv. Mihovil
Ivanac
156
288
Rivanj
82
Sr. Sestrica
Rivanj
D. Selo
Rt Kobiljac
Ugljan
Zadar 2 1/2 h
Bivošćak
Rt Križ
V. Sestrica
Rivanjski kanal
Gračina
145
V. Paranak
Srednji kanal
Zadar 2 1/2 h
Tovarnjak
Trata
Sridnji 185
Sestrunj
Rt Marovica
Rt Osiljinac
Korinjak
168
Knežak
Mali Iž
Zadar 4 h
Rt Glavica
Vrtlac
Sestrunjski kanal
Sestrunj
Zadar 11/2 h
Veli o.
Veli Iž
Kozja
109
Molat
Molat
122
Tun Veli
Zverinac
Srednji o.
Kudica
Fulija
Ist
175
U. Turtula
Porat
Brgulje
Tunski kanal
Zverinac
Sparušnjak
Iški kanal
Straža
Zapuntel
Brguljski zaljev
Rt Bonaster
Zverinački kanal
V. Planatak
Utra
Brbinj
M. Rava
Rava
Rava
Savar
97
Luški o.
Obljak
127
Sedmovraće
Ancona 6 h
Dragove
232
109
208
Ravski kanal
Luka
Vodenjak
Bršćak
Božava
Soline
Vrh Zlata
Ripnjak
109
Maslinjak
51
M. Tramerka
Golac
Gospa od Dumbovice
158
pećina
339
V. Straža
Strašna pećina
V. Tramerka
Prolaz Maknare
Rt Shajanje
L. Solišćica
Verunić
U. Sakarun
Rt Lopata
50
U. Brbišćica
Dugi Otok
U. Tetovišnica
Veli Rat
Laganići
Ljubljana
SLO
Karlovac
Dvor
BOSNIEN-HERZEGOWINA
Mostar
Ogulin
Orašac
Glamoč
Dubrovnik
Pivka
Rijeka
KROATIEN
Knin
Trieste
Krk
Rab
Gračac
Split
Brač
Ploče
Pelješac
Mljet
Cres
Pag
Zadar
Šibenik
Hvar
Korčula
Vela Luka
Poreč
Pula
Veli Lošinj
Biograd na Moru
0
10 km
J

K
L
Jasenice
Maslenica
Novigradsko more
Ribnica
Gornji Karin
Karinsko more
Franjevački samostan
Pridraga
Novigrad
Bobići
Pedići
Sv. Martin
Posedarje
Paljuv
Podgradina
Gradina
Gornje Biljane
Islam Grčki
Islam Latinski
Donji Kašić
Smilčić
Korlat
Donje Biljane
Lakić
Zemunik Gornji
Zemunik Donji
Smrdelje
Škabrnje
Nedinum
Nadin
Prkos
Nadinsko blato
Lišane Tinjske
Galovac
Gorica
Mostar
Babindub
Sv. Petar
Sv. Kasijan
Makarska
Sveti Petar na Moru
Debeljak
Vrčevo
Donje Raštane
Gornje Raštane
Sikovo
Bibinje
Sukošan
Rt Krmčine
Turkljača
Turanj
Buta
Sv. Rok
Sveti Filip i Jakov
Vrbica
Vrana
Opatinski Torovi
Biograd na Moru
Babac
Pakoštane
Crvena Luka
Drage
Arta Mala
Arta Vela
V. Artica
Zminjak
Radelj
Murter
Betina
Tisno
Vransko Jezero
Tušćica
Vrana
Stari grad
Petrim
Donja Jagodnja
Gornja Jagodnja
Polača
Zapužane
Raštević
Zagrad
Tinj
Kakma
Benkovac
Kula Atlagić
Benkovačko Selo
Asseria
Buković
Jaruga
Perušić Benkovački
Šopot
Gornje Ceranje
Donje Ceranje
Miranje
Pristeg
Dobra Voda
Banjevci
Radošinovci
Štandarac
Kolarina
Vukšić
Prović
Čista Velika
Bila Vlaka
Stankovci
Velim
Budak
Crljenik
Putičanje
Kašić
Bruška
Alavanje
Kum
Popovići
Donji Karin
Corinum
Lisičić
V. Melanica
Gornji Lepuri
Podgrade
Brgud
Dvorac
Rodaljice
Dobrići
Debelo brdo
Zečevo
Đevrske
Dobropoljci
Gošić
Gologuz
Ostrovica
Lišane Ostrovičke
Bribirske Mostine
Bulić
Žažvić
Cicvare
Morpolača
Obrovački
Kruševo
Brkići
Medić
Nunić
Bjelina
Orljak
Ravni Kotari
Pašmanski kanal
Dobropoljana
Neviđane
Pašman
Tkon
Mrljane
Kraj
Franjevački samostan
Ždrelac
Banj
V. Bokolj
Martinjak
Kukljica
Rt Otrić
U. Cerena
Pašman
Kobiljak
Školj Veli
Rt D. Borovnjak
V. Kotula
Kozina
Vrgada
Vrgadski kanal
Šipnata
Murvenjak
Triluke
Žižanj
Gangaro
Obun
Košara
U. Lanđin
Zadar-Šibenik 3 h
Zadar-Split 6 h
Murtersko more
Sit
Gangarol
Šćitna
Sitski kanal
Rt Strunac
Tovarnjak
Vela Balabra
Brušnjak
Kurba Mala
Vela Skala
Glamoč
Gustac
Žut
Žutska Aba
Pristanišće
Kamenar
Golubovac
Vela Dajna
Tomešnjak
Rt Parda
Iž
Lavdara
Mrtonjak
Lavdarski kanal
Bibinj - Stari Grad 6 1/2 h
Zadar 1 1/2 h
Krknata
Krava
Sv. Mihovil
Žman
Zaglav
Sali
G. Aba
V. Buč
Katina
G. Školj
Telašćica Bay
Rt Ražanj
Žutski kanal
Vela Svršata
Metlina
Kornat
Markov Stan
Tureta
Lučica
Vrulje
Kornati
Velo Šilo
Aba Vela
Vela Sestrica
V. Garmenjak
Levrnaka
Borovnik
Mana
M. Rašip
Veli Rašip
Piškera
Vela panitula
Lavsa
Ravni Žakan
Lunga
Škulj
Smokvica Vela
Kameni Žakan
Gominjak
Gustac
Mrtovnjak
Nacionalni park Kornati

Drniš
Šibenik
Vodice
Primošten
Kistanje
Skradin
Tisno
Murter
Jezera
Tribunj
Srima
Jadrija
Zablaće
Brodarica
Krapanj
Zlarin
Prvić Luka
Prvić Šepurine
Kaprije
Kakan
Žirje
Zmajan
Tijat
Obonjan
Dugo
Nacionalni park Krka
Skradinski buk
Visovac
Krka
Čikola
Prokljansko jezero
Šibenski kanal
Zlarinski kanal
Zmajanski kanal
Kaprijski kanal
Kakanski kanal
Žirjanski kanal
Murterski kanal
Logorunska vrata
Jadranska magistrala
Katedrala Sv. Jakova
Sv. Mihovil
Samostan Krka
Burnum
Promona
Varvaria
Rider
Sv. Ivan
Sv. Lovro
Sv. Juraj
Bilice
Grubišići
Raslina
Zaton
Dubrava kod Tisna
Pirovac
Rogoznica
Zečevo
Drvenik
Tmara
Oblik
Maslinovik
Grbavac
Svilan
Mažirina
Rt Rasohe
Bakul
Škrovada
Kosmerka
Mrtovnjak
Veli Skržanj
Smokvica Vela
Kurba Vela
Oključ
Zadar-Split 6 h
Brbinj - Stari Grad 6 1/2 h
Rijeka 12 h
Ancona-Split 8 h
0
10 km
4
5
6
M
N

Gizdavac
Prugovo
Ramljane
Donje Postinje
Grlo-Klis
Gornje Sitno
Dubrava
Tugare
Nakiće
Brštanovo
Donje Sitno
Konjsko
Klis
Žrnovnica
Srinjine
Dugi
Gornje Vinovo
Gornji Matasi
Veliki Bročanac
Dugobabe
Kučine
Čvrljevo
Donji Matasi
Nisko
Blaca
Solin
Salona
Mravince
Perun
Jesenice
Korušce
Kamen
Stobreč
Podstrana
Lećevica
Vučevica
Kaštel Sućurac
Gornje Utore
Kladnjice
Sv. Duh
Vranjic
Split
Ublе
Kozjak
Divojevići
Jurići
Kaštel Gomilica
Bogdanovići
Dioklecijanova palača
Kaštel Kambelovac
Marjan
Visoka
Malačka
Kaštel Lukšić
Rendićev mauzolej
Trolokve
Radošić
Kaštel Stari
Kaštel Novi
Rt Marjan
Opor
Kaštel Štafilić
Rt Čiova
Kaštelanski zaljev
Prgomet
Labin
Plano
Slatine
Gospa Prizidnica
Sutivan
Divulje
Brač
Arbanija
Mastrinka
Čiovo
Rt Gomilica
Ložišće
Prapatnica
Trogir
Sv. Križ
Bobovišća
Crni vrh
Žedno
Seget Gornji
Ljubitovica
Bristivica
Okrug Gornji
Milna
Blizna Gornja
Seget Donji
Katedrala Sv. Lovre
Mrduja
Šolta
Okrug Donji
Rat
Stomorska
Blizna Donja
Nečujam
Mitlo
Seget Vranjica
Vrsine
Najevi
Trogirski kanal
Splitski kanal
Drvenički kanal
Rogač
Dograde
Poljica
Zaljev Marina
Grohote
Gornje Selo
Rt Motika
Splitska vrata
Donje Selo
Gustirna
Kluda
Kruševo
Pozorac
Marina
Jadranska magistrala
Vinišće
Rt Artatur
Obinuški bok
Drvenik Veliki
Šoltanski kanal
Sapina Doca
Maslinica
Stipanska
Balkun
Podorljak
Svinca
Kačine
Kosture
Podglavica
Sevid
Rudula
Veli Drvenik
Dvornica
Drvenik Mali
Rt Siran
Orud
Rogoznica
Sv. Nikola
Rt Kalafat
Arkandel
Mali Drvenik
Ražanj
Rt Ploča
Zadar-Split 6 h
Split-Pescara 10 h
Brbinj - Stari Grad 6 1/2 h
Ancona 10 h
Ljubljana
Karlovac
Ogulin
Oraščac
Glamoč
Mostar
Dubrovnik
Pivka
Rijeka
SLO
BOSNIEN-HERZEGOWINA
KROATIEN
Knin
Gračac
Trieste
Krk
Rab
Pag
Zadar
Cres
Split
Šibenik
Brač
Hvar
Korčula
Vela Luka
Mljet
Pelješac
Ploče
Poreč
Pula
Veli Lošinj
Biograd na Moru

Q
R
XVI
XIII
4
5
6
Brač
Pučišća
Postira
Splitska
Dol
Škrip
Supetar
Mirca
Donji Humac
Nerežišća
Dračevica
Ložišće
Gomile
303
Sv. Martin
Milna
Sv. Josip
Blaca
534
450
Planica
Murvica
Zmajeva špilja
Vidova gora
780
Zlatni rat
Bol
Dominikanski samostan
Pražnica
Klinje glava
461
Gornji Humac
Sv. Mihovil
Sv. Kuzma
Zagvozd
Osridke
328
Selca
Rt Studena
U. Žvirje
U. Konjska
Sv. Juraj
Čisti dol
U. Trstena
U. Blaca
Griżev rt
Omiš
Dugi Rat
Jesenice
Dugi rat
Duće
Ravnice
Stanići
Čelina
Sumartin
Rendić mauzolej
113
114
115
116
117
202
203
205
206
211
213
63
64
66
67
Hvar
Velika Stiniva
Poljica
Zastražišće
Rt Zaraće
Tanki rat
Rt Ključna
Pokrivenik
Kružišće
404
Humac
Grapčeva špilja
Gromin Dolac
Zečevo
Glavica
Vrboska
Jelsa
Kapela Sv. Ivana
Pitve
Zavala
Hum
604
Ivan Dolac
Svirče
Vrbanj
Dol
Rudina
Stari Grad
Tvrdalj
Kaba Hektorovića
129
L. Tiha
Starogradski zaljev
Vrbanjske Rudine
Rt Žukova
Rt Smočiguzica
Rt Tatinja
RT Planirat
Selca kod Starog Grada
Sv. Nikola
628
Špilja
Sv. Nedjelja
Sveta Nedjelja
Gračišće
Lučišće
Brusje
Velo Grablje
Malo Grablje
Vela glava
Zaraće
Milna
Debeli brig
U. Stiniva
U. Pribinja
Vira
U. Duga
Hvar
Katedrala Sv. Stjepan
Jerolim
Marinkovac
Rt Pelegrin
Pakleni kanal
Palmižana
Sv. Klement
Vlaka
94
Dobri otok
Rt Ražanj
Pakleni otoci
Hvarski kanal
Šćedrovski kanal
L. Lovišće
Srida
Vela grava
112
Šćedro
U. Čarnjeni
Lukavci
Korčula
Proizd
2 h
3 h
1 3/4 h
1 1/2 h
100
Split 2 1/2 h
Ancona 10 h
Rt Stračine
Rt Stončica
Stončica
Greben
Host
Rt N. Pošta
Viški zaljev
201
Milna
Veli-Budikovac
Rogačić
Vis
Sv. Kuzma
Podselje
Ravnik
Zelena špilja
Rukavac
Plisko Polje
Marinje Zemlje
U. Cradac
Oključna
Žena Glava
Dračevo Polje
Titova špilja
Podšpilje
Hum
Komiža
Veli Barjak
0
10 km

Korčula
Lastovo
Vela Luka
Blato
Smokvica
Pupnat
Račišće
Žrnovo
Lumbarda
Orebić
Viganj
Kučište
Lovište
Mirce
Nakovanj
Pelješki kanal
Lastovski kanal
Lastovsko
Sušac
Kopište
Podkopište
Ubli
Pasadur
Zaklopatica
Skrivena Luka
Prežba
Vlašnik
Mrčara
Bratin
Hum
415
Kom
508
Klupca
Gradina
Babina
Pupnatska Luka
Čara
Sv. Marija
Dugi rat
Zavalatica
Brna
Rt Zaglav
Prižba
Gršćica
Karbuni
Kosor
Zvirinovik
Potirna
Trstenik
Veli Pržnjak
Konji rat
Vela špilja
Ošjak
Prigradica
Borov rat
Bristva
Rt Blaca
Gnjilanski rat
Pločica
Rt Lovište
Rt Osičac
Kneža
Badija
Sutvara
Planjak
Vrnik
Bisače
Rt Ražnjić
Bili rat
Majsan
Podgorje
Pelinovjak
773
960
Gospa od Karmena
Franjevački samostan
Sv. Marka
Sv. Antun
Sv. Kuzma i Damjan
Sv. Sveti
216
218
68
69
71
72
48
XVII
118
119
Rt Čanj
Veli Tajan
Arženjak
Saplun
Stomorina
Češvinica
Kručica
Petrovac
Donji Školji
Maslovnjak
U. Hrvaska
Rt Skriževa
Rt Veljega mora
Vela strana
258
376
Sušac
239
Rt Žene
Rt Kanula
Ljubljana
Dubrovnik
Split
Zadar
Rijeka
Mostar
Pelješac
Mljet
Hvar
Brač
KROATIEN
BOSNIEN-HERZEGOWINA

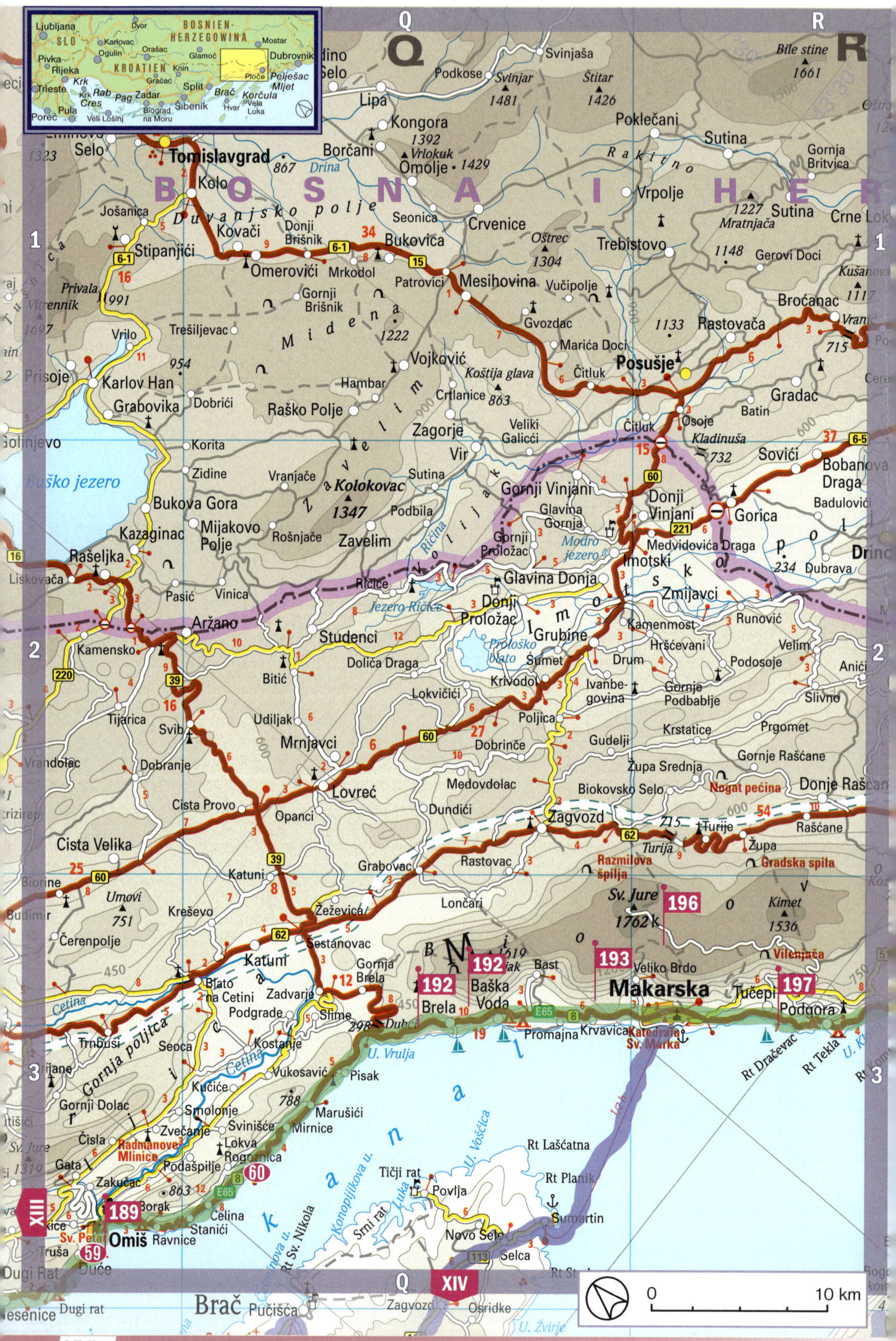
BOSNIEN-HERZEGOWINA
SLO
KROATIEN
Ljubljana
Rijeka
Trieste
Pula
Zadar
Split
Šibenik
Dubrovnik
Q
R
BOSNA I HER
Tomislavgrad
Duvanjsko polje
Kongora
Svinjaša
Poklečani
Sutina
Vrpolje
Rakitno
Posušje
Mesihovina
Bukovica
Omerovići
Kovači
Stipanjići
Karlov Han
Grabovika
Buško jezero
Midena
Zavelim
Kolokovac
1347
Vojković
Zagorje
Gornji Vinjani
Donji Vinjani
Gorica
Imotski
Modro jezero
Glavina Donja
Proložac
Donji Proložac
Prološko blato
Grubine
Zmijavci
Runović
Jezero Ričice
Ričice
Aržano
Studenci
Lovreć
Cista Provo
Cista Velika
Šestanovac
Zagvozd
Turija
Biokovsko Selo
Nogat pećina
Gradska spila
Razmilova špilja
Sv. Jure
1762
Kimet
Vilenjača
Brela
Baška Voda
Makarska
Tučepi
Podgora
Promajna
Krvavica
Katedrala Sv. Marka
Omiš
Zadvarje
Slime
Kučiće
Smolonje
Zvečanje
Radmanove Mlinice
Podašpilje
Zakučac
Gornja poljica
Cetina
U. Vrulja
Pisak
Marušići
Mirnice
Rt Lašćatna
Rt Planik
Sumartin
Povlja
Tičji rat
Novo Selo
Selca
Brač
Pučišća
Dugi rat
XIII
XIV
189
192
193
196
197
59
60
0
10 km

R
S
T
Grabova Draga
Jasenica
Gornji Gradac
Dobrić
Polog
Čula
Bačevići
Hodbina
Rotimlja
Dobrinjska draga
Gornji Crnač
Donji Gradac
Krivodol
Slipčići
Trijebanj
Oštra kosa
1209
Široki Brijeg
Knešpolje
Mostarsko blato
Selište
Gubavica
Donji Crnač
Podgorje
Kruševo
Neretva
Donja Britvica
Ljuti Dolac
Dobro Selo
Tepčići
Žitomislići
Uzarići
Biograci
Samostan
Jare
Pijesci
Lokve
Dobrkovići
Gradnići
HERCEGOVINA
Ugrovača
Turčinovići
Lokve
Ljubotići
Duboko
Mokro
Blatnica
Čitluk
Blizanci
Kručevići
Bačevići
Privalj
690
Čerigaj
Trtla
Čerin
Krehin Gradac
Rečice
Kočerin
Buhovo
Služanj
Šurmanci
Ibrahimpašina džamija
Dužice
Dragičina
Bijakovići
Počitelj
Rasno
Hamzići
Međugorje
Hotanj
Podvranić
Gornji Mamići
Kosmaj
Donji Mamići
Cerno
Miletina
Zvirovići
Dretelj
Tasovčići
Borajina
453
Vlake
Dragičina
Lipno
Trebižat
Cere
Grljevići
Gradska
Grude
Borajna
Čapljina
Bostan
Gariště
Studenci
Stubica
Trebižat
Bršlianuša
Gorica
Ljubuški
Vodopad Kravica
465
Ružići
Palike
Klobuk
Radišići
Gabela
V. Malic
622
Tihaljina
Vitaljina
Zvirići
Vitina
Humac
Prud
Drinovci
Veljaci
Hardomilje
Biljača
Narona
Vojnići
Metković
Vid
Perići
Tihaljina
Mlini
Šipovača
Grab
Puteševica
Crveni Grm
Nova Sela
Podrujnica
Munjaš
822
Dolo
Kašće
Debelo brdo
635
Orah
Pozla Gora
Momići
Matijevići
Podprolog
Banja
Utrić-Seoci
Mali Prolog
Kobiljača
Borovci
Rujnica
Mijaca
Veliki Prolog
736
Igrišće
Vrgorac
Dusina
Staševica
Matika
Krvavac
Desne
Grijusići
Prapatnice
Vina
Komin
Poljica Kozička
Kotezi
Draževitići
Plina Jezero
Istočna Plina
Umčani
Pasičina
Banja
Kokorići
Jerkovići
Peračko Blato
Šarić Struga
Kozica
Ravča
Zavojane
Baranovac
Bačinska jezera
Buk-Vlaka
Vlaka
Čačkova pećina
Višnjica
869
Rilić
Crven stine
Ričevica
Sv. Ilija
Ploče
228
Lovorje
Vlaka
Dragljane
Kljenak
773
Baćina
Neretva
Mihalj
Kozica
730
Kozica
Brist
Gradac
Dlog
Otok Dubac
Kosovići
199
Franjevački samostan
Duge Njive
Drvenik
Zaostrog
Podaca
Rt Kokuljica
Tanki rt
Rt Višnjica
U. Duba
Hrastovac
Susvid
601
1158
Gornje Igrane
Dubov
Drače
Sreser
Drašnice
Igrane
Živogošće
Rt Matijaševica
209
Sućuraj
Rt Sućuraj
Neretvanski kanal
U. V. Prapatna
Osobjava
Janjina
713
Komoljača
Rt Bad
U. Rasovatika
Udbina
240
Kuna Pelješka
Oskorušno
Pijavičino
Cučin
615
Trpanj
U. Beleićica
Gornja Vrućica
594
Donja Banda
Potomje
Dingač
Pelješac
U. Moševčica
L. Mrtinovik
Donja Vrućica
Podobuče
Rt Ruzmarin
Selca
Rt Duba
Duba Pelješka
Šišovića špilja
Podstup
Bristova
Zaglav
Kozja u.
Sv. Ilija
960
Z. Trstenica
Sestrice
Bogomolje
Likova glava
Majsan
Orebić
Pelinovjak
773
Gospa od Karmena
Franjevački samostan
Podgorje
Bisače
Badija
Sutvara
Planjak
Rt Ražnjić
Mirce
Viganj
Korčula
Lumbarda
XV
XVIII

Stolac
Vidoš
Radimlja
Gornji Po
Donji Poplat
Bitunja
Ubosko
Rankovci
Gradac
Ivica
Grablje
Ljubinjsko polje
Ljubinje
Vađeni
Krajpolje
Žabica
Kruševica
Žegulja
Pocrnje
Varduše
Pustipusi
Miljanovići
Bjelošev Do
Ilija 1338
Korlati
Mrkonji
Bančići
Gleđevci
Duboka
Burmazi
Okolišta
Lipnica 1067
Do
Dračevo
Dubljani
Strujići
Veličani
Kotezi
Orašje
Čavaš
Trebišnjica
Grmljani
Dvrsnica
Bratogošac
Velja Međa
Ravno
Zečija glava 908
Samostan Bogorodice
Zavala
Vjetrenica
Trnčina
Čvaljina
Rupni Do
Turkovici
Ilijino brdo 987
Golubinac
Trebimlja
Cicrina
Orahov Do
Dobri Do
Trnovica
735 Crno
859
Majkovi
Slano
Trnova
Banja
Grgurići
Podgora
Čepikuće
Mravnica
Točionik
Drijen
Višočani
Lisac
Podimoć
Smokovljani
Banići
Zaljev
Jadranska magistrala
Šipan
Šipanska Luka
Sv. Spas
Zaton Doli
Doli
Budima
Mišnjak
Ploča
Rt Stari brod
Crkvina
Tajan
Olipa
Jakljan
Prolaz Harpoti
Rotimlja
Trijebanj
Barane
Hodovo
Ošanići
Poprati
Stanojevići
Crnići
Borojevići
Lokve
Aladinići
Bačevići
Opličići
Kruševo
Bregava
Ibrahimpašina džamija
Hotanj
Crno brdo 416
Prebilovci
Hutovo
Deransko jezero
Cori
Nacionalni park Hutovo blato
Tasovčići
Bjelojevići
Dašnica
424 Stolovi
G. Hrasno
Crnoglav
Svitava
Vinine
Doljašnica
Ostrvo
Gnjilišta
Čapljina
Višići
Krupa
Glumina
Cerovica
Brštanica
Hadžibegov grad
Ponikva
Hutovo
Gorica
Gabela
Dračevo
Sjekose
Kolojanj
Crkvina 954
428 Gradina
Popratnica
Strašna pećina
Glušci
Dubravica
Dobranje
Bijeli Vir
Gradac
Žukovica
Kula Norinska
Vidonje
Dobrovo
Moševići
Krvavac
Stupa
Topolo
Ošlje
Mlinište
Mislina
Imotica
Opuzen
Badžula
Brestica
Duži
Podgradina
Štedrica
Neum
Hodilje
Ston
Mali Ston
Kaštio
Stonski kanal
Daska 563
Jezero Kuti
Luka
Časvinica 362
Broce
Kaboš
Rt Vratnik
282
V. Vratnik
M. Vratnik
U. Smokvina
Smrdan grad
Klek
Lovorje
Slivno Ravno
Raba
Duboka
Komarna
Otok-Duba
Kanal Malog Stona
Duba Stonska
494
Boljenovići
Sparagovići
Metohija
Zabrđe
U. Hrasna
U. Prapratna
Malo more
Brijesta
Tajan
Dančanje
Putniković
Čarović 632
Dubrava
Dubovac
Sreser
Drače
Tomislavovac
Sv. Juraj
Popova Luka
Žuljana
506
489
Zaton
Žuljana
Trstenik
Lirica
Dingač
Pelješac
Zagorje
Mljetski kanal
Korčula-Sobra 2 h
Sobra-Dubrovnik
Korčula-Dubrovnik
Veli Školj
Rt Gruj
Korita
361
Planjak
Saplunara
Rt Maharac
Okuklje
Borovac
Sv. Antun
Prožurska Luka
Dugi rat
Galicnjak
Maranovići
Prožura
Pusti rt
U. Pištet
Sobra
Mljet
Ponta Odinara
Ostaševica špilja
513
Sv. Vlaho
Babino Polje
U. Veja
Kozarica
Blato
Kobrava
Ropa
Nacionalni park Mljet
Moračnik
Rt Tojsti
392
V. Planjak
Glavat
Polače
Soline
Pomeštak
Goveđari
Rt Lenga
Pomena
Veliko jezero
Benediktinski samostan
Goli rat
XVII
0
10 km

Trebinje
Dubrovnik
Cavtat
Gorica
Turmenti
Čičevo
Tuli
Grab
Jablan Do
Uvjeća
Bihovo
Zgonjevo
Kremeni Do
Duba Konavoska
Dubravka
Dunave
Kuna Konavoska
Ljuta
Poljice Čičevo
Stravča
Snježnica
1234 Ilijin vrh
Mihanići
Šilješki
Brotnice
Drvenik
Pridvorje
Gabrili
Jasenice
Uskoplje
Komaji
Ćilipi
Popovići
Zvekovica
Močići
Konjsko
1089 Škuljevac
Župci
1165 Štedar
Ljubomir
Leotar
Trebijovi 1227
Bodiroge
Grkavci
Turani
Šarani
Begović Kula
Grbeši
Tvrdoši
St. Slano
Lug
Zagora
Gomiljani
D. Kočela
Bijogrd
Mionići
Taleža
Ljubovo
Ljekovo
Slivnica
Gola Glavica
Klikovići
Bobovišta
Vlaštica 910
Visočnik 404
Zagradinje
Glavska
Zaplanik
Makoše
Zavrelje
Grbavac
Petrača
Brgat D.
Brgat G.
Kupari
Cibača
Soline
Župski zaljev
Supetar
Mrkan
Bobara
Lokrum
Dominikanski samostan
Rt Petka
Grebeni
Daksa
Zaton
Orašac
Ljubač
Gromača
Kliševo
Mrčevo
Mravinjac
Brsečine
Arboretum
Trsteno
Dubravica
Koločepski kanal
G. Čelo
Donje Selo
Koločep
Rt Bezdanj
Lopud
Ruda
Šuđurađ
Sv. Andrija
Lopudska vrata
Koločepska vrata
V. vrata
Sv. Spas
Harpoti
Igoumenitsa 12 h
Bari - Dubrovnik 8 h
Sobra-Dubrovnik 2 h
Sobra-Dubrovnik 3 1/2 h
Nova Mokošica
Osojnik
Mokošica
Čajkovići
Sustjepan
Komolac
Bosanka
Petrovo Selo
Pobrežje
Močiljska špilja
Kaladurđevići
Grebci
Vlaka
Kutina
Nevada
Začula
Jasenica-Lug
Hum
Dedići
Gojišina
Golubinka
Diklići
Poljice Popovo
Tulje
Sedlari
Rapti
Baljivac
Slivnica
Ćopice
Gorogaše
Šćenica
Ozarno
Žakovo
Dobromani
Turica
Motka 1395
Radoš 1249
Žabljak 884
Neum kula
A D R I A
E
Kartenatlas
Ljubljana
Dvor
BOSNIEN-HERZEGOWINA
SLO
Karlovac
Ogulin
Orašac
Glamoč
Mostar
Pivka
Rijeka
KROATIEN
Knin
Dubrovnik
Pelješac
Ploče
Trieste
Krk
Rab
Pag
Gračac
Zadar
Split
Brač
Korčula
Mljet
Cres
Biograd na Moru
Šibenik
Hvar
Vela Luka
Pula
Poreč
Veli Lošinj

Routenübersicht

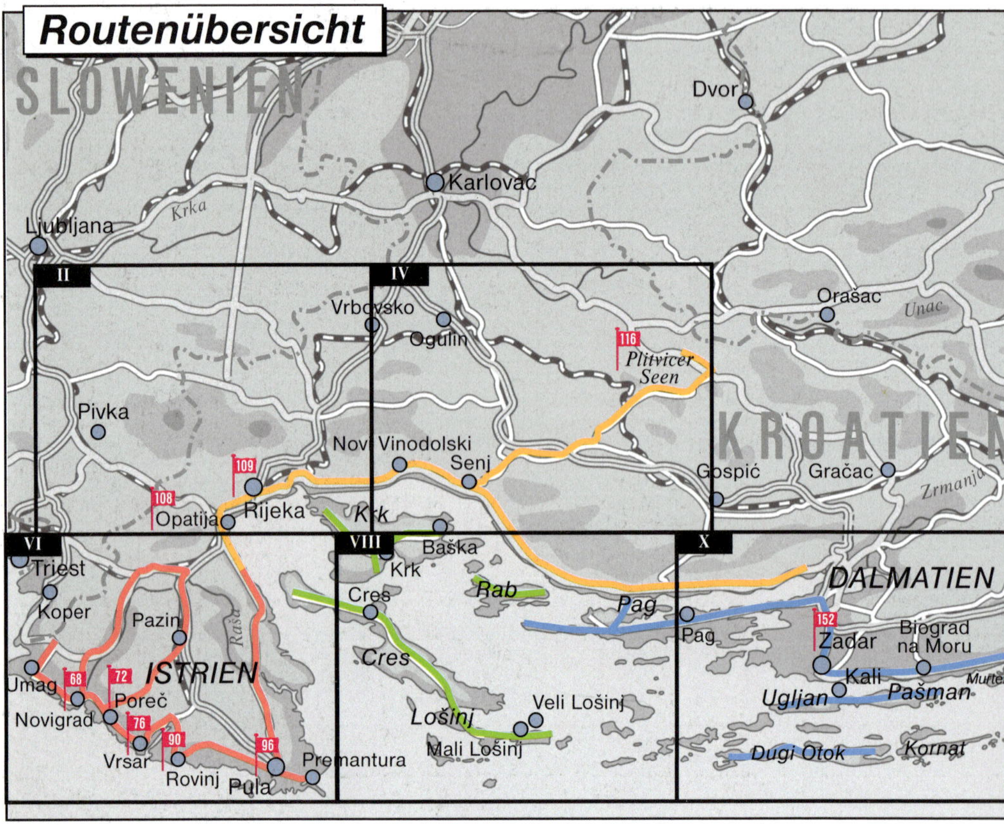

Route 1
Route 2
Route 3
Route 4
Route 5
Route 6
Route 7

999 Seitenzahl der Stadtpläne und Karten im Buch

X Seitenzahl des Blattes im Kartenatlas

Legende der im Kartenatlas verwendeten Symbole

E65 A3 50 Straßennummern
Road numbers

Autobahn mit Anschlussstelle, Tunnel
Motorway with exit, tunnel

Autobahn im Bau
Motorway under construction

Autobahn geplant
Motorway planned

Schnellstraße
Dual carriageway

Fernstraße
Major route

Nebenstraße
Secondary road

Sonstige Straße
Other road

Fahrweg
Track

Straße für Kfz gesperrt
Road closed to motor vehicles

10 10 / 36 36 Entfernung in Kilometern
blau an Autobahn,
rot an Schnellstraßen und Fernstraßen
Distance in kilometres

Eisenbahn / Bahnhof
Railway / station

Fähre
Ferry

Kanal
Channel

Wehr, Damm
Weir, dam

Fluss, periodisch
River, periodical

Sumpf
Swamp